To all my readers in China,

    Thank you for reading "The Nolan Variations." I hope you enjoy it. The book was the result of an unusually close collaboration with Chris Nolan. I very much wanted to recreate some of the excitement that came with that. As fans of his movies will know, he is a formidable creative talent — collaborating with him was, at times, like stepping into one of his movies: mysterious, challenging, at times baffling, surprising and ultimately very rewarding. I hope I have captured a small fraction of that experience,

          Tom Shone

致我所有的中国读者：

  感谢阅读《诺兰变奏曲》。我希望你喜欢它。这本书是与克里斯·诺兰一次极其密切合作的成果。我很想再现随其而来的某些兴奋感。正如其影迷所知，诺兰是一位令人敬畏的创意奇才——与他合作，时而像踏入他的一部电影：神秘难解，充满挑战；偶尔也令人迷惑，让人惊讶，并最终感到收获颇丰。我希望自己捕捉到了那段经历的小小片段。

汤姆·肖恩

《蝙蝠侠：黑暗骑士》(2008)
拍摄期间，诺兰在英格兰卡
丁顿片场

诺兰
变奏曲

后浪电影学院 222

by
TOM SHONE

THE NOLAN VARIATIONS

THE MOVIES, MYSTERIES, AND MARVELS OF CHRISTOPHER NOLAN

［英］汤姆·肖恩——著
李思雪——译

民主与建设出版社
·北京·

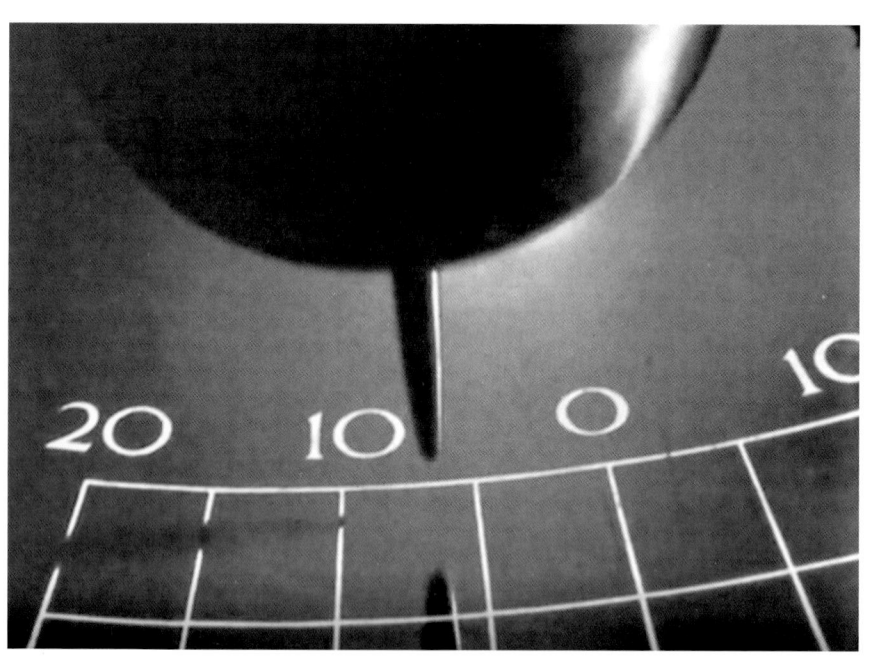

唐·利维执导的《时间是》(1964)

献给朱丽叶
For Juliet

摄影作品《图书馆：无限延伸的书籍长廊》(*The Library: The Never-Ending Corridor of Books*, 2006)，由尼古拉斯·格罗皮埃尔（Nicolas Grospierre）拍摄

一个六岁的小男孩正躺在被窝里给自己讲故事。这是一种新发现的能力，而他保守着这个秘密……船一直往上开到旱地里，展开后变成一些纸板箱……那些围着美丽花园的镀金绿色铁栏杆全都变得软绵绵的……而他记得这只是梦境。这些景象仅仅能够持续几秒钟，一切就又会变为真实。他痛苦地坐在巨大的门前台阶上，努力将乘法表一直诵唱到四六二十四。[1]

　　　　　　——鲁德亚德·吉卜林（Rudyard Kipling），
　　　　　　《柴堆旁的男孩》(*The Brushwood Boy*)

　　时间是一条冲走我的河流，而我就是那条河；时间是一头毁灭我的老虎，而我就是那头虎；时间是一团吞噬我的烈火，而我就是那团火。[2]

　　　　　　——豪尔赫·路易斯·博尔赫斯（Jorge Luis Borges），
　　　　　　《时间的新反驳》("A New Refutation of Time")

* 本书所有注释详见随书所附别册，皆为译者注或编者注。

CONTENTS

		INTRODUCTION	3
第 1 章	结构	STRUCTURE	21
第 2 章	方向	ORIENTATION	51
第 3 章	时间	TIME	77
第 4 章	感知	PERCEPTION	108
第 5 章	空间	SPACE	125
第 6 章	幻象	ILLUSION	148
第 7 章	混乱	CHAOS	174
第 8 章	梦境	DREAMS	200
第 9 章	革命	REVOLUTION	231
第 10 章	情感	EMOTION	253
第 11 章	生还	SURVIVAL	279
第 12 章	知道	KNOWLEDGE	306
第 13 章	结局	ENDINGS	330

●致谢 345 ●诺兰电影作品年表 347 ●参考书目 351
●插图来源 361 ●出版后记 365

目录

罗马圣乔凡尼大教堂（Basilica di San Giovanni）的马赛克地板

THE

诺兰变奏曲

NOLAN VARIATIONS

THE MOVIES,
MYSTERIES, AND MARVELS OF
CHRISTOPHER NOLAN

引言
INTRODUCTION

　　一个男人在伸手不见五指的黑暗房间中醒来。他睡了多长时间、身在何处、如何到达此地，他统统不知。他只知道举在眼前的这只手是他的右手。

　　他把脚伸出床外，踩在地面上，地面又冷又硬。也许他正在医院里。他受伤了吗？或许在兵营里。他是士兵吗？他用手指触碰床的边缘——金属质感，还有粗糙的羊毛床单。一阵回忆涌来——冷水澡，铃声响起，一种要迟到的糟糕感觉——回忆一闪而过，一丝常识浮现：找电灯开关。应该在墙上某处。如果他能找到开关，那么他就能看到自己身在何处，就能想起一切。

　　他小心翼翼地让一只脚在地上挪动，袜子绊到了什么东西：是条状的木板。地板。脚下是地板。他又向前走了几步，伸出手臂摸索前方的路。他的指尖扫过了某种冰冷又坚硬的表面——那是另一张床的金属支架。他并不是孤身一人。

　　他在第二张床的尾部摸索着，丈量着它与自己的相对位置，从而推测着房间中央走道的位置。然后他一点一点地前进，猫着腰以便更好地感知方位。他花了几分钟才最终到达墙边，触碰到冰凉的石灰墙面，房间比他想象中大得多。他用整个身体紧贴着墙面，摊开双臂，指尖沾到了一些剥落的石灰，他的左手摸到了灯的开关。好极了。按下开关，房间沐浴在光明之中，他瞬间知道了他在哪儿、他是谁。

他并不存在。他只是德国哲学家伊曼努尔·康德（Immanuel Kant）思想实验中的假设人物。康德在 1786 年发表的题为《什么叫做在思维中确定方向？》（"What Does It Mean to Orient Oneself in Thinking?"）[1] 的文章中，试图判断：我们对空间的感知是对宇宙中"外在"某物的确切反映，还是一种先验的精神感知，即一种"内在"的直觉？康德曾是一名地理老师，非常适合来解答这个问题。在康德发表这篇文章的几年之前，他的德国同胞弗里德里希·威廉·赫舍尔（Friedrich Wilhelm Herschel）发明了天文望远镜，让人们产生了"深空"（deep sky）的概念[2]，并且发现了天王星。与此同时，热气球的发明使地图绘制者在气象学方面取得新进展，对云怎么形成亦有了新的理解。康德首先以他们为案例来讨论："如果我看到天际的太阳并且知道现在是中午时刻，我就知道如何能找到东南西北。"他写道："即便是天文学家，若其仅仅关注自己看到的东西，而不同时关注自己感觉到的东西，那他也必定会迷失方向。"于是，康德设想出一个例子——男人在一间陌生的房间中醒来，不能确定自己面向哪个方位。他说："在我熟知的房间中，哪怕只能摸到一件我记得其位置的物件，那我在黑暗中就可以确定方向。如果某人开玩笑地移动了所有物件，把原来在右边的东西放在左边，那么，在一个通常四壁完全相同的房间里，我根本无法找到任何东西。"左和右不是我们学来的或者观察到的，它是一种先验的知识，我们生来就知道。它源于我们自身，而不是宇宙，但是我们对空间、宇宙，以及我们身处位置的全部理解，源头都是它。若是某人开玩笑地瞎摆弄那个电灯开关，我们就无法预测情况会怎样了。

伊曼努尔·康德生活的时代横跨了一段技术变革期，在克里斯托弗·诺兰（Christopher Nolan）的导演生涯期，世界上技术变革的激荡程度不亚于前者。1991 年 8 月，诺兰在伦敦大学学院（University College London，以下简称为 UCL）读大二时，蒂姆·伯纳斯-李（Tim Berners-Lee）在欧洲核子研究组织的 NeXT 电脑上启动了万维网（World Wide Web）。1996 年，英特尔的执行总裁安德鲁·格罗夫（Andrew Grove）说道："我们现在生活在互联网时代了。"1998 年，诺兰发行自己的第一部电影《追随》（Following）时，当时的美国副总统阿尔·戈尔（Al Gore）宣布了一项计划，让 GPS（全球定位系统）卫星额外传输两个信号以供民用；谷歌也带着浮士德式的使命上线了，即要"整理全世界的资讯"。一年后，无线网络、纳普斯特（Napster）[3]和宽带问世了，正好时值诺兰第二部长片《记忆碎片》（*Memento*，2000）的拍摄。到了2002年，他的第三部电影《失眠症》（*Insomnia*）上映时，世界上首个线上百科全书——维基百科（Wikipedia）创立了。2003年，匿名网络论坛4Chan问世，紧接着纷纷诞生的，是2004年的首个不关注数据源的社交媒体平台Facebook，以及2005年的YouTube和Reddit。

库尔特·安德森（Kurt Anderson）写道："这场变革的速度和规模令人瞠目，怎么夸张形容都不为过。"20世纪90年代早期，使用互联网的美国人不到2%；而不出10年，截止到2002年，大多数美国人都会上网了，从而见证了自蒸汽机发明以来，我们对"距离"概念所进行的最大压缩。互联网的即时性粉碎了欧几里得（Euclid）的空间概念，时间变成了衡量是否"在场"的新标准。然而，这非但没有让我们团结起来，反而让我们前所未有地意识到，我们每个人都身处在主观的时间气泡之中。在《时间旅行简史》（*Time Travel: A History*）一书里，詹姆斯·格雷克（James Gleick）写道："我们通过流媒体服务欣赏音乐和视频，我们正在观看的网球比赛可能是、也可能不是'现场直播'的，我们在自己的屏幕上，看到现场观众通过大屏幕观看即时回放，而那件事情可能发生在昨天，发生在另一个时区……我们伸手穿过层层的时间，试图触碰到对于自己记忆的记忆。"[4]

简而言之，我们的生活已经变成一部克里斯托弗·诺兰的电影。正如他自己的Syncopy（辛克匹）制片公司标志上的迷宫，诺兰的电影都有着标示明确的入口。你可能在电视上看过它们的上映广告，它们也可能会在你家附近的多厅影院放映。它们套用传统的电影类型，比如间谍惊悚片（spy thriller）或者偷盗电影（heist film）。其中多部影片都以一个简单的镜头开场：一个男人从梦中醒来，如同康德思想实验中的主人公。他们周围的世界纹理丰富、触感坚实，沉浸式的IMAX摄影和环绕式的音响设计，赋予其颗粒般的质感。我们的眼之所见和耳之所闻，迫使我们融入这个世界、代入这位主角；而此时，类型电影中我们熟悉的桥段——盗窃、追车、枪战，则以陌生又新奇的样貌在主角周遭上演。巴黎的街道像折纸一样对折起来；18轮大卡车像甲虫一样翻仰朝天；飞机在飞行途中被倒吊过来，乘客只能紧紧抓住直立的机身。某个开玩笑的人似乎正在摆弄电灯开关。我们本以为坚固可靠的东西都化为乌有时，连环套的叙事诡计和第二幕的惊天反转，进一步撼动着我们脚下的地面，为原本坚实的叙事结构添了一层元小说（metafiction）[5]式的朦胧光晕。这一切为观众带来一番愉悦的惊奇，典型好莱坞大片（blockbuster）的虚张声势与之相去甚远。一场精彩的游戏正在展开，我们和电影创作者共享这个美妙的阴谋，即反抗在别处的银幕上算是娱乐的《庞奇和朱迪》傀儡戏（Punch and Judy show）[6]式作品——我们对此深信不疑，因而兴致勃勃。我们恍惚地踱出影院，走到街上，还在争论电影暧昧不明的结尾，或者讨论由情节引发的 M.C. 艾舍尔（M. C. Escher）[7]式眩晕。诺兰的影片，易进却极其难出，看完之后，它就像墨汁滴入水中，在你脑海中不断扩散开来。我们没法从脑海中抹除刚刚看过的电影。它甚至还没有真正结束。在诸多方面，其实它才刚刚开始。

· · ·

我第一次和诺兰见面，是在 2001 年 2 月，地点在洛杉矶北费尔法克斯大道（North Fairfax Avenue）的坎特餐厅（Canter's Deli），离日落大道（Sunset Strip）不远。这位导演的第二部电影《记忆碎片》，在漫长而焦灼的一年里苦寻发行商，当时刚刚在圣丹斯（Sundance）电影节上大获好评。这是一部大玩结构的新黑色电影（neo-noir），有着梦境般离奇怪诞又恍如白昼的清晰质感。《记忆碎片》讲述了一名遗忘症患者努力破解致使妻子死亡的案件。他能记住当下时间点的事，之后每过 10 分钟左右，他便会忘掉一切。这种迷惑感通过影片的结构反映出来，故事在我们眼前倒着展开，使观众陷入一种始终是没头没尾地处于事件中段（in medias res）[8]的状态。《猪头，我的车咧？》（Dude, Where's My Car?, 2000）这类片子曾在当年大行其道，在这样的电影环境中，《记忆碎片》看上去聪明到近乎亵渎，让人好奇它的票房表现究竟如何。影片俘获了粉丝芳心，却不受发行商待见，在该片 2000 年独立精神奖（Independent Spirit Awards）的周末放映会后，它这份"天赋异禀"便成了好莱坞公开的秘密。那场放映会上，诺兰在全城所有发行商那里都碰了钉子，他们变着花样说"影片很棒""我们很喜欢它""我们真的很想跟你合作""但这不是我们要找的片子"。在"电影威胁"（Film Threat）网站上，导演史蒂文·索德伯格（Steven Soderbergh）有感而发道："（这部电影）标志着

与我初见时的诺兰，摄于 2001 年《记忆碎片》公映前夕

6　诺兰变奏曲　THE NOLAN VARIATIONS

独立电影运动已死。因为在我看片之前,我就知道好莱坞这帮人都看过了,他们却拒绝发行它……我看完出来就想:'完了。这么好的一部电影都无法发行,那真是完蛋了。'"

《记忆碎片》在生死未卜中度过了一年,原先的制片公司——新市场电影公司(Newmarket Films)最终决定冒险发行它。因此,我那天在坎特餐厅和诺兰见面时,他坐在红色长软椅上,整个人如释重负,不过外表上还是散发着自信的气场。当他畅谈那些影响其电影的作品时,金色的刘海儿就垂在眼睛上。那些作品包括:阿根廷作家豪尔赫·路易斯·博尔赫斯的短篇故事、雷蒙德·钱德勒(Raymond Chandler)的小说,以及大卫·林奇(David Lynch)的电影。对我来说,他像是英国人中很常见的那种类型:出身于伦敦周围郡县[9]的中上层阶级,你可以想象出他在伦敦城里工作,周末和股票经理同僚们一起玩英式橄榄球的样子。然而此刻他却在好莱坞,拍出这部逆向叙事的电影,内容讲述一个男人在逃避难以捉摸的情感——由其不可靠的头脑泄露出的情感。这种反差十分惊人,犹如年轻的霍华德·休斯(Howard Hughes)[10]领导一家初创公司,来代理埃德加·爱伦·坡(Edgar Allan Poe)[11]的权益。诺兰拿起菜单的时候,我不禁注意到他是从后往前翻的。他说他是个左撇子,看杂志之类的东西时总会从后往前翻。我很好奇这和他电影里每场戏倒序排列的结构是否有关。他告诉我,我可能说到了点子上,他解释说长期以来,他都着迷于对称、镜像和倒转这些概念。诺兰说话时,浅蓝色的眼睛里流露出一丝迷离的微光,仿佛在解答3周前就在脑子里琢磨的数学题一般。我逐渐明白,这部电影有着日光照射下的几何结构,但对他而言,其中包含的个人色彩,并不异于圣丹斯电影节扶植的那些长大成人或贫民窟题材的长片首作。《记忆碎片》是执念的产物,驱动这份执念的是诺兰内心的一个声音,他几乎无法想象不把它表达出来会怎样。诺兰拍这部电影是因为他必须拍。

"我内心深处总有一个声音在嘀咕:你真的能做到吗?**你可是要让一部电影倒着讲故事啊。**[12]"他告诉我,"那种感觉就像,早晚会有人闯进来说'我觉得这太疯狂了'。拍电影的时候,你会一头扎进去、苦干下去,所以就有些看不真切;你太沉浸其中,电影就变得不再有真实感。因此你得这样想:行了,好吧,剧本是我6个月前写的,那时候看起来是个不错的点子……我对主人公有一种奇特的同感,他必须信任那些写给自己的笔记,而你唯一能做的事,就是信任自己最初的直觉。你只要告诉自己,这就是我要

《记忆碎片》（2000）的海报。正如这个笑话所说，"要理解递归，你必须先理解递归"

拍的东西，这就是我要做的事，这就是我写这个剧本的原因。肯定能行，信就得了。"

几周之后的 3 月 16 日，该片终于在 11 家影院上映了，首周票房收入为 352,243 美元，次周便扩大到 15 家影院，票房为 353,523 美元。米拉麦克斯（Miramax）是最初拒绝本片的发行商之一，如今却又回过头来，疯狂地试图从新市场手中买下本片。但是影片的口碑已经传开了，第三周的上映范围扩大到 76 家影院，收获了 965,519 美元的票房，米拉麦克斯只能眼看着影片大火。它名列当年票房排行榜前 10 位长达 4 周，居于票房前 20 位长达 16 周，最终在 531 家影院上映，甚至比《大白鲨》（Jaws）在 1975 年暑期上映的影院数还要多。《记忆碎片》在北美的票房总收入超过 2,500 万美元，海外票房收入超过 1,400 万美元，影片的全球总票房达到近 4,000 万美元，实属那年夏天的票房黑马。它还获得了奥斯卡最佳原创剧本奖和最佳剪辑奖这两项提名，并让诺兰赢得了 2002 年独立精神奖的最佳导演奖和最佳剧本奖，得奖那天与那场灾难般的发行商放映会之间，正好时隔两年。

自此之后，诺兰在影坛的飞升几乎是扶摇直上。有一批导演在 20 世纪 90 年代晚期突围而出，他们获得高人气或评论上的成功，甚或两者兼得，其中有保罗·托马斯·安德森（Paul Thomas Anderson）、沃卓斯基兄弟（the Wachowski brothers）、大卫·芬奇（David Fincher）、达伦·阿罗诺夫斯基（Darren Aronofsky）。电影史学家大卫·波德维尔（David Bordwell）曾写道："在诺兰的同辈导演中，没有哪位的职业生涯像他那样飞速崛起。"在 20 年的时间里，这位出生于英国的导演，从精打细算拍极低成本的 3 分钟短片起步，蹿升到执导 10 亿美元级别的卖座巨片，如《蝙蝠侠：黑暗骑士》（The Dark Knight，2008，以下简称为《黑暗骑士》）、《盗梦空间》（Inception，2010）、《星际穿越》（Interstellar，2014），还有《敦刻尔克》（Dunkirk，2017）。诺兰的电影作品在全球范围内的收入总和超过 47 亿美元，让他成为自阿尔弗雷德·希区柯克（Alfred Hitchcock）以来，走出英伦诸岛的最为成功的导演。

对于制片公司来说，他几乎是最具票房保证的导演，也是为数不多能拿着原创剧本点子走进制片公司，还能带上两亿美元预算离开的导演之一。要知道，他的点子可不属于既有的系列片（franchise）、IP电影或者续集之类。和前辈斯皮尔伯格（Steven Spielberg）与卢卡斯（George Lucas）一样，他已然自成一个品牌。即便是《黑暗骑士》系列电影，也即诺兰最顺应好莱坞"商业挂帅"逻辑的作品，也依然包含了极为个人化的构想——刻画一个在混乱边缘摇摇欲坠的社会，再引入小布什执政年代的社会暗流，就像弗里茨·朗（Fritz Lang）和雅克·图纳尔（Jacques Tourneur）在黑色电影里如何描绘二十世纪三四十年代的美国那样。诺兰截至目前的11部长片，他均亲自编剧或与人合写剧本，这对他这个段位的导演来说很是难得，也让他得以晋级为卖座巨片的电影作者（auteur）。真正得此称号的导演像是组成了准入门槛极高的俱乐部，仅有的另外两位成员则是彼得·杰克逊（Peter Jackson）和詹姆斯·卡梅隆（James Cameron）。但与这两位不同的是，诺兰依然把精力集中在制作原创影片上，而非守着自己最为成功的系列作品。

迈克尔·曼（Michael Mann）1995年的电影《盗火线》（*Heat*）影响了诺兰的《黑暗骑士》三部曲。曼说："诺兰在这边体系内的工作方式非常强势。他有宏大的想法，创造了后英雄（post-heroic）时代的超级英雄。他构想出一个科幻偷盗片的点子——在做梦大脑的游移边界之内进行盗窃，他有胆识去做这样独一无二的创想，也有魄力真的把片子拍出来。我认为，他在观众中获得如此巨大反响和强烈共鸣的原因，在于他处理的正是此刻、当下的问题。他感应着我们生活的现实、我们的想象和我们的文化；关注着我们怎样思考、如何努力生存。我们生活在一个后现代、后工业的世界里，基础设施日渐破败，很多人有被剥夺感，遗世独立难以实现，保守隐私不再可能。我们的生活千疮百孔，我们漂游在一片相互关联和数据资料的汪洋之中。他直接处理这些看似无形但非常真实的焦虑。我认为，他的核心动机是想要理解那些东西，并在此基础上讲故事。"

已故的英国导演尼古拉斯·罗格（Nicolas Roeg）的影片《迷幻演出》（*Performance*，1970）、《威尼斯疑魂》（*Don't Look Now*，1973）和《天外来客》（*The Man Who Fell to Earth*，1976），启发了诺兰更为大胆地操弄时间和电影空间。2018年，在罗格去世前不久，他曾对我说："人们会谈论'商业艺术'（commercial art），这个词通常是自我否定的。诺兰一直在商业领域里工作，但他的作品却有着非常诗意的内容，这些诗意披着巧妙的伪装。《记忆碎片》有着逆行的时间系统，你却会不由自主地发现，自己代入了这个情境，想象这就是你的日常生活，这是很不可思议的。时间之不可捉摸，尤其是牵扯到记忆时，那种主观的感觉，那种'一切都是真的……但其实并非如此'的感觉，他以某种手法在电影中表达了出来。他所成就的是极为罕见之事。"

在诺兰的合作者口中，他以准时、守纪、保密而著称。其二战剧情片《敦刻尔克》有超过 600 名工作人员，其中只有 20 多个剧组成员获准阅读剧本。这些剧本副本要保留在片场，或打上演员名字的水印，所以若有副本遗失，就能追查到是谁疏忽大意了。

诺兰第一次见迈克尔·凯恩（Michael Caine）时，亲自带着《蝙蝠侠：侠影之谜》（*Batman Begins*，2005，以下简称为《侠影之谜》）的剧本副本，来到后者位于萨里郡（Surrey）的家中。自《侠影之谜》以来，凯恩出演了诺兰的所有电影，导演也把他当作幸运符般的存在。[13] 两人初见时，凯恩还以为门口这位金发碧眼的年轻人是个快递员。

"我叫克里斯[14]·诺兰，"他说，"我有个剧本给您。"

凯恩问他想给自己安排个什么角色。

"我想让您出演一位管家。"诺兰回答道。

"是让我说'晚餐准备好了'这种吗？"

"不，这位管家是布鲁斯·韦恩（Bruce Wayne）的继父。"

"行，我读读看，然后再答复你。"

"不不，您能现在就读吗？"

诺兰坚持和他待在一起，在这位演员的客厅里喝茶，直到后者读完，再把剧本随身带走。

凯恩说："我读剧本的时候，他就待在那边喝茶。之后我就把剧本还给了他。他非常注重保密。他赚了成百上千万的美金，却丝毫没有沾染铜臭味儿。他完全保持着原先的生活方式。没有劳斯莱斯，没有大金手表，没有钻石袖扣，统统没有；他依然戴着之前那块表，始终穿着一样的衣服。你想不到这人原来是个导演。他非常寡言，非常自信，非常冷静。从不夸夸其谈。不论天气如何，他都穿着那件长大衣站在那儿，口袋里揣着一个装茶水的保温杯。有一次我问他：'那里面是不是伏特加？''不，是茶。'他一天到晚喝茶。这就是他解决问题的办法。"

在视觉方面，他是一位古典主义者，拍摄时尽量远离监视器，更喜欢把视线放在演员身上，直接看着摄影机看到的画面；他也喜欢以老派的方式，和演职人员一起观看当日工作样片。他拒绝使用第二摄制组，偏好每一格影像都亲自拍摄。马修·麦康纳（Matthew McConaughey）说："在克里斯·诺兰的片场，没人会走神儿。"剧组人员都知道诺兰拍片很快，早上 7 点开始，晚上 7 点收工，中间只有一次午餐休息时间。他喜欢用 IMAX 格式拍摄，这种分毫细节都不放过的格式，最初用于拍摄太空纪录片，它能将观看者的视野全部填满；他还尽可能避免使用电脑生成影像（CGI），偏爱摄影机实拍的特效——运用模型、遮片、实物布景、投影，胜于后期制作时用电脑添加上去的特效。他的后期制作统筹曾说，《蝙蝠侠：黑暗骑士崛起》（*The Dark Knight Rises*，2012，以下简称为《黑暗骑士崛起》）中的特效镜头，比自己接手过的一些浪漫喜剧片还少——该片总共 3,000 个镜头当中，只有 430 个特效镜头。

然而这份对电影模拟幻象之神力的忠诚，反而让他的电影在成长于数字影像包围下的一代人里，进一步受到推崇；同时也吸引到那种狂热拥趸，你会觉得后者追捧的本该是小众偶像式（cult）导演，如保罗·托马斯·安德森和塔伦蒂诺（Quentin Tarantino），而不是商业片导演。给诺兰电影打差评的影评人收到过死亡威胁。2014 年，有位记者在《纽约时报》（*The New York Times*）上评论道："在 IMDb 网站上，有关《盗梦空间》结尾含义的问题与讨论区，让《无尽的玩笑》（*Infinite Jest*）[15] 一书看起来就像教你如何正确安装烤面包机的小册子。"在网上，关于其作品的争论已经接近黑洞的密度，这位记者补充道："支持诺兰但意见敌对的派别众多，简直像挖出交错的虫洞……他们把他的电影看上两三遍，两眼昏花，在昏暗的光线下颤抖，产生了错综复杂的幻觉，唯一停下来的时刻，是为了把更细节的讨论发到网上……'如果在第一重梦境中，白色面包车是以自由落体从桥上坠落，这意味着第二重梦境中的酒店是零重力的，那么，**为什么第三重梦境的阿尔卑斯山堡垒中，重力还是正常的呢？？？？？**'"

诺兰在《星际穿越》（2014）的纽约首映式上给人签名。诺兰已自成一个品牌，他的"星光"有时反而会盖过他片中的明星而对于诺兰本人,外界却知之甚少。长久以来,这位电影人早已练就只谈论其影片,而对自己讳莫如深的技巧,留给传略作家来回来去散布的,也只是同样的寥寥几条事实:他持有双重国籍,在伦敦和芝加哥两地长大。他的英籍父亲从事广告业;美籍母亲曾经是空乘,后来成为一名教师。他大部分青少年时期在赫特福德郡(Hertfordshire)的寄宿学校中度过,后来进入UCL,在那里遇到了未来的妻子兼制片搭档——艾玛·托马斯(Emma Thomas),他们育有四个小孩。除此之外,诺兰就像《致命魔术》(*The Prestige*,2006)中休·杰克曼(Hugh Jackman)饰演的魔术师一样,有着自带遮片般的神秘感。这位魔术师会从舞台上消失,然后在舞台底下接受观众的掌声。

我们的几次访谈构成了本书的基础。第一次访谈时,诺兰告诉我:"有人对我说,'网上有些人对《盗梦空间》或者《记忆碎片》很着魔。'他们问我对此有何看法,好像我会认为这很奇怪什么的;而我会说,'**我自己也对此着魔了好多年,真的很着魔。所以我也不觉得这有什么好奇怪的。**'我们在电影上花了很多心血。几年前,我和某制片人一起吃午饭。他是一位非常成功的制片人,我们没有合作过,但他对我的工作过程感到好奇。聊着聊着,我说:'我每拍一部片,都必须相信自己正在制作有史以来最好的电影。'他对此大吃一惊,他从没想过竟然有人会这么想。同时,他的反应也着实让我震惊,因为电影真的很难拍。我不会说这是世界上最艰难的工作——我从没挖过煤矿——但这两个工种都既耗时又费力。在几年时间里,你的家庭生活和所有一切都要搭在上面。因此,我从没想过,还有哪个电影人不是奔着拍'有史以来最好的电影'这个目标去的。不然你为什么要拍电影呢?即便最终它**不会**成为有史以来最好的电影,但是你必须相信它有这个**可能**。你只要全身心地倾注其中,当它也让别人这样全情投入时,我感到一阵激动——**激动万分**。我会觉得自己已然成功地令他们沉浸于那个世界,那个让我全身心为之着迷的世界。"

· ■ ·

我第一次向诺兰提出合作写一本书时,他认为自己还没拍出足够多的电影,多到足以撑起一部回顾职业生涯的著作。那时,他刚拍完《星际穿越》,作品数量仅有9部。3年过去了,在《敦刻尔克》上映前夕,我们在Syncopy制片公司的办公室里再次见面。这是一幢坐落在华纳兄弟(Warner

Bros.）制片厂里的二层棕色小楼，与克林特·伊斯特伍德（Clint Eastwood）的马尔帕索制片公司（Malpaso Productions）仅咫尺之遥。我指出他又多了一部新片，之前反对出书的理由快要不成立了。我们又通过他的助理继续沟通（诺兰没有电子邮箱或手机），最终他同意在曼哈顿见一面。当时，他正要去那儿参加美国导演工会（DGA）的会议。《纽约客》（*The New Yorker*）刚刚曝光了哈维·韦恩斯坦（Harvey Weinstein）这位行业大亨的性侵丑闻，DGA要投票表决是否剥夺韦恩斯坦的工会会员身份。与此同时，《敦刻尔克》已经斩获了近5.27亿美元的票房收入，并将获得8项奥斯卡奖提名，其中包括诺兰的最佳导演奖提名。《黑暗骑士》和《盗梦空间》冲奥时，他都被此项提名拒之门外，如今终于打破冷遇、名列其中。

他告诉我："如果我是为拍片而拍片，那我肯定已经退出这行了。我不能再那样做了。我觉得拍电影非常困难。我承认这一切很有吸引力，但过程却很艰难，给家庭和人际关系都带来很大负担，也耗费颇多的体力。因此拍出来的片子必须精彩，必须是我热爱的东西。我认为问题在于我是一名编剧，我并不想放弃这个身份。我第一次获得美国导演工会奖提名时，有机会见到了雷德利·斯科特（Ridley Scott）。有人问他下一个项目要怎么选，他说，回顾自己20年的从业生涯，他拍了10部电影，尽管速度不算特别慢，但仍然让他思考，'遇到差不多的项目就赶紧拍起来不好吗？'不过他自己并不写剧本，我认为是否亲自编剧的区别很大。我其实并不想在完全写好后递到我桌上的剧本中进行挑选。我自己参与过的项目从未有过那样的情况。我永远不想放弃做编剧。史蒂文·索德伯格找到了一种办法，他自己不再写剧本，因此能够提高拍片速度。他找到了办法，得以拍摄体量小但更天马行空的作品。我拍电影花的时间太长了，而且即便它们体量变小，制作速度也不会加快。就算拍起来能更快，但是写剧本和构思仍然需要时间。"

诺兰说自己有个故事的点子，但不保证可以变成什么。他说："这种情况在我身上发生过两三次了，就像走上了大岔路，我为此浪费了好几年的时间。"他开始调研这个不知能否发展成下部剧本的点子，他同意在此过程中，接受我为期一年的一系列面谈。当时奥斯卡颁奖季也要出结果了，我感觉他很高兴访谈这事能分散自己的注意力。"在已出版的《敦刻尔克》剧本的序言里，我很不明智地透露了一件事，就是我曾跟艾玛（·托马斯）说：'我想我不用剧本就能拍这部电影。'她立即反驳了我：'你这是在犯傻。'她是对的。当然，自此之后，一直有人问我这个问题：'你是准备尝试不用剧本就开拍

吗？'这是一个疯狂的想法，但它传达的点在于，写好的剧本和拍成的电影，两者之间远没有那么大的关系。剧本并不是成片要拍成什么样的理想模型。对于电影导演来说，把自己的视觉想法诉诸文字时，想不受行文风格的牵制是很难的。我喜欢写剧本，因为它们是非常精简、朴素的文件，并且越精简越好。剧本的文学性越少，就越接近银幕上发生之事的直接体验。我一直在寻找让剧本避免文学化的方法，或者能够帮助自己超越文学层面去理解叙事的方法。一旦你开始在电脑屏幕上向前移动光标，一旦你进入文字的世界，开始以线性的方式向前推进，你就深深地困在了这个过程里，不止不休。在抵达终点之前，你都身陷于迷宫之中。"

显然，唯一能够真正理解克里斯托弗·诺兰或其电影的方法，就是追随他走进这座迷宫。

• • •

尽管本书的开头记述了诺兰的早期生活，随后以时间顺序梳理他的电影，但这并不是一部传记。这是诺兰首度乐于谈论他跨越大西洋两岸的成长经历、他的寄宿学校岁月，以及在拿起摄影机拍电影之前，所有对他造成影响的事物、他的涉猎积累和灵感来源。但他仍然近乎生理性地讨厌别人从生平传记的角度来解读自己的作品。"我不想自比希区柯克，但是我认为，我遭受着被同样误解的风险，因为我的作品之间有很多非常明显的关联，我真的不否认这点，但这更多出自一个匠人（craftsman）的视角，而非一种内在的执念。我也是这样看待希区柯克的。他是一个极为出色的匠人，其电影里不存在什么弗洛伊德式的潜文本。是的，你可以在更深的层次上分析他的电影，但这样做的问题是，你会忽视其作品中更为明显的驱动力。我感觉我的创作，更多是基于技巧手法、抽象概念和戏剧性。说真的，我觉得自己更像个匠人，而非艺术家。我这样讲不是在假装谦虚。我认为有些电影人是艺术家，比如特伦斯·马利克（Terrence Malick）就是一位艺术家。也许这两者的区别就在于，你是运用电影来表达纯粹个人的、发自肺腑的、不吐不快的东西；还是说，你是在努力和观众对话、交流，连通他们的期待和经验。与大家所以为的情况相比，我的作品更多关注制作电影的实务（filmmaking）。"

诺兰 Syncopy 制片公司的迷宫式标志

诺兰的这番自我评价最令人惊讶的地方，可能在于它与诺兰的猛烈批评者的观点竟如出一辙。后者认为他不过是个有洁癖的演艺人，搞些电影版的"魔术眼"（Magic Eye）[16]式解谜游戏——那是精于工艺但空洞无物的奇技淫巧，对于创造性表达的使命全无热情，完美的玻璃切面之外毫无生气。诺兰和其批评者之间唯一的不同，在于他们如何**评价**这种玻璃般的质感。批评者感觉缺乏个性的部分，诺兰却如魔术师一般，为这种"自我消失"的技巧而自豪。我写这本书的原因，就在于我认为两者都不对。诺兰电影的自传性或许不像《穷街陋巷》（*Mean Streets*，1973），甚或《E.T. 外星人》（*E. T. the Extra-Terrestrial*，1982）那般，但它们**都**具有个人色彩。他的作品在拍摄过程中所使用的代号经常源于他的孩子们——《黑暗骑士》是"罗里的初吻"（Rory's First Kiss），《盗梦空间》是"奥利弗的箭"（Oliver's Arrow），《黑暗骑士崛起》是"马格努斯王"（Magnus Rex），《星际穿越》是"弗洛拉的信"（Flora's Letter）。诺兰电影构建的景观与神话，对于这位创作者而言，其一点一滴的个人色彩，不亚于斯科塞斯（Martin Scorsese）的廉价酒吧，或者斯皮尔伯格的城郊小区。这些电影以诺兰生活过的城市和国家为背景，呼应那些他居住或研究过的楼宇建筑，借鉴那些塑造了他的书籍和电影，把他成年之路上遇到过的主题打乱重排：放逐、记忆、时间、身份、父职。他的电影是极为个人化的幻想，应其创造者之需，这些幻想被赋予一种紧迫感和说服力，让人不把幻想视为现实的二流版本，而是将两者等量齐观，幻想就如氧气般不可或缺。他睁着眼睛做梦，并要我们同他一起。

这本书也不是诺兰的访谈合集，尽管它是数十小时访谈的成果。访谈在他位于好莱坞的家中进行，前后用了三年时间。在这期间，诺兰编剧、筹备、拍摄并剪辑了他的最新作品《信条》（*Tenet*，2020）。他有什么准则？一个了不起的剧情反转和一个"还行"的反转差别在哪儿？他的电影究竟有多个人化？什么能打动他？什么让他害怕？他认为理想的情节时间跨度应该有多长，几周、几天还是几小时？他的政治观点是什么？……采访诺兰时，你很快了解到的第一件事就是，若直截了当地问他那些独特的主题和迷恋源于何处，你是得不到什么答案的。比如，你问他最初怎样对迷宫产生兴趣，过不了多久，你自己也会陷于迷宫之中。"我真的不太记得了，并不是我不愿透露。我觉得我是在开始讲故事、开始拍电影的同时，逐渐对迷宫和其他事产生明确兴趣的。"多问几句某个他迷恋的事物，反而得到更多的迷恋之物，它们形成了一条长长的递归链。"我想，我对身份的痴迷，可能真的源于我对叙事主观性的痴迷。"他会这么说，或者："我想，我对时间的痴迷，其实源于我对电影的痴迷。"他想要遵从生活与电影之间泾渭分明的界线，于是有了这种修辞习惯。他的迷恋（obsession），或者我称之为"痴迷"（fascination），如同亚历山大·考尔德（Alexander Calder）的动态雕塑一般飘浮在半空中，每一部分都互相连接，最终回归到原初的痴迷——电影（cinema）本身。条条大路通罗马。

采访中你了解到的第二件事，是他经常用"迷人"（fascinating）这个词。以下列出了一些他在访谈过程中提到的"迷人"事物：

- 弗朗西斯·培根（Francis Bacon）画作中那些模糊头颅的形象
- 大卫·里恩（David Lean）执导的《阿拉伯的劳伦斯》（Lawrence of Arabia，1962）中英雄气概的缺失
- 霍华德·休斯成为孤儿
- 斯坦利·库布里克（Stanley Kubrick）在《2001太空漫游》（2001: A Space Odyssey，1968）中对微缩模型（miniature）的运用
- 《盗火线》中罗伯特·德尼罗（Robert De Niro）一伙人划破装钱的真空袋的时刻
- 豪尔赫·路易斯·博尔赫斯的作品
- 在《现代启示录》（Apocalypse Now，1979）的结尾处，马龙·白兰度（Marlon Brando）吟诵T.S.艾略特（T. S. Eliot）的《空心人》（"The Hollow Man"）
- 《平克·弗洛伊德：迷墙》（Pink Floyd: The Wall，1982，以下简称为《迷墙》）
- 工业光魔（Industrial Light & Magic）的作品
- 诺兰父亲为雷德利·斯科特所做的广告作品
- 电影中的空间错觉
- 哥特式建筑
- 爱因斯坦（Einstein）有关"分离双胞胎"的思想实验[17]
- 大英帝国和俄国在中亚地区的"大博弈"（Great Game）[18]
- 威尔基·柯林斯（Wilkie Collins）的小说《月亮宝石》（The Moonstone）[19]
- 茂瑙（F. W. Murnau）执导的《日出》（Sunrise: A Song of Two Humans，

1927）如何通过建筑表达道德观
- 没人明白 iPad 的运行原理这件事
- 大卫·林奇的作品
- GPS 卫星如何将相对论影响的因素纳入运算
- 维基百科
- 16 岁时他观看的一部倒着放映的自然纪录片
- 水翼船（hydrofoil）[20]

他用"迷人"一词时略有些古色古香的意味，让人想起这个词的词源——其一是拉丁语 fascinatus，它是 fascinare 的过去分词，意思是"蛊惑、着魔、使之神魂颠倒"；其二是 fascinus，意思为"咒语、巫术"。起初，我花了好大工夫去寻找这个词的文学出处，最终我意识到这个词让我想起了谁。在布莱姆·斯托克（Bram Stoker）的《吸血鬼伯爵德古拉》（*Dracula*）中，范海辛决心不再拖延，直到"那个淫荡的女吸血鬼用美色（fascination）催眠了他"，他发现自己"虽然睁着双眼，但正在慢慢睡去，即将进入到甜腻的幻境（fascination）之中"[21]。在柯南·道尔（Conan Doyle）的《巴斯克维尔的猎犬》（*The Hound of the Baskervilles*）中，华生说巴斯克维尔猎犬的血盆大口"看起来凶残却又令人着迷（fascinating）""如此可怕却又如此迷人（fascinating）"[22]。

维多利亚时代（Victorian era，1837—1901）的人时常让你觉得，他们的癖好严格说来不太理性，但在这样的重压下，仍有理性在膨胀。诺兰的电影也是如此，它们在可被解释的范围边缘漾起涟漪、膨胀起鼓，它们是理性受到创伤的电影。撕开克里斯托弗·诺兰电影的表面，你经常会找到来自维多利亚时代的出处。歌德（Goethe）的《浮士德》（*Faust*）笼罩着《致命魔术》和《黑暗骑士》三部曲；《黑暗骑士崛起》是对狄更斯（Charles Dickens）《双城记》（*A Tale of Two Cities*，1859）的再加工；《星际穿越》中，借用托马斯·罗伯特·马尔萨斯（Thomas Robert Malthus）[23]理论的篇幅惊人，里面还有柯南·道尔全集，同时还用到了一架有 382 个音栓的管风琴；《敦刻尔克》中的船只，是以威尔基·柯林斯 1868 年的小说《月亮宝石》命名的，而由汉斯·季默（Hans Zimmer）谱写的配乐，则呼应了爱德华·埃尔加（Edward Elgar）的《谜语变奏曲》（*Enigma Variations*）。

H.G. 威尔斯（H. G. Wells）笔下的时间旅者，用镍、象牙、黄铜和石

爱德华·埃尔加创作的《谜语变奏曲》手稿。汉斯·季默在《敦刻尔克》（2017）的配乐中，对其进行了改编

英造出了一台时间机器（像是威尔斯那辆 40 磅重的自行车——他喜欢骑着它穿梭于泰晤士河谷——不过是更精密的版本），然后搭乘它去了 3,000 万年后的未来。穿越后的他说：我看见"高楼大厦拔地而起，若隐若现，又如梦幻般消失"[24]。如果威尔斯的时间旅者被时间机器送到了 2001 年，在坎特餐厅落脚，让他在好莱坞开启一段长达 20 年的电影创作生涯，那他最终所缔造的事业成就，可能和克里斯托弗·诺兰的相差无几。虽然诺兰在评论界的声誉还没有定论，但他若自称是现世健在最伟大的"维多利亚时代"的电影人，也是有一定道理的。

从雷蒙德·钱德勒、弗兰克·劳埃德·赖特（Frank Lloyd Wright）[25]、豪尔赫·路易斯·博尔赫斯，到 T.S. 艾略特、弗朗西斯·培根和伊恩·弗莱明（Ian Fleming）[26]——在所有那些影响诺兰作品的元素中，事实证明，最有助于我理解其作品以及写作本书的艺术源头，来自音乐方面。他制片公司的名字——Syncopy，是对 syncopation（切分法）玩的文字游戏，这个建议来自他的父亲布伦丹（Brendan James Nolan）。他父亲是一位古典音乐爱好者，2009 年去世之前，很爱去儿子影片的配乐录制现场探班。随着诺兰电影的规模越来越大、越来越史诗级，影片的配乐也成了越发重要的作品架构手段，诺兰在配乐方面的参与度也越来越高，甚至作曲家汉斯·季默都称诺兰为《敦刻尔克》的"共同作曲者"。季默谈起两人在该片上的合作时说道："《敦刻尔克》的配乐，既是我的作品，也是克里斯的作品。"这一配乐基本上是赋格（fugue）[27] 式的，演奏同个主题的一系列变奏，时而音程转位[28] 或者逆行，但始终是和谐的，给观众留下一种无穷动的印象。

诺兰说："在我制作的电影中，音乐一直是个基本的组成部分，并且越来越重要。我多年前读到过安杰洛·巴达拉门蒂（Angelo Badalamenti）[29] 的一句话，他说大卫·林奇以前常对他说'弄出大块塑料的声音'这样的话。有意思的是，我记得第一次读到这句话时，心想：哇，这可真离谱。而现在的我完全理解了它的含义。好的电影音乐发挥的作用，是你没办法用其他方式表达清楚的，如果你愿意找某种方式来解释音乐，你大可试试，但你就是办不到。这些年来，对于那些较为宏大的电影配乐，我所做的是想办法搭建一架机器，之后用音乐的机理来抓住电影的核心，把情感转化为那种音乐形式。在《星际穿越》中，配乐的创作就必须这么来。我不想把配乐留到最后碰运气，我想试着完全逆转这个过程，让配乐从情感开始，从故事的基本核心出发，然后从中建立起音乐机理。每部片合作下来，我真是越来越挑战汉斯的配乐方式了，《敦刻尔克》是最极端的例子，因为它就是以音乐的形式构思出来的。某部分的我其实并不明白为什么选择了这种方式、执行到这种程度，但是我确实这么做了，对我而言也行得通。它帮助我表达了一点自我，而且这是我**能够**表达自我的唯一方式。"

这本书也有样学样。每一章都选取诺兰的一部电影作为出发点，详细讲述制作过程，以及导演本人当下对该片的看法，尤为关注每部作品的剧作、美术设计、剪辑和配乐方面，也即电影制作过程中，所有最贴近创作者意图的环节。而很多电影书聚焦的钩心斗角的幕后秘闻，则并非本书的关注重点。诺兰的优势主要集中于想法方面，但这并不是说其电影中没有生动乃至惊艳的表演——任何看过《记忆碎片》中盖·皮尔斯（Guy Pearce）、《致命魔术》中丽贝卡·霍尔（Rebecca Hall）、《黑暗骑士》中希斯·莱杰（Heath Ledger），或者《敦刻尔克》中马克·里朗斯（Mark Rylance）表演的人都可以作证。但与大多数电影相比，诺兰电影的成败更取决于其想法的强度。在《盗梦空间》中，莱昂纳多·迪卡普里奥（Leonardo DiCaprio）饰演的柯布（Cobb）问道："什么寄生物最顽强？细菌？病毒？还是肠道蠕虫？是想法（idea）。既顽强又有高度感染力。一旦想法占据了脑海，它就几乎无法被清除了。"诺兰是执念和午夜神思的守护神。

随着每一章的推进，一个个主题逐渐浮现——时间、感知、空间、幻象。本书跳脱了年表式的顺叙路线，转而钻入诺兰着迷的事物当中——或许是影响他的一本书、一部电影，或许是一段在他脑海中挥之不去的旋律。在《谜语变奏曲》中，作曲家埃尔加将每个变奏都献给自己的一位朋友，据说他还把某个隐藏主题编入了乐曲的结构之中。对此，埃尔加写道："我不会解释这个谜语，你也绝不该猜测它的'暗语'（dark saying）[30]。"埃尔加的传记作者杰罗尔德·诺思罗普·穆尔（Jerrold Northrop Moore）等人认为，这个主题并不是旋律性的，而是一个想法——通过他人的个性来发展自我的想法。"《谜语变奏曲》的真正主题是在音乐中创造自我。"诺兰的电影也是如此，它们是一系列主题的变奏，以不同声部和音调的重复、音程转位、减速加速，创造出一种无穷动的印象。如同《谜语变奏曲》，诺兰的电影里也有一个终极人物，交织在所有其他人物当中，肉眼难见但却存在于每一格影像之内。那个人物就是克里斯托弗·诺兰。

ONE
第 1 章

结构
STRUCTURE

"我们家每个人都热爱飞机,热爱旅行,"诺兰说,"飞行在我的成长经历中一直占有很大比重。我们总是飞来飞去。我母亲在美联航当了好多年空乘,所以我能拿到免费的机票,排候补机位那种,想去哪里都可以登机,说走就走;我爸则因为公务经常出差。我爸早年为几家大广告公司工作,他担任商业广告的创意总监,20 世纪 60 年代时在洛杉矶待了些时日。他们派他搭飞机去那儿,一次拍 5 支广告。之后他自己开了一家市场咨询公司,一做就是 20 年。业务内容和电视广告没太大关系,更多是有关品牌发布和产品外包装方面的。例如吉百利的'星条'巧克力棒,就出自我爸的手笔。我记得他曾经拿回家一些巧克力小样让我们试吃。"

诺兰最早的观影记忆之一,是去看艾伦·帕克(Alan Parker)的歌舞片《龙蛇小霸王》(*Bugsy Malone*, 1976),该片由朱迪·福斯特(Jodie Foster)主演[1]。他还记得在看报纸上的上映广告时,他的父母说:"哦,这是你爸爸的一个朋友执导的。"这种说法有些夸张,不过他父亲布伦丹确实曾和艾伦·帕克一起拍过一支广告。不久之后,在 1976 年松林制片厂(Pinewood Studios)建厂 40 周年庆那天,父母带他去参观,他记得看到了帕克影片中出现过的脚踏小汽车。"那对我而言意义重大，因为那里聚集了5位全部出身自广告界的英国导演。他们是雷德利·斯科特、托尼·斯科特（Tony Scott）、阿德里安·莱恩（Adrian Lyne）、休·赫德森（Hugh Hudson）和艾伦·帕克。我记得爸爸跟我解释说，他和其中的几位合作过。我爸一直认为休·赫德森是其中最有趣的一位，他一直期待着这位导演能拍出点什么来——那还是在赫德森拍出《烈火战车》（*Chariots of Fire*，1981）[2]之前。让我兴奋的是，我后来才知道我爸和雷德利·斯科特共事过，虽然时间非常短暂，他俩还没熟到会在街上打招呼的程度，但是多年之前，他确实通过斯科特的公司做了两三个项目。"

诺兰的父亲出于工作原因，在非洲和东南亚地区逗留了很长时间，之后总会带着礼物和当地见闻回到家中。家中的三个男孩——老大马修（Matthew）、老二克里斯和老么乔纳森[Jonathan，家人都叫他乔纳（Jonah）]，经常玩一个"猜猜爸爸去哪儿了"的游戏。布伦丹在芝加哥工作时，认识了他们的母亲克里斯蒂娜（Christina Jensen）。她曾是美联航的空乘，由于结婚而被迫离职，因为60年代的航空公司要求女空乘必须是单身。尽管最后集体诉讼帮她赢回了工作，但彼时的她已经开启了一份新的事业——教英语，并已小有成就。在诺兰的童年时期，他的父母花了很多时间决定究竟在哪里定居，伦敦还是芝加哥。他们偶尔去俄亥俄州拜访外婆，诺兰记得他在那里观看了乔治·卢卡斯执导的《星球大战》（*Star Wars*，1977），那年他7岁。

诺兰说："我在俄亥俄州郊区的一家小影院里看了这部电影。当时我们是去看望外婆。那时候，英格兰和美国使用的是同一批电影拷贝，因此这些电影只能等美国上映几个月之后才能在英国看到，所以暑期档电影往往要等到圣诞节才会在英国上映。我记得我回到海格特（Highgate）的学校里，想要告诉朋友们我在暑假做了些什么，努力跟他们描述这部电影：里面有个戴着黑面具的人，还有那些穿着白制服的帝国冲锋队队员，但他们都不是好人——我记得没人真的听懂我在胡说些什么。后来，影片在圣诞节上映时，大家都迷得不行。每个人都试图跟《星球大战》'沾亲带故'——我记得一个朋友的父亲曾在为影片录制配乐的管弦乐团里待过，我则是比其他人提前几个月看了片子，而且我是小朋友中看过次数最多的人。我对这些电影和它们背后的技术花招由衷地痴迷。我记得我有一本关于工业光魔的杂志，我读得如饥似渴。幕后的一切以及他们制作电影的过程，都让我着迷不已。"

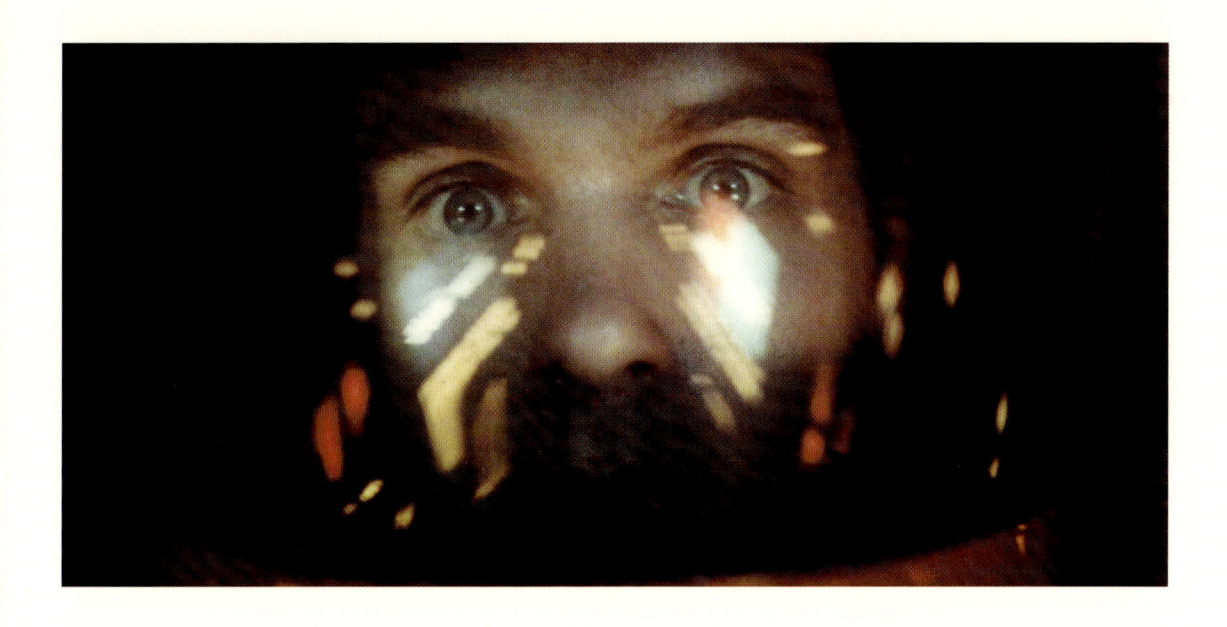

在俄亥俄州看过《星球大战》后不久，父亲带诺兰去历史悠久的伦敦莱斯特广场戏院（Leicester Square Theatre）看了《2001 太空漫游》的重映，导演是斯坦利·库布里克。"他带我们去超大银幕上看这部电影，那可是一件盛事。我记得我被提前打了预防针，说这部电影跟《星球大战》不一样，但当看到'发现号'飞船驶过时，每一个微缩模型的镜头都深深地吸引着我。它就是有这样一种原始的气氛——开场的猎豹眼睛发光，片尾时星孩的形象出现在银幕上，这一切都让我迷惑，但并不令我有受挫感。我记得在芝加哥和一群朋友又看了一遍，和他们讨论电影的含义，因为如果你读了阿瑟·C.克拉克（Arthur C. Clarke）的原著小说（我是在看过电影之后读的），就会发现小说对其中事物的含义有更为明确的解释。在某些层面上，我觉得当时的我比现在的我更懂这个作品，因为那是一种体验，而我觉得孩子对此有更为开放的心态。那里面有一种纯粹的电影感、一种纯粹的体验在发酵。《2001 太空漫游》首次向我展现电影可以是任何样貌的，它就是电影中的朋克摇滚。"

1978 年夏天，诺兰和家人一起搬到芝加哥，为了和母亲克里斯蒂娜这边的亲属离得更近一些。起初，这只是个为期一年的计划，但是一年变成三年，一家人在芝加哥北岸富庶又郁郁葱葱的埃文斯顿（Evanston）郊区安家落户。这里坐落着仿都铎式砖砌豪宅，墙面爬满了常春藤，车道上停着旅行车，穿过后院就是林地，这样的场景很快就被导演约翰·休斯（John Hughes）

斯坦利·库布里克执导的《2001 太空漫游》（1968）中的基尔·达利（Keir Dullea）

第 1 章　结构　STRUCTURE　23

永恒地定格为美式的青春乐园。诺兰回忆道:"我过的完全就是标准的郊区生活,和《春天不是读书天》(Ferris Bueller's Day Off, 1986)、《巴克叔叔》(Uncle Buck, 1989)如出一辙。约翰·休斯那些电影都是在北岸,像埃文斯顿这样的芝加哥郊区拍的。我们住在郊区,就在学校对面,那里还有个小公园,是一片森林保护区,有小路穿过林地,我们可以在里面到处闲逛。我感到很自在,和朋友们骑着自行车四处跑。这里的天气比伦敦更好,最起码夏天的时候是这样,冬天则是不可思议的白雪皑皑。我记得很清楚,我们搬到埃文斯顿之后,还是孩子的我再次造访伦敦,回到了我家先前租出去的伦敦房子。那时我们搬走了差不多一年,我记得再看那里时,一切都显得好小。很显然,这是因为美国的东西通常更大,房子更大,街道更宽。不过我也长高了几英寸,蹿个儿很快。我印象很清楚。我记得看着门廊的台阶,心想:我怎么不记得这地方有这么小。"

就连美国当地的电影院都巨大无比,最大的是诺斯布鲁克(Northbrook)的老伊登斯电影院(Edens Theater)。它位于伊登斯高速公路旁,是一座令人惊叹的60年代未来主义风格的建筑。1963年开业时,这座建筑被宣称为"世界上最大的双曲线抛面结构"。当你开车经过伊登斯高速公路与斯科基大道的交会处时,一定会注意到它——其造型宛如出自《杰森一家》

本页图和对页图:伊利诺伊州诺斯布鲁克的老伊登斯电影院。诺兰在老伊登斯电影院看了很多电影,从史蒂文·斯皮尔伯格的《夺宝奇兵》(1981)到阿德里安·莱恩的《异世浮生》(Jacob's Ladder, 1990)

（*The Jetsons*）[3]，或者吉恩·罗登伯里（Gene Roddenberry）的星际舰队（Starfleet）[4]。瓦楞的混凝土墙面，穿插着起伏的长条玻璃，屋顶直插天空。大厅中摆着超现代（ultramodern）风格的家具，它们以金色和米色为主色调。影厅中有一块超大银幕，配有红色的帘幕，第一排前面铺着地毯作为隔断，还有一块小型的舞台区。诺兰说："那景象简直惊人。我记得和妈妈一起去那儿看了《夺宝奇兵》（*Raiders of the Lost Ark*，1981）。全场座无虚席，银幕巨大。我们不得不坐在靠近前排的位置，我不知道是不是第一排，但记得是稍稍偏离中线的位置。我依然记得影像的尺寸和形变，因为我们离银幕太近了，我甚至能看到胶片的颗粒。我对此记忆犹深，那是一种被吸进银幕的超凡感受。"

诺兰8岁的时候，父亲把自己的超8摄影机拿给他玩。摄影机很基础，小胶片盒足以拍摄两分半的影像，不过不能录音，但它为诺兰打开了一个全新的世界。诺兰在学校读三年级时交了新朋友——阿德里安·贝利奇（Adrian Belic）和罗科·贝利奇（Roko Belic）两兄弟，他们是捷克和南斯拉夫移民之子，后来在各自的纪录片事业上颇有建树。他们三人一起，在诺兰父母家的地下室里，自制了一系列太空史诗片，用原始的定格技术让诺兰的动作兵人玩偶和《星球大战》手办动起来。他记得用装鸡蛋的盒子和卫生纸卷置景，在乒乓球桌上撒面粉来模拟爆炸效果，或者受到《星球大战2：帝国反击战》（*The Empire Strikes Back*，1980）中冰冻星球霍斯（Hoth）的启发，到芝加哥冬天的户外去重现相似的雪景。

诺兰回忆道："其中一部片子叫《太空大战》（*Space Wars*），《星球大战》的重大影响可见一斑。卡尔·萨根（Carl Sagan）的电视剧集《宇宙》

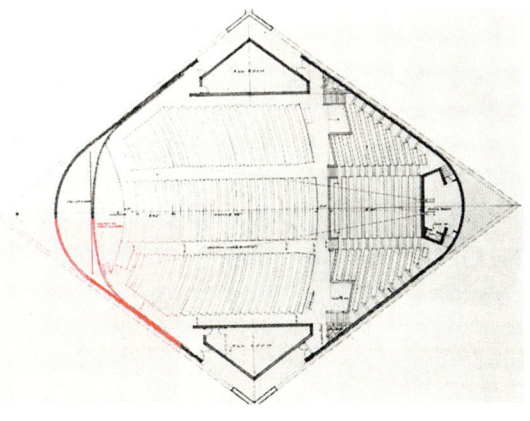

（*Cosmos: A Personal Voyage*，1980）刚刚播出，我对一切与太空和飞船相关的事物都很着迷。我生命中的一大失望，就是回看这些自制电影时，方才意识到它们竟如此粗糙。在拍电影这件事上，我经历的是一个缓慢的进化过程。孩童时期，拍片只是把有趣的影像组接到一起，拼凑出故事来。当然，这是因为超 8 摄影机不能录音，所以这是一个纯粹的影像生产过程。不像今天的小孩，他们可以处理声音。前几天，我读爱森斯坦（Sergei Eisenstein）的《电影形式》（*Film Form*）一书，他的观点是：你拍了镜头 A 和镜头 B，组接起来可以得到观点 C。有意思的是，这个观点竟然引起过争议。我现在意识到，我是靠自己琢磨出这一点的。"

爱森斯坦是里加（Riga，现为拉脱维亚首都）一名石匠大师[5]的儿子，曾就读于圣彼得堡土木工程学院，受训成为建筑师和土木工程师。后来他将注意力转向了布景设计和电影制作，他是电影领域第一位伟大的结构主义思想家。广为人知的是，他将电影蒙太奇（montage）的艺术比作日本人用的象形文字（汉字）：两个最简单的象形文字组合在一起，得到的不仅仅是两部分含义的相加，还会创造出第三种含义。因此，如果你像爱森斯坦在《战舰波将金号》（*Battleship Potemkin*，1925）中所呈现的那样，拍摄一个戴着夹鼻眼镜的女人，然后切到另一个镜头——这个女人眼镜破碎，一只眼睛在流血，你就完全创造出了第三种含义：一颗子弹击中了她的眼睛。一天，诺兰的舅舅托尼（Tony）带给他一些阿波罗登月计划的胶片，是用超 8 摄影机拍下来的。"我最后干的事，就是把电视屏幕上阿波罗计划的画面拍下来，然后拼接到自己简陋的小电影中，糊弄别人，让他们以为那可能是我拍出来的。曾和我一起拍这类电影的一位朋友罗科·贝利奇，在看了《星际穿越》的预告片后，打电话对我说：'那些镜头和我们小时候拍的几乎一样，都是经典的固定机位镜头。'我们尽力让画面看起来绝对逼真，但它确实和我小时候拍的东西是一回事。"

乔纳与诺兰联合编剧了《星际穿越》，当前者来到卡尔弗城（Culver City）片场的 30 号摄影棚探哥哥的班时，他看到演员们被固定在一架实物大小的"徘徊者号"（the Ranger）太空舱里。太空舱被整体安置在水力夯锤上面。与此同时，特效团队通过远在伦敦的电脑，把一幅动态的星际图投射在一块 300 英尺（约 91 米）长、80 英尺（约 24.4 米）宽的巨型银幕上，从而模拟出星际旅行的效果。诺兰说："乔纳对我说：'我们**当然**要这么做了——这就是我们的全部童年呀。'我们总是会做这种事。真奇怪，我们

过去没这么干过。那感觉就像回家了一样。"

• • •

　　由于诺兰他家在大西洋两岸搬来搬去，电影就成了他一直以来的归宿。1981 年，在诺兰 11 岁时，他们搬回了英格兰，布伦丹希望儿子们在此接受和自己一样的天主教预备教育。布伦丹的父亲是兰开斯特（Lancaster）轰炸机的飞行员，卒于战时；因此，寄宿学校的规训便成了天赐福音。诺兰进入了巴罗希尔斯（Barrow Hills）学校就读，那是位于萨里郡韦布里奇市（Weybridge）的一所天主教预备学校（prep school）[6]，由圣约瑟会（Josephite）的神父主办。诺兰说："学校灌输了很多天主教教义。"圣约瑟会是罗马天主教会的兄弟会，兴办了一系列神学院和寄宿学校，最远的开在刚果民主共和国。巴罗希尔斯学校的建筑是爱德华时代的庄园宅邸，拥有男爵风格（Scottish Baronial）[7]的三角形

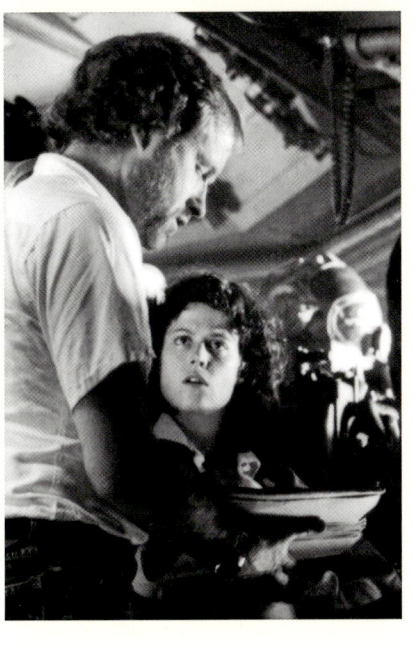

左上图：雷德利·斯科特在《银翼杀手》的片场给哈里森·福特（Harrison Ford）讲戏；右上图：《银翼杀手》中鲁特格尔·豪尔（Rutger Hauer）[8]饰演的复制人罗伊·巴蒂；下图：雷德利·斯科特在《异形》（1979）片场给西格妮·韦弗（Sigourney Weaver）讲戏。这两部电影让诺兰打开了眼界，发现了"导演"这项工作

第 1 章　结构　STRUCTURE　27

屋顶。这在当时是一所阴郁又严酷的院校,老师们仍在追忆二战中的服役时光,就连熄灯后聊天这种微小的过错,都会让学生们挨两下藤条的鞭打。学校的伙食大多难以下咽,学生们经常饿肚子,全靠小卖部过活。诺兰说:"那时候,我们是一帮小孩,而老师们是敌人。他们想让你严肃对待学业、全心祈祷,你则会本能地反抗,而非动过脑子才要去反抗。但我成长自70年代,那时候科学正在取代宗教,没有人会质疑这点。当然,现在我不知道还是不是这样,情况似乎有了某些变化。"

这所学校里没有电影社团,尽管每周都会放映《血染雪山堡》(*Where Eagles Dare*,1968)或者《桂河大桥》(*The Bridge on the River Kwai*,1957)这类战争片。诺兰也确实记得,自己曾获准在舍监小屋的电视上看《银翼杀手》(*Blade Runner*,1982)的盗版录像带,导演是雷德利·斯科特。他说:"我们获准去舍监房里,看了半个小时的片子。"直到后来,他又看了雷德利·斯科特的《异形》(*Alien*,1979),遂联想到那部在舍监书房里只看了半小时的有关复制人的《银翼杀手》。"我对这点记得非常清楚,就是我能够辨识这些电影中的共有调性,虽然不能完全理解,但我渴望理解——有些元素,像是一个声响、一阵低沉的震动、一种特定的打光或者一种气氛,在两片中显然是相同的。然后我发现,原来这两部影片出自同一位导演之手。因此,完全不同的故事、不同的编剧、不同的演员,一切都不同——作为一个小孩,所有我以为构成电影的东西(小时候我以为电影主要

英格兰赫特福德郡的黑利伯里与帝国公职学院。1984年至1989年,诺兰在此寄宿

是演员们编出来的）——所有这些都不同，但是这些不同之中有一种联结，那就是导演。我记得当时心想，**这就是我想做的工作**。"

每位电影导演都有一个"顿悟"（eureka）时刻，脑海中会突然灵光一闪，好比英格玛·伯格曼（Ingmar Bergman）第一次接触到魔灯（Magic Lantern）[9]；斯科塞斯看到《正午》（High Noon，1952）远景镜头里的加里·库珀（Gary Cooper）时，意识到电影是由某人**导演**的。诺兰的"顿悟"之旅并非一帆风顺，他有耐力、够狡黠，还做了些侦探工作。观众在观看他的电影时，正需要上述这些特质，并将因此而获得回报。

在巴罗希尔斯学校待了3年之后，诺兰进入黑利伯里与帝国公职学院（Haileybury and Imperial Service College），这是一所位于M25伦敦环路北侧的寄宿学校[10]。该校最初成立于1862年，旨在培训出一批帝国子弟赴印度担任公职。到了20世纪80年代早期，黑利伯里学院就有种为已然不复存在的帝国而运行的感觉了。冬天里，乌拉尔地区吹来的凛冽寒风刮过广袤的校园。校园里坐落着星星点点的战争纪念碑，悼念在布尔战争（Boer War）[11]中牺牲，或者荣获维多利亚十字勋章的英勇校友们，并向当下那些出身于北伦敦中产阶级郊区的孩子传授这种维多利亚时代的美德——颇富男子气概的自我牺牲精神。

英国皇家空军上校彼得·汤森（Peter Townsend）曾宣称："只要你能在黑利伯里挺过头两年，你就可以挺过人生中的任何苦难。"在那之后，虽然情况有所改善，然而它依然是一所清苦又老派的学校，装潢上没有那么多地毯或窗帘，营房式宿舍中的暖气也不太足。20世纪80年代晚期，记者约翰·麦卡锡（John McCarthy）被黎巴嫩真主党（Hezbollah）劫持为人质，他在获释时说，在黑利伯里学院的寄宿时光，助他面对囚禁的艰难困苦——他并不完全是在说笑。他曾经的舍监理查德·罗兹-詹姆斯（Richard Rhodes-James）写道："诸如此类的言论，时而让我怀疑自己管理的到底是一个什么样的世界。它让我回想起那些以监护之名而采取的措施——我当年认为那是管理宿舍之道，执行的方式其实相当严苛。"麦卡锡住过的梅尔维尔（Melvill）宿舍，正是诺兰于1984年秋天入住的地方。

诺兰说："我认为麦卡锡的话里有一丝狡黠的幽默。我记得斯蒂芬·弗莱（Stephen Fry）在一次采访中被问及自己的坐牢经历[12]，他说：'哦，我可上过寄宿学校，监狱还没那么糟。'我的经历有所不同。我在寄宿学校过得很开心，但我也意识到很多人并不享受寄宿生活，所以我想这里面有某种让人

又爱又恨的矛盾特质。在这里，你所获得的极大独立感和艰苦受限的环境之间，诚然有着一种奇怪的张力。你远离家人，与世隔绝，也有点孤立无援，然而一切都可以自己做主。这是一种别样的自由。我一直把寄宿学校比作达尔文主义的环境，浮沉全凭自己。黑利伯里非常军事化，学校和学生都在自我管制。第六学级（sixth form）[13]的学生担当级长，管理年龄小的男孩们。这里施行的是一套非常老派的等级制度，至少我就读时是这样的。你要么适应规则，要么厌恶至极。我在同龄人中体格较大，英式橄榄球打得不错，如果你英式橄榄球打得不错，你就不会混得很差。"

来这所学校参观的人，首先会惊讶于校园的大小。校园坐落在赫特福德郡乡间中部，占地 500 英亩（约 2.02 平方千米）。从伦敦前往学校的路旁种着行道树，透过树隙可以初见学校的正面门廊，有着由波特兰石筑成的科林斯式[14]柱子，柱廊则仿照雅典伊瑞克提翁神庙（Erechtheion）的样式。主方庭占地 120 平方码（约 100 平方米），可与剑桥大学三一学院（Trinity College）的巨庭比肩。借用该校 1862 年首任校长的话，这座建筑旨在激发"继承了超越时间之远古幽思的永恒希望"。它由 19 世纪的建筑师威廉·威尔金斯（William Wilkins）设计，而威尔金斯也设计了位于伦敦的国家美术馆（National Gallery）以及 UCL 的建筑。巧的是，诺兰在黑利伯里通过高级证书考试（A-Level）[15]之后，考上的正是 UCL 这所大学。诺兰说："我不是贬低威尔金斯先生，但这俩建筑几乎一模一样。在我的脑海中，一想起母校，我想到的就是一座美丽的门廊，前面是英式橄榄球场，

上图：黑利伯里的教堂。它非常大，二战伦敦大轰炸期间，纳粹德国空军甚至以它为地标，看到它意味着飞行距离已经过远；下图：在夜晚照亮方庭的一根路灯柱

威尔金斯设计的门廊正面，对着这么个巨大的方庭。这两处都是很美的地方，感觉上比实际要大。这正是兴建那种建筑的目的，为了让你感到渺小；但让你感到渺小的同时，又让你觉得自己是某种更大存在的一部分。"

学校生活的方方面面都受时间限制，每天的每一分钟都严格遵循着时间表。大钟楼俯瞰着整个主方庭，每整点和半点都会敲钟。从早上7点半开始，一声电铃的巨响叫醒宿舍中的学生们。50来个男孩狂奔向盥洗室洗漱，匆匆套上他们的校服外套和裤子，赶紧铺好床以备宿舍检查。之后则是短暂的教堂礼拜时间，全校学生像沙丁鱼一样挤在彩绘玻璃窗下面，假装祈祷，跟着圣歌对口型。然后前往食堂，偌大的穹顶下铺着胡桃木墙板，室内飘满奶油和煮卷心菜的味道。700多个学生，每24人分为一桌，在一幅幅校友画像[如英国前首相克莱门特·艾德礼（Clement Attlee）]的注目下，大家狼吞虎咽地吃着粥或麦片。食堂的声学设计很好，你甚至能听见房间另一头传来的对话声。铃声接二连三地响起，催促男孩们去上课，课程持续4个小时，从上午9点到下午1点，课间休息时间只有5分钟。这意味着你会频繁地看到他们在广阔的主方庭上飞奔，胳膊下面夹着书，到达课堂时上气不接下气，或者直接跑到岔气。

午饭过后，下午是必修的体育科目——冬天是英式橄榄球，夏天是板球。运动后，大家在公共浴室里洗去毛孔里的污垢。浴室像个气氛友好的洞穴，里面有一长排淋浴喷头、深浴缸和配有高水龙头的洗脸盆。周三贡献给联合军训，这是一种校园内的军事训练，从第3学期开始成为必修科目，最初是为国民兵役储备人才。"大多数时候，学生们只是穿着不舒服的制服四处行军，还有学习怎么看地图。"诺兰回忆道，他参加的是皇家空军分部的军训。"如果我没记错的话，那其实就是折地图训练。我始终做不好——折地图有一种特定的方式，这样方便你翻面、展开再叠好。我们每年都要乘坐飞机上天一次，用名叫'花栗鼠'的教练机表演空中特技，这是个大事儿。你坐在飞行员后面，能看到他头盔下面布满皱纹的脖子。如果这是你第一次坐这种飞机，那么航程会很无聊；但如果你告诉他们你以前飞过，他们就会做空中特技——翻跟斗、失速倒转，还有桶滚，真是令人叫绝。这是高年级的学长们告诉我们的，他们已经尝试过了，跟飞行员说你以前飞过，他们就会表演飞行特技。他们不会看着你的眼睛，问你有多少飞行经验，大家都是对着无线电大吼着通话的。"

下午课程结束后，大家在大厅里吃晚饭，每张桌子最前头都摆着一大壶速煮茶。一声锣响（锣是由二战时的旧弹壳制成的），饭前简短的拉丁语祷告时间到，所有的嘈杂和闲聊声便会暂时安静下来。饭后便是自习或"准备"时间，最终大家都回到宿舍里——进深长、冷冰冰、营房式的宿舍里，安置着47个男孩，年龄从13岁到18岁不等，大家都睡在一模一样的铁架床上。年龄小一点的男孩晚9点就寝，年龄稍大一点的是晚10点，级长则可以自由决定睡觉时间。一天结束时，每个人都累得干不了什么，只能精疲力竭地瘫在床上。诺兰记得熄灯后自己躺在床上，用随身听听着《星球大战》《2001太空漫游》的电影原声带，或者范吉利斯（Vangelis）[16]为《烈火战车》所作的配乐。他会先把电池放到暖气片上烘热，试图榨出最后一丝电量。他回忆道："要看当晚是哪个级长值班，你可能需要申请许可。当时我们有个完整的电池交易链，双A电池（即5号电池）永远不够用。它们总是很快没电，续航力不强，总是有点毛病。随身听不像CD或DVD播放机那样，没电了画面会一下子消失；随身听没电只会转速变慢。因此，为了给电池省点儿电量，我会用铅笔卷着倒带，然后把电池烘在暖气片上。"

诺兰的影片有时因为汉斯·季默的配乐音量而招致批评，但他所追求的，正是音乐和影像严丝合缝的结合，近似于在黑暗中听原声带时，他感受到的那种浸没式神游的境界。范吉利斯为《烈火战车》所作的配乐，开创性地将电子合成器乐和管弦乐混用，季默在未来几年为诺兰谱写的所有配乐都以此为范本。[17]诺兰说："仅从创造性方面来说，我观察我的小孩们，如果他们对感兴趣的事物迷恋上头，他们可以利用媒介，追逐思绪，快速地沉浸其中。我不是这样。为了达到这种感觉，我们必须为之大大努力。能让我们逃离现实的有效方法，是听着音乐，用想象力填满脑海中的空白。配乐为电影和想象留有一丝余地。它也给我一些思考的空间，我认为更像是种环境音乐。诚然，我珍视在黑暗中听音乐时的想象空间，让我能够思考，想象一些事情，想象电影、故事。这对我十分重要。"

・・・

宿舍里，男孩们吃住都在同一屋檐下，屋里从来不会少于50个人，他们还不断面临着有人向舍监打小报告的威胁。在这样的环境中，诺兰那想象性的漫游，不仅代表着一种即时又易于反复实现的逃避之道，更构成了一次次彰显自我主权的胜利，这胜利微小但至关重要。"这是一个封闭世界中的封闭社群。"如罗兹-詹姆斯所言，这所学校是个自成一体的世界，是社会的缩

影，其任务一度是为帝国输送政府公职人才。校门在冬季是晚6点关闭，夏季则是晚7点。为期3个月的学期中，学生们很可能从未踏出过校园一步。级长们主管纪律，他们是由舍监挑选出来的高年级男孩，以充当其耳目。对于踩草坪这种轻微违规行为，他们有权力当场给予处罚，罚你捡垃圾、体力操练或者"抄日期"等。"抄日期"就是让你写出英国历史上的重要日期，如黑斯廷斯战役（Battle of Hastings）、《大宪章》（*Magna Carta*）[18]等，把它们抄上3遍、5遍、10遍。那些不配合学校繁复规则和准军事化纪律的人很快就垮了。诺兰的同龄人多姆·乔利（Dom Joly）说："这地方简直糟透了；每个人都欺负人。"他曾经在周日的书信时间，写信哀求父母来接他，拯救他于水火："亲爱的妈妈、爸爸，我太他妈讨厌这个地方了，快把我弄出去。"结果信件遭到拦截，还被批注道："我认为妈妈和爸爸不想读这些，你说是吗？"后来他读到了那些被寄出去的信，写的内容都是诸如"亲爱的妈妈、爸爸，这周日放的电影是《血染雪山堡》，王牌15队[19]赢了，我很高兴……"如果你对学校不满意，那种痛苦和被抛弃的混杂感受是很强烈的。

休·赫德森执导的《烈火战车》中的伊恩·查尔森（Ian Charleson）。诺兰说该片绝佳地总结了他的校园时光

"这些事关制度以及你如何适应制度，"诺兰在谈及其学校教育时说，"那种氛围和那种感受，融入了我的血液。我们唱着《耶路撒冷》（'Jerusalem'），你知道吗？就像《烈火战车》里那样。12岁时我看了《烈火战车》，那时我得知自己要去黑利伯里读书，即将吸纳英国制度的神话、大英帝国的伟大，等等——你懂的，就是那一套。说来也巧，几年前我回头重看《烈火战车》，还放给我的孩子们看，我发现它其实是一部极具颠覆性的电影。剧本不是由什么伊顿公学[20]的校友写的。导演倒是伊顿公学毕业的，但编剧不是。它非常反制度，十分激进。《黑暗骑士》正是如此。我认为我成长的经历、认可的制度、老派的教育，对我如何在好莱坞政治场中蹚出一条路，都起到了很大作用。因为这就是你在寄宿学校学到的东西——面对一套你天然反叛却无法顽抗的制度，怎样把握和它的关系。许多电影人努力与其抗争，或者抗争得并不够。你要随时摸清体制的边界在哪里。适应游戏规则，但不要随波逐流。对我而言，这些就是我从寄宿学校经历中得来的教益。"

这有点像弗雷德·阿斯泰尔（Fred Astaire）[21]所说的，他从百老汇唯一学到的就是律动感。结构是诺兰电影矢志不渝的执迷，他唯一真正纵情挥洒的趣味：建筑结构、叙事结构、时间结构、音乐结构。甚至心理学在诺兰的电影中，都具有一种结构性的功能，他的角色们分身有术，就像艾舍尔版画那样密铺镶嵌。如诺兰所言，身在寄宿学校，仍有屈从和反叛之外的第三种选择。公开的反叛只会被迅速打压，如同林赛·安德森（Lindsey Anderson）的金棕榈获奖电影《如果》（*If....*，1968）中的寄宿男生们，被学校军械库中的武器镇压射杀。反叛还是屈从，选择并不是非此即彼。狡黠的寄宿生学会了两者全占，公开服从，同时在脑海中秘密反叛。《完美的间谍》（*A Perfect Spy*，1986）中，有人告诉8岁的马格纳斯·皮姆："我们的世界全在我们的脑袋里。"[22]它是约翰·勒卡雷（John le Carré）的半自传体小说，讲述了一名间谍高手在寄宿学校的成长岁月，以作者在圣安德鲁预备学校（St Andrew's Preparatory School）和舍伯恩公学（Sherborne School）的亲身经历为蓝本。在那里，无脑的爱国宣传让他暗自同情德国人，"因为每个人都那么憎恨他们"。那种感觉混合了外在的服从和秘密的反叛——学习敌人的语言[23]、穿着敌人的服饰、模仿敌人的观点，以及假装和敌人有类似偏见，让他"余生面对任何要裹挟自己的威胁时，都迫切想将之击退"。这是勒卡雷第一次尝到当间谍的滋味。

《侠影之谜》中，布鲁斯·韦恩也经历了一种相似的双重立场转换。在影武者联盟（League of Shadows）手上经历了长达 7 年的身心摧残后，他意识到联盟意识形态的毒害性，并以他们传授的忍术还之彼身，将其基地夷为平地。这种行事方式显然类似于伊顿公学出身的詹姆斯·邦德的作风，在小说《007 之雷霆谷》(*You Only Live Twice*) 的结尾，书里写道："顶层先粉碎，然后一层接着一层，很快橙色的火柱由地面冲向天空，混着硫酸味的水蒸气，接着伴随着一声惊天动地的巨响……"[24] 课就上到这里。从某个角度看，诺兰的电影都是寓言故事，讲的是某人起初在体制或构造中得救，最后却发现自己被它所背叛或吞噬，宛如《盗梦空间》中被巴黎街道包覆的莱昂纳多·迪卡普里奥。《黑暗骑士崛起》中，加里·奥德曼（Gary Oldman）饰演的吉姆·戈登[25]说道："有那么一天，体制会令你失望，法律法规不再是武器，而是成了枷锁，让坏人得逞。"正如蝙蝠侠被困在自己的盔甲里；或者《敦刻尔克》中的士兵们被封困于船只、飞机里，先前也正是这艘船或飞机曾载其驶向安全地带。他们必须脱身，不然就会死。《黑暗骑士》系列电影的力度，尤为来源于哥谭市（Gotham）在地理上的闭塞，这又是一个"封闭世界中的封闭社群"，如同黑利伯里一般，通过一套粗糙的司法体系和持续的监视系统进行自我管制，永远只因一小撮人的行为而在混乱的边缘摇摇欲坠。某位荷兰学生曾评价黑利伯里是"由好人运营的无良体系"，而这正是哥谭市的缩影。

诺兰在英式橄榄球场上的神勇表现，最终为他在令人艳羡的王牌 15 队里赢得了一席之位。这是一支被委以众望的队伍，要在校际比赛中为本校赢得荣誉。某位校友曾说："如果你是那 15 人之一，你就是神了。"尽管诺兰部分算是凭借自己的电影短片拿了艺术生奖学金而进入黑利伯里的，然而，在此就读期间，他的电影创作却被搁置了。放假时，诺兰会与乔纳重聚，去国王十字（King's Cross）区域的斯卡拉电影院（Scala Cinema）看片。这座宫殿般的电影院有 350 个座位，座椅笔直，还有大理石台阶。在那里，他观看了大卫·林奇的《蓝丝绒》(*Blue Velvet*，1986)、迈克尔·曼的《孽欲杀人夜》(*Manhunter*，1986)、艾伦·帕克的《天使之心》(*Angel Heart*，1987)、库布里克的《全金属外壳》(*Full Metal Jacket*，1987)、大友克洋的赛博朋克动画《阿基拉》(*Akira*，1988)，以及雷德利·斯科特的《黑雨》(*Black Rain*，1989)。

诺兰 16 岁左右的一个假期，为了提升法语水平，他去了巴黎，住在父母的朋友家。这位朋友是个作家兼翻译，彼时正巧在忙一部自然类的电视纪录片。一天，诺兰跟着他去了剪辑室，看着他录制画外音。"这些事通常要花好长时间，把影片颠来倒去、来回播放。但我对此却很着迷，因为他不停地倒放影片，而声音却是正放的。那时市面上有录像带播放机了，但是倒带放片的画质不太好。当时不常看到倒放的高画质投影内容。对我而言，这种视觉效果十分惊人。我在那里坐了两三个小时，也没管到底放了多久，就看着影片被倒来倒去，看得很是入迷。你无法以其他方式来感知这种事，摄影机以一种我们肉眼无法做到的方式看待时间，这就是它的本质。对我而言，这就是魔法。这种魔法让我深深着迷。"

· · ·

做过寄宿生的作者，其作品经常会有个显著特点，就是他们与时间之间那异常个人化的关系。安东尼·鲍威尔（Anthony Powell）的《随时间之乐起舞》（A Dance to the Music of Time）将数十年的轮回看作一场巨型华尔兹；菲利普·普尔曼（Philip Pullman）的《黑质三部曲》（His Dark Materials）则充满了发条钟的意象。20 世纪 20 年代，作家 C.S. 刘易斯（C. S. Lewis）在一连串英国寄宿学校就读，他注意到，学期里的时间在主观感受的作用下会奇异地膨胀：

> 明天的几何课，会抹杀遥远的期末；恰如明天的行动，会抹杀天国希冀。然而，一学期接一学期，那难以置信的竟然来了。"还有六周"，这个不可思议的天文数字，缩成了屈指可数的"还有一周"。接着就是"还有一天"。最后，最后一天如约而至，差不多就像天赐之福。

刘易斯指出，这种膨胀效果"其反面则可怕，但同样重要"。

> 假期头一周，我们或许就知道，学期还会再来——就像一个年轻人在和平时期，健健康康，知道自己终有一死一样。不过，跟他一样，即便是最严酷的死亡警告，也无法令我们对此感同身受。这里也一样，每一次，那难以置信的都来了。那龇牙咧嘴的骷髅，最终甩掉了一切伪装；最后时刻，我们的意志和想象使出浑身解数来牵制拖延，最终还是来了。又是圆顶礼帽，伊顿领[26]，灯笼裤，还有（马蹄橐橐）傍晚赶赴码头。[27]

正如这里面的基督教意象所示，寄宿学校的时间形变，直接融入了刘易斯所著的《纳尼亚传奇》(The Chronicles of Narnia) 系列小说。在纳尼亚的神奇国度里，时间以奢侈的速度拉长、变慢，好让佩文西家的孩子们在成为纳尼亚的国王与女王后，还有空适应统治期的生活，然后来得及返回英格兰喝下午茶。

在《纳尼亚传奇：最后一战》(The Last Battle) 的结尾，吉尔对独角兽说："我们的世界不会永远存在。或许这里会的。哦珍宝——如果纳尼亚能永远存在，那该多好啊——就像你说过的它之前那样？"[28] 这种感受是一种狂喜的忧郁，每次欢愉都伴随着知晓它终将结束的忧伤。如果剔除基督教的神学意义，这种感受则非常接近于《盗梦空间》和《星际穿越》中交织迭起的高潮。两片中的时间都在变慢、膨胀，让友谊中断，令骨肉离散。在《盗梦空间》结尾，柯布（莱昂纳多·迪卡普里奥饰）对年已90岁的齐藤（Saito[29]，渡边谦饰）说："我是回来找你的。回去吧，我们就能一起做回年轻人了。"在诺兰的电影中，时光可以将人偷走，而他则把这桩窃案仔细地记录下来。

诺兰说："年轻时，时间是个感性的话题。年轻人非常怀旧，因为他们的变化太快了。你的朋友们，那些你在十一二岁就认识的人，现在你与他们的关系全然不同。每人各奔东西，世事瞬息万变。我觉得当你到了二三十岁的时候，时间的流速会变得平缓，你看待它的方式也更客观了一些，更有逻辑了一点。然后人到中年，那种困扰又回来了，我们对时间的流逝又变得非常感性，仿佛深陷其中。时间是一种我们无法真正理解的东西，但我们可以感受到它。我们有非常强烈的时间感，它极大地影响着我们，但我们不知道

C.S. 刘易斯想象中的纳尼亚世界的地图

它到底是什么。我们有时钟和手表，但时间本质上却是主观性的。我不知你是否了解 L.P. 哈特利（L. P. Hartley）的《送信人》（*The Go-Between*），里面写道：'往昔是一处异域外邦：那里的人做起事来是不一样的。'[30] 哈罗德·品特（Harold Pinter）把这部小说改编成了同名电影，由约瑟夫·洛西（Joseph Losey）[31] 执导。他把这句台词放在了影片最开头，这也是小说开篇的第一句话。这句话在我的脑海中挥之不去，因为我是 70 年代长大的一代人，哦老天，如果你客观回看那个年代，会发觉它其实并不怎么样。"

哈特利的小说让人难以忘怀，它探索了时间对记忆的影响，以及过去对当下的宰制。"我那时的想象力，感情激昂，等级分明。"哈特利书中的叙述者是个小学生，他对时间循环感的描述是"渐进渐升的形态，圈层叠着圈层，序列撑着序列"。这基于哈特利在哈罗公学的就读经历，在那里，他生活在一种"时常担心要迟到"的状态中，据他所言，这种状态"在我的意识中留下

哈罗德·品特和朱莉·克里斯蒂（Julie Christie）在《送信人》（1971）片场，影片由约瑟夫·洛西执导

38　诺兰变奏曲　THE NOLAN VARIATIONS

了一个凹痕，一道弗洛伊德式的创伤，我永远也无法痊愈"。诺兰的情况正好相反。正是在黑利伯里，他学会了守时、自律，以及对寒冷天气的耐受，日后他的剧组成员将会一一领教这些品质。嘀嗒作响、冷酷无情的时钟驱动着他电影的情节。寄宿学校的男孩们有一本白色的小日历，大小正好可以放进胸前的口袋里，他们在上面记录着三个月的学期日程，标记出这一学年所有的重大活动——比赛、拜访神父、参观博物馆、年度军训检阅、可怕的校园越野赛。但是不管他们勾掉了多少天，学期剩余的日子都似乎漫长得没有尽头。诺兰在校的最后两年，他的家人们搬回了芝加哥，把他留在英格兰完成高级证书考试。两边相隔 3,945 英里（约 6,349 千米），有 6 个小时的时差。随着与家人空间距离的拉大，时间膨胀的感觉也越发强烈了。

"我喜欢待在英格兰，我爱打英式橄榄球，我喜欢它和美国不同的地方。在两边来回奔波和转换节奏，对我来说是件乐事。不过等我回家的时候，适应起来会有点困难。回家让我感到高兴，可以和旧友们再续前谊，但学校里的朋友们都散落在世界各地，每个人都有了新的生活。"对于家人而言也是如此，诺兰面临着寄宿生常有的问题：当他们和家人聊起近况时，发现家里发生的新事中，已经没有了自己的位置。对诺兰来说，与家人分隔两地加剧了这些问题。他弟弟乔纳在美国高中体系下完成了教育，变得更加美国化；而诺兰则在两个国家之间来回奔走，有一段时间，他不确定究竟哪个国家才是自己真正的家。"大家见到我们哥儿俩，常常会惊讶于乔纳的口音完全是美式的，而我则不是。这是你从小就得搞清楚的事情。你必须做出决定：我这辈子究竟该用哪种口音说话？身在两个国家和两种文化之中，我认为最后自然而然地就会对此有所自觉。是会有一定的困惑迷茫。有时候我感觉，对于两片土地而言，我都有点像个局外人。"

在这段漂泊感最强的时期，许多关键性的影响汇集到诺兰身上，每一个都以心理裂痕为中心，转向结构裂痕，并探索着两者之间如何实现互相替换。在美术课上，诺兰了解到 M.C. 艾舍尔的作品。这位荷兰版画家绘制的无限风景画，似乎要召唤出一个世界，既无边无际又幽闭恐怖。诺兰说："艾舍尔的版画对我影响很大，我记得自己画过艾舍尔的负像反射和球面反射图。"在英语高级证书考试课程上，他读到了 T.S. 艾略特那首有关时间和记忆的诗——《四首四重奏》（*Four Quartets*）。"我经常回想起这一首：'足音在记忆中回响 / 沿着那条我们从未走过的甬道 / 飘向那重我们从未打开的门 / 进入玫瑰园。'[32] 非常有电影感，艾略特的所有作品都是。我想，我最初接触到艾略特

第 1 章　结构　STRUCTURE　39

是通过《现代启示录》，白兰度在里面吟诵了《空心人》的选段。我第一次看那部电影时，那种癫狂和神秘的感觉让我相当着迷。后来我读了《荒原》（The Waste Land），大惑不解。我爱那首诗。"

他也读了格雷厄姆·斯威夫特（Graham Swift）[33]1983年的小说《水之乡》（Waterland）。叙述者是一名历史老师，他在课上给学生们讲的不是法国大革命，而是有关自己童年在诺福克郡芬斯区（Fens of Norfolk）的荒诞故事。他写道："我们已成为时间的俘虏。无论我们如何修正它，它仍然不断重复，不断回归，不断盘旋，不断打转。它总是转一个圈，把我们带回原点。"[34] 原来，叙述者偏题的表达习惯实质上是种病态：他的妻子由于自己堕胎而绑架了一个小孩，后被送入精神病院。他对此心怀愧疚，所以试图用长篇大论来拖住自己，以逃避检视他在妻子堕胎事件中负有的责任。这是诺兰第一次接触到"不可靠的叙述者"（unreliable narrator）这一

概念。他说:"我发现这个故事在结构上如此厉害。它所达到的程度,就是你甚至不需要读完句子,因为你知道故事的走向。不同的时间线平行前进,跳转到一个极其复杂的结构上,最终一切线索都得以收束。太精彩了。"

某年夏天,诺兰在加州圣巴巴拉(Santa Barbara)的姨妈和姨夫家待了几周。他偶然发现了一张激光影碟,是罗格1976年的影片《天外来客》。主演是大卫·鲍伊(David Bowie),他苍白、优雅、脆弱,彼时这位摇滚巨星正处于放浪形骸的巅峰时期。他饰演了一名外星来客,坠落到地球上偏远西部的湖中,继而创立了一个商业帝国,得以把水运回他焦干的母星。回到英格兰之后,诺兰找来这位导演的《尤利卡》(*Eureka*, 1983)和《迷幻演出》观看。后者是罗格的首部作品,詹姆斯·福克斯(James Fox)在其中主演一个极端暴力的伦敦黑帮在逃分子。他藏身于诺丁山(Notting Hill)的一所破败公寓,屋主是个过气的流行歌星[米克·贾格尔(Mick Jagger)饰]。诺兰说:"我当时觉得它真是非凡。《迷幻演出》太令人震撼和着迷了。它的结构和节奏是如此前卫。我小的时候在学校看的这片,黑帮出现的开场戏让我们为之一振,然后电影的发展越来越怪,感觉时代气息有些浓了起来,有一种无法逃离的幽闭恐惧感。所有电影都是其时代的产物。70年代早期的电影中上演的很多事在现实中也发生过,但对观众来说,又真的很刺激、很惊人,令其耳目一新。我感觉自己站在那些实验电影人的肩膀上,因为他们

某年夏天,诺兰观看了尼古拉斯·罗格执导的《天外来客》(1976),由大卫·鲍伊主演(对页下图);他那个夏天后来又在学校看了罗格的《迷幻演出》(1970),由詹姆斯·福克斯主演(本页图)。对页上图:罗格在《威尼斯疑魂》(1973)片场。罗格2011年时称这些电影"以神奇又神秘的方式,混合了现实、艺术、科学和超自然。它们甚或是第一条线索,助力解答'我们为何存在于这个世界上'这一谜题"

艾伦·帕克执导的《迷墙》（1982），片中个人史、记忆和想象的交缠影响了《盗梦空间》

为电影语言注入了新的东西——他们让你看到各种可能。"

他也看了艾伦·帕克执导的《迷墙》，这是一部盛大又混乱的前卫摇滚歌剧（prog-rock opera），其中令人印象最深的是这一片段：大礼堂中，静默无言、面如死灰的学生们，伴随着无政府主义颂歌《墙上的另一块砖》（"Another Brick in the Wall"），以整齐划一的步伐紧密行进，最终被送入一座巨大的绞肉机中。这一幕抵达高潮时，我们才知道原来这是一个小学生的白日梦，他正揉搓着刚刚被老师用直尺打过的手。诺兰给《盗梦空间》的演职人员放映了这部电影，向他们展示记忆和幻想、梦境和现实如何交织在一起。

诺兰说："我想向大家展示的是，影片如何将记忆和想象、现在时和幻想的过去时结合起来。我认为《迷墙》的专辑为同名电影奠定了结构，但你最终看到的却是这些不可思议的平行现实,你在其间跳跃,把它们联系起来。我记得我是在读《水之乡》的大概同一时期看了《迷墙》,发现两者之间关联度很高——从结构上看,那部电影和我正在读的书十分相似。那段时期,关于电影以及我能如何拍电影,我想了很多,还有叙事和结构方面那些让我感兴趣的事物。我记得自己非常有意识地在它们之间建立关联。我有一位很好的英语文学老师,他非常坦诚。有一天他对我说:'你得像对待电影一样对待文学。'这建议极好,但我心知自己永远做不到。他的话一出口,我就这样想着,这永远都不可能发生,所以我只好假装答应。"

· · ·

"假装答应"的结果是诺兰进入 UCL 攻读英语文学专业。在这之前,他休整一年,到处旅行,拍了很多短片,打了一些零工。他说:"我最终选择了英语文学和人文学科,是因为我对人以及讲故事感兴趣。但我年轻时数学很好,我只是受够了它的枯燥,无法接受这个学科的约束,我更感兴趣的是与人相关的事情。但我依然对数学模型、几何与数字非常有热情。以前我经常被问到'如果没有成为电影导演,你会做什么?'——我不知道为什么,但是出于某种原因,当你事业刚起步的时候,人们总喜欢问这个问题。我想我最常给出的答案可能是建筑师,我母亲认为那是一份很酷的工作。我认为所有建筑,尤其是最好的那些,里面都包含了叙事成分,这种叙事是很具象的。几年前,我们去柬埔寨度假,去了吴哥窟。针对有钱的游客,他们会在破晓时分带你从后面的入口进入,让你享有完全私人的体验。我很快就意识到这完全是个错误,因为吴哥窟和印度的泰姬陵一样,它们造出来是为了让你以一种叙事的顺序来参观。你本该从正面进入,而不是从后面溜进来,只为独享高级的私人体验。从根本上说,这就像以错误的顺序看电影。我们那次的体验真是自己坑自己,建筑师在创造包含叙事成分的空间时,做出了种种设计,我们却没能体验到。场面调度(mise-en-scène)、镜头组接在一起的方式[35]、怎样构建出故事的地理环境,这些都与建筑有很大的关系。电影的世界就是这样。故事的地理空间对我而言非常重要,电影在企划阶段时,我就会留意这一点了。"

《盗梦空间》中,迪卡普里奥第一次与迈克尔·凯恩饰演的建筑学教授见面时,后者身后的黑板上,画着佛罗伦萨圣母百花大教堂(Florence Cathedral)那自体承重的八角穹顶草图,这是故意为之的。穹顶由菲利波·布

佛罗伦萨圣母百花大教堂，由钟表匠菲利波·布鲁内莱斯基设计建造。那自体承重的穹顶，让学者们至今仍无法完全理解其建造方式

44　诺兰变奏曲　THE NOLAN VARIATIONS

鲁内莱斯基（Filippo Brunelleschi）设计，是将400万块砖石以人字形排列，砌在已有的墙体之上，学者们至今仍无法完全理解其建造方式。菲利波设计的穹顶有着无法实现的结构，堪称建筑学之谜。最近，意大利的马西莫·里奇（Massimo Ricci，菲利波的研究者）接受《国家地理》(*National Geographic*）采访时说："有时候，我对菲利波的成就充满感激；而其他时候，他却让我大为挫败，我想叫他见鬼去吧。"这座大教堂也可以看作诺兰所有电影的象征，它们同样具有难以置信的结构，被设计用来困住主人公、令其更为崇高，同时还迷惑、困扰着观众。

事实上，理解诺兰作品的最佳方式，可能就是将其看作一种尝试：诺兰试图在两座相距3,945英里的建筑之间，绘制一条路径，或架起一座桥梁。它们是两种迥异的建筑形式，意味着两种迥异的社会结构及其对人类的影响。将两者调和一番，你就会得到解读其作品的关键线索。

第一座建筑，是他在黑利伯里的宿舍：一个进深长、消过毒的营房式单层建筑，地上铺着木质地板，木质拱门支撑起低矮的天花板。两排平行而立的铁架床，每张都一模一样，上面盖着学校统一发的条纹羊毛毯；床与床之间以一道矮木墙隔开，上面搭着一条学校发的白色毛巾。用学校第一任校长A.G.巴特勒（A. G. Butler）神父的话来说，这种排布方式是"为了更好地督导学生们"。宿舍那死板、重复的设计彰显着等级秩序。岁数最小的男孩在房间一头，岁数最大的在另一头，所以随着你在学校里一级级升学，你在宿舍中的位置也会改变。在给定的长幼等级秩序中，没有人对自己所处的位置心存疑虑。

诺兰的一部早期短片《蚁蛉》(*Doodlebug*，1997），少说也让一位黑利伯里人回忆起了当时学校里盛行的霍布斯主义（Hobbesian）[36]。在短短3分钟的影片里，一个男人［杰里米·西奥博尔德（Jeremy Theobald）饰］追着一只在地板上疯狂乱窜的小虫，手中挥舞着一只鞋。但是，等他终于逮住这个小淘气时，我们看到那只"蚁蛉"其实就是一个微缩版的男人自己。他把自己的小分身（doppelgänger）逼到角落里，用鞋猛拍上去；之后我们越过其肩膀，突然发现一个更大的他正要对眼前的他做同样的事。这个打"蚁蛉"的人，其实也是别人眼中的"蚁蛉"。如此循环往复，无穷无尽。这部影片被发布在YouTube网站上后，学校教士卢克·米勒（Luke Miller）神父半是调侃地在一篇博文中写道："这是否代表了80年代末梅尔维尔宿舍的生活，我留给诸君自行评判。"

本页图：黑利伯里学院中的一间宿舍。诺兰在这里首次构思出了《盗梦空间》的雏形；对页图：库布里克导演的《全金属外壳》(1987)[37]中，文森特·多诺弗里奥（Vincent D'Onofrio）饰演了二等兵"傻子派尔"（Gomer Pyle）[38]——伦纳德·劳伦斯（Leonard Lawrence）

诺兰说："《全金属外壳》中的宿舍，给我留下了不可思议的印象，那时我也住宿舍，因此两者有一种非常密切又实际的联系。"后来他在《盗梦空间》里无意识地再造了类似的宿舍格局，让沉睡中的盗梦者并排躺在一模一样的铁架床上。还有《星际穿越》中的超立方体（tesseract）也是如此——麦康纳在片中被困于艾舍尔式的迷宫里，迷宫由无数个他女儿卧室的变体所构成，无数张床无穷无尽地重复着。事实上，《盗梦空间》的想法第一次成形，正是在诺兰读第六学级期间的一次熄灯后，他又在脑海中编着故事的时候。诺兰说："我当时其实没把故事想通，这个想法也不是后来影片中的具体故事，但是一些基本的要素都已想好。分享同一个梦境的概念，这是起点；还有使用音乐的方式，或者播放音乐给做梦者听，如果你给睡着的人播放音乐，音乐将以某种有趣的形式进行转化。这个故事的第一部分，最初有一种更强的哥特质地，后来我就对这个恐怖故事无感了；多年之后，它变成了另外一副模样。最近我也和孩子们谈起此事，有意思的是，我意识到自己16岁左右就想出来的几个点子，最后真的被放进了《盗梦空间》。这部电影的形成经历了漫长的时间。我之前说过是10年，或许更该说长达20年。我真的想

了很长时间，努力理顺这些想法，中间多次反反复复地推演。这部电影让我挂心了很久，这种经历让我谦卑。我现在47岁了，这部电影让我花了将近20年才想通。"

　　第二座建筑，是远隔重洋、横跨5个时区、要飞8小时才能到达的芝加哥西尔斯大厦（Sears Tower）[39]。它坐落在芝加哥市中心卢普区（the Loop）的核心地带，大厦的内部结构竣工于1974年，由9个方管状建筑组成，每个都直挺自立，无须内部支撑。9个方管像是捆成一束，从1层到50层，截面形成闭合的正方形；而后各自向上延伸到不同高度，营造出一种多层次的结构，最高处达到了110层楼、1,450英尺（约442米）——比帝国大厦（Empire State Building）还高出200英尺（约61米）。天气晴朗的时候，站在顶层可以眺望到50英里（约80.5千米）开外、横跨4个州的范围。换言之，无论从建筑学角度还是从哲学角度而言，它都完全是诺兰那没有人情味的军营式宿舍的对立面。在宿舍中，你总是身处级长的视野之内；一人占一铺，这些铺位堆放排列、不断重复。而在西尔斯大厦的顶端，别人其实看不到你，你却可以眼观八方，视野绵延数英里。这幢建筑给人一种欢

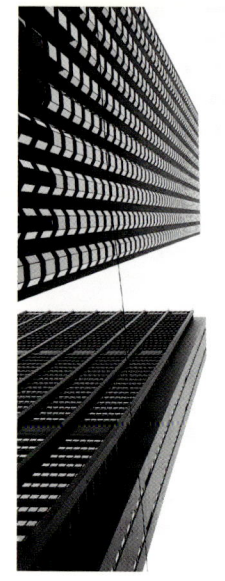

欣的全知视角。在青少年时的学校假期里，诺兰第一次来这座大厦参观；而将近 20 年后，他回到这里，拍摄《黑暗骑士》中的一场戏——克里斯蒂安·贝尔（Christian Bale）站在同一座建筑的楼顶，以表明其饰演的布鲁斯·韦恩的处尊居显。

诺兰说："如果你要考察出现在我生命中的建筑，没有别的比得上它。我十六七岁时放假回家，会搭火车到芝加哥市中心，然后登上西尔斯大厦的 110 层拍照片。这座建筑和这个城市的氛围都令我惊叹。我对美国的都市体验这方面非常非常感兴趣，建筑方面也是美妙绝伦。美国对我而言不是象征意义上的存在，我们一起成长，它一直是我生命的一部分。"回到这座他曾经称为"家"的城市，它却展现出另外一面，与他早几年经历的约翰·休斯式的郊区生活十分不同。这一次，他发现自己迷上了卢普区那些冰冷的玻璃钢筋结构建筑——西尔斯大厦、伊利诺伊一号中心（One Illinois Center）、密斯·凡·德·罗（Mies van der Rohe）设计的 IBM 大厦，还有瓦克尔街地下车道（Lower Wacker Drive）附近那如迷宫般蔓延的城市地下高速路。

在高中毕业后、进入大学前休整的那一年，诺兰回到了芝加哥，和他的发小儿罗科·贝利奇一起，用超 8 摄影机拍摄了一部短片——《塔兰泰拉》（*Tarantella*，1989）[40]。这部影片在芝加哥公共电视台一档叫《影像联盟》

西尔斯大厦。诺兰在此拍摄了《黑暗骑士》的一些场景

（*Image Union*）的节目中播出。诺兰说："那只是一部超现实短片，一连串的影像。他们在万圣节特辑中播放了这部片子，因为它有种隐约的不祥感。有趣的是，我还带罗科去过瓦克尔街地下车道，《侠影之谜》和《黑暗骑士》中的大场面追车戏，最后就是在这片街道拍的，的的确确就是同样的地点。这个城市对我而言一直像座迷宫。你看《追随》，它讲述的完全是身处人群之中的孤独。《黑暗骑士》三部曲中，城市里四伏的危机，主要通过四下无人、清冷街道、夜色中落寞的建筑这类东西来表现。年轻的时候，我着迷于一种现象——当你第一次进入一个建筑空间、搬进一栋大楼时，你会产生某种感受。然后你进进出出、在那里生活，你的印象就变了，彻底改变了。它们变成两种大相径庭的地理空间，两个完全不同的建筑空间。不知为何，我能够记住原初的印象，那是当时对此空间的不完全了解，还有它给我的感受。年轻时，我能记得更牢靠。说到我的记忆，有意思的是，我现在仍能记起那个印象，记得这座城市是何等的支离破碎。当你思索自己的记忆和大脑在做什么的时候，你会发现对于同一个物理空间，大脑持有两个相互矛盾的想法，它们有些对立，但相安无事。"

诺兰描述的这种感受——由于成长过程中辗转各地而产生的空间疏离感，让他永远能够以一种陌生人的视角来看待世界——他会一次次在电影中重现这种疏离感。如果你在脑海中也能运用这种类似的双重焦点，同时观看这两座建筑——诺兰在黑利伯里的宿舍与芝加哥的西尔斯大厦，全景监狱与摩天大楼，禁闭与解放，疏离与归乡——将两者的影像重叠并置，将所有的矛盾之处都带上，你就非常接近诺兰世界中那不可能实现的视角了。在其思想、性格的形成期，诺兰基本上是在19世纪英国和20世纪美国的景观之间穿梭。他的电影也是如此，运用早期工业化的幽暗譬喻，绘制出信息时代无穷无尽的迷宫：替身和分身、监狱和谜题、隐秘的自我和愧疚的心灵。他电影里的主人公，就像柯南·道尔和爱伦·坡的推理小说中会出现的那些旅人。那些维多利亚时代晚期的旅人游历于内心空间，狂热地绘制自己内在的图纸，仿佛自己是座建筑那般，但却不了解自己的内心情感。家乡的塞壬之歌召唤其回归，但他们却因害怕再也无法返还当前的世界，或者一旦归家就无法认清自己而纠结烦恼。

诺兰说："我是两种文化的产物，我在两个地方长大，我认为这会让自己对'家'的概念有一些不同的看法，因为它未必像地理概念那么简单了。在《盗梦空间》的结尾，主人公穿过入境边防检查站，有人在他的护照上敲章——我对这个时刻一直很有共鸣，因为对我而言，递上自己的护照、听他们说'欢迎回国'，不是一件理所当然的事。小时候，大人告诉我等我到了18岁，就必须决定要当英国人还是美国人。幸运的是，当我18岁时，法律改了，因此我可以拥有双重国籍；但我小的时候，父母就让我明白，自己以后得想好到底要当哪国人。我很庆幸自己不需要做出选择，我也选不出来。所以我从没觉得那类事情是理所当然的。对我而言，这些年来，我已经把洛杉矶当作自己的家，因为孩子们在这里上学，但我也经常去英国工作。我和艾玛经常聊起这件事，她很想念英国，而我却不这样，因为我知道自己能够回去；出于同样的原因，去英国的时候，我也不太想美国。我的意思是，如果有人说'好了，以后不成了，你必须二选一'，那情况就会不同了，我将很难做出抉择。但我真的很喜欢去不同的地方，享受那种焕然一新的过程。我的成长就是在转换节奏，我也以来回奔波为乐。在我看来，这就像按动开关一样。从一种文化中来，到另一种文化中去，我一直很享受这种转换。它总是让我感到精神焕发。"

TWO
第 2 章

方向
ORIENTATION

　　UCL 电影电视社团的办公室，位于伦敦西区布卢姆斯伯里剧场演播厅（Bloomsbury Theatre & Studio）的地下室，这座建于 1968 年的建筑坐落在戈登广场（Gordon Square）上，是一栋新粗野主义[1]风格的砖楼，一楼还有玻璃幕墙。如果你看过《追随》，其中杰里米·西奥博尔德饰演的作家在影片开头路过的地方就是这里。进门之后可以看到售票处、狭长的咖啡馆，以及贩卖学校围巾和报纸的纪念品商店。要找到地下室，你得按照一条复杂的路线，途经咖啡馆，穿过门厅到达大楼的后身，那里有一条小巷绕过 UCL 的食堂，沿路放置着一些板条箱和垃圾桶，然后再下几层台阶，就到了阴暗的地下室。面前是一扇紧锁的红门，等待诺兰拿钥匙前来开门。他于 1992 年至 1994 年期间担任 UCL 电影电视社团的社长。这位导演片中标志性的运动是"下行"——穿过破碎的冰面、活板门、层层梦境、蝙蝠洞的穴道。想想他 20 岁出头的大把时间，就窝在这个无窗又隔音的地下室里，这一切就非常合理了。而且，这里和《致命魔术》中休·杰克曼表演完后鞠躬谢幕的那个地下室也相差无几。

　　那时候，房间里塞满了制作电影用的家伙什儿——长条的电影底片从天花板上垂下来，角落里摆着一大台老式模拟型施滕贝克（Steenbeck）胶片剪辑机，闪亮的蓝色饰面，配有仿佛来自《神秘博士》（Doctor Who，首播于 1963 年）年代的监视器，还有一些用来拍摄推轨镜头的金属轨道。诺兰刚入社时的社团秘书是马修·坦皮斯特（Matthew Tempest），以前社团开会时，马修经常挤在一架从大学学院医院偷来的旧轮椅上做记录。他说："对于初露头角的电影导演而言，这个地方就是阿拉丁的藏宝洞。对于克里斯来说，这里就是他的办公室。"

半是美国人、半是英国人，衣冠楚楚，坚持己见却不刚愎自用——诺兰给人的印象，明显比他在 UCL 的许多同龄人更成熟。UCL 是一所伦敦的"全球化大学"，繁华的大都会式校园坐落在布卢姆斯伯里区的中心地带，很受海外学生的欢迎。诺兰早早就适应了远离家人的痛苦。因为之前休整了一年，他回到芝加哥，拍了几部短片，还到处游历，所以他比一些同级生大一岁。1990 年秋季入学时，诺兰偏好穿着西服外套和衬衫，周身散发着一种沉静的自信，在一众忙着搞英伦摇滚（Britpop）和垃圾摇滚（grunge）的学生中间，他显得鹤立鸡群；然而在内心里，他却怒气冲冲地留意着，渴望摆脱其名校贵子的光环，完成部分公学毕业生会经历的自我再教育过程。

诺兰说："我记得自己在 UCL 上学的时候，适应起来比身边的一些人要轻松得多。因为我曾在国外待过，也长期离家生活，因此适应大学也没什么大不了的。上公学的人毕业后，要么加入体制，延续之前的说话风格，要么就把一切都抛在脑后。好比当天主教徒一样，你要么坚持信仰去教堂，要么就弃之不顾。UCL 很棒的一点就是，你身边都是来自各种背景的普通人，他们只因想学习某个特定的学科而来到这里。我就这样在此迅速成长，抛开了公学毕业生诸多优越感爆棚的愚蠢想法。在这里，你会迅速融入人群之中，适应起来就好了，感觉自己就像加入了现代世界。我过去很看重一个人是否拥有自我意识，他们对自己有所觉悟吗？年轻时，十八九、二十来岁的时候，我对这件事充满热情。我觉得随着年龄的增长，你会开始意识到，人总会显露出自己的本来面目。你按照自己想要的样子穿着打扮，想梳什么发型就梳什么发型。青少年时期，那种自我彰显就是一切。人生中有段时期，你会觉得打造自我是责无旁贷的事——去开发自我，去创造自我，甚至小时候还会练习签名，就是诸如此类的事。当然，后来你反应过来，你总会变成某个人的。"

UCL 本科的英语文学课程是一套快节奏又严谨的体系，包括授课、课堂研讨，还有效仿牛津教学系统的一对一指导。学生们每两周就要在一间小

屋里就自己的论文进行答辩。第一学年的学习范围涵盖了从荷马（Homer）、《奥德赛》（*Odyssey*）到维吉尔（Virgil）[2]和《圣经》，再到《荒原》以及托妮·莫里森（Toni Morrison）[3]的所有内容。诺兰说："如果你没有读书或者胡说八道，你根本就无处可躲。"他是那种学生：如果错过了论文的提交期限，必定会在下周把论文送到导师的办公桌上。他很快因此而收获了信誉。有一次，在讨论 V.S. 奈保尔（V. S. Naipaul）[4]的作品时，诺兰用自己间隔年时在西非旅行的经历进行了补充，让他的一位导师很是惊喜。他不见得是

上图：UCL。诺兰于 1990 年至 1993 年在此就读，后来他回到这里，拍摄了《侠影之谜》和《盗梦空间》中的一部分场景；下图：古斯塔夫·塔克大讲堂（Gustave Tuck Lecture Theatre）。诺兰在此听了有关但丁、达尔文和弗洛伊德的讲座

第 2 章 方向 ORIENTATION 53

个混日子的差生，毕竟最终拿到了二等一级学位[5]；然而大学期间的多数时光，他确实都是在电影电视社团的地下室中度过的，通过亲手实践来学习如何操作摄影机、如何用施滕贝克剪辑机剪片子、如何手动剪切胶片，以及如何让声画同步。

每周三的午餐时间，他和社团成员们会碰面，列出要在楼上剧场放映的片单：《反斗智多星》(Wayne's World, 1992)、《哥伦布传》(1492: Conquest of Paradise, 1992)、《屋顶上的轻骑兵》(The Horseman on the Roof, 1995)，或者1992年导演剪辑版的《银翼杀手》——每部电影前面都会放珀尔与迪安（Pearl & Dean）公司的广告歌，音质效果粗糙，像是录音带被划过一样，总能引来观众大笑。放映收来的钱则用于投拍社团成员的电影短片。社员中有作曲家大卫·朱利安（David Julyan）、演员杰里米·西奥博尔德、亚历克斯·霍（Alex Haw）、露西·拉塞尔（Lucy Russell），以及诺兰未来的妻子兼制片搭档艾玛·托马斯。

托特纳姆宫路（Tottenham Court Road）旁，有座红砖宿舍楼叫拉姆齐大楼（Ramsey Hall），诺兰和艾玛两人当时都住在那里。有天楼里开派对，诺兰循着喧闹声而去，就这样与艾玛相遇了。他说："我们当时住同一幢宿舍。我记得在报到的第一天晚上，我就见到了她。艾玛对我的人生、我的工作，以及我的为人处世，都产生了相当深刻的影响。我做过的一切都是我们两个人合作的成果。她总是参与选角决策，也总是第一个接触到故事的人。我们在 UCL 相识之后，一起运营电影社团。在那里，我们一道爱上了赛璐珞、剪切胶片以及放映 35 毫米电影，由衷热爱一起做这些事情。我们在大学待了 3 年，拍拍短片、运营电影社、筹钱拍更多电影，最终我们在那里结交了很多好朋友。当时的环境棒极了，因为一切都由学生主导。有人对声音在行、有人擅长摄影、有人懂表演——社团里到处都是有趣的人，他们懂这样或那样的不同领域，但不一定想自己制作电影，他们在寻找有想法的人。我学到了很多如何拍电影的技艺，因为并不是所有人都有空，所以我必须每样都做一点。我能够边做边学，真是大受教益。"

· · ·

在布卢姆斯伯里剧场的地下室中，有一部尘封的学生作品，是 UCL 校友切斯特·登特（Chester Dent）根据阿根廷作家博尔赫斯的短篇小说改编的。这部短片的制作未经博尔赫斯基金会的允许，也从未公开放映过，但在社团内却享有神级（cult）地位，以身示范用最少的资源能拍出怎样的作品。影片改编自短篇小说《博闻强记的富内斯》（"Funes the Memorious"），讲述一个男人被完美记忆力所折磨的故事。主人公是一名19岁的乌拉圭牛仔，他的生活原本"仿佛是一场大梦：视而不见，听而不闻，忘性特大"。一次坠马之后，"纷繁而清晰"到难以忍受的新旧记忆一齐淹没了他。

> 我们一眼望去，可以看到放在桌子上的三个葡萄酒杯；富内斯却能看到榨入酒中的每一颗葡萄，以及那个葡萄园中所有的果梗和卷须。他知晓1882年4月30日清晨南面天空里云彩的形状，并且能在记忆中同他只见过一次的书籍封面的大理石状纹理相比较……富内斯不仅记得每片森林中每棵树的每片叶子，而且还记得每次看到或者想象那片叶子时的情状。[6]

从这段引文可以清楚地看出，博尔赫斯的主题并不真的是记忆。如果只是看着放在桌上的一个葡萄酒杯，富内斯就能看到榨入酒中的每一颗葡萄，以及葡萄园中的果梗和卷须，那么他所抵达的其实不是他自己的记忆。他的问题不在于绝佳的记忆力，而是全知的视角、过度的意识。

世纪之交（1899年）时，博尔赫斯出生于布宜诺斯艾利斯的一个中产阶级家庭，他的成长历程使人联想到诺兰自己的经历——漂泊不定与离群索居杂糅在一起。博尔赫斯在一次访谈中谈及自己15岁时，其家人在极其不合时宜的时间点上来到了欧洲，之后开启了长达10年的颠沛流离。"我没法告诉你我在一个又一个地方待了多久。整个过程一团糟，纷争不断，眼花缭乱。"1914年夏天，他们动身的几个月之内，第一次世界大战爆发了，一家人被困在日内瓦，之后是瑞士南部和西班牙，他们住在一连串旅馆和租来的公寓里。他的友谊时常中断，他与瑞士姑娘埃米莉（Emilie）的初恋也骤然而止。1921年，博尔赫斯22岁时，他终于返回了布宜诺斯艾利斯。他发现这座城市对他而言就像没有尽头的迷宫，既有一种奇怪的熟悉感，又完全陌生。城市南边的破败区域，似乎象征着它们在人们记忆中的模糊状态。他在《归来》（"The Return"）中写道："我重又踏上昔日的路径／就好像在追忆

阿根廷作家豪尔赫·路易斯·博尔赫斯，诺兰在UCL上学时第一次读到他的短篇小说，那些作品对《记忆碎片》《盗梦空间》和《星际穿越》都有很大影响。博尔赫斯在一次访谈中说道："如果你忘却了一切，你便不复存在。记忆和遗忘，我们将其称为想象"

第 2 章　方向　ORIENTATION　55

已经忘却了的诗赋。"[7] 这首诗出自他的第一本诗集《布宜诺斯艾利斯的激情》（*Fervor de Buenos Aires*，1923）。书中的布宜诺斯艾利斯就像一座巨大的迷宫，每一条廊道似乎都通向一个可怕时刻——你可能要直面自我的时刻。在那里，你可能会路遇认识的人——或者更糟的是，遇到自己。若有人在布宜诺斯艾利斯的街上和他搭讪，询问他是否就是**那位**豪尔赫·路易斯·博尔赫斯，他喜欢回答："有时候是。"

诺兰第一次看到博尔赫斯的名字，是在观看尼古拉斯·罗格的《迷幻演出》时。影片中，可以看到一名黑帮分子正在读博尔赫斯的企鹅出版社版《自选集》（*A Personal Anthology*）；后来，米克·贾格尔也朗诵了博尔赫斯的短篇小说《南方》（"The South"）中的段落；还有电影结尾，当詹姆斯·福克斯被射杀时，这位作家的肖像突然闪现。布卢姆斯伯里剧场的实验短片季，放映了博尔赫斯《博闻强记的富内斯》的电影版，在这之后，诺兰马上出去买了所有他能找到的企鹅版博尔赫斯作品，虚构和非虚构都算上。多年来，诺兰买了这位作家不计其数的作品，作为礼物送给他人，为其合作者提供灵感。他说："我买书送人，或者买来囤着。我把它们放在不同的地方，这里一本，办公室里一本，因为书有点厚，这样我就不必随身携带了。我感觉自己一直在读这些书。我不知道博尔赫斯或者他的作品是怎么回事，但是当我重读的时候，我总是记不太清自己是否读过这个故事。有一些故事是我非常熟悉并且读得很专注的，但还有些故事让我寻思'我之前真的读过吗？'。然后我读到结尾，概念绕了一圈又回到原点，我就想起'哦，对，我记得这个'。因此，它们对我的吸引力总是源源不断。"

UCL 的第一学年快结束时，诺兰的父亲给他买了一本乔恩·布尔斯廷（Jon Boorstin）所著的《好莱坞之眼》（*The Hollywood Eye*，1990）。这本书探索了电影和观众之间的各种联结，有本能式（visceral）、移情式（vicarious）和窥视式（voyeuristic）。布尔斯廷是《总统班底》（*All the President's Men*，1976）的协同制片人（associate producer），后来又执导了多部提名奥斯卡奖的科学和自然类纪录片。对于诺兰关心的几样事，他谈了不少，包括斯坦利·库布里克为《2001 太空漫游》开发的栅缝扫描摄影法（slit-scan photography）[8]，被他称为"最大可能接近纯粹速度的升华感"，IMAX 格式则是"最接近纯电影的放映系统"[9]，以及希区柯克《惊魂记》（*Psycho*，1960）中那场浴室戏的剪辑，尤其是诺曼·贝茨［Norman Bates，安东尼·珀金斯（Anthony Perkins）饰］事后清理现场的段落。

布尔斯廷写道：贝茨的恐惧映照出我们自己的恐惧。

  这个向来孝顺的儿子为了保护他的"母亲"，现在要清除现场的混乱状态。（尽管这位可怜的小伙子由于处在震惊状态之中，忘记脱掉他的西装外套就来干这份脏活儿。）珀金斯不仅仅因为和我们一样感到恐惧而赢得我们的同情，而且还由于隐忍的勇气和智谋而赢得了我们的尊敬。我们很难记起当电影首次放映的时候，自己尚不知道珀金斯就是凶手本人时的感受，但是这就是这个镜头组合的强大之处：即便我们知道了事情的真相，我们的内心还是对可怜的诺曼·贝茨充满了同情。最终，珀金斯把利（Janet Leigh）的车——她的尸体被装在后车厢里——推入沼泽地中。刚开始令人痛苦的几秒中，车没法沉下去。我们看到珀金斯的脸上写满了恐慌和绝望。我们的态度发生了惊人的转变，我们突然发现自己实际上也在希望车快点沉下去。希区柯克在我们看到他的女星被残忍杀害的五分钟之后，就让我们自己转变了立场。现在，他让我们为一个将她的尸体藏起来的男人欢呼喝彩……这个毒辣的手法，比浴室戏更让人感受到《惊魂记》的匠心独运。[10]

  这段评述深深地打动了诺兰。

  他说："希区柯克所做的是一件非常惊人的事：他抓住了我们的视点，并将之颠覆。他是怎么做到的？只是让你看到主角艰难的善后工作，然后你就成了同谋。对我来说，《惊魂记》可能是希区柯克在摄影方面最漂亮的一部电影。《惊魂记》的任何一格画面都会马上抓住观众的眼球。我是说，《迷魂记》（Vertigo，1958）显然也具有电影的美感，但是达不到漂亮。而在《惊魂记》中，你能看到诺曼·贝茨眼睛的漂亮特写。他从偷窥孔往外看的眼睛，是我看完片子之后印象最深的东西。那个镜头精致得不行。电影导演所做的一切都关乎视点。你该把摄影机架在哪里？这是我作为电影导演会有的考虑过程。拍摄当天，当我决定要怎么拍的时候，我会想这是谁的视点？我想把摄影机放在哪里？总是像这样来思考。随着时间推移，拍摄惯例已经发生了变化，但是导演依然在和不变的基本几何学技法较劲儿。为何第一人称视点的电影几乎都观感不佳，这就是原因。你本以为这样的电影应该会移除摄影机的存在，但如果你看过《湖上艳尸》（Lady in the Lake，1947），就会发现全片都是从罗伯特·蒙哥马利（Robert Montgomery）饰演的角色——

菲利普·马洛（Philip Marlowe）的视点进行拍摄的。你只能在镜子中看到他本人，表现他吻女孩的时候，他们就用摄影机怼脸拍她。这是一个迷人的影像实验。"

蒙哥马利执导的《湖上艳尸》，是好莱坞最出名的持续采用主观摄影的片例，全片都从蒙哥马利饰演的主人公——私家侦探菲利普·马洛的视点出发。电影广告如此宣称："你受邀拜访金发女子的公寓！""你的下巴挨了凶案嫌犯一拳！"马洛点烟时，烟雾在镜头前袅袅升起；他的目光追随一名秘书时，摄影机就跟着横摇；与人接吻时则镜头推近；他被打得团团转时，摄影机也左摇右晃；他失去意识时，画面则完全黑掉。但是电影效果不佳。当镜头转向与蒙哥马利演对手戏的其他角色时，他们会露出明显惊慌失措的神情。一般来说，蒙哥马利的角色应以自己对事件的反应来引导观众，然而他本人在片中却完全处于镜头之外，只有他对镜自顾的时候，观众才能看到他。拒绝让观众看角色的反应镜头，也就切断了我们与角色之间的情感联结：我们身处他的位置，却不知其脑中所想。该片的原著作者雷蒙德·钱德勒[11]说道："每次好莱坞举办午餐会，都会有人时不时提出：'咱们让

摄影机充当一个角色吧。'我认识一个家伙,他想让摄影机当凶手,然而不运用大量的骗术根本没法实现。摄影机太诚实了。"

诺兰第一次看到钱德勒的名字,是在希区柯克《火车怪客》(*Strangers on a Train*,1951)的演职员表中[12],然后他在大二的"现代文学(二)"课程中研究了这位作家。大学期间和毕业之后,诺兰几乎不间断地反复阅读钱德勒的作品,为其前三部长片《追随》《记忆碎片》和《失眠症》埋下了种子。和博尔赫斯一样,钱德勒的成长经历也与诺兰本人有着不可思议的相似之处。钱德勒于 1888 年出生于芝加哥,母亲是盎格鲁-爱尔兰人[13],父亲是美国人,他的童年在芝加哥和伦敦两地度过。他就读于与伦敦皮卡迪利广场(Piccadilly Circus)相距 5 英里(约 8 千米)的公学——达利奇学院(Dulwich College)。作为一名走读生,他在这里学习各种经典,如奥维德(Ovid)、埃斯库罗斯(Aeschylus)和修昔底德(Thucydides)[14]的著作。他身穿伊顿领衬衫和黑外套,将自己打扮成英国公学生的形象。当钱德勒再次出现在美国同胞面前时,他觉得:"我不是他们的一分子,我甚至不会说他们的语言。我其实是一个无国之人。"回到洛杉矶后,他开始为廉价杂志写故事,借助"老古板"[15]马洛那厌倦世事的视角,探索这座闪闪发光又污秽不堪的城市,观察充斥着皮条客和风流种、多疑的百万富翁和混蛋警察的世界。"马洛"的名字取自钱德勒在达利奇时的宿舍名称。这个人物永远不合时宜、不得其所,驱使其行为的却是一套在校生的准则:嘴巴要严;防恶安良;和警察合作,但因为体制已受人操控,所以必要时可以违法;最重要的是,与人保持距离,因为没有人值得信任。

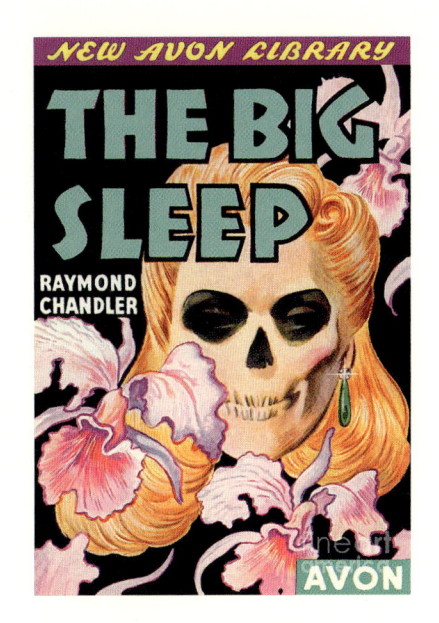

诺兰说:"我认为大多数人只要你开口问,他们都会觉得自己在某种程度上是个局外人。当你持有双重国籍时,你显然就处在这样的位置上,因而我很能理解钱德勒那种无国之感——他对此持有相当负面的态度,我年轻时也是如此。打那之后,我开始能够让两部分的自我和平共处;但在我还年轻的时候,经常会从局外的角度看待一切,那是一种非常黑色电影的视点……阅读钱德勒让我有很大提升。钱德勒的天才之处在于营造亲密感,让你感觉非常非常贴近角色,你对他们的个人习惯、饮食口味和衣着品味都一清二楚。这是一种非常有触感的质地,在伊恩·弗莱明的作品中也能找到。我认为《黑暗骑士》系列和《盗梦空间》中,都能找到一丝钱德勒的味道,但在

对页上图:罗伯特·蒙哥马利执导影片《湖上艳尸》(1947)中的奥黛丽·托特尔(Audrey Totter)。全片完全从私家侦探菲利普·马洛的视点拍摄;对页下图:雷蒙德·钱德勒,1945 年摄于洛杉矶;本页图:钱德勒在其小说《长眠不醒》(*The Big Sleep*,1939)中写道,菲利普·马洛是"这个世界上你所能期待的最诚实的人,虽然诚实已经不再流行"

第 2 章 方向 ORIENTATION 59

《记忆碎片》里你能感受到更多来自他的影响;那种非常贴近角色的亲密视点,尤为直接地影响了《追随》《记忆碎片》和《失眠症》这三部电影。我记得童年时读阿加莎·克里斯蒂(Agatha Christie)的作品——我妈妈很爱她,也让我对她的书产生了兴趣——我记得妈妈说,如果凶手总是你最想不到的那个人,小说要都这样写就不好看了。因为它们归根结底还是小说,似乎总要遵从小说的套路。然而在钱德勒的故事里,他对这类反转和欺骗却相当坦率。关键点是有人在对你说谎。这就像脑内有个灯泡点亮般让我灵光闪现。钱德勒思考的是驱动着一切的真实线性体验。情节不是关键,关键的是讲故事的视点。"

钱德勒本人对于设置推进情节的悬疑点倒是出了名的随性——他称之为"往生蚝上淋的几滴塔巴斯科(Tabasco)辣椒酱"。他写的情节通常会形成闭环,即最终有罪的一方,通常是最初雇用马洛的家族成员之一。要么是委托者本人做了坏事,要么失踪之人才是罪魁祸首,或者他根本就没有失踪。故事的结尾,马洛可能在名义上解开了受托调查的谜案,但那谜案反过来是更大腐败问题的冰山一角,腐败的全貌永远没人能彻底看清或弄懂。他永远不会是真正的赢家。钱德勒的传记作者汤姆·海尼(Tom Hiney)写道:"这些早期故事中浮现出来的洛杉矶,当地的所有机构都让人本能地不信任,所有的目击证词都值得怀疑,而所有直接明了的事情却被忽略。"这个世界上唯一可以信任的,就是亲身感知的证据,然而有的时候,甚至连它们也不可信。在《长眠不醒》中,马洛说:"我的思绪在一波一波虚幻的记忆里飘忽;在这些记忆里,我一遍遍重复着相同的事情,进入相同的地方,遇见相同的人,对他们说相同的话,一遍又一遍……"[16] 这段话也可以直接拿来描述《记忆碎片》中的保险代理人伦纳德·谢尔比(Leonard Shelby),这位遗忘症患者的生活正被困在永恒的重演之中。

那么,如果这些情节并非书的重点,那**重点**到底是什么呢?钱德勒是这么说的:"很久以前,我还在给廉价杂志写小说的时候,曾经在某个故事里写过这么一句:'他下了车,穿过洒满阳光的人行道,直到躲进入口处凉棚的阴影里,才觉得脸上有了一抹清水般的凉意。'小说发表的时候,这句话被删掉了,因为读者们欣赏不来这样的东西,只会耽搁行动。可我偏要证明他们是错的。"[17] 陷入疑惑时,跟着动词走总没错。有马洛登场的 7 本小说和数个短篇故事中,描写他走路的文字篇幅惊人。在他初次登场的《长眠不醒》中,他步行跟踪一名顾客走出盖革书店,沿着好莱坞大道向西,跟到了高地大街,又走了一个街区，先右拐再左转，进入一条"林荫窄道"，道边有"三座花园平房的院落"。后来，他走去月桂峡谷大道上的盖革家，再往返于西好莱坞区的斯特恩伍德府邸，沿着"风雨凄厉的蜿蜒街道"整整走了 10 个街区，终于来到一家加油站，然后文中写道："我健步走了半个多小时，回到了盖革家门前。"世界上最著名的"足力健侦探"[18]实至名归。如果把犯罪情节统统拿掉，只保留这些跟踪追逐的部分，这个故事会变成什么样呢？如果拿掉敲诈的情节，只保留这些行走和机警觉察呢？你得到的东西，可能非常接近于诺兰的第一部故事长片——《追随》。

· · ·

伦敦市中心，一个男人（杰里米·西奥博尔德饰）跟着另一个男人（亚历克斯·霍饰）走进一家咖啡馆。前者小心翼翼地选了一个距离够远的位置，拿起菜单，仿佛想挡住自己。他留着及肩长发，看起来没洗头，下巴上的胡子大概也有好几天没刮了。他穿着一件皮外套，底下是一件皱巴巴的无领衬衫，看起来像个无业游民。他很快就吸引了女服务员的注意。

"请给我来杯咖啡。"年轻人说，眼睛几乎没看她。

"拜托，现在是午餐时间。"她说，尽管咖啡馆里看起来冷冷清清。

为了让服务员满意，他点了一份烤芝士三明治，眼睛却从未离开他的追猎对象。后者坐在那儿，啜饮着咖啡，凝视着窗外。这是位衣着得体的职场人士，穿着一套深色的西服和熨过的衬衫，打着领带，梳着看上去花了不少钱的发型。他整个人仿佛刚从银行或者券商出来午休。

但现在他又起身了，拿起手提包，向出口走去。他路过的时候，跟踪者缩在座位上，低着头，然而令其惊恐的是，这个穿着细条纹西服的男人坐进了他对面的椅子。

"我能和你坐一起吗？"他问。

他的声音听起来高雅上流、彬彬有礼。他跟服务员点了两杯黑咖啡，当她走远到听不见两人说话时，他便换上一副咄咄逼人的口吻："你显然不是警察。那你是谁，为什么要跟踪我？别跟我扯淡——**你他妈到底是谁？**"

这就是《追随》（1998）的开场。诺兰执导的这部黑白惊悚片，讲的是身份盗用，也是一部黑色电影，仿佛用炭笔勾勒出了谎言、伪装、盗窃、怀疑和背叛——即便在看完 70 分钟的全片之后，对"**你他妈到底是谁？**"这个问题的答案，我们还是毫无头绪。片中的作家自称为"比尔"（Bill），但这一点值得怀疑，影片中的所有其他信息也是一样。诺兰从 UCL 毕业 6 年后拍了本片，但是用到了他在大学期间享有的诸多资源、影响力和拍摄器材。《追随》的主题指向身份认同的纠结，青少年早期的诺兰就在这方面有过思想斗争：他那时在英国和美国之间穿梭，不确定自己到底是身在芝加哥的英国公学生，还是身在赫特福德郡的美国人。

与诺兰许多关于分身的电影一样，这部电影也似乎旨在调和他自己创作人格（persona）中冲突的两个方面。一方面，这名作家衣着邋遢，住在类似学生宿舍的公寓里，家中摆着磁带录音机和橡胶植物。[19] 他多半可以代表诺兰在 UCL 时，观察到的那类新学院里的波希米亚式学生；或者也代表了诺兰自己羽翼未丰的艺术家天分，那时他刚刚迈入外部世界，这种天分正要开始显现。这名作家喜欢随机跟踪别人满伦敦地游走，表面上是在收集写作素材，但实际上只是出于孤独和无聊，而偷偷跟踪陌生人似乎可以填满他空虚的生活。"这不是因为什么性癖好。"画外音中，他告诉一名没有露脸的审讯人 [20]，"你的目光扫过人群，然后慢慢地停下，锁定一个人。那一瞬间，这个人就不再是芸芸众生的一员了，而是成了一个独立的个体，就是这样。"

另一方面，身穿深色西服的陌生人柯布（Cobb，亚历克斯·霍饰），操着上流社会的口音，有着见多识广的风度，对葡萄酒的知识信手拈来（"别被超市的标签骗了"）。他可能是那种圆滑又无情的中上层阶级自命不凡的化身，诺兰在黑利伯里上学时，在他自己和别人身上都见过这样的优越感。诺兰似乎在检视自己领导魅力的阴暗面：要是有陌生人穿着讲究、谈吐得体，却不声不响指使你做事，你可要小心提防。柯布是个不走寻常路的窃贼，他喜欢闯入别人家中，不是为了偷东西，而是要耍弄他们，比如把女性内裤放进男主人的夹克衫口袋里，或者把单只耳环乱放到别的位置。"这么干的全部目的，就

在于干扰别人的生活,让他们注意到那些习以为常的东西,"他解释道,"你把它拿走,他们才知道自己拥有过什么。"柯布把作家当成自己的学徒,培养他、训练他,建议他去理个发,再买套好西服,还带他去法国餐厅好吃好喝,用偷来的信用卡结账。柯布对他说:"不是说你闯了空门,就非得一副贼样儿。"然而,柯布最终背叛了他。柯布对作家进行改造,是为了把凶杀的罪名转嫁给他。诺兰说:"当心你要变成什么样的人,身份标签可能就此无法摆脱。"影片激起了观众对变色龙式变身结果的不安和恐惧,它就是一部改头换面者的《皮格马利翁》(*Pygmalion*)[21]。

诺兰说:"所有这些主人公,他们自己越感觉胜券在握,最终就越深陷完全失控的境地。在剧作上,你把这一点做得越满,实现的效果就越好。对我来说,这个作家的有趣之处,在于他是个有罪的无辜之人。他的所作所为逾规越矩,但和**实际上发生的事情相比**,几乎不算什么。我认为从某种层面而言,许多无辜之人确实如此。他们背负着很多罪恶感,担心自己所行之事,心想:'哦,老天,如果别人知道我在干些什么……'对我来说,这就是整件事的幽默之处。赋予角色罪恶感,就能在其周身营造出一种神秘感。角色的

对页图:诺兰的第一部长片《追随》(1998)中,杰里米·西奥博尔德饰演的作家正在跟踪他的目标。"怎么说呢?"他说道,"你的目光扫过人群,视线停留在某人身上,然后那个人就变成了一个独立的个体。就是这样";本页图:作家在屋顶上,惩罚正等待着他

第 2 章 方向 ORIENTATION 63

某种动机是观众不能完全理解的，等到真相大白之时，比如《盗梦空间》里柯布妻子的那部分故事，就产生了剥洋葱的感觉——层次感就出来了。罪恶感真是一种强有力的戏剧引擎。"

从 UCL 毕业之后，诺兰申请就读英国国立电影电视学院（National Film and Television School）和皇家艺术学院（Royal College of Art），但是都被拒绝了。不过，他马上找到了一份在"电子电波"（Electric Airwaves）公司担任掌机员的工作。这是一家位于伦敦西区的小型影音媒体公司，为世界各地的大公司提供企宣片制作服务和媒体公关培训。他频繁地在伦敦西区走动，发现都市行人都无意识地共同遵守着某些不成文的规则，这些规则令他着迷。诺兰说："我开始注意到一些事，最主要的一点是绝不能和陌生人保持相同的步调，就是不可以。你可以或快或慢，但是不能和陌生人步速相同。在极度拥挤的城市中，为了试着维护自己的隐私，我们会筑起各种各样无意识的屏障。你懂的，在高峰期搭乘地铁时，早先就会用上看报纸这招儿。人和人挤在一起，却假装别人都不存在，我很擅长这一点。在奥斯汀（Jane Austen）或哈代（Thomas Hardy）的小说中，某个小镇的居民不能和新搬来的人讲话，因为他们彼此还没被正式引见。我们会觉得这种过往的生活方式也太荒唐了，但我们现在也是如此啊。如果你在街上或商场里直接与陌生人互动，那么你就篡改了规则，对方会立马感到非常非常不自在。我并不是建议你去跟踪别人，但如果你在人群中选中了一个人，专注地留意他，或者看看他去哪儿，一切立即就不一样了。仅仅是向其致意，你就侵犯了人家的隐私。"

一天晚上，诺兰和艾玛回到卡姆登（Camden）的地下室公寓时，发现他们遭遇了一场十分恶劣的入侵：前门被踹开了，一些 CD、书籍和个人纪念品不见了。前来的警察问他，是不是还丢了一个包？是的，是丢了一个包。警察告诉他，小偷很可能用这个包来装偷走的东西，这是小贼们的惯用手法。"所以我把这事拍进了电影，"诺兰说，"我想自己最应时和直接的反应就是反感，这事关亲密感和不应有的亲密感。在那个时刻，你看到自己的东西被人从抽屉中翻出来，散落满地，你突然就和某个你永远都不会见到或认识的人有了一种非常亲密的关系。但是后来，当我以编剧的身份把自己放在小偷的位置上时，我开始理解这些事。首先就是他们踹门而入的行径，我认真地思考了这件事，意识到前门完全就是种象征性的存在。我是说，这东西是胶合板做的，完全不堪一击，没法把任何人挡在外面。不过，我当然从没想过这

一点，因为当你关上前门、把它锁好时，它就变成了一件圣物。我从中深受启发。前门只是一道象征性的屏障，就像那些脆弱陈规一样，我们坚持遵守那些规则，只是为了让大家能够生活在一起。这引我思考：如果有人开始违反这些陈规，会怎么样呢？"

这起事件成了他的短片《盗窃罪》（*Larceny*，1996）的主题。这部电影是在一个周末之内，以 16 毫米的黑白胶片拍摄而成的。诺兰说："当时的情况是这样——我们说好找一群人，抽出周末的一天凑在一起，用胶片拍上二十分钟，然后从中剪出六七分钟的片子，叙事要紧凑。影片讲的是某人闯入别人的公寓，基本上就是《追随》的原型。事实上，我后来从未将它示人的一个原因是，《追随》已经完全取代了它。我们用 16 毫米胶片进行实验，进而努力找出能最大化利用胶片的最佳方法，《追随》大体上就是这一实验的成果。写这个剧本的出发点是：'如果我只有一台摄影机，凑出来的钱只够负

《追随》取材于诺兰家中遭窃的亲身经历。片中的柯布（亚历克斯·霍饰）说道："从一个人的物件里能看出这人的不少特质。你把它拿走，他们才知道自己拥有过什么"

担电影胶片，其他什么资源都没有，那么我能拍点什么？'因而，技术方面的妥协一早就被预设在剧本之中了。超低成本（no-budget）电影有一种基调，是你很难绕开的——它们总是有一种古怪的特质。制作上有某种留白或者空洞感，逐渐会变得有些古怪，即便拍的是喜剧也在所难免。因此对我而言，无论如何这种特质都会嵌在影片的基底里，那么你该怎样不去和它对抗呢？《追随》就是多次不同尝试的综合结果。最终，我们决定跟着这种美学走。"

诺兰用来写《追随》剧本的打字机，是父亲送给他的 21 岁生日礼物，他用着用着就自己学会了盲打（这台打字机后来也成为片中的道具）。此时，艾玛·托马斯已经在 Working Title 电影公司找到了一份制片统筹的工作。她帮忙向各路财源申请资金赞助，但是屡次遭拒，最终他们决定只用诺兰当摄影师赚来的奖金，并且只在周末时间拍摄，这样持续拍了将近一年。每一场戏都仔细地排练过，几乎像在排一部戏剧那般，这样他们就可以在一两条之内拍好想要的镜头。他们算好用一次买一盘的黑白胶片，手上的资金负担得起每周拍摄并冲印 10 到 15 分钟的素材。他还告诉演员们不要出城或理发。每到周末，所有人都会挤进出租车后座，前往他们能找到的实景地——诺兰父母的房子或某个朋友的餐馆——在这些地方，他们不用申请拍摄许可。诺兰自己掌镜，用的是一台旧手持 Arriflex BL 摄影机。有些周末，他们会休息一下。诺兰会在周二之前把胶片冲印好，边操作边在脑海中进行剪辑，重复这一整个流程直到杀青。剧本是按时间顺序写的，然后再重新排列每场戏的次序，但直到他在 3/4 英寸（约 19 毫米）的录像带上剪辑该片的时候，这种结构上的机巧精妙才初见成效。

有一天，托马斯从公司拿回家一些剧本，其中之一是昆汀·塔伦蒂诺的《低俗小说》（*Pulp Fiction*，1994）。诺兰说："塔伦蒂诺的《落水狗》（*Reservoir Dogs*，1992）对我影响很深，因此，我很有兴趣看看他为接下来的作品做了什么设计。如果你看过《低俗小说》和《公民凯恩》（*Citizen Kane*，1941），就会发现两者在结构上有很多相似的地方。除了影像，没有其他任何一种媒介坚持按照时间顺序来传达信息。小说、戏剧、希腊神话、荷马史诗都没有这种坚持，我认为这种情况是由电视造成的。家庭录像带的出现，对电影叙事而言是一个决定性时刻，决定着电影能采用什么样的叙事结构。《星球大战》是一部剪辑手法非常直截了当的动作片，但叙事上却是高度线性的，《夺宝奇兵》也是如此。因为在那个年代，他们必须把电影卖给电视台，这是巨大的收入来源。因此，从 20 世纪 50 年代到大约 80 年代中期，我可以这么说，每部制作出来的电影都得在电视上播映。那个年代有一种顺序叙事的保守主义，《低俗小说》基本上终结了这种现象。"

　　差不多在《追随》上映的时候，诺兰首次接受记者采访，他意识到在日常生活中，我们很少遵循时间上的先后顺序。"我们看报纸的时候，会先读标题，再读内容，然后看隔天的报道，记下这件事，接着再看下周的预报。这是一个不断拓展的过程，我们补充细节、建立联系——不是基于线性时间顺序，而是基于报道的具体内容。我们的对话通常也没有先后顺序，可以扯到天南海北。我觉得这很有趣。我越琢磨这件事，就越意识到这一点。在《追随》中，我尝试以立体的方式来讲一个故事。观看的时候，它并非仅在一个方向上延展，而是在各个方向上推进。但我希望我对非线性叙事的运用，能够使观众看懂情节的发展进度。我尽量做得清楚一些，解释为什么这些事会以这样一种特定的方式汇集在一起。这是一个既艰难又别扭的过程。我不得不把录像带从头到尾过一遍，才能找到想要的部分，把它拷到另一盘带子上，这时画质就已经劣化了一轮，但只有这样才能完成初剪——这简直是噩梦。我当时不知道自己在做什么，我只知道这个结构对我而言非常行得通，而且我真的是做完这部电影才把结构弄清楚的。人们会问：'你为什么不用数字格式拍摄呢？'那时候，数字视频（digital video）刚刚问世，但模拟视频（analog video）已经存在挺久了，而且用录像带拍摄的潮流也早就开始了。当我谈起胶片对我有多重要时，大家常问：'从哪部片子开始，人们会问你为什么选择用胶片拍摄？'答案是，我的首部作品《追随》。电影工业已经发生了深刻的转变，但是胶片的特殊性，以及选择用胶片拍摄，却贯穿了我的整个职业生涯。"

· · ·

　　《追随》在三条不同的时间线之间玩着跳房子的游戏。第一条时间线上，作家被一名警官质询其与柯布的关系。第二条时间线上，作家与一个他们入室行窃过的女人扯上了关系。这是一个冷静又现实的金发女子（露西·拉塞尔饰），她声称开夜总会的男友以色情照片勒索自己——这些照片就像《长眠不醒》中的麦格芬（MacGuffin）[22]一样。不过通常情况下，当诺兰直接从黑色电影中偷师时，理应会引起我们的注意：这位金发女子的故事有些过于绘声绘色，过于似曾相识。我们要保持警惕。第三条时间线上，作家刚在屋顶上被人暴打一顿，嘴唇和鼻子被打破了，一只眼睛肿得睁不开，他就这样艰难地爬起身。交叉剪辑让观众以宿命论式的、带有道德审判的眼光看待角色们,如同陀思妥耶夫斯基(Dostoevsky)的小说在快进——当场现世报的"罪与罚"。和许多黑色电影中的男主角一样,杰里米·西奥博尔德饰演的作家,是个天真单纯、波希米亚式的失意者,玩着扮演罪犯的游戏,却被真正的罪犯打得鼻青脸肿。

俄罗斯套娃式的嵌套结构,为电影最后 20 分钟内的两个反转提供了绝佳掩护,它们就像两颗手榴弹一样互相引爆,第一个将观众的注意力分散了足够长的时间,从而让第二个带来更大的冲击。第一个反转,是金发女子向作家透露他被人陷害了。柯布需要找人模仿他的作案手法,让这个人可以替他顶罪,罪行是杀害了一名老妇人。"他不是故意针对你,"她说,"他跟踪了你,然后发现你只是一个等着被人利用的小可怜虫。"至此,故事仍是典型的黑色电影,我们已经见过一千零一种蛇蝎美人(femme fatale)了。第二个反转才是诺兰独特的闪光点。作家得到预警之后,揣着自己所知的一切,来到就近的警察局自首,试图为自己开脱。他告诉金发女子"你的谎言在真相面前站不住脚",然后他把发生的一切对警察和盘托出——他的供认正是我们听到的贯穿电影始终的画外音。但这位警官却不知道有什么老妇人谋杀案,也没有任何名叫柯布的嫌疑人。警官只知道现在坐在自己面前的这个人,以及一连串窃案现场都附着有后者的指纹。电影画了一个自证其罪的完美闭环,他刚刚自投了罗网。

诺兰说:"我总觉得这种类型的叙事就像陷阱收口,上锁时的咔嗒声让观众感到十分满足。然而对于另一种类型,或者对电影有另一番期待时,这可能就是乏味而令人沮丧的故事了。当人们说一部电影'不符合任何类型'时,我总是不太认同这种说法,因为类型不是某个用来装电影的盒子,而是关乎观众的期待。这是你向别人描述一部电影时所用的话术。它给你线索,为你提供方向,但这并不是说你必须严格遵循它——我本人显然就没有——但这个盒子的四壁却非常适合用来做'弹射'试验。观众的期待给了你把玩操作的空间,这样你就可以骗过他们,甚至还可以创造期待。他们本以为你沿着某条特定的路线行进——然后,你改变了方向。

"黑色电影的全部要义,在于它必须诉诸你和你的神经症。我认为《追随》诉诸的就是一种非常本能的恐惧。就像斯蒂芬·金(Stephen King)的《魔女嘉莉》(Carrie),在小说中,你想加入那些酷小孩感兴趣的活动,却发现这一切都是因为他们想开个恶意的玩笑。外推就是这样产生的。这就是黑色电影的要义——利用可辨识的神经症进行外推。蛇蝎美人的存在让人心生疑虑：我能信任当下的这段关系吗？我可能会遭遇可怕的背叛。我真的了解我的同伴吗？影片最终要表达的正是这些内容，是我们最能共感的恐惧。[23] 在写剧本的过程中，有段时期我超级痴迷雅克·图纳尔——真是超级痴迷。他和制片人瓦尔·卢顿（Val Lewton）合作的所有电影，包括《豹族》（*Cat People*, 1942）、《与僵尸同行》（*I Walked with a Zombie*, 1943）、《豹人》（*The Leopard Man*, 1943），还有那些没有卢顿参与的作品，比如《漩涡之外》（*Out of the Past*, 1947），都让我着迷。《漩涡之外》是一部精彩卓绝的影片，对《追随》产生了很大影响。"

在雅克·图纳尔 1947 年的大师之作《漩涡之外》中，罗伯特·米彻姆（Robert Mitchum）饰演一名私家侦探，受雇寻找黑帮分子［柯克·道格拉斯（Kirk Douglas）饰］的失踪女友［简·格里尔（Jane Greer）饰］。后来，米彻姆为了从头来过，就来到内华达山脉（Sierras）湖边的一座陌生城镇，当起了加油站老板。然而他却发现过去的事再次找上门来，如激流一般将他卷入其中。这部影片大部分以倒叙方式讲述，基本上对美国梦进行了可怕的颠覆：它讲的是我们永远无法彻底逃离过去的无力感。而诺兰未来将在《记忆碎片》中对这个主题进行充分探索。影片的结尾，米彻姆那单纯善良的女友［弗吉尼娅·休斯顿（Virginia Huston）饰］，问一个在加油站工作的哑巴孩子，米彻姆是否真的和格里尔一起私奔了。小孩对她撒谎称是，这样她才能忘掉他，继续生活下去。在影片的最后一个镜头中，小孩向加油站牌子上米彻姆的角色名字致敬。谎言战胜了真相。

在《追随》的结尾，作家因那些未犯之罪而身陷囹圄，而柯布却宛如幽灵一般，消失在午休时间的人潮之中，那正是他首次现身的地方。他跟我们说的有真话吗？他到底是不是小偷？他可能就是导演本人，消失在自己编织的造物之中。整部电影可以看作一个寓言，讲的是编剧如何轻易被导演所诱

《漩涡之外》（1947）一片中的简·格里尔和罗伯特·米彻姆。该片质疑了美国梦

感和背叛，或者是有志于既编又导者的内心交战。它是写给有野心的电影作者的《浮士德》。《追随》由诺兰本人编剧、制片、拍摄、剪辑［和联合剪辑师加雷思·希尔（Gareth Heal）共同完成］。该片将诺兰身份中所有各不相同又彼此竞争的部分，整合在一个能调和它们的名号之下，这个名号就是：**电影导演**。

・・・

某天早上，我们的访谈开始不久之后，诺兰对我说："你照镜子的时候，能花上很多时间去琢磨，为什么你身体的左右是反过来的，而上下却不这样。"

此刻，我们坐在他L形的小办公室里，这地方位于他在洛杉矶的自家住宅和工作室之间，工作室就在他家花园的尽头，建筑形状和自家住宅几乎一模一样。两栋建筑背对背地坐落于同一街区的两侧，宛如彼此的镜像，中间由两个方庭连通起来。在诺兰写剧本的日子里，他从家到工作地点的通勤时间用不了一分钟。

他的办公室里堆满了书籍、镶框的照片、奖杯以及各种电影纪念品。比如，一组柜子的顶端就摆着这些东西：《黑暗骑士》中小丑团伙戴的小丑面具，旁边是一个小小的蝙蝠标本；一张镶框的照片，上面是诺兰和导演迈克尔·曼，他们在庆祝后者执导的《盗火线》上映20周年；还有美国电影摄影师协会（ASC）和美术指导工会（ADG）颁发的奖杯，以及他凭《盗梦空间》获得的美国编剧工会奖奖杯。他的办公桌像学者的桌子一样凌乱，文件和书本摆不下了，只能摆在地上，摇摇欲坠。这里很像一座杂草丛生的花园，或者健忘之人的潜意识过程。此处有詹姆斯·埃尔罗伊（James Ellroy）2014年的小说《背信弃义》（*Perfidia*）、马克斯·黑斯廷斯（Max Hastings）的几本军事史著作，以及博尔赫斯的《诗全集》（*Collected Poems*）。

诺兰说："许多年来，我一直在思考那个镜子谜题。我可以完全沉迷于这类思绪之中。这样的谜题我有好几个，跟你说说我最喜欢的一个：在打电话时，你怎样只用语言向别人解释左和右的概念？"他举起手，"我现在就要阻止你尝试了，你做不到的。你只能靠感受左右手的概念来解释左和右，这纯粹是主观的，你完全不可能以客观的方式来描述左右。"

这让我想起2001年与诺兰在坎特餐厅的第一次对话，那时我注意到他是从后往前翻阅菜单，我好奇这是否和《记忆碎片》的结构有关——该片通

过颠倒每场戏的顺序来模拟主人公的迷惑感，由此使观众陷入一种始终是没头没尾地处于事件中段的状态。在《失眠症》中，诺兰以类似的效果再现了阿尔·帕西诺（Al Pacino）的失眠体验，后者必须在滑溜的石头、活板门和滚动的原木上尽力站稳。在《致命魔术》中，魔术师的脚下也藏着活板门。《盗梦空间》中的柯布说："往下走才是唯一的出路。"在该片里，巴黎的街道对折起来，倒扣在他们头上，而酒店场景中的重力法则也暂时失效。就连卡车和飞机也不能幸免：《黑暗骑士》中，一辆18轮大卡车翻仰朝天；在其续作《黑暗骑士崛起》中，一架喷气式飞机像条鲭鱼般被吊在半空，双翼折断掉落，乘客们只能紧紧抓住直立的机身隔框。诺兰堪称令人迷失方向的西席·B.地密尔（Cecil B. DeMille）[24]。

诺兰给我出了这道难题的几天之后，我还是无法把它从脑海中抹去。然后我发现，诺兰给我出的这道题，原来是数学家马丁·加德纳（Martin Gardner）所谓的

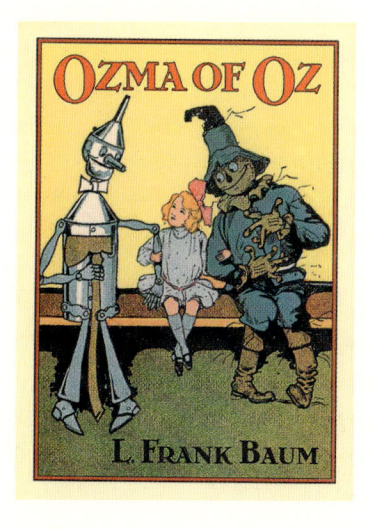

如何向外星智慧生命解释"左"和"右"？上图：奥兹玛计划中的天文望远镜，1960年建于西弗吉尼亚州的格林班克（Green Bank）。该计划根据L.弗兰克·鲍姆（L. Frank Baum）所著丛书《绿野仙踪》（*The Wonderful Wizard of Oz*）中的角色"奥兹玛公主"（下图）命名

"奥兹玛问题"（Ozma Problem）的变体，该问题出自其 1964 年的著作《双手灵巧的宇宙》（*The Ambidextrous Universe*）。"奥兹玛"指的是位于西弗吉尼亚州的一座天文望远镜，它指向遥远的星系，以接收其他世界可能发来的无线电信息。加德纳问道：假设我们通过奥兹玛计划（Project Ozma）[25]，联系到了另一个星球上的外星生命体，那么在双方不存在任何相同物体的情况下，如何能向他们描述左与右？比如，有人可能会叫他们画一个纳粹的卐字符，然后告诉他们，卐字符最上面的一画所指的方向就是"右"，但我们无法告诉他们卐字符到底长什么样儿。这个问题最初是由威廉·詹姆斯（William James）在著作《心理学原理》（*The Principles of Psychology*，1890）中提出的：

> 如果我们拿一个正方体，并标志出**上面**、**下面**、**前面**和**后面**。目前仍没有任何词语能让我们向其他人描述哪个是**左面**，哪个是**右面**。正如我们可以说出**这个**是红色而**那个**是蓝色一样，我们只能指着说**这里是右面，那里是左面**。[26]

康德于 1786 年发表的文章《什么叫做在思维中确定方向？》对此也毫无帮助。康德认为，左与右的区别，是所有试图确定方向之方法的先验性基础，是理性不可分割的原子。你就是**知道**左右。

几天之后的早上，我早早醒来，生物钟仍在纽约时间上。我在爱彼迎（Airbnb）上租的公寓楼，恰好类似于《记忆碎片》中的建筑风格——有来楼上的庭院、涂灰泥的墙壁、带编号的门，还有种怪异的空荡感。然后我去了附近的一家餐厅，就着百吉饼和咖啡准备了访谈提纲。等我吃完早餐的时候，太阳已经高高升起，亮度足以窥见街对面的楼顶。我开始向诺兰家走去，棕榈树的影子延伸到我面前的人行道上，与我那拉长的影子交缠在一起，这时我突然有了个想法。到达诺兰的工作室时，我便确信这想法可行了。有人按按钮打开黑色铁门让我进来，再把我带到会议室。我坐在壁炉前，手指不停敲击着，直到诺兰在上午 9 点准时迈入房间。

"话说，我会这么做，"我告诉他，"我会让这个和我打电话的人走出房门，在原地待上几个小时，这个时间要长到足以看见太阳在天空中划过的轨迹。然后我会说：'太阳刚刚从你的左边移动到了你的右边。'"

有几秒钟，他没说话。

"你再说一遍。"他说。

"我会叫和我通话的人走出房门,在外面待几个小时——我猜自己的电话费一定没少花,或许我可以之后再回拨——但是他们待在外面的时间,要长到足以看到太阳在天空中的运动。然后我会说:'太阳刚刚从你的左边移动到了你的右边。'"这一次,我举起双手来演示。"**这是你的右手,这是你的左手。**"

"不错,"他边说边点头,"真的很不错……"

我可以听见外面的鸟儿愉快地鸣叫。

"我只是在想,"他继续说,"这个方法在一种情况下不奏效——在南半球,它就不成立了。这招儿不适用于所有情况。它能行得通,取决于你知道对方身在北半球。"

"啊,但是,我会知道你在哪个半球的,因为我打电话时拨了区号,不是吗?我会知道你在洛杉矶,或者伦敦,或者其他什么地方。在这个谜题预设的宇宙中,电话是存在的,对吧?如果电话存在,那么区号也会存在。"他看起来还是有些怀疑。"或者我可以说:到外面站几个小时,如果你在北半球,那么会看到太阳从左边移动到右边;如果你在南半球,太阳则从右边移动到左边。"

这么长的答案听起来就有些麻烦。最终,他说:"这个答案能得到的评价是'哦,听起来不错'。但是你给出的说法,本质上不过是以下这个答案的花哨版本:如果我知道你在这个房间里,我说:'好了,背对着壁炉站立,指出离你进来的那扇门最近的手,那就是你的左手。'你懂我说的意思了吗?因此,你其实稍微简化了实验的条件。这不是一个通用的解决方案,但是挺好的。我希望你不会对此感到失望。"

我想了想说:"不会。想到自己这么轻易就解开了这道题,才让我有点失望。"

"我认为你并没有解决这个问题,希望这能宽慰到你。"

事后我查阅资料,发现我的答案类似于马丁·加德纳利用傅科摆(Foucault pendulum)所提出的解答。法国物理学家傅科(Jean-Bernard-Léon Foucault)把一个重物悬吊在一根细钢丝上,向人们演示:在北半球时它会顺时针旋转,在南半球则会逆时针旋转,这就是傅科摆。加德纳指出:"除非我们能向 X 星球清楚说明哪个半球是哪个,否则傅科摆就没用。"

换言之,诺兰是对的。

· · ·

1997年春天，克里斯·诺兰在为《追随》的剪辑工作收尾时，艾玛·托马斯得到了去Working Title电影公司洛杉矶办公室工作的机会。诺兰此时已经有了美国的公民身份，因此他顺理成章地跟着她去洛杉矶，并试着把影片投给北美的电影节。杰弗里·盖特勒曼（Jeffrey Gettleman）[27]在回忆录《爱你的，非洲》（*Love, Africa*）中，描绘了这位27岁的电影导演和罗科·贝利奇一起玩彩弹球的情景：他们在洛杉矶郊区的彩弹球射击冒险乐园场地上，与几个沃茨区（Watts，位于洛杉矶南部）的光头党和孩子们一起玩游戏。"电影学校的拒信并没有让他心灰意冷，他反而因为有了拍片的新点子而热情高涨。这个故事讲的是一个失去短期记忆的男人努力破解妻子的遇害案，破案方法是把线索文在自己身上，就像小小的纪念品。故事听起来很复杂，而且克里斯还想倒着讲述这个故事——他说这很重要。我原本并不这么认为，但是当你身边有人笃信这点很重要时，你也开始相信了。诺兰一边把金发向后捋，一边说：'你知道吗，电影制作中最厉害的特效就是剪辑。'我也相信这一点。"

诺兰在英国剪辑《追随》的时候，在华盛顿特区读大四的弟弟乔纳一直在上心理学课。他在课上学到了"顺行性遗忘症"（Anterograde amnesia），不是肥皂剧中那种"把一切全忘了"的遗忘症[28]，而是患者在经历创伤性事件之后，难以形成新的记忆。乔纳对此很是着迷，尤其是联系到他自己后来的一个经历就更有兴趣了。那年晚些时候，他和女友去马德里度假。两人深夜到达后，在寻找青旅的过程中迷了路，被三个地痞盯上了。他们跟踪两人到了青旅，开始持刀抢劫。劫匪没抢走多少东西，只有一台相机和很少的零钱。但是之后的三个月，乔纳却不停地思考，自己当时应该或者可以做点什么来把劫匪赶跑。近期阅读的《白鲸记》（*Moby Dick*）更是在他心中种下了复仇的种子。他回到伦敦的父母家后，有一天，躺在床上打发时间时，一幅画面突然闯进他的脑海：一个男人，在汽车旅馆的房间里。就这一幕。这个男人不知自己身在何处，所做何事。男人看向镜中，发现自己满身是提供线索的文身。于是乔纳开始动笔写这个短篇故事。

不久之后，为了庆祝克里斯搬回美国，兄弟俩开着父亲1987年的本田思域，进行了一场从芝加哥到洛杉矶的公路旅行。这趟旅行有一个实在的目的，就是把车从芝加哥开到洛杉矶，供克里斯之后使用——但它也是一场过渡仪式，纪念克里斯即将搬到洛杉矶。开车上路的第二天傍晚，当他们驶过威斯康星州（乔纳却记得是明尼苏达州）时，车窗开着，乔纳转头问正在开车的克里斯："你听说过这种失去短期记忆的症状吗？不是遗忘症电影中那种什么都不记得的主人公，在那种情况下，任何事都可能被他们当成是真的。然而我说的这种患者，他知道自己曾经是谁，但不知道自己现在是谁。"

他说完就不作声了。他的哥哥是一位眼光犀利的评论家，能够在几秒之内就发现情节构思前提中的破绽。但这一次，克里斯没说话。那时，乔纳就知道自己镇住他了。

"这是一个绝好的电影构思。"克里斯有点嫉妒地说。他们停下来加油，然后回到车里，他当即问乔纳，自己能否把他的故事写成剧本？乔纳答应了。之后他们匆匆驶过路边的景色，同时兴奋地头脑风暴——情节必须头尾相连，汽车旅馆的房间是关键。车内则循环播放着乔纳的克里斯·伊萨克（Chris Isaak）的专辑磁带。诺兰说："我只记得这个点子非常适合拍成林奇式的黑色电影。它让我想到的就是黑色电影，但有一种颠覆性的现代主义或者说后现代主义色彩。我当即对他讲，无论是短篇小说还是电影剧本，我们能否想办法用第一人称来讲述？把观众置于角色的视点，**那样**会非常精彩。突破点就在这里，问题是怎样才能做到。"

从1997年年底到翌年，诺兰一直在写剧本，其间还忙着把《追随》投给电影节。最终，《追随》被1998年的旧金山国际电影节接收了。诺兰必须再凑出2,000英镑，让剪辑师加雷思·希尔在伦敦把底片剪好，然后做出第一份用于放映的拷贝。"我们只做得起一个拷贝，要送去旧金山，在400名观众面前首次公映。我现在回想起来，我是说事前没看拷贝就直接放映这事儿，简直是疯了。但出乎意料的是，拷贝是完美的，事后我听说这种情况几乎闻所未闻。"在旧金山的首映之后，《旧金山纪事报》（*San Francisco Chronicle*）的米克·拉萨尔（Mick LaSalle）写道："本片是颇有前瞻性的创意想象。诺兰是一位引人注目的电影新秀。"随后，影片在多伦多和斯兰丹斯电影节[29]也进行了放映，后者颁给它一个黑白片奖，还提名了评审团大奖。接着，时代精神影片公司（Zeitgeist Films）签下本片，在美国进行发行。《纽约客》认为它比希区柯克的作品更"精干而凶悍"。尽管评论喜人，但影片的最终票房收入却只有5万美元。然而无论它到哪里放映，都能赢得一批崇拜者，人们纷纷询问这个不可回避的问题："你接下来要拍什么？"

在这样的时刻，诺兰可以直接把《记忆碎片》的剧本拿给他们看。

他说："我已经拍了《追随》，接下来这部新片，也会有他们能理解的复杂结构。你只要把剧本拿给他们看，他们就能体会这部电影的感觉。我们在各个电影节上巡展，这是一种有力的营销手段。但在我脑海深处，总有一个疑问的声音说：你真能做到吗？你真能拍出一部逆向叙事的电影吗？"

THREE
第 3 章

时间
TIME

  诺兰在 UCL 读书的时候，有一天晚上酒吧打烊之后，在回到卡姆登公寓的路上，他看到一对情侣在卡姆登路上大声争吵。两人动起手来，男人把女人推倒在地。诺兰放慢脚步，在街对面停了下来，思索着自己应该怎么做。他说："很明显，他们是一对情侣，她并不是遭遇陌生人的随机袭击，但我也无法就这么走开。这种时刻，你确实会记住当时的情绪，因为你问了自己：'好吧，我该做点什么？'你知道该做什么，但你也知道自己很害怕。**确凿无疑**的一件事是，我没有直接走开，因此我知道自己没做错。我本来会不会去见义勇为呢？我不知道，因为这时候，另外一个男的跑到街上，抓住前面那个家伙，把他从女人身边拉开。于是我也跑过去，帮忙一起让那个家伙冷静下来。现在有趣的事情来了：几年后，我和我弟弟谈起这件事，他百分之百确信，当时他和我一起在现场。然而我觉得他当时不在，我真的这样觉得。我认为这件事是我告诉他的。他比我小不少，整整小六岁，那他当时应该也就十四五岁的样子。他那时和我住在一起，然后我回到家，把整件事的详细经过告诉了他，我认为他……嗯，说实话，我不知道他究竟在不在场。我们确实永远没法得到答案了。有些事你可以通过这样或那样的方法来求证，还是能大概弄清楚的；但也有很多事你就是找不到答案。这就是为什么人们要谈论恢复记忆综合征[1]，因为真相是：我们记忆的运作方式并不如我们所想。

这就是《记忆碎片》在说的事情。"

　　《记忆碎片》是一部结构令人眼花缭乱的新黑色电影，有着梦境般离奇怪诞又恍如白昼的清晰质感。盖·皮尔斯饰演的伦纳德·谢尔比，原本是一名保险调查员，他相信有人闯入他家，杀害了他的妻子，还打伤了他的头，使其短期记忆能力受损。他记得遇袭之前的所有事情；遇袭之后的事，每隔10分钟左右，记忆就会自动清除一次，就像"神奇画板"[2]一样。耀眼得像把景物漂白的日光之下，他开着一辆满是灰尘的捷豹，在无名的汽车旅馆、酒吧和废弃的仓库之间游走，他寻找着线索，试图找出杀妻凶手。为了掌握案情，他把重要线索文在自己的身体上："约翰·G奸杀了你的妻子""考虑消息来源""记忆误人"，并用宝丽来相机拍下遇见的人，再用锐意（Sharpie）签字笔在相片背面记录下他所认为的人物动机。泰迪［Teddy，乔·潘托里亚诺（Joe Pantoliano）饰］是一个自以为是的家伙，他嚼着口香糖，如影随形地紧跟着伦纳德。对于他，后者这样记录道："别信他的谎话。"而对于郁郁不乐的酒保娜塔莉［Natalie，卡丽-安·莫斯（Carrie-Anne Moss）饰］，伦纳德在其宝丽来相片背后写道："她也失去过爱人，她会因同情而帮助你。"他怎样才能区分对方是敌是友？是挚爱之人还是点头之交？诺兰通过一种惊人的技术壮举，重现了主人公的迷惑状态：电影的每场戏以倒序排列，每场戏的结尾正是上一场戏的开始，然后时间线再一次又一次地跳跃，如同《闪灵》（*The Shining*，1980）结尾处，丹尼·劳埃德（Danny Lloyd）踩着自己的脚印后退一般[3]。

　　用语言描述这部电影，比直接观看它更困难。事实上，观看《记忆碎片》时，最让人好奇的一点，并不是影片多么难懂，而是我们会如此之快地学会跟上这场进行中的叙事游戏。如果我们看到某个角色脸上有伤，那么我们很快就会发现那是怎么弄伤的；如果我们看到伦纳德驾驶的捷豹车窗碎了，那么我们就能坐等着看是什么打碎了它。这种效果既让人云里雾里，又带来一种心痒难耐的快感，我们和伦纳德一道，陷入眼见的始终是事情进展到一半的状态；并且在他全速前进、努力跟上状况的同时，这种效果也令每场戏都变为小型的悬疑戏码（cliff-hanger）。伦纳德正追着一个人跑，他的画外音说道："我在追这个人。"结果发现那人掏出一把枪，对**伦纳德**开火，后者意识到："不对，是他在追杀我。"整部电影是在X光照射之下的复仇惊悚片，五脏六腑都闪闪发光。

　　1997年夏天，诺兰回到洛杉矶之后，耐心地等着弟弟完成他的短篇小

说，每隔几周就追问他进度如何。夏天接近尾声的时候，他收到了初稿。故事以梅尔维尔的引言开头（"因为弹丸可从不逢场作戏！"[4]），主人公厄尔（Earl）身在医院病房里，他是之前遇袭受伤被送进来的。闹钟响了。他的床头贴了一张便笺，上面写着：这里是医院病房。你现在住在这里。桌子上贴满了便利贴。他点了根烟，看到烟盒上贴着另一张便笺：先看看是否有没抽完的，傻瓜。他看着浴室镜子中的自己，看到一道伤疤从耳朵延伸到下巴。一张核磁共振图贴在门上，还有一张葬礼上哀悼者的照片。闹钟又响了，他醒过来，一切重新开始。小说充斥着硬汉式的愤世嫉俗，比如他写道，"世界上没有多少职业珍视遗忘这一品质。妓女，或许如此；政客，当然是了"，读起来有点像米奇·斯皮兰（Mickey Spillane）改写版的《土拨鼠之日》（*Groundhog Day*, 1993）[5]。这一初稿中的某些元素，在成片中得以保留：浴帘在杀人过程中被着重表现，利用文身和便利贴充当备忘提醒，在快要忘掉一个关键线索之前拼命找笔。然而它读起来仿佛故意没有写完，只呈现了一幅角色速写，好像乔纳知道哥哥正在身后偷看一般。整个故事几乎全部发生在主角醒来时所在的医院病房里，结尾处，主人公解开衬衫，露出文在胸前的一幅警方速写的凶手画像。案件告终。乔纳说，看着哥哥为自己的想法填充血肉，"就像把病毒放进培养皿中，眼见它增殖"。

盖·皮尔斯在《记忆碎片》（2000）中饰演的伦纳德·谢尔比。这是诺兰的第一部美国电影诺兰对弟弟故事的最大改动，就是表现伦纳德的病症会让他变得多么脆弱——他对其他人来说是多么有机可乘。在乔纳的故事中，除了厄尔房间中的一张便笺上写着"马上起身出去。这些人正准备杀了你"之外，其他外部威胁都停留在假想层面。主人公是一个"缸中之脑"，他的狠话无从验证。诺兰却把他赶出了医院病房的安全区，迫使伦纳德在尘土飞扬的洛杉矶郊区自谋出路。在那里，他变成了泰迪这种城中骗子和搭讪高手眼中的猎物。泰迪是这个故事中的克莱尔·奎尔蒂（Clare Quilty）[6]，他就像你希望别在派对上露面的讨厌鬼一样，或者像那些你在开学第一周便后悔结交的朋友；他不停地冒出来，曲意逢迎、过分热络。泰迪的第一个举动，就是在汽车旅馆外，开玩笑地把伦纳德领到一辆不属于后者的车前。"你不应该捉弄有缺陷的人。"伦纳德告诉他。"只是开开玩笑。"泰迪回答道。伦纳德极其孤单，却几乎没什么时间独处。他无法信任任何人，想来一定极其孤单。伦纳德对娜塔莉说："我知道我妻子再也回不来了，但我不想早上醒来，以为她还在。我躺在这里，不知道自己孤单了多久。我怎么才能抚平伤痛？——如果感觉不到时间，我该怎么痊愈？"这是一段了不起的台词，乔纳的故事大纲里没有这样的内容。

《追随》的剧本，诺兰是在父亲送的打字机上以正序方式写出来的，后期再将顺序打乱重排；《记忆碎片》则不同，它的写作顺序就是影片呈现的顺序，因而诺兰可以像伦纳德一样经历这一切，而且这一次他是用电脑写的剧本。诺兰说："我完全是从伦纳德的视点来写剧本的。我把自己放在他的位置上，开始纯粹主观地检视和质疑自己的记忆过程，以及我在什么该记、什么该忘上做出的选择。这个过程一旦开始，棘手的事情就接踵而至。它有点像视觉的感知能力：我们的眼睛并没有看到你自以为看到的东西。我们的视力只有一小部分是精确的，记忆也是如此。伦纳德采用的行事系统，真诚而有条理地回答了一个问题，那就是'我怎么才能活下去？'。我意识到，我总是把家里的钥匙放在同一个口袋里，我出门时从不会忘带钥匙，我总是下意识地检查口袋。伦纳德把这个行为系统化了。剧本大概就是以这种方法写成的，从我自己的记忆过程出发，去推断延伸。"

在写作过程中，诺兰听的音乐是电台司令乐队（Radiohead）1997 年的《OK 电脑》（OK Computer），这是一张有关数字时代错位感的专辑。他发现有件事很奇怪，就是自己总是记不起下一首歌是哪首。"正常情况下，你听一张专辑时，几乎能自然而然地预料到下一首歌是什么。但《OK 电脑》不是这样，这对我来说很难。同样地，《记忆碎片》也是一部让我完全迷失于其中的电影。影片结构的运作方式，让我无法判别哪一场戏在前、哪一场戏在后。这又回到了对抗时间这个问题上。你努力要打破放映机的专制，打破终极的线性模式。写《追随》的时候，我把结构码好了，但当时的我认为，我显然需要按时间顺序来写剧本，以确保一切都说得通，然后再将其剪碎，套入乱序结构。因为情节完全不通顺，修改的内容不在少数。写《记忆碎片》时，我想着这回我得以观众观看的剧情顺序来写。事实上，这是我写过最线性的一部剧本——这是实话。你无法拿掉任何一场戏，因为它就是 A、B、C、D、E、F、G 这样下来的。每场戏之间的勾连十分牢靠，留给能用剪辑改动的空间几乎没有。如果你以正序的方式讲述这个故事，它就完全没法看了，观看过程会很煎熬。你必须和主人公抱有一样的幻觉，才能忍受这种煎熬。你必须和他一样乐观又无知，剧情看起来才合理。否则，整个故事就仅仅是两个角色在折磨某人了。"

事实上，正序讲述的《记忆碎片》将变得十分简单：一个腐败的警察和一个酒保，说服一名遗忘症患者去完成别人委托的刺杀任务。或者，就像影评人 J. 霍伯曼（J. Hoberman）所说："两个来自《黑客帝国》（*The Matrix*, 1999）的老手[7]，把《洛城机密》（*L.A. Confidential*, 1997）里被陷害的主角之一[8]耍得团团转。"和《追随》一样，诺兰又运用了黑色电影的叙事框架，既引导了观众的预期走向，又让我们措手不及地将之推翻。正如《双重赔偿》（*Double Indemnity*, 1944）中的弗雷德·麦克默里（Fred Mac-Murray），身为保险调查员的伦纳德，如今却必须来调查自己的案子。他说："我必须看穿别人的谎话。这经验现在派上了大用场，因为这成了我的生活。"伦纳德成了解读肢体语言的专家，他避免接电话，更愿意和人们面对面接触，这样他才能够判断对方究竟有多诚实。就连汽车旅馆的前台都在坑骗他，他只需要一间房，前台却收了他两间的房费。泰迪是个滑头，就像《马耳他之鹰》（*The Maltese Falcon*, 1941）中彼得·洛尔（Peter Lorre）饰演的角色，而娜塔莉则是蛇蝎美人。起初，娜塔莉同情地倾听伦纳德对妻子的回忆，还和他上了床，然而在一段令人印象深刻的恶毒自白中，她暴露了自己的本性。"我会利用你这个心理扭曲的烂人，"她像条蛇一样围着他转，嘶嘶地吐着信子，"我说过的话你全都不会记得，我们将会是最好的朋友，甚至是情人……"伦纳德反手打了她，娜塔莉挂了彩。她摸着伤口，脸上却是胜利的表情，然后站起身离开了。与此同时，伦纳德在她的公寓里到处找笔，想在

本页图：比利·怀尔德（Billy Wilder）执导的《双重赔偿》（1944），由芭芭拉·斯坦威克（Barbara Stanwyck）和弗雷德·麦克默里主演；对页图：大卫·林奇执导的《妖夜慌踪》（1997）中的比尔·普尔曼（Bill Pullman）。两片都影响了《记忆碎片》

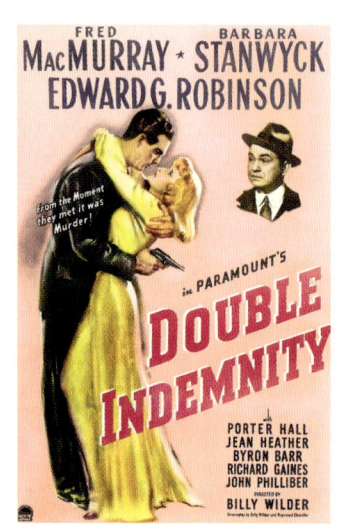

记忆溜走之前，记下他刚刚目睹的一切——然而太迟了。此时娜塔莉又回来了，一边处理流血的嘴唇，一边责骂别人打了她。伦纳德这个可怜的傻子，飞奔出去为*他自己*的所作所为复仇——这条重大线索指明了结局的走向。

你会注意到，娜塔莉这个角色，经历了一个典型蛇蝎美女的惯常发展历程，从引诱，到信任，再到背叛。虽然每场戏的排序是逆向的，但是包括角色和情节发展节奏在内的其他一切，却都在正常推进。《记忆碎片》中的世界可能跌宕起伏、四处狼藉，但其叙事模式却是清晰的。诺兰利用了所有能用的元素，来调动我们的记忆，以确保我们跟得上剧情。比如，伦纳德的文身、笔记、画外音；每场戏开头的声音；伦纳德的衣服是干净还是脏乱；他脸上的伤是新还是旧。

诺兰说："《记忆碎片》的总体叙事极其传统，这是故意的，片中的情感和体验需要让人感到非常熟悉。我写剧本的时候，看了大卫·林奇的《妖夜慌踪》（*Lost Highway*，1997）。我是林奇的粉丝，但看片时却心想：这片子到底是在干吗？它给人的感觉太奇怪、太冗长了，我差点儿都没看完。然后，大概一周之后，我回忆起这部电影，就像在回忆自己做过的一个梦。我意识到林奇创造出的电影形态，会在我的记忆中投下一个影子，呈现出梦的形态。它就像一个超立方体（hypercube）——四维物体在我们的三维世界中投下的影子。这就回到了爱森斯坦的理论：镜头 A 加镜头 B 得到观点 C。这是你试图用电影这种形式实现的终极目标——你想创造的，不仅仅是在放映机上转动的胶片。我认为诸如此类的影片，还有塔可夫斯基（Andrei Tarkovsky）的《镜子》（*Mirror*, 1975）以及马利克的《生命之树》（*The Tree of Life*, 2011）。《记忆碎片》也尽力以自己的方式去实现这一点，从观众的反应来看，它成功做到了。我最为自豪的是，这部电影的观看体验，不仅仅是用放映机看了一部片子那么简单，它在各个不同的路径上延伸，创造出了一种立体的叙事。"

诺兰在拍摄《追随》时就已凭直觉知道，我们对于乱序叙事的适应程度，其实比我们自以为的还要高。并不是只有《双重赔偿》的故事才在时间线上逆行，几乎所有侦探故事都是如此，从罪行倒推罪犯，从结果倒推原因，要求观众自行反推出事件发生的顺序。这就是演绎法的精髓。在《血字的研究》（*A Study in Scarlet*）中，夏洛克·福尔摩斯告诉华生："解决这类问题的时候，最主要的就是利用推理的方法，一层层地往回推理。这种方法不仅行之有效，而且也很容易学会，遗憾的是，很少有人在实践中运用它。"⁹ 侦探小说（whodunit）就像胎儿臀部先露的生产。诺兰开始写《记忆碎片》剧本初稿的两个月之后，才想出倒着讲述故事的主意。那时，他开的父亲的那辆本田思域坏了，他坐在家中，等着艾玛·托马斯回来，载他去修理店修车，他就在此刻想到要如何组织这部影片。"我记得很清楚，那天早上我在洛杉矶奥兰治街（Orange Street）的公寓里，喝了太多咖啡，思索着我该怎么办呢？然后那个灵光乍现的时刻就来临了：哦，如果你把影片的顺序倒过来，你对观众有所保留的信息，角色也一样不知道。那个时刻，我就知道自己搞定了。虽然我花了很长时间才写完剧本，但在那一刻，这片就妥了。"

· · ·

打那之后，他思如泉涌，只花了一个月就写出了 170 页的初稿，大部分是在加州海岸线旁的几家汽车旅馆里写

第 3 章　时间　TIME

出来的。"我的写作过程一直先是计划再计划，然后到了某一刻，我似乎必须出城去写作。我从前就是上车一直开，来到汽车旅馆之类的地方。《记忆碎片》就是我在南加州的几家汽车旅馆里写的。在洛杉矶写剧本的问题是，你每天几乎接触不到什么陌生人，因为到哪儿去都要开车。我刚搬到洛杉矶时，非常想念和陌生人的互动。那些日常生活中的摩擦，搭乘地铁、城中游荡时的摩擦。你看《追随》，整部影片都建立在此之上。在纽约，这一切理所当然，这就是你生活的一部分。然而在洛杉矶，就算是为了激发想象力，想看看一些日常生活中不常见的事情或者不常见的面孔，你都得费劲儿去找。这座城市并不是为此而建的。"

事实上，《记忆碎片》有一半时间，都局限在汽车旅馆的一个房间内。主要情节中穿插着一条次要情节（subplot），后者拍成黑白画面以便区分。伦纳德躲在旅馆房间里，对着电话讲述自己之前经手的一个保险案子，案主是一个叫萨米·詹克斯［Sammy Jankis，斯蒂芬·托布罗斯基（Stephen Tobolowsky）饰］的男人，他患有与伦纳德相似的顺行性遗忘症。看到萨米在妻子［哈丽雅特·桑瑟姆·哈里斯（Harriet Sansom Harris）饰］的陪同下，接受一连串医学测试，我们会被这段婚姻的体贴温馨所打动。我们虽然不熟悉医学测试的细节，但足以体会他们对彼此的关心。在初稿中，影片只通过一场戏来呈现萨米·詹克斯的整个故事。而在后续版本中，诺兰把它打散，再分插到贯穿全片，每分每秒都精准地安排好，因而营造出来的恐怖感也越来越强：这个故事要走向何方？为什么它很重要？影片进行到大约一小时处，泰迪对伦纳德说："也许你应该调查调查自己？"由此，我们慢慢开始转而怀疑此前最受我们信任的人。改了两稿之后，诺兰完成了一份150页的剧本，他准备好拿给其他人看了，这些人是乔纳、艾玛·托马斯，以及行政制片人（executive producer）亚伦·赖德（Aaron Ryder）。但直到开拍之前，他都一直在对剧本进行修改完善。诺兰给演职人员讲解本片时，剧本已经没有多少令人困惑的疑难点了，但他还是努力把故事捋顺，把情节改得更加简明清晰。

"我永远记得艾玛第一次读《记忆碎片》剧本时的样子：她时不时就会停下来，往回翻几页，确认一些内容，沮丧地叹口气，然后再接着读。她这样重复了好多好多次，最终读到了结尾。她有一双慧眼，能够清楚看出剧本效果如何，什么内容可行，哪些东西不行。她非常非常清楚观众能够理解消化什么，又有哪些地方你只是在浪费时间。她总能指出我在哪里牺牲了故事的清晰度，这给了我极大的帮助。"

在初稿中，伦纳德住在两家汽车旅馆里，这样能够更明确地表达故事首尾相连的本质；而改动后的版本中，两家汽车旅馆变成了同一家旅馆中的两个房间。旅馆前台那个叫伯特（Burt）的角色，最初也是两个人，后来合二为一。1998年春天，诺兰完成了剧本，乔纳也已及时来到洛杉矶，为故事的结尾提供终极暴击。"我们花了好长时间思索电影最后要怎么收尾。剧本是我一个人写的，之后乔纳搬来洛杉矶，参与影片的制作。那时我正在努力收尾，尽量让结局更为清晰。就在这时，他突然灵光乍现，说：'嗯，**主人公已经做过那件事了**。'—— 当然，这就是结局的关键。"

• • •

影片的拍摄地分布在洛杉矶各处——伯班克（Burbank）的餐厅、长滩（Long Beach）的废弃炼油厂、图洪加（Tujunga）的庭院式汽车旅馆。令人高兴的是，旅馆入口处有监狱式的栏杆。在那个漫长而炎热的夏末，剧组一共拍摄了25天，酷暑差点儿逼得他们北上，去找天气更阴郁些的地方拍片。诺兰想要的就是阴天的漫射光。美术总监（production designer）帕蒂·波德斯塔（Patti Podesta）在一间位于格伦代尔（Glendale）的摄影棚里，搭出了影片中主要的汽车旅馆房间内景，让房间面积略小，不太舒适；再遮挡住从窗户投射进来的光线，为影片增添了一种憋闷感；还搭建了封闭的庭院和用玻璃围住的大堂。整个儿宛如一家由M.C.艾舍尔设计的汽车旅馆。

这是诺兰与摄影师沃利·菲斯特（Wally Pfister）的首次合作，前一年《追随》在各个影展巡回放映时，诺兰在圣丹斯电影节[10]上结识了菲斯特。拍摄《记忆碎片》时，他们选用了Panavision Gold Ⅱ摄影机，并搭配变形宽银幕镜头，这种规格通常用来拍摄壮丽宏大的地貌风景，而非幽闭恐怖的惊悚电影。拍摄时的景深很浅，因此当摄影机对准盖·皮尔斯的脸部时，画面内其他部分都是虚焦状态。对这个故事来说，这是完美的表现手法——因为主角只能清楚确信自己即刻的感官知觉，其他事全都一片混沌。拍摄中反复被提到的一个词就是"触感"。诺兰想以精准无误的锐度来呈现伦纳德的视听世界。

诺兰说："我从《博闻强记的富内斯》中学到的一件事，就是清晰度。博尔赫斯讲述的一切都是那么清晰透彻。那个短篇故事中的触感和实感，对

上图：诺兰在洛杉矶片场给盖·皮尔斯讲戏；下图：拍摄间休的乔·潘托里亚诺

《记忆碎片》非常重要。我曾经将本片的拍摄过程比作制作雕塑，因为它仿佛触手可及。采访者会有点迷惑，心想'你到底在说什么呀？'。我说的是和观众之间的联结。那种联结在肉身上的共感越强，你作为叙事者能利用其发挥的空间就越大。然而建立这种联结是非常困难的，你需要设身处地，与角色感同身受。伦纳德的感官记忆是他找寻线索的主要方式。饰演伦纳德的盖·皮尔斯有一段重要的台词，说的是他知道生活于世的感觉——那是一个非常感人的时刻，盖的演技卓绝，也让我受益良多。他说：'我知道敲一敲这块木头会发出什么声音；我知道这个玻璃制品拿起来是什么感觉。'对于世界的了解，关于世界的记忆，对他而言珍贵无比，因为这些东西在他那里依然有效、仍旧管用。我们对他说的所有这些事习以为常，甚至没有把它们当作记忆，而事实上，它们依然有强大的功用。他意识到了自己的记忆已经不再运作，所以他很珍惜记忆**还能运作**的那种方式。我给演员们讲戏时，讲的都是要**感受**这个世界。对于你即刻感知范围之外的东西，你一无所知，因而感官体验变得极其重要，不仅是作为线索，同时也是让人赖以生存的东西。就是这种感觉。"

伦纳德的感官记忆是他存在的唯一证明，也是维系其身份认知的唯一纽带。

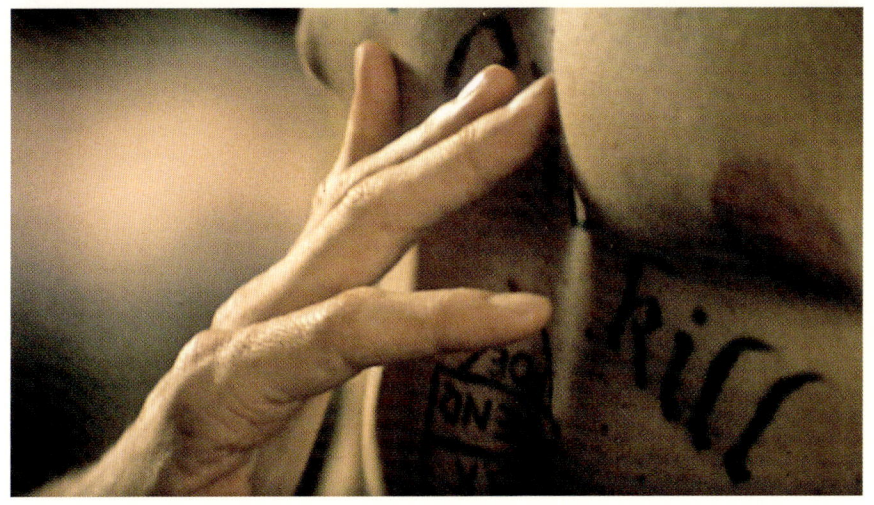

有些事情你可以确定。比如？我知道敲一敲这个会发出什么声音。我知道把这个东西拿起来会有什么感觉。明白吗？这就叫确定。是你想当然的那种记忆。你知道的，我只能记得这么多了。对世界的感受，还有……她。

这段台词的成形，一定程度上，是诺兰为了回答演职人员对本片提出的

酒保娜塔莉（卡丽-安·莫斯饰）发现了伦纳德·谢尔比（盖·皮尔斯饰）的文身。《记忆碎片》中的触感性，受到博尔赫斯在《博闻强记的富内斯》（1942）中如何描写记忆的启发，这篇小说描绘了一个"多形态、很重要且几乎清晰到无法忍受的世界"

所有问题而做出的解释。在看"对世界的感受"这段台词的工作样片时,诺兰庆幸自己当初选择让盖·皮尔斯来出演。他说:"我在大银幕上一看到这场戏,就心想,谢天谢地,我是和盖合作。他找到了让这场戏成立的必要元素,甚至连我自己都没有察觉。他发自内心地理解了它,并将这种非凡的情感融入其中。"

卡丽-安·莫斯听从了表演指导的建议,把剧本拆散重排,以正序方式更好地把握其角色的感觉。而盖·皮尔斯保持了剧本原样,这或许能让他更好地感受伦纳德的迷惑状态。

他们边拍摄边剪辑,剪辑师多迪·多恩(Dody Dorn)记录着影片不同的时间线,方法是在一面墙上用 3 英寸乘 5 英寸(约 7.6 厘米乘 12.7 厘米)大小的卡片做标记,卡片上写着诸如"伦纳德加热针头"和"萨米意外杀死妻子"这些场景标题,并以不同颜色区分,这样他们就可以看出素材何时重复出现,是第一次还是第二次出现。多恩布置的墙面,看起来很像伦纳德自己贴在墙上的案件线索拼贴图纸——地图、宝丽来相片和便利贴,彼此用画的线段相连,狂乱地组合在一起。诺兰让多恩观看特伦斯·马利克的南太平洋战争片《细细的红线》(The Thin Red Line,1998)来寻找灵感,让她格外关注二等兵贝尔[本·卓别林(Ben Chaplin)饰]思念家中妻子的几场戏——拍得近乎一部家庭电影,有着朦胧的夏日色泽,但是切入、切出时没有花哨的效果,也没用叠化。"我认为《细细的红线》是影史最棒的电影之一。要拍摄《记忆碎片》中非常重要的回忆部分时,我从《细细的红线》中学到的是,当你试着回忆过去的某人时,记起的总是一些小细节。对我而言,是的,这就是记忆运作的方式。记忆并不是黑白的,也没有波动的叠化转场,你直接把画面切走就好。"

《记忆碎片》每场戏开始的方式都是相同的,有某个独特的声音供我们辨识,比如伦纳德把弹匣放进手枪里的声音,泰迪敲响汽车旅馆房门的声音,还有泰迪一上来就大喊的"伦尼(Lenny,伦纳德的昵称)!"。对于闪回的部分,声音设计师加里·格利希(Gary Gerlich)抽掉了所有的街道环境音,就像《愤怒的公牛》(Raging Bull,1980)中,弗兰克·沃纳(Frank Warner)[11]对拳击比赛场面的处理方法一样。诺兰不喜欢使用从其他电影中挪用来的临时音乐(temp music)[12],因此剧本刚一完成,他就委托作曲家大卫·朱利安来编写临时音乐,音乐的创作完善是与电影本身一同进行的。诺兰告诉朱利安:"我想要九寸钉(Nine Inch Nails)混搭约翰·巴里

（John Barry）[13] 的风格。"他用联邦快递将拍完的部分寄到伦敦，朱利安再寄回做好的配乐卡带。诺兰并没有因为身在好莱坞，就提出一套全新的制作方式，而是调整他一直以来的拍摄方法，边拍边改进。朱利安说："克里斯的脑海中似乎总有某个音响。总有那么几个音响——不是旋律或曲调——是他非常执着于放进影片里的。在《追随》中，他想要一个嘀嗒作响的噪音贯穿全片的配乐；在《记忆碎片》中，则有很多不祥的轰鸣声。"

而那些宝丽来相纸，以及选用锐意签字笔（伦纳德用它在相片上写字）的点子，都是直接从片场得来的。诺兰说："我记得跟朋友借了一台宝丽来相机，想看看相片上能否写字，于是试了好几种不同的笔，看用哪种写的效果最好。然后我看见服装组的人会用宝丽来拍照，再拿锐意签字笔在上面写字。影片上映之后，这种方法变成了一个被更多人知道的视觉梗，你能看到有些广告宣传也开始用这招儿。如今，这招儿和宝丽来相片都不流行了。《记忆碎片》让我第一次见识了真正的电影圈。大家总以为是蝙蝠侠电影让我的事业有了一大飞跃，但其实不是那部，而是《记忆碎片》。拍《追随》那时候，还是一群朋友穿着私服演戏，我妈妈给我们做三明治；到了《记忆碎片》，我们花着别人 350 万到 400 万美元的投资，还有了配备器材车和休息室拖车的像样儿剧组——虽然以好莱坞的标准来看，它依然是一部规格很小的电影，但却是我实现的最大一次飞跃。[14] 等到我们开始把片子放给别人看时，情况就变得非常非常恐怖。一路走来，颠簸不断。影片经历了大起大落。《记忆碎片》的面世之旅就像坐上一趟惊险的过山车。"

10 月 8 日，拍完伦纳德在仓库里袭击毒贩的戏份之后，全片就杀青了。然后，皮尔斯为黑白片段录制了画外音，诺兰鼓励他即兴发挥，让这些片段有种纪录片的质感。其中一个例子，就是伦纳德开玩笑说自己"虔诚地"阅读了基甸版《圣经》（Gideon Bible）[15]。2000 年 3 月，后期制作完成之后，该片的制片人珍妮弗·托德（Jennifer Todd）和苏珊娜·托德（Suzanne Todd），与行政制片人亚伦·赖德一起，趁着所有主要发行商来城里参加独立精神奖活动的契机，为他们组织了一场放映会。"我们被所有人拒绝，"诺兰回忆道，"每次我们放映的时候，总有人认为自己'看懂了'。我和福斯（Fox）电影公司的人见了面，他们说'哦，剧本棒极了'，但接下来却总是想谈谈其他项目。就这样，我逐渐有了人脉和名气，得以继续努力推进事业，但这部电影却好像处于生死未卜的状态之中。整整要命的一年都没人愿意发行它。显然，这让制片人压力极大，因为是他们说服投资人为它投入了 400

万美元。我开始感到非常颓丧，不知道它是否还有面世的一天。令我永远感激的是，新市场电影公司的人从未对这部电影失去信心，也从未要求我们改动电影中的任何一格画面。他们最终还真就成立了自己的发行公司，亲自发行了这部电影。又过了一年之后，我们重回独立精神奖，横扫了最佳长片、最佳导演、最佳摄影、最佳剧本，以及卡丽-安的最佳女配角这些奖项。我们真的做到逆风翻盘了。"

与诺兰之前把《追随》投给电影节一样，几位制片人决定也让《记忆碎片》在影展上亮相，于是把它送进了 2000 年威尼斯电影节的"当代电影"（Cinema del presente）附属单元。该片在电影节最大的银幕上展映，这个位于丽都岛（Lido）的放映场地能够容纳 1,500 人。这是他们第一次与超过 20 名观众一起观看这部电影。"场面太他妈壮观了。"诺兰回忆道。他和艾玛一同就座，这时想起头天有人告诉他们，威尼斯的观众会对不喜欢的电影喝倒彩，或者致以稀稀拉拉的掌声。"作为展映片的导演，你坐在贵宾包厢里——虽然叫'包厢'，但是并没有围栏。你从头到脚都暴露在众目睽睽之下，全体观众就在你面前，所以你也不能溜出去干什么，只能干待在那儿。"

电影开始了，观众在努力地跟上字幕，诺兰则留意着席间的每一个窸窣声和咳嗽声。"所有笑点都毫无反应，观众席一片死寂。他们大多是意大利人，都在看字幕，而片中很多幽默又是和语言相关的。影片以一种非常突然的方式结束，最终迎来的是令人震惊的一刻。我的电影总是以同种方式结束——前面的铺垫酝酿着突如其来的爆发，然后影片骤然而止。电影放完之后有那么几秒钟，全场鸦雀无声，一声咳嗽都没有。我想，**完了，他们讨厌这片**。有几秒钟我真的完全不知道接下来会发生什么，**一丁点儿头绪都没有**。我甚至有点喜欢那种感觉。我当时非常害怕，但我也一直记得为此感到非常非常自豪。然后，观众全体起立，鼓掌欢呼。真是非比寻常。那是我人生的转折点。"

· · ·

这是对一个非常诺兰式的时刻进行的一次诺兰式强调——不是全体起立喝彩本身，而是在掌声响起*之前*，嘀嗒流逝那几秒钟的静默无声。他的命运此时仍悬而未决，如同博尔赫斯小说《秘密的奇迹》（"The Secret Miracle"）中，行刑队所发射的子弹。

这篇故事讲述一名捷克剧作家在即将被处决的那一瞬间，获得了一年时间来完成其最后一部剧作。他被盖世太保以莫须有的罪名逮捕，并判处死刑。处决时刻到了[16]，他被带到户外，行刑队在他面前站成一排。军士长大声下令开枪，时间却在此时停滞了。"他脸上仍留有那滴雨水；后院地砖上蜜蜂的影子仍未颤动；他丢掉的香烟冒出的烟雾仍未飘散。等到赫拉迪克明白过来时，已经过了另'一天'。"[17] 上帝听到并恩准了他的祈求[18]，给他足够的时间去完成未写完的悲剧《仇敌》(The Enemies)。他完全凭记忆写作，"有的地方删删减减，有的地方加以拓展；有时恢复了最早的构思。他对那个后院和兵营甚至产生了好感；在他时时刻刻面对的那些面孔中，有一张脸促使他修改了对勒默斯塔特这个角色的构想"。他给这部戏剧写出了满意的结局，只缺一个细节，从他脸颊上流下来的雨滴给了他灵感。[19] "他发狂似的喊了一声，扭过脸，四重射击把他打倒在地。" 3月29日上午9点2分，赫拉迪克被行刑队处决。到诺兰后来制作《盗梦空间》时，我们就能看出这个故事带来的影响了：该片最后一幕所有情节上演完的时间，正对应着一辆面包车在极端的慢动作拍摄下从桥上坠落的时间。

很多导演都在自己的电影中恣意操弄过时间顺序，仅举几个例子，如奥逊·威尔斯（Orson Welles）、阿兰·雷乃（Alain Resnais）、尼古拉斯·罗格、安德烈·塔可夫斯基、史蒂文·索德伯格和昆汀·塔伦蒂诺。但是没有哪位当代导演像诺兰一样，如此系统性地围剿其所谓的"放映机的专

左起：艾玛·托马斯、克里斯托弗·诺兰、盖·皮尔斯与其妻子凯特·迈什蒂茨（Kate Mestitz），于2000年9月5日出席《记忆碎片》在威尼斯电影节上的全球首映式——这是诺兰人生和事业的转折点

制"。《追随》把三条不同的时间线剪碎，并在它们之间来回切换；《记忆碎片》在两条时间线之间切换，一条正向前进，一条逆向退行；《致命魔术》在四条时间线之间跳跃；《盗梦空间》则有五条时间线，它们彼此的时间流速各异，梦中经历的五分钟等同于现实世界中的一小时，在面包车从桥上坠落的时间里，一生光阴可以弹指而过，男人女人可以白头偕老；《星际穿越》中，相对论对时间造成的扭曲效应使父女分离，父亲被迫眼睁睁地看着女儿的童年在他面前溜走。诺兰的电影展现出来的，远不止钟表匠式修理时间的水平，而是精准地把握住了时间给人的**感觉**——它会狂飙和延误、收缩与汇聚。时间是诺兰的头号对手，他的一生之敌。他似乎与时间有私人恩怨。

他说："我**确实**对时间有私人恩怨。虽然这样说有点糟糕，但是你和时间的关系会随着时间而改变——我的意思是，随着时间的流逝而改变。我现在对时间的看法，和我刚起步时大不相同。由于时间于我而言正在加速流逝，它现在当然就更是一个富有情感色彩的话题了。我的孩子们正在长大，而我正在变老。咱们第一次见面时，你我都没有白发，真是不可思议。现在我有白头发了，虽然大多数藏在我的金发下面。我们是截然不同的人，我们都觉得时间的流逝对自己不公平，可我们变老的速度却完全一致，这个想法真让我着迷。时间是最公平的竞技场——你见过的每一个比你苗条的 25 岁青年，他们也会和你同速变老。时间从未偏爱谁，却让我们每个人都觉得极为不公。我认为原因是没人能够代替我们死亡。到头来，没有人能够替我们做好准备，死亡终究会降临到我们身上。时间对待我们一视同仁。每当有人谈到死亡率时，我脑子里总是想着，好吧，死亡率是百分之百喽。你懂我的意思吗？"

诺兰曾在《连线》（*Wired*）杂志的一篇文章中写道："如果你曾去过电影放映间，看到放映时胶片从转盘里滑出来，落到地板上，那你就会对时间流逝之无情和可怖有一种非常真切具象的体会，而我们都活在这样的时间里。"电影导演对时间流速的感受与观众不同——导演花费三四年做出来的创意项目，在观众眼前的两个小时之内就放完消失了。"导演和观众之间是不对等的。也就是说，我要用很多年去筹备和思索，想好自己要把什么呈现给观众；而他们在真实时间里，边看电影边去理解、跟上剧情，只花了两个小时、两个半小时。我认为我的工作，就是尽我所能地把一切都放进电影，通过微调让观众感受到真实时间的流逝。但你会时不时地看到某部电影在这方面有点不管不顾。《白头神探》（*The Naked Gun*，1988）中有个精彩段落，拍的是莱斯利·尼尔森（Leslie Nielsen）和普丽希拉·普雷斯利（Priscilla Presley）碰头后，经历了一段非常 MTV 风格的蒙太奇——他们去了海边、骑了马，约会结束时他送她到门口，女人说：'我度过了美好的一天，弗兰克，真不敢相信我们昨天才相遇……'你会大吃一惊：哦！这都是在一天内发生的事情吗？——这段处理得很漂亮。你可以找人做个有趣的实验，先想好一部电影，浪漫喜剧什么的，随便哪一部，看过后你问：'好了，你觉得电影里经过了多长时间？'答案从来不会是简单明确的。大家会说：'哦，我猜是三天。是一周？还是一个月？'时间真的很难猜，因为它的弹性如此之大。常规电影处理时间的方式极其复杂；而我把这种机制拿过来，让观众能看见它，就像把表的后盖做成透明的，让人可以看到内部构造一样。于是观众会突然感觉到：'哦，原来在时间流逝的过程中，竟有这么多事情发生。'其实，我是让时间变得更简单了。"

• • •

为了验证他这个说法的真伪，我在纽约大学蒂施艺术学院（NYU Tisch School of the Arts）的一间教室里，组织放映了西德尼·波拉克（Sydney Pollack）的《窈窕淑男》(*Tootsie*, 1982）。我邀请了 12 位观众，他们的年龄在 20 岁到 65 岁之间，职业从演员到美容公关都有。我没有透露任何有关影片的信息，也没说要问他们什么问题。这里先帮有需要的读者回顾一下剧情：

《窈窕淑男》讲的是迈克尔·多尔西［达斯汀·霍夫曼（Dustin Hoffman）饰］的故事。他是一位受人尊敬但很难搞的演员，已经待业数月后，从若即若离的女朋友桑迪·莱斯特［特瑞·加尔（Teri Garr）饰］那里听说，有一部日间肥皂剧缺个演员，要演的是医院的行政主管金伯利小姐。他乔装打扮成一个名叫"多萝西·迈克尔斯"[20] 的女人，得到了这个角色。但是他难以忍受金伯利"受气包"式的人设，遂将她演绎成一个犀利的女权主义者，让这个角色引发了全国的轰动。然而，这出戏却很难一直演下去，尤其是当他爱上了同组演员朱莉·尼科尔斯［杰茜卡·兰格（Jessica Lange）饰］之后就更难了。朱莉是名单身母亲，和主张性别歧视的该剧导演谈着一段糟糕的恋爱。多萝西和朱莉一起度假时，朱莉的父亲莱斯［查尔斯·德宁（Charles Durning）饰］深受多萝西吸引，后来还向"她"求了婚。当这些次要情节汇集在一起时，迈克尔找到了一个自我解脱的办法：由于该剧的技术故障，演员们只得在直播下表演某集。这时，他即兴发挥，大肆演讲了一番，最后在镜头前扯下假发，揭穿了自己的男儿身，将这场戏推向高潮。而朱莉则给了他一拳。过了一段时间，他将求婚戒指还给莱斯。再之后，迈克尔在摄影棚外面等朱莉，她原谅了他，两人一起并肩走在街上。

身为演员的纳特指出，影片开头有一段蒙太奇，展现了迈克尔在长度不明的时间段内的生活起落。然后他跟经纪人（由该片导演西德尼·波拉克饰演）抱怨自己接不到活儿，而经纪人提到"两年前"，迈克尔在话剧里扮演濒死之人时不愿意走到舞台中央，还有扮演西红柿的事儿，这都是我们刚刚看过的场景[21]。之后从参加试镜到自行揭穿身份，应该过了六个月。"我真觉得总共是接近两年半的时间。"

格伦举手发言："我只把故事当故事看。因为对我而言，故事的精髓是这段时间——从迈克尔的生日派对开始，到他和杰茜卡·兰格并肩行走的最后一场戏为止。精髓是这段浪漫恋情。"

"那么，你感觉这有多长时间？"我问道。

"感觉差不多六周到两个月之间吧。对话中明确提到过时间跨度。兰格对他说：'和你在一起的这几周，是我一生中最美好的时光。'尽管片中发生的故事弧（story arc）不太可能是真的——他不太可能在仅仅几周后就登上所

《窃窕淑男》中的情节时间跨度是几天、几周、几个月还是几年？接受《窃窕淑男》猜时间跨度挑战的人是（右下图从左上开始，依顺时针）：妮基·马哈茂迪、格伦·肯尼、杰茜卡·开普勒、汤姆·肖恩（本书作者）和罗尼·波尔斯格罗夫。

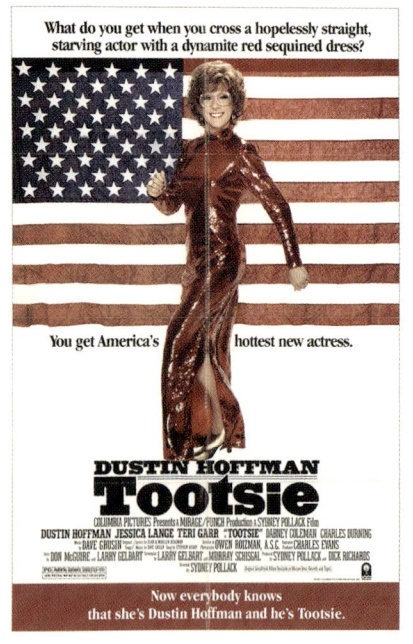

94　诺兰变奏曲　THE NOLAN VARIATIONS

有那些杂志封面，但她就是这么说的：'和你在一起的这几周，是我一生中最美好的时光。'"

"但问题就在这儿：你能在短短几周之内就变得那么出名吗？"凯特质疑道，"在电影中，我们看到主要发生在他身上的事，就是因扮演多萝西而名声大振，变得像超级巨星那样有名。他登上了《纽约》（*New York*）杂志、《电视指南》（*TV Guide*）、《时尚 COSMO》（*Cosmo*）的封面，还和安迪·沃霍尔（Andy Warhol）合影……我认为那至少要六个月，六到九个月。"

"理论上，你可以在几周之内声名鹊起，并为杂志拍封面照。"在杂志社工作的珍妮特说道，"杂志出刊前需要预留一到两个月的制作时间，所以到杂志上市大概三四个月的样子。"

"这就是请来沃霍尔的原因吗？"妮基问道，"沃霍尔成名的速度就是如此之快，你知道的，难道这是在暗示男主角像安迪·沃霍尔一样？"

"沃霍尔说你可以当上 15 分钟的名人，而不是在 15 分钟*之内*出名。"凯特说，"况且这是前互联网时代，因此我们看到他开始收到越来越多的粉丝来信，还有人找他要签名之类的。之后还有一场戏，经纪人说：'他们想和你续签一年的合同。'续签一*年*。"

"这也是我唯一注意到的时间维度——一年。"艾玛说，"感觉演员的境遇在一年里变化飞快，开始还是在剧里短暂出演六周，然后就要跟你签一整年的续约合同了。不过这事儿没成，我们没有看到新一年的情况，也没怎么看到他们穿厚外套。他们在过生日的事上也大做文章，我觉得我们得看到下一年的生日戏来确定时间，这样就是实实在在的一整年过去了。还有那个婴儿，她也没长大。"

"那个婴儿有多大？"我问。

"14 个月。"她说。

"婴儿长得可快了。"凯特说。

"我确实会好奇，一个人若像迈克尔那样维持伪装，究竟能撑多长时间，情感上才会透支殆尽。"珍妮特说道，"事实上，我觉得你撑不了一年；我认为这肯定是几个月的事儿。不可能是几周。我觉得头两个月你可能还会很享受这种状态，然后过三个月左右，事情就开始变味儿了。"

"是啊，他真能骗过特瑞·加尔那么长时间吗？"李说，"他说自己只跟她睡了一次，但是整部电影中，他都一直假装自己是她的男朋友。……还有那个叫什么名字来着——那个扮演医生、往自己嘴里喷李施德林口气清新剂的男演员，突然间就对多萝西迷恋不已了。那感觉像是几周里的剧情发展轨迹，而不是几个月。"

格伦总结道："影片在操弄时间。我是说，它可能不是有意这么做的。应该不会有哪个幕后策划者说：'我们要让几条不同的平行时间线同时推进。'不去深究到底过了多长时间，才能让叙事达到最佳效果。因为重点在于，当你协调两条不同的叙事线时——一条是迈克尔欺瞒了所有认识的人，另一条是他对朱莉的感情逐渐升温——电影希望你最好不要去考虑时间的流逝，别像你现在让我们描述时间跨度这样去琢磨。因为你越深究时间问题，剧情就越不可信。"

最终，我们发现似乎有三条各自独立且互异的时间线，以不同的速度同时推进：杰茜卡·兰格的主要情节，是在浪漫喜剧的时间维度上（三到四个月）；特瑞·加尔的次要情节，是以闹剧的速度进行的（四到六周）；而"成名"这条故事线，凭借两段蒙太奇（可能得有两到三年）超越了前两者的时长。总的来说，他们给出的答案从一个月到六年时间不等。我把结果告诉诺兰时，他刚去孟买参加完为期三天的活动，主办者是印度电影人施云德拉·塞恩·邓加佩（Shivendra Singh Dungarpur），活动名为"重构胶片的未来"（Reframing the Future of Film），旨在支持胶片这种媒介的保存。后来我了解到，他也是为了《信条》前去勘景。诺兰此时留起了胡子。

他边读我的实验结果边说："这太棒了。我是说，你选了一部好电影，因为它正好是合适的片例——它是一部很棒的电影，但要是把时间因素纳入考虑，这片就没那么好了。"

"浪漫喜剧的跨度往往是三个月左右，因为时间得够让主人公坠入爱河、历经分手，再重归于好。这样下来，大概得花三个月的时间。"

"动作片就可以更像是《白头神探》的桥段那样。"

"我差点儿要说《星球大战 2：帝国反击战》。"

"这部也很有趣，因为很难搞清楚它的时间跨度。"

"看起来大概是一个月。"

"你怎么看出来的？我只是很好奇，我从没想过这部电影的时间问题。"

"网上对此有相当多的争论。《星球大战》里有不少时间都被压缩了。'千年隼'在小行星上躲了两天，以避开帝国巡洋舰的追击，然后在没有超光速引擎的情况下飞往贝斯平星。与此同时，卢克正在达戈巴星受训成为绝地武士，这里的时间有点难以判断。有人说是几周，有人说是几个月或半年。我们看到衣服有所磨损，但是并不确定过了多久。"

"嗯，对我而言，这就是要点，是有趣之处，也是电影运作方式好玩的地方。它非常难以界定。这也是为什么我说《窈窕淑男》是个不错的选择。它让我想起我为《盗梦空间》营造的梦境之间的联结，以及我如何看待常规电影对梦境般时间感的运用。不同的叙事元素以不同的速度运行着，而你对此全盘接受，这就有点像梦的逻辑了。从这种意义上来说，电影可以非常像梦境。电影与我们自己的梦境之间，有一种难以讲清的关系，但是你会希望在两者间建立联结，从而发现那些在你存活于世的时间里一直隐匿未见的东西。我认为梦境为我们做到了这点，电影也是如此。与之相对的一面，就是休·杰克曼在《致命魔术》片尾所说的那段话[22]，本质上他是在说，因为我们对自己身处的现实颇为失望，所以为世界创造出一个更复杂、更神秘的想象。我认为这个想法非常正当，但它对'虚构是什么'这个问题的看法相当悲观——'虚构'是一连串设计出来的复杂情境，以此来遮蔽现实的庸常生活。我则更喜欢另一种说法，尤其是在我写剧本的时候。那就是维尔纳·赫尔佐格（Werner Herzog）所谓的'出神的真相'（ecstatic truth）[23]。"

"我很高兴我们用《窈窕淑男》解释了《盗梦空间》。"

"大致说来，每次我说自己喜欢哪部电影，但凡那不是彻头彻尾的惊悚片或动作片之类的，大家就会很惊讶。比如《爱乐之城》（*La La Land*，2016），对我而言就是一部非凡的影片。我看了三四遍，导演功力真是令人叫绝，而我通常可是不喜欢歌舞片的。作为电影人喜欢的作品，和作为消费者喜欢的作品，这两者可不会是一回事儿。我对《速度与激情》（*Fast & Furious*）系列电影情有独钟。我自己也拍动作片，因此我喜欢看那些完成度不错的动作戏。这个系列的一些故事也颇有魅力，尤其是第一部；从第二部开始，所有角色之间的关系也很吸引人。这个系列展开的方式非常迷人，几乎就像一季电视剧，角色们逐渐组成了一个群戏大家庭。但是，当我谈起我喜欢的喜剧时，大家全都很惊讶，无论我的理由是什么，无论我喜欢喜剧这件事说明了什么。你能相信吗？他们会说：'哦？原来你喜欢喜剧？'人人都喜欢喜剧呀。你看看伍迪·哈里森（Woody Harrelson）在《王牌保龄球》（*Kingpin*，1996）中的表演，那是顶尖的表演之一。我去影院看了两三遍。我确实认为它很好笑也很傻气，但是除此之外，他的表演也深深地打动了我。其中有一段，伍迪说：'我很久没回过家乡了，老天，自从……'然后他转过来看着女主角，头发乱七八糟的，他问：'我看起来怎么样？'表演真的很精彩。那种笃定和真诚打动了我。"

• • •

从这个角度看，《记忆碎片》是一块终极的玻璃手表，它的驱动力与其说是一股要颠覆或解构的冲动，不如说是追求彻底透明化的冲动——本片就像一部由路易吉·皮兰德娄（Luigi Pirandello）[24]编剧的黑色电影，主人公仿佛源自一场剧本会的头脑风暴，他的形象血肉丰满，背景故事和行为动机都写在自己的身体上。

伦纳德的记忆每隔10分钟就要被擦除一次，神似每隔10分钟就要来场动作戏的美式动作片；我们和他一样患上了遗忘症，费力弄清楚这周究竟来看了一部什么电影。观众看《记忆碎片》时要做的，正是我们看任何其他电影时，也会在半意识下进行的解谜游戏，只是这一次我们有人做伴。讽刺、狡黠、疯狂、机敏、凌乱、忧郁、脆弱——伦纳德·谢尔比不仅仅是我们的主人公和叙述者，他也是我们自始至终的同伴。摄影机和他的距离，总是比其他角色更近一些，所以他几乎就像是电影院里坐在我们身旁的人，喋喋不休地评论着银幕上正在发生的情节。他会在遇到新人物时说"我跟你讲过我的病症"，语气中带着轻微的不确定，生怕重复自己的话或者让别人厌烦。当他无法认出某人时，他向其保证这并不是"有意针对他们"。我们在他身上注意到的第一件事，就是他很礼貌。疏离之人从未如此彬彬有礼。被悲痛压弯了腰的他无暇顾影自怜，因为外界的事物正在高速冲击着他。

《记忆碎片》为主人公和观众设下了地狱般的陷阱，让两种对立的恐惧分庭抗礼，解决一方只会加剧另一方的症状。第一种是唯我论者（solipsist）[25]的恐惧，即要依赖自己漏洞百出的头脑来获取信息。伦纳德说道："我必须相信，世界不是我想象出来的。我必须相信，即使不记得做过什么，我的行动也依然有意义。我必须相信，我闭上眼睛时，世界依然存在。"他最恐惧的就是成为宇宙中的孤家寡人，他渴求确定性，他将自己的门户打开，让别人走进来；但这样做的同时，也让自己向另一种对立的恐惧敞开大门，也就是偏执妄想（paranoiac）的恐惧。偏执妄想者最害怕被别人利用和操控，他们渴求的正是唯我论者的反面，只希望把自己封闭起来以获得安全感。伦纳德两者皆占。他可以拥有确定性或安全感，但他无法兼得。他该如何选择呢？唯我论者还是偏执妄想，哪个会占上风？我们该先处理哪边的问题呢？伦纳

德进行的是两线作战，他被无可救药地撕裂，无休止地在两条战线之间穿梭；他急于厘清别人给他的错误信息，但漏洞百出的头脑却帮不上忙。他无法信任别人，却必须去相信；或者，正如他自己所说："我是唯一不认同事实的人，可**我**是个脑子坏掉的人啊。"

这个病症**看起来**有些奇异，很像奥利弗·萨克斯（Oliver Sacks）[26] 书中会写的内容，但它出人意料地引发了人们的共鸣。那些孩童时期曾被成年人欺骗过的人，立即就会对伦纳德的两线作战感到似曾相识——也就是说，他们很确定有人在骗自己，但是缺乏智谋和信心去确认对方的谎言，或者质疑行骗之人。事实上，伦纳德像极了一个被丢进狼群的勇敢又机智的小孩。娜塔莉给了伦纳德一个车牌号——SG13 7IU，声称车主就是他的杀妻凶手。影片日光照射的表面之下情感涌动，我们会好奇，这条车牌线索贡献了多大的情感能量。这条信息是影片的麦格芬，它引导着伦纳德进行他的复仇行动，驱动着全片的情节；而这个车牌号其实是诺兰母校黑利伯里的邮编，只是记岔了一点（把 N 记成了 I）。

对于寄宿生而言，时间是一个带有个人情感的问题，因为寄宿这件事实

1999 年，《记忆碎片》拍摄间休时的盖·皮尔斯。诺兰最敏锐的洞察，就是看穿了伦纳德病症的脆弱性

际上与时间无关，而是关乎距离。乔伊·沙维瑞恩（Joy Schaverien）曾在《寄宿学校综合征》（*Boarding School Syndrome*）一书中写道："孩童会依靠依恋对象所带来且与之共有的记忆，来表示自己依然存在于或者归属于某一社群。"这本书的主题是"时间""重复""遗忘""身体记忆"——读起来就像《记忆碎片》的主题清单。"共有的记忆以及与之相关的故事，是家庭关系的亲密程度指标。没有了这些共有的记忆，孩童就会和年幼时连续的成长经历割裂开来。因而，他们成年之后讲述故事时，可能会缺乏叙事的流畅度（narrative flow），这就不足为奇了。或许，这就是为何住过校的人有时会难以记住事件发生的先后顺序。"《记忆碎片》所戏剧化呈现的不正是这一点吗？家庭"相册"将伦纳德其人放逐出"镜"，他被困在自己主观的记忆气泡之中，无法诉说自己的经历。他被迫在食人鱼池中自谋生路，不知道可以相信谁。

我把这段阐释告诉诺兰后，他有点不自在地回应道："实话实说，我觉得这有点过度解读了。但我不知道，这到头来不是我说了算的，不过我很抗拒传记式的解读，因为说实话，这样有点简单。对了，我完全是有话直说，而非试图回避什么。寄宿学校的经历的确是我人生的一部分，但我不让自己把它投射到作品里。不过有趣的是，《敦刻尔克》可能是我第一次想把这段经历摆到台面上，因为这部影片所表达的重点就是历史的编制概念。但最终我还是避开了个人经历，只是因为我觉得，以一种更加体验式的方式，从行动中实际在场士兵的角度来讲故事会更有意思，因此我没怎么深挖肯尼斯·布拉纳（Kenneth Branagh）饰演的长官和士兵们之间的阶级关系。我的意思是，这些东西松散地分布在电影里，但我觉得自己尽量避免了深入探讨它们。"

"重点不太像是阶级，而是心理状态。"我说，"伦纳德就像一个小孩，被迫身处不友善的环境当中，在里面无法相信任何人。惴惴不安、悬心吊胆。你一次次地回到了那种状态。"

他停顿了一下。"我认为你是在缘木求鱼。我觉得这套说法太依赖于语义学，过于关注概念之间的语义关系，而不是感受……"

"我说的正是这个，电影的情感……"

"我一直把这部电影的情感张力归功于盖·皮尔斯，他将人们带入进退两难的困境。这个困境极富情感色彩，这个角色极有感染力（pathos）。而我拍的《敦刻尔克》中也有富于情感色彩的情境。我感觉在这两个片例中，我都有意让自己的拍摄手法不带煽情。我从汉斯·季默那儿听来一句话，他说是雷德利·斯科特说的，不过我认为这句话最初是从詹姆斯·乔伊斯（James Joyce）那儿来的，那就是：'煽情是不劳而获的情感。'[27] 我认为这似乎是一句非常精准的评述。许多电影都利用煽情来吸引、调动观众，但我从来不喜欢这样。对我而言，它不是一个实用的工具。所以某些人来看我的电影时，他们会感觉有点出乎意料，因为主流电影往往充斥着煽情。而我考虑的则是实在获得的情感、真心诚意的情感。《记忆碎片》中的情境是如此情感充沛，不必再多煽情。盖让这成为现实：他让影片向你敞开，有时需要靠音乐或对白才能有的感染力，他仅凭表演就达到了效果。他是个了不起的演员。"

这是我学到的第一课：诺兰乐于承认，影片的主题层面有其个人经历的色彩，但是他不愿意让别人将他自己和角色在心理层面上联系起来。就着这个话题，我又死缠烂打地追问了几次，最终我放弃了。我意识到，我们已经从讨论《记忆碎片》发展到亲身上演剧情的地步：我扮演着泰迪的角色，试图说服诺兰接受我的这套说辞，却没有成功；而他就是伦纳德的角色，坚守着自己的看法。我们彼此都相信对方的真诚，也相信对方相当疯狂。

• • •

博尔赫斯笔下的富内斯决定将他的所有回忆写下来，他成功将一整天内发生的事情重构，之后他意识到自己的记忆是递归的——回顾回忆这事本身，就会将其变为回忆中的回忆——即便到死那天，他也来不及把儿时的回忆全部加以分类。最终他变得疯癫，1889 年死于肺充血。博尔赫斯在一次访谈中说："富内斯疯掉是因为他的回忆无穷无尽。"富内斯被完美记忆力所折磨，他遭受的问题与伦纳德正好相反，但即便是博尔赫斯也看到了翻转这个故事的可能性，他说："当然，如果你忘掉了一切，你也就不复存在了。"

《记忆碎片》对这种疯狂只是点到为止，但业已足够。从电影的第一格中，我们就知道了这个故事会如何结束：伦纳德杀死泰迪以复仇。我们知道他即将行凶的场所：一座废弃的仓库。我们也知道他如何杀人：朝泰迪的后脑勺开了一枪。当我们真的看到这场戏时，影片的两条时间线终于同步，黑白影像转为彩色。诺兰让所有这些元素有了种创伤性记忆的可怕熟悉感，并让你无休止地重温。大卫·朱利安的配乐中，电子合成器的强劲节拍越来越急促，听起来就像电脑正在做噩梦。

泰迪断言："你甚至不想知道真相。你活在梦中，小子。有个亡妻可以悼念，让你感觉有了生活目标。这场浪漫的追凶之旅，即使没有我，你也不会罢手。"他说闯入者并没有杀掉伦纳德的妻子。凶手是伦纳德自己，因为他意外地给妻子注射了致死剂量的胰岛素，从那之后，他就把这件事错安在萨米·詹克斯身上。如果你接受泰迪讲述的版本，这部电影就成了一个有关罪行与否认的侦探故事，讲的是一个男人跌跌撞撞地看清自己压抑已久的杀妻共犯真相。但是伦纳德无法接受这种说法。他跟跟跄跄地走出那栋建筑，用画外音向泰迪抗议，为无罪的自己辩白："我能不能就让自己忘掉你刚刚告诉我的话？我能不能就让自己忘掉你让我做的事？你以为我还想解另一个谜？我骗自己是为了开心？对于你，泰迪，是的，我会忘掉一切。"就在此刻，他给自己写了张便条，把泰迪的车牌号 SG13 7IU 记为凶手的车牌号，然后开车去了最近的一家文身店[28]，将这条信息文在大腿上。于是，电影的第一场戏开始上演：**现在，我在哪里？** 电影的结构形似一个 U 形夹或莫比乌斯环。泰迪和伦纳德注定要纠缠下去，每次有人观看本片，故事就要循环一次，他们在沙漏之中摸爬滚打，直到时间的尽头。

诺兰说："我觉得'不能相信自己的头脑'这个想法可怕极了。《闪灵》差不多讲的也是这件事。我认为《记忆碎片》谈到了电影中的道德相对主义（moral relativism），也就是电影非常善于让观众接受一套与日常生活不同的道德准则。比如在西部片里，我们乐于见到主角开枪打死坏人，情节需要

伦纳德（盖·皮尔斯饰）向泰迪（乔·潘托里亚诺饰）复仇——或者说，他真的复仇了吗？即便在电影公映之后，主创们还是没有就此达成一致

的话，怎么射杀都可以，只要遵从电影的设定即可。我很喜欢操弄这些规则设定。《记忆碎片》中，观众幻想着复仇的戏码，而其中的角色却记不得自己复仇的事。在电影中，观众的内在道德观很大程度上取决于视点。通常当你看完电影之后，你会重新梳理自己的思绪，然后会想：等等，如果跳出主人公的视点，片子的道德观又会如何？《记忆碎片》在片中多次设法让观众琢磨这件事，尽力让这种张力成为文本的一部分。"

换一种说法，这部电影从诞生那一刻起，人们就注定会为它争论不休。2000年秋天，《记忆碎片》在威尼斯电影节上大获成功之后，包括诺兰和皮尔斯在内的剧组成员一起聚餐，席间他们为电影结尾处该相信谁争论了两个小时。诺兰很震惊，电影都拍完两年了，他们还在争论这个问题。第二天的记者会上，他犯了个错误，不小心说出了他认为观众应该相信谁。他回忆道："有人问到结局的问题，我说：ّ嗯，电影的终极要义取决于观众怎么想，但我是需要有一个潜在真相的，那就是……'然后我就说了出来。记者会之后，乔纳把我拉到一边说：ّ没人会听你答案的前半部分，就是一切取决于观众的

乔·潘托里亚诺和盖·皮尔斯在讨论剧本

第3章 时间 TIME 103

那些话。他们只会认准你的想法。你绝对不能告诉别人你的真正解释，因为那会盖过影片的暧昧性（ambiguity）。'他说得对。观众总会更为看重我的答案，而不是他们自己的想法，或去关注影片的暧昧性。幸运的是，这事发生在——我不说是前互联网时代吧，但确实是在互联网还没太普及的时候，因此我不相信这个答案会在哪里留下什么记录。我想你可能会在某处意大利报纸的档案馆里找到它吧。你需要对故事有自己的一套说法，只是无须公之于众。我觉得如果你连自己的想法和信念都不清楚的话，你也就无法创造出有效的暧昧性，那样硬上就是在矫揉造作地玩弄技巧了。大家感受得到这两者的区别。"

正如威廉·燕卜荪（William Empson）在《暧昧性的七种类型》（*Seven Types of Ambiguity*，1930，另译《朦胧的七种类型》《复义七型》）中所述："暧昧性本身并不令人满意，也不宜为暧昧而暧昧。凡有运用暧昧性的情况，都应是产生于客观的需要，其适当性又由客观予以证明。"[29] 诚然，燕卜荪的写作时代在互联网诞生之前。

20 世纪 90 年代晚期和 21 世纪头 10 年初期，世界上涌现了一波电影，比如说《低俗小说》（1994）、《十二猴子》（*Twelve Monkeys*，1995）、《非常嫌疑犯》（*The Usual Suspects*，1995）、《洛城机密》（1997）、《楚门的世界》（*The Truman Show*，1998），以及《黑客帝国》（1999）、《成为约翰·马尔科维奇》（*Being John Malkovich*，1999）、《感官游戏》（*eXistenZ*，1999）、诺兰自己拍的《记忆碎片》（2000）、《半梦半醒的人生》（*Waking Life*，2001）、《香草的天空》（*Vanilla Sky*，2001）、《死亡幻觉》（*Donnie Darko*，2001）、《少数派报告》（*Minority Report*，2002），还有《美丽心灵的永恒阳光》（*Eternal Sunshine of the Spotless Mind*，2004）。它们都主打多线叙事，拥有烧脑的反转，时序模式颠倒了因果，故意模糊现实和虚构之间的界线，探索着"人生如白日梦一场"的观念。用史蒂文·约翰逊（Steven Johnson）[30] 的话说，这些电影形成了一种"新的微类型"，即"烧脑片"（mind-bender）。

诺兰兄弟有意无意地发现了想要在信息时代获得成功的一个关键因素：在这样一个充斥着垃圾邮件、机器生成的水军和谎言自圆其说的时代，比起"你所知道的事物"，"你不知道的事物"才更能获得玄妙的力量。那么，唯一比这两者更有价值的是什么？那就是"你根本无法知晓的事物"。在某种意义上，《记忆碎片》是世界上第一部不怕剧透的电影：没人能够完全理解它，更遑论给别人剧透了。

"我拍《追随》和《记忆碎片》那一时期，有很多电影本质上的根基，都是要推翻大家对现实的感知。《黑客帝国》(1999)、《搏击俱乐部》(Fight Club, 1999)、《第六感》(The Sixth Sense, 1999)——这类电影扎堆出现。那时所有片子都在讲：'你的现实被完全颠覆。你并不知道眼之所见为何物。'我有种很强烈的感觉，那就是在某种意义上，我们都在拍同样的电影……我发现无论在电影中还是生活里，暧昧性都很难处理。我可以诚实地说，我从没在自己的电影中有意加入暧昧不明的东西。我心中必须有个答案。这也正是乔纳对《记忆碎片》的看法：'是的，我当然自有答案，但那是因为它有着真诚的暧昧性。'电影完成之后，我最早交流的人里有一名记者，他解读这部电影的方式，和我的创作意图或我自己的阐释方式基本相同。他和我看待这片的方式完全一样。好吧，或许他是最后一个这么想的人，但是这让我觉得：很好，原来我没疯，我确实把答案放在电影里了。"

多年来，诺兰在这场论战的派别中发现了一些有趣的事。那些信赖视觉记忆的人倾向于相信伦纳德，因为他那张写着"别相信他的谎话"的宝丽来相片，在电影中闪现过几次；而那些信赖口语记忆的人则更相信泰迪，因为他直截了当地讲出了自己那个版本的故事。不过，还有另一种方法来解决这个问题，就是想想哪种反转更为精彩。如果泰迪讲的是真话——伦纳德杀了自己的妻子，那便形成了令人满意的讽刺效果：这个被标注为最大说谎者（"别相信他的谎话"）的角色，到头来竟是最实话实说的人；而影片也设下了同样喜闻乐见的"最不可能犯罪之嫌犯"的骗局，让最不受我们怀疑的角色（伦纳德）实则犯下了罪行。和诺兰的诸多作品一样，《记忆碎片》整部电影探讨的是残忍罪行、错误意识以及否认行径。甚至连伦纳德也对自己这么说（"我能不能就让自己忘掉你刚刚告诉我的话？我能不能就让自己忘掉你让我做的事？"），从而支持了这种解读。另一方面，如果我们拒绝接受"伦纳德有罪"的说法，那么这一切就都不作数了：那个被标为说谎者的角色真就是个骗子，而我们相信其清白的角色也确实无辜。当然，两种解读不分优劣。这部电影展现的讽刺感、罪恶感，以及富有层次的角色刻画，都足以让人满意。

诺兰听着我的这番话，点点头。

"这很合理，但我不太确定我同意你的观点，即'伦纳德被认为是个诚实的人'。原因是……"

"不对，我说他是个无辜的人。"

"或者说他确实是无辜的，因为整部影片中都有非常明确的提示，表明他是个不可靠的叙述者[31]。那个想法是他为了让自己开心而骗自己。我们都会这样做。"

"正是如此！这正是我要说的点。'我骗自己是为了开心？对于你，泰迪，是的，我会忘掉一切。'如果是另外那种解读——他正如自己所说的那般无辜，泰迪也像电影告诉我们的那样满口谎话——这也太直接粗暴了吧，没有反转啊。"

诺兰不置一词，像柴郡猫[32]一般咧嘴笑了。

"现在你什么都不会说了，因为你知道我是对的，你不想毁掉其他人的观影体验。"我说。

"我正想说，你听上去特别像《致命魔术》结尾处，休·杰克曼的那个角色。"他说。

"此话怎讲？"

"我是说，如果你看到那部电影的结尾，我指的就是迈克尔·凯恩对此的说法，那话用来形容你恰如其分。"

"到底说了什么？"

"再看一遍电影吧。"

那天晚上，我回到在爱彼迎上租的公寓（采访期间我都住在这儿），第 N 次重看《致命魔术》。影片讲述的是两名魔术师僵持不下的致命对决，他们表面上像是在"移形遁影"这个魔术节目上较劲儿。该节目是让魔术师走到舞台一侧的门后，然后神奇地从舞台另一侧的门里现身。休·杰克曼决意从对手那里套取这个魔术的秘诀，不惜采取偷窃甚至谋杀的手段。当他最终知晓其中的关窍时，几乎无法相信自己的耳朵。他大喊道："这也太简单了。"这一情节引出了卡特（Cutter，迈克尔·凯恩饰）的画外音旁白，那是对电影开头类似台词的简要复述。

现在你想找出秘诀，但是绝对找不到。因为你并不是真的想知道。
你想要被骗。

换句话说，虽然我很想让诺兰确认我是否"解开"了《记忆碎片》的谜题，但我也不想让他给我答案，因为那样就没意思了。在某种程度上，我想

要被骗。从中我们可以推测出这种略为残酷的动态关系，而那正是诺兰电影的特征。就称之为威廉·燕卜荪式的"暧昧性的第八种类型"吧，那是诺兰最爱的类型——取决于别人怎么想的暧昧性。

FOUR
第 4 章

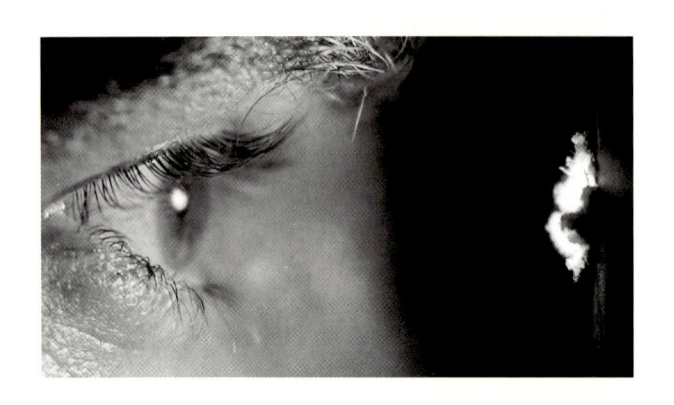

感知
PERCEPTION

诺兰提到他的第三部电影时,是这么说的:"基本上是**史蒂文·索德伯格**促成了《失眠症》的拍摄。"本片翻拍自挪威导演埃里克·斯柯比约格(Erik Skjoldbjærg)执导的冷峻惊悚片《极度失眠》(*Insomnia*,1997),片中刻画的警察自觉比自己追捕的凶手更罪孽深重。故事发生在一个永不日落的挪威偏远小镇,主人公是一位仕途不顺的鉴识专家[斯特兰·斯卡斯加德(Stellan Skarsgård)饰],正在追查一名杀害十来岁少女的凶手。失眠、碎片化的剪辑和突然出现的白屏,让他的推理过程一片混沌。

诺兰看到这部电影时,正忙着重写《记忆碎片》的剧本。他在大银幕上看到的内容,似乎与他此刻正在努力做的东西非常类似——用斯柯比约格的话说,这是"一部颠覆性的黑色电影,它以光明而非暗影作为戏剧性的力量"。诺兰说:"我一口气看了两遍,因为我真的很喜欢它的质感。它讲的是失眠,是思维过程的扭曲,就和《记忆碎片》一样,本片也有一个不可靠的叙述者,同时呈现了一段颇为主观的体验。我真的很想试着以我在《记忆碎片》里用过的方法,再次钻进别人的脑袋里。因此,这部电影和我之间有一种相当特殊的关系,我就想着:'要我上的话,我的拍法会和原版略有不同。如果我有机会,我可以把它拍成一部有着大牌影星的好莱坞电影。我可以把它拍得像《盗火线》一样。'"

诺兰听说华纳兄弟公司正在筹备翻拍此片，他尝试着争取导演的工作，但他的经纪人丹·阿洛尼（Dan Aloni）甚至无法安排他与制片厂高管们会面，只能眼睁睁地看着他们把编剧工作指派给了另一个新人——希拉里·塞茨（Hillary Seitz）。然而，诺兰一拍完《记忆碎片》，情况就大不相同了。阿洛尼把《记忆碎片》的拷贝送给了史蒂文·索德伯格一份，后者那时正凭 1998 年执导的《战略高手》（Out of Sight）迎来了事业第二春。索德伯格听闻诺兰无法约见华纳公司高管的困难之后，大步穿过片场，找到制片部门主管，对他说："如果你不见见这个家伙，那你就是疯了。"索德伯格还提议，由其亲自担任《失眠症》的行政制片人，拉着乔治·克鲁尼（George Clooney，《战略高手》的主演）一起，为这位年方 31 岁的导演做担保。

"每个人都需要一个愿意为自己冒险一试的贵人，"诺兰说，"史蒂文没必要这么做，但他还是站了出来。他和乔治做了《失眠症》的行政制片人，于是我也成功地以这种方式跨进了行业大门。这部电影令我非常自豪，我认为，它可能是我所有电影中最被低估的一部。有人会说：'哦，

上图：希拉里·斯旺克正在读《失眠症》（2002）的剧本。这是诺兰第一部与制片厂合作的电影；下图：诺兰和阿尔·帕西诺在不列颠哥伦比亚省的外景地

它不如《记忆碎片》那么有趣，或者个人风格也没那部鲜明。'但这是有原因的。《失眠症》的剧本是别人写的，而且翻拍自另一部电影。事实上，就制作过程而言，这是我最私人的电影之一。那是我人生中一段多姿多彩的时光：是我第一次为大制片厂拍片；有机会出外景；也是第一次与电影巨星合作。因此，拍摄本片是一次强有力的经验，每当我重看的时候，一切都历历在目。在我拍过的所有电影中，它是最规矩、最顺溜的一部类型片，就待在我尽力框定它的类型里。它其实并没有挑战类型，大家倒是会对我的其他作品抱有这样的期待。但我认为这部电影的完成度还不错，这话虽然不该由我来说，但我时不时会遇到一些电影人，他们感兴趣或者想讨论的恰恰是**这部电影**。是的，我非常以它为傲。"

《失眠症》标志着诺兰第一次与大牌影星的合作，主演中竟然有三位奥斯卡奖得主——阿尔·帕西诺、罗宾·威廉斯（Robin Williams）和希拉里·斯旺克（Hilary Swank）。阿尔·帕西诺饰演警探威尔·多默（Will Dormer），他的双眼下有黑眼圈，因疲倦而垮着脸，破旧的皮衣就像松垂的第二层皮肤。他可不是随便的哪个警察，而是**特定的那位警察**——宛如衰颓落魄的弗兰克·塞尔皮科（Frank Serpico），或者《盗火线》中的汉纳警督（Lieutenant Hanna）[1]。为了侦办一桩当地女孩被害的案子，他和搭档哈普·埃克哈特［Hap Eckhart，马丁·多诺万（Martin Donovan）饰］来到了偏远的阿拉斯加小镇。接待他们的是当地警员埃莉·伯尔（Ellie Burr，希拉里·斯旺克饰），她热情洋溢地透露，自己警校论文的研究主题，正是多默曾在洛杉矶出色侦破的一桩案件。她热切地跟着他在镇上四处跑，当这位伟大的警探着手办案时，她就在一旁做笔记。多默很快找到了嫌犯——一位举止温文尔雅的推理小说家，名叫沃尔特·芬奇（Walter Finch，罗宾·威廉斯饰）。然而，多默的失眠症，以及当地持续的白夜，都让他身心备受折磨。多默在一片雾气蒙蒙、遍布岩石的海滩上追逐嫌犯时，开枪误杀了自己的搭档。局势逆转了。斯旺克如同华生一般紧跟着多默，越来越有机会揭穿偶像的真面目，现在轮到**他**来感受紧张调查所带来的压力了。本片与原版相比最大的改动，就是为帕西诺那个角色引入的背景故事：他正在接受内务部（internal affairs）[2]的调查，而哈普本将提供不利于他的证词。因而多默有理由除掉他的搭档，即便那只是一场意外。

"我非常希望这个家伙在到达阿拉斯加之前，就背负着极大的罪恶感。"诺兰说。2000年一整年，他都在大幅改写剧本，因为请60岁的阿尔·帕西诺来出演一事，电影公司迟迟无法谈妥。诺兰和塞茨在好莱坞的哈姆莱特汉堡店（Hamburger Hamlet）见面，交换彼此的意见。"我没有在影片的编剧栏署名，我也没求这么做，因为当我确定执导此片时，希拉里·塞茨就在按我的要求改写剧本。不过我确实为帕西诺重写了一些戏份，篇幅相当可观。由于当时的编剧罢工情况，我们的截稿时间很紧迫。帕西诺真正喜欢，还鼓励我去做的，就是营造事杂人烦的感觉，那种被几件事夹击的棘手状态，比如我们重写了他给搭档妻子打电话的那场戏，帕西诺希望对方表现得很难搞。在这类电影中，你很少见到这种表现'夹在中间难做人'的片段，他却很喜欢这类东西。"

在拍《追随》和《记忆碎片》时，诺兰都有充足时间来排练；但是拍《失眠症》的时候，他们几乎没有这样的余裕。他们在阿拉斯加和不列颠哥伦比亚省（British Columbia，位于加拿大西部）的外景地拍摄，诺兰会在头天晚上和演员们过戏，然后第二天就开拍。有时，帕西诺惊讶于诺兰想要的镜头竟然离自己这么近；有时，诺兰惊叹于帕西诺凭直觉就知道机位和拍摄角度，无须过多沟通，演员就知道他的想法。诺兰说："我从帕西诺身上学到了很多有关表演的东西，也从他身上了解到明星身份的价值和意义，也即那种魅力会让你得到什么。原版电影让观众慢慢疏远主人公，这个过程很精彩；我的版本正好相反：观众和主人公一起踏上旅程，在某种程度上，结尾时你会比开场时与他更亲近。我喜欢的做法是，基本沿用原版情节，只需小改几处，就让角色与观众之间的关系变近了。这就是明星的意义所在，他们和观众之间本来就存在某种联系。你倾向于信任他们，相信他们的能力，相信他们知道自己在做什么。他们能让某些事变得可以接受，能让某些非常令人不适的东西变得宜人，他们能引导你看完全片。你会看完《冲突》（*Serpico*，1973），只是因为影片的核心有一个魅力四射的明星，你会跟着他一起走下去，明白吗？因此，利用这一点，让明星玩儿砸，是件十分有趣的事。这样也会让观众处于不利地位，整个情况都完全颠覆了。请到两位非常知名的演员，再把他们共同置于这个疯狂的情境中——我很爱这个创意。"

· · · ·

《失眠症》以罪恶感、分身和感知为主题，是诺兰电影中希区柯克风格最明显的一部。电视剧集《希区柯克剧场》（*Alfred Hitchcock Presents*）中，甚至有一集就叫《失眠症》（"Insomnia"）[3]，讲的是男主角有失眠问题，后

来发现那是因为他的妻子死于火灾，他对此有罪恶感而引发的症状。"睡不着吗，威尔？"罗宾·威廉斯饰演的沃尔特·芬奇问道。芬奇是一个异常冷静的凶手，总是在深夜时分给即将入眠的多默警探打电话。他就像爱伦·坡笔下的乌鸦[4]，或者说像希区柯克执导的《火车怪客》中的布鲁诺·安东尼[Bruno Anthony，罗伯特·沃克（Robert Walker）饰]，后者纠缠着由法利·格兰杰（Farley Granger）饰演的职业网球运动员，就像个犯罪念头一般挥之不去。布鲁诺在第一次提议交换杀人之前说："我曾经想出过一个好主意，过去在夜里都是琢磨着它入睡。"一个**主意**让人欲罢不能的魔力，那种被自己的想法所侵蚀的可能，也同样让诺兰着迷。和诺兰作品中的多个主人公一样，多默是在念头层面有罪，而不是行动层面。他**希望**自己的搭档死掉，这和实际杀掉他几乎一样恶劣。诚然，这个念头就足以让芬奇勒索他。芬奇有一种让人不安的神出鬼没的特质，在追逐戏中永远处于我们视野的边缘，并且总能消失于画外。最终的枪战戏之后，芬奇跌入另一扇活板门，缓慢地消失在下方的水深处——这是**典型**的诺兰式退场动作，如同柯布在《**追随**》结尾混进人群之中，就好像他从未存在过一样。芬奇几乎像是多默梦中的怪物，是他罪恶感的活体化身。

"《火车怪客》是我非常偏爱的一部电影。"诺兰说，"和罗宾聊天时，我其实告诉过他：'我们只是口头这么说，但这个人物可能是不真实的。'就是说，芬奇可能并不存在。他很大程度上是多默的良心，就像蟋蟀先生（Jiminy Cricket）[5]一样——罗宾的观点是这样的。我则总是把本片和《麦克白》（*Macbeth*）联系起来，从本质上看，后者全篇都在讲主角的负罪感和自我毁灭。芬奇只是在多默耳边轻声道出后者已经知道，或者本该知道的事。"

或许诺兰欠了希区柯克最多学费的一点，就是对地貌景观的表现主义运用。这是他第一次与英国美术总监内森·克劳利（Nathan Crowley）合作。在不列颠哥伦比亚省和阿拉斯加北部那怪石嶙峋、不宜人居的地貌中，诺兰

在希区柯克执导的《火车怪客》（1951）中，布鲁诺（罗伯特·沃克饰）掐死了米丽娅姆[Miriam，凯茜·罗杰斯（Kasey Rogers）饰]。这是诺兰最喜欢的一部电影，他通过本片首次了解到雷蒙德·钱德勒的作品

竭力探寻着各种可能性。比如说，他拆解了多默与芬奇初次碰面时所在的建筑格局：单层的小木屋由架空柱支撑，悬立在不牢靠的岩石之上。内部的地板上有一扇活板门，芬奇在关键时刻从那里坠落，从而迫使多默追着他穿过一片迷宫式的地下隧道，然后进入重重迷雾之中，攀着滑溜溜的石头追逐芬奇逃走的身影。诺兰让我们的注意力集中在多默的双脚上，看着它们吃力地在岩石上寻找着力点；之后的一场追逐戏中，两人要穿越挤在水上的一排原木——那些原木像是桥，又像滚动的路面。追到半路，多默掉入了冰冷的水中。为了换气，他努力用手指扒开水面上互相碰撞着的原木。这个机位是纯粹诺兰式的，同时发挥出了对幽闭与暴露的双重恐惧。

诺兰说："我对荒野故事一直有一点点过敏。冷杉树众多的阿拉斯加小镇——这个设想有种非常'电视剧'的质感，不知是不是因为我想到了《双峰》（*Twin Peaks*），或者其他什么。我的美术总监内森·克劳利也这么觉得，这是我和他的首次合作，我们花了很多时间琢磨如何为这个故事创造出更有表现力，或者更为表现主义的地貌。浓雾弥漫的海滩是个中关键。《失眠症》讲的是角色对当地的陌生感，以及穿梭于雾中海滩的旅程——要先穿过小木屋，然后下至隧道，才来到迷雾笼罩的海滩。隧道变成了某种通道，我没有用主题性的方式来处理这段，而是凭直觉拍的，想要的感觉是'我们得让隧道里面的雾越来越浓，他在隧道里奔走，然后被雾气弄得完全看不清了'。我们让《失眠症》和原版一样，也有着无时不在的日光，我们认为：'对，这点绝对要沿袭下来。'当人们说'咱们拍一部黑色电影吧'，他们基本上指的就是要利用照明制造出阴影。你明白吗？他们其实并没有把握住黑色电影的本质。我带着《追随》去参加旧金山电影节时，有个策展人看过之后对我

多默（阿尔·帕西诺饰）在浓雾弥漫的海滩上搜寻凶手。诺兰把这场戏设计成坠入冥界的样子

第 4 章　感知　PERCEPTION　113

说，《追随》非常让人兴奋的一点在于，它是一部黑色电影，却发生在光天化日之下。——大家都忘了，在《双重赔偿》中，有场戏就发生在超市里，还有一场是在保龄球馆里。"[6]

诺兰用子夜太阳那无情刺眼的强光隐喻多默的困境——后者无法不去想自己有罪这回事；而那些蓝色的冰川则使人想到他那冷静又鬼魅的追捕对象——沃尔特·芬奇。"你知道这些冰川每天移动四分之一英寸（约0.6厘米）吗？"芬奇说，眼神仿佛看着自己的灵魂伴侣。

从多默手中逃脱了两次之后，芬奇约这位精疲力竭的警探在渡轮上会面。此刻，影片刚刚行过半程。这是起着轴心作用的一场戏，是诺兰在其影片中热衷追求的一个支点，让全部的戏剧性分量在观众脚下突然转移。我们第一眼见到威廉斯时，他侧对着我们，凝望着渡轮船尾的窗外。"风景真不错。"帕西诺走到他身边说道。此时，诺兰把镜头切给威廉斯的侧脸轮廓，他宛如斯芬克斯般纹丝不动、神秘莫测，就连他身后的水面都出奇地平静。他对多默说："我不是你想的那种人，我听说他们从洛杉矶派人过来，我有些慌了。"威廉斯泰然自若、条理清晰、异常冷静，同理心和智慧让他展现出一如既往的温柔神情，他可以轻松扮演多默的心理咨询师或医生。他说："杀人会使你改变，这你也明白。当你发现射中的人是哈普的时候，你是什么感觉？内疚？解脱？那个时刻之前，你有想过这么做吗？你有没有想过，若这个人不在了会怎么样？我并不是说你是故意杀他的，你懂的。"他那种亲密劲儿让人感到猥琐又怪异。他已经躲过了多默的两次追捕，却在此时现身，坦白罪行。这是为什么呢？

帕西诺搂着威廉斯的后背，身体前倾靠近，宛如两人正在约会。这是诺兰第一次让两人在镜头中同框。"你没明白，芬奇。逮捕你是我的工作。"多默低吼道，"我对你的兴趣，就好比该死的水管工对堵住的马桶有兴趣一样。"

罗宾·威廉斯饰演的杀人凶手沃尔特·芬奇。观众在这场关键的渡轮戏中才第一次见到他。他对多默说："你我共享一个秘密。我们都知道杀人有多容易。"

塞茨的原版剧本没这么生动（"我每天早上起床，就是为了打击像你一样的家伙"），但是场面却更为火爆：在原剧本中，两个男人此刻已经下了船，芬奇的挑衅让多默对他大打出手（"威尔·多默**突然**猛扑向他……沃尔特·芬奇拼命挣扎"）。而诺兰却让两人一直待在公共场合，让他们遵从公共礼仪。他迫使多默处于劣势，并让芬奇占了上风。过了一会儿，一对情侣走了过来，他们不得不挪到旁边去，以保持谈话的隐秘性，就像寻找私密空间的爱侣一样。我们下一次看到这两个人时，他们再度同框了，彼此的头凑得很近，相距才几英寸，中间只隔了一根绿色的金属柱。芬奇启动了陷阱的最后机关，他说："想想那些跟凯·康奈尔（Kay Connell，《失眠症》中被杀害的少女）下场一样的女孩吧。你自己算算有多少。"帕西诺把头靠在柱子上，仿佛被这个两难处境困住了：如果逮捕芬奇，他遮瞒哈普死因的行径就会暴露，也可能会让这些年来因其证词而被收监的杀人犯重获自由。至此，芬奇"将死"了他。

· · ·

"我其实只是在反抗那些陈词滥调，"诺兰回忆道，"这段台词我记得相当清楚，因为是我写的，然后我弟弟帮忙想出了其中最精彩的一笔，在这点上我真恨他。我给多默写的原话是：'我对你的兴趣，就好比水管工对堵住的污

在迈克尔·曼执导的《孽欲杀人夜》（1986）中，布莱恩·考克斯（Brian Cox）饰演的汉尼拔·莱克特。"你知道你是怎么抓住我的吗？威尔，你能抓住我，就因为咱俩是同类"

第 4 章　感知　PERCEPTION　115

水弯管（U-bend）有兴趣一样。'乔纳就说这里一定得用'马桶'（toilet）。我开始改写剧本的时候，访问过一位凶案组的警探。我向他描述了电影中展现的情境，试图让他谈谈邪恶的复杂性，就是这类电影中经常会讲的东西：人的阴暗面、荣格心理学意义上的映射，等等。那位警探却说：'嗯，我不会这样想，如果他杀了她，那他就是杀人犯。'言之凿凿，简单明了，就像给那些个文学创意泼了一桶冷水。我想，好吧，我来这儿就是做调研的，而他告诉我的就是这么回事。从那之后，我就很难再去相信反派的什么说辞了。这就是为什么我们在拍小丑时，选择反其道而行之。当然了，和帕西诺的角色做相同工作的人，他们是不会那么想的。《孽欲杀人夜》式的叙事已经占据了我们的文化。"

诺兰年轻时就是托马斯·哈里斯（Thomas Harris）小说的粉丝，他记得在黑利伯里的第二年时，看过迈克尔·曼执导的《孽欲杀人夜》的预告片。影片改编自哈里斯的小说《红龙》（*Red Dragon*）。"我记得在看了预告片很久之后才看到成片。在预告片那个片段里，坐在牢房里的布莱恩·考克斯说：'你知道该怎么捉住凶手吗，威尔？'他的头脑根本无法被监狱铁栏关住，这个概念很有力量。我清楚地记得小时候见过那个白色的牢房。"希拉里·塞茨执笔的《失眠症》剧本运用了很多哈里斯式的套路，包括司法解剖的戏码、巡视受害者单调的卧室、发现一件连衣裙进而揭示死者曾有秘密爱慕者，以及凶手打来的一连串深夜电话——他在通话中声称自己和警察很熟。

可能有人会认为，诺兰在影片中对多默失眠状态的呈现不够多。可他真的想展现这一点吗？失眠症和遗忘症不同，后者的感官体验不令人难受，大多数人可能还是**为了体验遗忘才去看电影**的。让观众感到筋疲力尽的失眠效果，对电影导演来说，却可能是祸不是福。或许，这也是为何技艺精湛的多迪·多恩采取了蜻蜓点水般的剪辑方式，让影片传达出了一种更泛化的迷乱感。打击乐的节奏、模糊的画面、突如其来的白屏——她的这些手法，也适用于表现主人公吞食了一瓶兴奋剂后的主观体验。

《记忆碎片》将巧思、妙喻和技巧紧密地结合起来，从而格外有冲击力，《失眠症》却并非如此。相反，观众对多默两难处境的投入程度，大多取决于他们看那场渡轮戏时能否理解芬奇那番话中的逻辑链：**如果**多默逮捕了芬奇，**如果**有人能向陪审团证明多默射杀哈普不是一起意外，**如果**多默被判有罪就足以推翻他之前侦破案件的判决，以上如若都成立，那多默就被困在陷阱中，难以逃脱了。但是大家都知道给警察定罪有多困难，如果观众对这套逻辑不买账，那么多默的无力状态就会让影片也陷入瘫痪，他的迟钝萎靡也会传染开来。

对于诺兰的导演生涯来说，《失眠症》标志的大多是执行层面上的进步：这是他第一部中等预算的影片，对当时的他来说已然是大制作；这也是他第一次进行大型外景拍摄；第一次与这么大牌的明星合作；第一次为好莱坞大制片厂拍片。《失眠症》见证了这位导演各方面的能力升级：他要调用更大型的景观、美术设计和布景要素，同时也要应对来自上上下下的新压力。他说："《失眠症》遇到最棘手的一件事，可能就是我们必须拍两版结局。事实上，还是在史蒂文·索德伯格的建议下，我才改了结局。他对我说：'结尾时多默应该死掉，这样它就像一部约翰·福特（John Ford）的电影了。'我想，对哦，他说的很有道理。这样一来，整部影片就变得更像是在讲这个男人在道德层面的心路历程。制片厂对此很不放心，因此他们让我保证会拍两版结局，我也确实拍了两个版本。帕西诺对此也不乐意，但我对他说：'听着，我向他们保证过我会拍两版的。'他尊重了我的说法，于是我们就拍了。其实回想起来我才意识到，正因为我们拍好了另一个结局，所以制片厂的人是不会来要求看一眼的。因为如果你没拍的话，大家总会觉得：哦，我们应该回去补拍另外一个版本。而如果你拍了，素材都放在那儿，他们反倒无所谓看不看了。我从未给另一个结局做过剪辑。无论我们对影片的剪辑有什么争论，也从没说过要改结局。他们也感受到了其中的逻辑。那是我第一次体会到，影片的结局是会喧宾夺主的。你在结尾做出的选择，将会影响观众对影片的整体感受。那么，结论是什么呢？我认为在《失眠症》中，由于我们极力坚持多默必死的结局，这让我们侥幸逃过一劫。"

到了影片制作完成时，诺兰已然学到了为制片厂工作的重要一课。"高效拍片对我而言，是一种保持掌控力的方式。时间和金钱方面的压力，即便当时会让你感到受限，你气冲冲地想和它们对着干，但它们也在帮你做决定。事实真的是这样。我能收工了吗？什么时候才算完成？如果我知道有个截止日期，那我的创作过程就会呈指数级突飞猛进。好了，做了决定就别回头。在拍电影的过程中，创造力对我而言相当重要，我非常注意保护它；然而我的支配力来源于我能花钱更少、行动更快，不让任何人有理由跑到我面前来，干预我或者跟我抱怨。我在自己的事业早期就这样决定了：如果我的拍片速度能比别人预期的快那么一点，花费的预算能比别人预期的少那么一点，那他们就会放手让我做自己的事，毕竟他们还有别的问题要处理。"

· · ·

19世纪20年代，德国医师兼物理学家赫尔曼·冯·亥姆霍兹（Hermann von Helmholtz）在柏林西南边的波茨坦（Potsdam）长大，他有很多机会可以抬头仰望。波茨坦这个要塞城市，曾经是普鲁士军队的总部驻扎地，在被拿破仑的铁蹄蹂躏过后，腓特烈·威廉三世（Frederick William Ⅲ）对它进行了大规模重建。重建尼古拉教堂（Nikolaikirche）时，他们在山丘顶部安装了视觉电报机[7]，作为普鲁士信号系统的组成部分，以此来沟通柏林和科布伦茨（Koblenz）。有一天，亥姆霍兹抬头仰望波茨坦新建的众多塔楼之一时，他注意到有人站在顶楼阳台上，他们看起来是那么小。他让母亲"伸手去够一够那些可爱的小人偶——因为我坚信，只要她伸出胳膊，就能够到塔楼的阳台。后来，当阳台上面有人的时候，我经常抬头去看，但是对于有了视觉经验的我而言，他们却不再是可爱的小人偶了"。

从这段童年的观察出发，亥姆霍兹衍生出了一套理论。他著有三卷本的《生理光学论文集》(*Handbuch der physiologischen Optik*，1856—1867)，1920年至1925年被译为英文版，书名为 *Treatise on Physiological Optics*。在论著最后一卷中，他提出：从视网膜和其他感觉器官获得的信息，不足以重构这个世界。每天傍晚，太阳在我们面前肉眼可见地落到地平线之下，尽管我们深知太阳是固定不动的，动的是地平线。当我们说自己"看到日落"时，不管它听起来有多合理，我们也是在草率地下一些结论。亥姆霍兹认为，知觉本质上是其所谓的"无意识推论"的结果，是大脑基于我们以往经验所做出的一番机智押注。

诺兰说："很多幻象都建立在此之上，电影中的遮片绘景[8]和传统特效等，都是我们自认为所见之物和我们实际上所见之物的对决。一直以来，我都对视觉幻象（optical illusion，另译视错觉）和那类把戏很感兴趣，当它们构成某种叙事时，就变成了令人着迷的解密盒。我们在《盗梦空间》中搭建的彭罗斯阶梯（Penrose steps），就是个不错的例子。"1959年，罗杰·彭罗斯（Roger Penrose）在《英国心理学期刊》（*British Journal of Psychology*）上发表了一篇文章，首次提出著名的"彭罗斯阶梯"。[9]这个阶梯随着上升或下降，会拐四个直角弯，形成一个连续的环，让人可以一直往上爬，却永远不会到达最高点。

在著作《哥德尔、艾舍尔、巴赫——集异璧之大成》（*Gödel, Escher,*

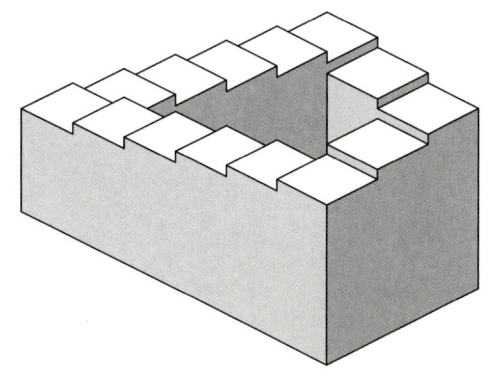

Bach，诺兰看过这本书，但没有读完）中，作者侯世达（Douglas R. Hofstadter）写道："由于我们知觉过程的层级性质，我们被迫看到的要么是一个疯狂的世界，要么是一簇毫无意思的线条。……到了高层次的观察者看出悖谬的时候，就为时已晚——他无法再回去，改变他们对较低层次图像的解读。"[10] 但为什么我们还是坚持认为，自己看到的是一个阶梯呢？要是有人向我们指出这不过是错觉，为何我们还是不能只把它看成画在纸上的线条呢？因为根据亥姆霍兹的理论，人类的眼睛不能有疑惑状态。无论多么错谬离谱，人眼都**必须**得出某种结论。即便有人指出我们看错了——阶梯是二维而非三维的——我们依然犹豫不决，在两种可选推论之间左右横跳。我们的眼睛是冲动的侦探，宁可犯蠢下注，也不愿放弃不赌。

　　诺兰小时候在海格特试图辨认路上的一棵冬青树，但没能成功，他由此第一次意识到感知过程的不可捉摸。他纠结了许久，最终发现自己有部分色盲症。他的眼睛中没有绿色感受器，因此他对绿色的感知非常接近于灰色。几年后，他在伦敦"电子电波"公司里当视频摄影师时，他的主管经常需要再三检查摄影机的电池是否充上电了，因为充电指示灯是红绿双色的。诺兰说："这种症状有点像老式的三枪投影机，蒙上其中一个镜头，还是能看到彩色，就像特艺双彩的效果。[11] 我爸也有这个毛病，我的兄弟们也是，它是随基因遗传的，通常由女方传给后代，但在女性身上是隐性的。我自认为我能看见整个光谱的色彩。我是说，我看见的本该是世界原有的样子，我一直对此深信不疑。然后某人给我做了个客观测试，告诉我，嗯，其实有些颜色是我分辨不出来的，而我眼中的另外一些颜色，会比别人看到的更鲜明。大家能看到各式各样的绿色，而我却看不到。"

数学家罗杰·彭罗斯，以及他于1959年设计出的彭罗斯阶梯，后者成为《盗梦空间》中一个段落的灵感来源。彭罗斯将这一创意归功于艾舍尔，艾舍尔反而说是彭罗斯启发了自己[12]。彭罗斯阶梯类似于那些同时被不同人发明出来的东西，如电话、电视或电影摄影机

第 4 章 感知 PERCEPTION　119

在拍摄《记忆碎片》的时候，诺兰跟盖·皮尔斯提起了这件事，用来解释为什么每个人似乎都在借着伦纳德·谢尔比的病症来占这个可怜人的便宜。"如果你告诉别人你有色盲症，他们做的第一件事，就是给你看样东西，然后问：'这是什么颜色的？'如果你坐在轮椅上，他们不会说：'哦，你坐轮椅了，那你能站起来吗？'这样的反应很奇怪，但他们之所以着迷于问颜色，是因为他们无法理解你看待世界的不同方式。所以，他们会立马开始问你，某些东西看起来是什么样的，如果你说错了，他们就会笑话你。从小马克·布恩（Mark Boone Junior）饰演的那个汽车旅馆前台身上，你就能看到这一点——他对此很是着迷。一旦伦纳德告诉别人自己记不住事，他们就开始测试他的记忆力，这看起来很残酷。人们对别人感知世界的方式，以及那与自己的不同之处十分着迷。主观视点和我们对客观真实的信赖，这两者间的张力一直是我的兴趣所在。我们在《记忆碎片》中对此着墨颇多，尤其是结尾处，但是我认为这一点贯穿了我的所有作品。我们对世界有着主观的看法，同时，我们也深信或者说感觉到，存在着一个从根本上不可知的外部客观真实。要调和这两者是很矛盾的，这是我每次拍电影时都会不断想起的一点。我们没法跳出自己的头脑——我们就是办不到。"

诺兰的电影，尤其是他的早期作品，通常以这样的一个画面，或者一组镜头开场，如《追随》里作家的"自白"，或者《记忆碎片》里伦纳德对泰迪的"复仇"行动——它们会促使观众对自己所见之事做出一系列无意识推论（作家有罪；泰迪就是那个杀害伦纳德妻子的人）。而在影片结尾，这些推论会被部分证伪，或者全部推翻。在叙事层面上，它们就像赫尔曼·冯·亥姆霍兹看到的塔楼上的"人偶"那样误导着观众。"嗯，也不总是误导，"诺兰说，"我的意思是，在某些电影中，你知道大家会在这点上做出错误解读，比如《致命魔术》之类的。但如果你看看《记忆碎片》或者《敦刻尔克》的开场，就会发现我极大地运用了从斯坦利·库布里克那里学来的技巧，也就是在电影开场处，尽量多传达片子即将呈现的内容、观众该如何观看这部电影，还有你希望观众怎么看它。《全金属外壳》开场的几个镜头，就让你看懂了这部电影。片中剃头那种剥夺人性的效果，简单而有效。那么，对于《记忆碎片》，我能做什么呢？我怎么才能帮观众看进去这部电影？于是，我想到了对宝丽来相片的显影过程进行逆转，我想，不会吧，这感觉恰恰是对的，它能帮上大忙。拍《敦刻尔克》时的思考过程也非常类似——电影接下来会怎么发展，对此我如何能把该表达的都表达出来？于是就有了那些写着'你们

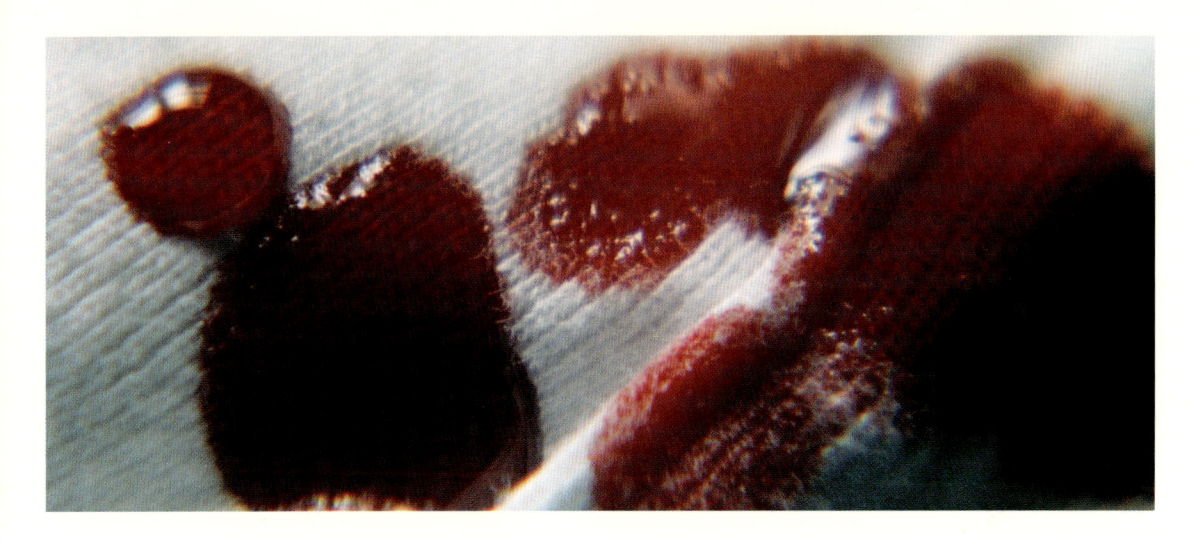

已经被包围了'的传单。传单没有指名道姓，但能让你立即感受到那个情境，让观众身处其中。每部电影都有不同的需求。开场非常宝贵，因为你非常难得地获取了观众的注意力。"

在《失眠症》开场出演职员字幕的段落中，我们看到冰川的航拍镜头叠化为血迹渗入白布的大特写，冰川的裂缝在地表形成几何纹路，而布料的编织样式也仿佛巨大的网格。观众会发现这个段落原来是个梦——以梦境开场，这在诺兰的作品里已经不是第一次了。警探威尔·多默乘坐的双引擎螺旋桨飞机低空飞过高低起伏的冰脊，他一直在试着补觉，但飞机的颠簸（或者说良心的不安）不断将他弄醒。当我们第一次看到血迹渗入线丝的画面时，我们以为那是被杀害少女的血。看到电影结尾，我们更了解来龙去脉之后，又见一双手在把血弄到布料上。我们发觉自己看到的场景，是多默之前在洛杉矶伪造证据，以此扣在另一个嫌疑人头上——那并不是他现在被派来侦办的罪案，而是他正在逃离的罪案。

"《失眠症》仅仅是我第二次有机会去大型录音棚里做混音，身边有音响剪辑师和声音设计师帮忙——他们完成得很出色，这部电影的混音做得很精心。我记得我和他们讨论过背景中无处不在的噪音，以及将它控制在什么范围之内，才不会引起观众的注意，或者让他们难以忍受。我的想法，具体而言，就是用声音的转变，暗示角色从清醒的世界进入了梦境。其实《失眠症》一开始就体现了这个概念，你听到的雷鸣声其实是飞机颠簸的轰鸣。因为当时我已经知道自己想拍《盗梦空间》了，所以就在这些方面做了点小实验。我告诉他们，可以在多大程度上运用音效来构建一个环境，或者怎么把它隐

《失眠症》开场放演职员字幕时的渗血画面——但这是谁的血？诺兰电影的结尾经常会绕回开场

第 4 章　感知　PERCEPTION　**121**

藏起来，别把观众逼疯。要实现这一点，大部分是让潜意识发挥作用，而不是意识……

"我的职业生涯是一个稳步发展的过程。《记忆碎片》大获成功，它被奉为标新立异、与众不同之作，等等；而《失眠症》很棒的地方在于，它让我踏上了主流制片厂的导演之路。它的规模更大，有电影明星加盟；它是正向叙事，而不是逆向。我们看到很多电影导演在某一方向初获成功之后，他们所面临的巨大诱惑，就是不断在那个方向上深入，然而之后再次成功的概率却微乎其微。现在的很多电影导演没法像我当年那样，他们会从一部圣丹斯口味的小成本电影，直接跨到商业巨片的领域。我经常在报道中读到有人引我为例，说我就是这样大跨步过来的，但事实并非如此。我不认为我能办到。我的职业生涯是一个平稳进步的过程，《失眠症》是其中非常重要的一环。"

电影完成之后，诺兰按老习惯买了张电影票，溜进影院的后排座位，观察片子在观众那里反响如何。"电影的制作模式使然，在拍摄过程中，看片的每个人都怕电影拍砸了，因此放映现场总有一种略微不自然的紧张气氛。而想想这点会让你感觉好些：当我们花了 10 美元、15 美元去看一部电影时，我们会希望自己喜欢它，你明白吗？所以观众其实是站在你这边的。反而在试片（test）阶段，你会感觉与观看者处于敌对关系，那种感觉令人不快，也不自然。我喜欢偷偷溜进影院看电影，和大家一起体验，因为这样我就回到了观众当中，观众与我同在。实际上，《失眠症》让我尤其感受到这一点，因为那是我的第一部制片厂电影。爱尔康（Alcon）电影公司和华纳兄弟公司先后让我们试片，他们实打实地提了一本书之多的修改意见，过程很残酷，从那以后，我就再也不做试片了。当时好几个月下来，我们得做三四次试片，整个过程中压力非常非常大，仿佛在跟观众较劲儿，拍电影不该是这样的。所以我记得，我是去大家都花钱买票进来的影院里看了这部片。我心想：对嘛，人们其实是来享受的。这让我如释重负。"

• • •

《失眠症》大受观众欢迎，收获了 1.13 亿美元的票房，确立了诺兰在华纳兄弟公司内部的地位——一颗冉冉升起的年轻导演新星。2002 年 5 月的影片首映礼上，诺兰发现坐在自己前面的，是华纳兄弟高管洛伦佐·迪·博纳文图拉（Lorenzo di Bonaventura）和制片部门主管杰夫·罗比诺夫（Jeff Robinov）。动作戏段落出现时，两人相视一笑。诺兰说："洛伦佐很善于挖掘具有拍动作片潜力的导演，那时，他正在寻找能够与制片厂一同成长、能够拍更大规模电影的导演。他们都对这部电影很满意，它有点动作戏，也带点悬疑。事实上，《失眠症》收获的影评口碑，是我职业生涯中最好的一波，这一点也帮了大忙。"

他们问诺兰下一部想拍什么，他首先提案了《盗梦空间》，那个有关梦中盗窃的哥特式故事。他在黑利伯里读第六学级时，在宿舍里萌生了这个灵感。过去这些年里，他多次回顾这个想法，现在它已经发展为一部偷盗电影，以商业间谍活动为背景，处于对立方的日本化工公司直接取自《007之雷霆谷》。洛伦佐·迪·博纳文图拉和杰夫·罗比诺夫听到这个提案都很兴奋，此时索德伯格为他们制片厂执导的《十一罗汉》（*Ocean's Eleven*，2001）刚刚大获成功。但等到2002年诺兰坐下来写剧本的时候，他写到第80页就遭遇了瓶颈。他说："我写到第三幕开头就卡住了，一卡就是好几年。我无法完成剧本的原因之一，是它不具备情感元素。就是缺失了这点。梦的特质在于它是非常私人的——梦真的是我们灵魂的一部分，因而必须有情感的分量。我曾试着从更为类型化的角度来处理它，较多采用黑色电影的风格传统，但到头来没有写出什么给劲儿的东西。剧本变得像是看别人玩电子游戏，是别人迷失于自己的世界里，所以你并不关心。"

《盗梦空间》无甚进展，而华纳兄弟公司放出消息，说他们正在为蝙蝠侠电影寻找新导演。5年前，乔·舒马赫（Joel Schumacher）拍了色彩鲜亮的《蝙蝠侠与罗宾》（*Batman & Robin*，1997），在粉丝网站上遭到炮轰，从那之后，这个系列便无人接手了。随后，华纳兄弟公司找来达伦·阿罗诺夫斯基——他刚凭借突破性首作《死亡密码》（*Pi*，1998）崭露头角——委托他与弗兰克·米勒（Frank Miller）合作改编后者的漫画《蝙蝠侠：第一年》（*Batman: Year One*）。故事从年轻的詹姆斯·戈登的视点进行讲述，那是在他成为警察局局长的多年之前，当时的他还是个老烟枪、搞外遇版的塞尔皮科式人物，与蔓延在哥谭市警队中的腐败现象做斗争。阿罗诺夫斯基的提案和舒马赫那版色彩缤纷的坎普风格（camp）中间隔了十万八千里。影片最终止步于故事板阶段，除了暴力问题（剧本里有个段落写着："布鲁斯暴打那些光头党，痛快得像个过圣诞节的孩子"），剧本也并没有完全解决阿罗诺夫斯基所谓的蝙蝠侠神话的"永恒问题"，即"一个现实生活中的人穿上紧身衣去打击犯罪，需要付出什么代价？"——之前的几乎每一版蝙蝠侠改编作品，都是在这个问题上触礁失败的。

诺兰回忆道："我接到了一个电话，对方说：'你不会对这个感兴趣的，但你懂的，没人知道该怎么处理《蝙蝠侠》了。'我立即就有了点子。我说，不不，你们 70 年代拍超人的那套方法，就从没用到拍蝙蝠侠上：用那套深入挖掘人物的方法，你们应该采用大制作的规格，找来出名的演员和面孔，然后将故事丢入现实之中——不是社会意义上的写实，而是动作片意义上的写实。如果让它和其他动作片一样真实，会怎么样？我正好看出电影史上有这么个尚待填补的空缺。"

在向杰夫·罗比诺夫提出这个项目之前，他同艾玛·托马斯与另一位高管格雷戈·西尔弗曼（Greg Silverman）谈了一次话，试图摸清制片厂对这个项目的底线预期。"'可以是 R 级吗？''不行，得是 PG–13 级，因为这可是蝙蝠侠，你会希望孩子们也能去看。'这是他们的诉求。我考虑了一下，那时我自己也有了一个小孩，作为一名新晋家长，我马上就能理解这点。我记得格雷戈非常安静地坐在那儿。我问：'我们还需要什么？'他说：'如果蝙蝠侠能有辆很酷的车就更棒了。'我记得当时心想：我不知道能不能行……**真要这么做吗？我们能办到吗？**我说：'这可是个巨大的挑战。'结果它就成了我们关注的焦点，甚至在写剧本的时候都会琢磨：这车从哪儿来的，是什么样子，怎么在叙事中给出解释？事实上，蝙蝠车（Batmobile）最后变成了很多事情的关键。我们的思考都围绕着'你怎么说服观众接受这个身穿戏装的男人？它的神话是什么？你怎样把神话合理化？'"

FIVE
第 5 章

空间
SPACE

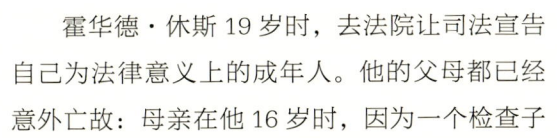

　　霍华德·休斯 19 岁时，去法院让司法宣告自己为法律意义上的成年人。他的父母都已经意外亡故：母亲在他 16 岁时，因为一个检查子宫是否异常的小手术而死在了手术台上；几年后，他的父亲死于心脏病突发，享年 54 岁。少年休斯此前的一举一动都是由父母操控的，他对变为孤儿的反应就像是得到了解放。父亲死后不到一个月，他就从大学退学了，搬回洛杉矶与他的法定监护人——鲁珀特（Rupert Hughes）叔叔一起生活。但是回到加州后不久，他便和叔叔吵了一架，声称自己不再需要法定监护人，并委托休斯工具公司（Hughes Tool Company）的主管去和祖父母及叔叔谈判，要求购得他们手上 25% 的公司股份。根据他父亲的遗嘱，休斯是遗产的主要受益人，但得等到他年满 21 岁，并完成大学学业后才能继承。然而，休斯自己似乎另有打算。他研究了得克萨斯州的继承法，注意到其中一则法条，允许该州年满 19 岁的居民被宣告成年。一满 19 岁，他就开始诉请取消遗嘱中关于其年龄的种种限制。审理此案的法官只花了两天时间考虑他的诉求——据霍华德的姨妈安妮特（Annette Gano Lummis）说，"法官问的问题，霍华德都能对答如流"。1924 年 12 月 26 日，法官宣布 19 岁的小霍华德·罗巴德·休斯（Howard Robard Hughes, Jr.）免于遗嘱中"对他未成年与成年的资格限制"。从此，休斯开始全权控制父亲的商业帝国。

上述那份掷地有声的法定自主权声明，成了诺兰撰写的休斯传记片剧本的开场。城堡石（Castle Rock）电影公司的马丁·谢弗（Martin Shafer）和利兹·格罗茨（Liz Glotzer），买下了理查德·哈克（Richard Hack）的著作——《休斯：私人日记、信件和备忘录》（Hughes: The Private Diaries, Letters and Memos）一书的改编版权，委托诺兰来写剧本。这本书借助休斯的私人备忘录，极为详尽地描绘了这位世人所熟知的隐居大亨：他晚年时把自己隔绝在酒店房间里，不剪头发也不修指甲，脚上套着纸巾盒；附近一有人生病，他就会烧掉自己的衣服；他还会彻夜观看老电影。那样的休斯，与其身患广场恐惧症和吸食鸦片成瘾的特性，是诺兰剧本的主要焦点，而非仅作为结尾；诺兰撰写剧本时，斯科塞斯有部同题材的《飞行家》（The Aviator，2004）正快要开机，休斯晚年那些问题，就只出现在该片的结尾部分。诺兰想从内心世界展现休斯——一个笃信"权力意志"（will-to-power）的幻想家，用金钱让世界臣服于他的脚下。人们预期休斯传记片中会出现的更为常见的要素，剧本中统统没有，比如母亲的疑病症、父亲的过度警惕和过度保护、伴随休斯一生的神经质式过度补偿与完美主义。

"大家通常会从休斯的童年写起，写到童年时期父母对他的所作所为，但我的剧本没有，因为我觉得这样过于简化。我的意思是，没错，我们是由过去塑造而成的，但是我们也有自我，能够超越那些经历。制片人想要弗洛伊德式的背景故事，我们在这一点上产生了争议。霍华德·休斯身上让我着迷的地方是，他在年龄很小时就失去了双亲。之后，他设法争取到了个人自由，终于在19岁时，从遗产托管人手中夺回了自己的财产控制权。打那之后，他几乎可以为所欲为。我的剧本从这一时间点开始写起，讲述他一生的故事。对我而言，构思剧本的方式是，想办法带观众踏上休斯的人生旅途，和他一起待在酒店房间里，去理解他。我真的认为办得到。通过调研，我在一定程度上理解了他的人生。只有站在外部视角，才会觉得那不可理喻。这个男人心理上显然有些问题，但我觉得这点没什么意思。更有趣的是试着潜进他的心理世界，或者不把它们视为心理问题，只当作他对周围世界的反应——进入他的大脑，然后沿着这条路走下去。这才是这个故事的精髓。这就是我对这个项目不离不弃的原因——尽管这才是故事的核心，但之前没人真这么做过。我很以这个剧本为傲。我不能透露太多，因为没准儿10年之后，它会成为适合我拍摄的完美项目。说实话，如果当时我们真拍了，麻烦就大了，因

为马蒂（Marty，马丁·斯科塞斯的昵称）如期拍完了他那部——这不符合他的一贯作风。当初我提案时说：'听着，他们拍他们的，而我们会早早赶在他们之前拍完。'说到底，如果我们当时提案成功，启动了这个项目，那麻烦就大了，因为我们只能落得第二名。"

虽然剧本最终没有付诸拍摄，但诺兰将休斯继承遗产、瓦解父亲商业帝国的故事素材，改用到《盗梦空间》的剧本里；而休斯本人则大部分被融进了另一位父母双亡的百万富翁——布鲁斯·韦恩的身上。韦恩从普林斯顿大学退学、重拾高尔夫球，并执掌韦恩企业，和休斯一模一样。休斯在获得法定自主权不久之后，在一张"福利"（Foley's）男装店的收据背面，草草写下了自己的雄心壮志：

我想成为：

1. 世界上最好的高尔夫球员。
2. 最好的飞行员。
3. 最有名的电影制片人。

左上图：20世纪30年代中期的霍华德·休斯；右上图：电影《007之霹雳弹》（*Thunderball*, 1965）中，肖恩·康纳利（Sean Connery）饰演的詹姆斯·邦德。两者都对《侠影之谜》有很大影响

第5章　空间　SPACE　127

之后的几年内，休斯每天都会开飞机，高尔夫球打得越来越好，和联艺（United Artists）电影公司签订了一份发行协议，同时在洛杉矶汉考克公园（Hancock Park）附近，买下了一幢男爵风格的豪宅。这幢建筑并不是"紧挨着街道车流，入口处能停放多辆汽车"的那种。虽然不比蝙蝠洞有着供蝙蝠车进出的水帘遮蔽的入口，但是很接近了。

诺兰说："我写的休斯剧本里有不少内容都融进了《侠影之谜》。还有《007》系列电影，也对我影响巨大。我们非常想让影片像邦德一样走遍全球。这些电影是我们的指明灯，向我们展示了如何用电影的地理设定提升规模感。鲍勃·凯恩（Bob Kane）[1]给蝙蝠侠配备的武器装备，显然也没少受弗莱明的影响，于是我们觉得可以把卢修斯·福克斯（Lucius Fox）这个角色，设定成Q博士（《007》里的军需官）型的人物，以此向弗莱明致敬。上述这些影响，加上我成长过程中看的诸多七八十年代的商业大片，都为我们处理蝙蝠侠打开了思路。我不想把它当成一部漫改电影。我们做的所有努力，都在竭力否认它是这样的电影；拍《侠影之谜》和《黑暗骑士》时，我们想尽一切办法避免如此。到了《黑暗骑士崛起》，市面上就有了'超级英雄片'（superhero）这种电影类型——《复仇者联盟》（The Avengers, 2012）在同年夏天上映，之后这个类型就越来越火，现在的超级英雄片都已经空见惯了。而我们当时单纯只想拍摄动作片，希望它能与任何类型的动作片比肩。我们尽力要拍出史诗作品。"

• • •

诺兰最初与华纳兄弟公司签约执导本片时，他对这个漫画系列知之甚少，于是便找了一个编剧搭档——大卫·S.戈耶（David S. Goyer）。后者是《刀锋战士》（Blade）系列电影的编剧，这个系列曾掀起90年代末的漫改电影热潮。为了混淆外界的视线，这部蝙蝠侠电影以"恐吓游戏"（The Intimidation Game）作为代号。诺兰在自家车库里和戈耶进行了好几周的头脑风暴，同时还找来美术总监内森·克劳利设计开发蝙蝠车[2]。诺兰在他们两头跑来跑去，还要避开把洗好的衣物从洗衣机送进烘干机的清洁女工。诺兰想同时把剧本和设计稿拿给华纳兄弟的人看，让这件事板上钉钉，以便更好地保住自己在创意方面的控制权，也能更好地与他们沟通这部电影的样貌。

诺兰说："我非常害怕拍摄这类电影的惯常方式，因为我知道那样就没法放进我自己的东西了。前期筹备要花多久、需要囊括什么内容等各种事

情，我们都要听命于制片厂。对于一部大制作电影来说，他们支持你在极短时间内雇用一大批人员——美工师、概念设计师等，然后你就得去喂饱这只野兽。于是处境就会变成这样——你告诉别人：'拍这部科幻片，我需要一个机器人，给我弄个机器人出来。'然后你就可以走开了，他们会按自己的想法完成工作，最后给你一个机器人。这和我个人的工作方式完全不符。他们也会在一些电影上花费几百万美元，做一大堆设计工作，而最后电影流产了，只留下很多漂亮的图片。我不想这样，因此必须找到变通的办法。"

他们参照 DC 手册指南核对确认了所有内容，但其实他们并不需要担心法律上的问题，毕竟 DC 归华纳兄弟公司所有。前期工作一完成，诺兰就邀请制片厂高管到他家去验收。"他们并不满意，但华纳兄弟面临着严重的剧本泄露问题——那个时候，关于这些电影什么该拍、什么不该拍，狂热的粉丝群刚刚开始在网上掀起热烈讨论。我记得有一部超人电影的剧本就遭遇了类似情况，粉丝们不知怎么弄到了剧本，真没差点儿让整个项目就此停摆。"

诺兰和戈耶最终写出的故事与原版漫画相去甚远。蝙蝠侠在《侦探漫画》(*Detective Comics*) 第 27 期（1939 年 5 月）中初次登场时，被宣传为

《侠影之谜》的前期制作阶段，诺兰和该片美术总监内森·克劳利在诺兰家的车库里讨论相关事宜

"世界上最伟大的侦探"。他是经济大萧条的产物,在美国历史上的那段时期,民众看待权贵的眼光,和现在的我们相比,是一种更为单纯的向往。格兰特·莫里森(Grant Morrison)[3]在《超级众神》(*Supergods*)一书中写道:"超人以社会主义者的身份起步,而蝙蝠侠却是终极的资本主义英雄。他是特权和等级制度的捍卫者。"诺兰强烈地感觉到,蝙蝠侠的关键不在于蝙蝠侠,而在于布鲁斯·韦恩。在1939年的《侦探漫画》原著中,鲍勃·凯恩仅用12个画格,就讲完了蝙蝠侠的起源:一个劫匪枪杀了他的父母,年少的布鲁斯·韦恩在烛光照亮的卧室中,发誓要"用余生打击所有罪犯",以此为父母报仇。他在健身房锻炼的时候,瞥见了一只蝙蝠——然后是见证奇迹的时刻(presto)!——他就变成了蝙蝠侠。在诺兰的版本中,父母之死让布鲁斯在非洲和东南亚地区自我放逐了7年,他远离富贵尊荣的生活,和犯罪团伙一起磨炼,虽然终有一天他会与之对战。阶级、财富和权势缠结在一起,给之前版本的改编工作制造了障碍。而诺兰拆解了这个结,让布鲁斯·韦恩心中满是自我厌恶:他几乎把自己遭遇的磨难当作一种惩罚,因为他认为自己对父母之死负有责任,同时也要为自己奢侈优渥的生活赎罪。他过起了贫民般的生活。

"我觉得相比于美国人,英国人对阶级更敏感一些。美国更像一个中产阶级国家,让人感觉社会流动性更强,即便现实并非如此;然而英国的阶级分化十分明显,大家很清楚不同阶级之间的差异。但是,有这样一个亿万富豪当主人公,即便对于美国观众而言,我觉得还是得确保能让观众对该角色产生适当的同情和认同感。在他面前杀害其双亲是个不错的主意——一开始,人们就在这个孩子身上投注了同情,然后这种同情会延续至全片。而在我们的版本里,他还得经历这么个荒野阶段,那就像一段流浪期。他必须以某种方式积累经验,进而升级,就有点像基督山伯爵被投入监狱,大家都以为这个人已经死了。'失踪者归来,像变了个人'——这是非常有力的文学幻想。"

诺兰搬到洛杉矶之后不久,就看了约翰·休斯顿(John Huston)导演的《国王迷》(*The Man Who Would Be King*, 1975)。影片改编自鲁德亚德·吉卜林的同名小说,由乐呵呵胡来的迈克尔·凯恩和肖恩·康纳利饰演两位英国退伍士兵。他俩来到阿富汗山区称王称霸,被当地人像神明一样膜拜,结局却身败名裂,就像组织涣散、摇摇欲坠的大英帝国一般。诺兰说:"它完全征服了我,这是我最喜欢的电影之一,也是对我来说非常重要的一部作品。片中有一种浪漫主义,很棒的浪漫创意和冒险感,非常像很多年前的《碧血金沙》(*The Treasure of the Sierra Madre*, 1948)。休斯顿的拍摄地是摩洛哥,显然和影片中设定的国家相距甚远,但他运用了真实世界的质感来增加影片的可信度。我之前看过的每一版哥谭市,比如蒂姆·伯顿(Tim Burton)版[4]的,都让人感觉很像个村子、很幽闭,因为你意识不到这个城市之外还有个世界,所以你感受到的是外部世界的边缘地带。我们在《侠影之谜》里决意做到的一点,就是把哥谭市放到世界级都市的背景下,就像我们如何看待纽约市一样。我们认为,如果要让观众相信哥谭市的存在,就要把它放在全球性级别的尺度上。"

诺兰眼中的布鲁斯·韦恩是这样的:一个漂泊海外的年轻人,和曾经的诺兰自己差不多。漫画书中的布鲁斯·韦恩几乎没离开过哥谭市,就连大学都是在本地上的。而诺兰版的布鲁斯却和导演本人一样周游各地。在间隔年快结束时,诺兰参加了一次非洲公路旅行,该活动由年纪轻轻但魅力非凡的

对页图:克里斯蒂安·贝尔饰演的布鲁斯·韦恩自我放逐了7年之久;本页图:约翰·休斯顿执导的《国王迷》(1975)中的肖恩·康纳利

第 5 章 空间 SPACE 131

内罗毕摄影记者丹·埃尔登（Dan Eldon）组织，目的是为莫桑比克的难民筹款，诺兰在其中担任主办方的摄影师。他们到达马拉维之后，把筹集来的17,000 美元捐给了挪威难民理事会，用来为当地修建饮用水井。除了慈善目的之外，此行也是这些权贵子弟自我历练的成长仪式。杰弗里·盖特勒曼是 14 名团队成员之一，他写道："当我们穿过城镇的时候，身边的事物会突然停下来——周围的人会转过来盯着我们看，擦鞋匠的动作会停在半道，我还听到他们彼此窃窃私语。"这些旅行团成员在公园里露营，或者住在脏乱不堪、床垫破烂的汽车旅馆里，用芒果和罐装豆子果腹维生。年轻的布鲁斯·韦恩身上也沾染了这种流浪精神，我们会看到他在西非的一个街边市场上偷芒果。

几年后，诺兰带着《追随》参加香港电影节时，他发现自己被港口上的海运集装箱迷住了。"他们堆放这些集装箱的方式，简直就像科幻小说。他们在船坞里用那些起重机把集装箱搬来搬去。起重机的轮胎巨大无比，就像詹姆斯·卡梅隆电影里的东西。你可以把集装箱猛地挪到一边，像这样把它们吊起来，再放下，开车把它们运走，横向平移，然后再吊起另一个，真是太厉害了。不知什么原因，我们从没在电影里看到这样的东西。"《侠影之谜》中，蝙蝠侠就是在一个有着同样海运集装箱的仓库盛大出场的，他从上面猛扑下来，一个接一个干掉法尔科内（Carmine Falcone）的手下，仿佛雷德利·斯科特的影片中潜伏在"诺斯特罗莫号"（Nostromo）飞船通风井中的异形。

"我经常到处旅行，因为我妈妈当空乘时，我能拿到免费机票。现在我自己有钱周游世界了。写《侠影之谜》的剧本时，我在旧金山和伦敦待了一段时间，只是为了四处转转；大部分《黑暗骑士》的剧本，是我在香港勘景时写的。有趣的是，《侠影之谜》上映后，有些人认为与其他电影相比，它更逼真、更写实。而事实上，它是一部非常浪漫化、十分古典的电影。如果想在我的所有作品中找到对景观的情感联结，我认为《侠影之谜》在这方面是最为成功的。片中有一组非常非常强烈的联结，环境带给人的感觉和它们所代表的意象之间，有一种浪漫关系。《侠影之谜》密切聚焦于韦恩怎么变成超级英雄，那个转变过程在影片开头就占了很大篇幅。我强烈地感觉到，如果我们想拍一部被认为跳脱了特定类型的电影——如果蝙蝠侠不仅仅是蝙蝠侠，还是布鲁斯·韦恩蜕变而成的人物，那就必须使出浑身解数让观众相信这件事。因此我们想尽全力去实现这一点。这可能就是我们这版和先前版本的区别。有趣的正是那种二元性。"

在诺兰的版本中，韦恩一家人并不是去电影院看《佐罗的印记》(*The Mark of Zorro*，1940)，而是去歌剧院看阿里戈·博伊托(Arrigo Boito) 1868 年的歌剧《梅非斯特》(*Mefistofele*)[5]。这是浮士德传说的版本之一，其中一场戏让 8 岁的布鲁斯尤为惊恐——那是瓦尔普吉斯之夜[6]，撒旦在舞台上占据主宰位置，而后蝙蝠、恶魔和冥界生物围着他疯狂地盘旋乱舞。这个场面触发了布鲁斯在洞穴中遭遇蝙蝠的童年回忆。布鲁斯慌了，恳求父母带他离开。他们出门走到剧院旁边的小巷里，在布满垃圾和消防栓、弥漫着蒸汽的街道上，他们那高雅的晚礼服显得格外扎眼。一个人影走近，掏出枪，要他们交出值钱物品。"别冲动，"布鲁斯的父亲托马斯［Thomas，莱纳斯·罗切(Linus Roache)饰］边说边递上自己的钱包，"拿去吧。"但是当劫匪把枪对准托马斯的妻子［萨拉·斯图尔特(Sara Stewart)饰］时，托马斯上前保护她，劫匪一慌神，开枪打死了两人。于是，现在我们知道为什么布鲁斯·韦恩要装扮成蝙蝠了，因为他见过魔鬼。

诺兰说："我们在《侠影之谜》里引用了浮士德歌剧，因为我们不想让他像漫画书里那样去电影院。在电影中让角色去看电影，和在漫画或小说里这么安排，制造的感染力是不同的。我想让他能够背负这种沉重的愧疚感和恐惧感前行，这是一大驱动力。在整个三部曲里，你会感觉到，成为蝙蝠侠让布鲁斯·韦恩付出了何种代价。这些要素在第一部中就已经具备，但是需要三部电影才能讲完、讲好。我认为浮士德式叙事很吸引人，《追随》和《失眠症》里面也有类似的变体，比如罗宾·威廉斯的角色引诱帕西诺的角色陷入危险关系，那其实就是魔鬼的把戏。"

· · ·

"浮士德传说"的最初版本，是克里斯托弗·马洛(Christopher Marlowe) 1592 年的戏剧——《浮士德博士的悲剧》(*Doctor Faustus*)，其中这位博士痴迷于"骄傲的知识"，是一个悲剧人物。他想成为神，能够飞行和隐身，当上世界之王，最终因其狂妄野心而遭到惩罚。在歌德重新著述的第一、第二两部《浮士德》(*Faust Ⅰ*，1808；*Faust Ⅱ*，1832)中，这个故事有了后启蒙时代科学寓言的元素。歌德在自传《诗与真》(*Dichtung und Wahrheit*)中写道：浮士德"相信在自然里头有一种矛盾……把时间压缩而把空间展开。它像是只喜欢'不可能'之事，而对'可能'之事不屑一顾"[7]。歌德笔下的浮士德是个英雄人物，一个普罗米修斯式的贪求者，为了获取知识而在所不惜，就像启蒙时代那些环球旅行、绘制星图的学者与科学家。他在书斋里首次登场，进行着自我劝诫，迫不及待要摆脱陈腐的学术生涯，开启行动的一生。梅菲斯特是个四处跟着他，还装扮成"游学书生"[8]的魔鬼。浮士德与梅菲斯特打赌，前者可以得到30年的时间去探索世界，寻求无限的知识，但也有如下条件：

如果我对某一瞬间说：
停一停吧！你真美丽！
那时就给我套上枷锁，
那时我也情愿毁灭！[9]

和诺兰电影中的很多主人公一样，浮士德想要的是时间——歌德版本中是30年，马洛版本中是24年。他的愿望若要实现，条件就是在"匆匆流逝的时光"（das Rauschen der Zeit）中，他永远不能要求时间停驻，不能延长任何特定的"时刻"（Augenblick）。他爱上玛加蕾特（Marguerite），并感受到"一种喜悦，这喜悦一定永久！永久！"，这时，他便输掉了这场赌博，命殒于此。梅菲斯特自鸣得意地嘲讽道：

这最后的、空虚无谓的瞬间，
这个可怜人也想要抓紧。
他那样顽强地跟我对抗，
时间胜利了，老人倒在砂地上。

这个浮士德叙事需要由三部电影来完成，但是在《侠影之谜》的开头，这个元素就已经存在了。和诺兰的许多作品一样，这一部的开场戏，也是一个男人从梦中醒来。肮脏邋遢、胡子拉碴的做梦者（克里斯蒂安·贝尔饰），正躺在某处偏远无名、阴暗潮湿的砖砌监狱里。我们甚至不知道这是哪个国家，后面也不会交代。这里有一片泥泞的院子，四周围着带刺的铁丝网，由持枪的狱警把守，从这里能听到远处的犬吠声。韦恩正在打糊状的早饭时，一个矮胖的亚洲蛮汉打翻了他手中的马口铁餐盘。蛮汉吼道："臭小子，你身在地狱，而我就是魔鬼。"接下来，两人在泥地里进行了一场残暴的殴斗，韦恩挂了彩，浑身湿透，但却是获胜的一方。明天他就要出狱了。一身西装的杜卡［Ducard，连姆·尼森（Liam Neeson）饰］出现，对他说："你一直在探索犯罪团伙的世界，但是不管你的初衷是什么，你都已经彻底迷失了。"观众也一样迷失了，他们此时已被困在离观影经验舒适区极远的地方。如果你随便走进一家影院，事先不知这是一部蝙蝠侠电影，你可能要花点时间，才能反应过来它是什么片子——是新版的《午夜快车》（*Midnight Express*，1978）[10]吗？还是西方人当主角的翻拍版《十面埋伏》（2004）？抑或是吉卜林著作《吉姆》（*Kim*）[11]的改编电影？

本片是诺兰与剪辑师李·史密斯（Lee Smith）的首次合作，后者曾经担当彼得·威尔（Peter Weir）执导的《危险年代》（*The Year of Living Dangerously*，1982）的剪辑工作。诺兰对他的任用，意味着前者向往史诗感的天性在蠢蠢欲动。他们两人让地貌景观更为壮阔，赋予影片一种诺兰作品中前所未见的广袤空间感。贝尔冒雪向山中的影武者联盟道场跋涉，他的脸颊被冻得泛红。冷峻的蓝色冰川裂隙前，贝尔和杜卡在冰湖上对战。为了展现两人的攻守搏斗，诺兰和史密斯将一连串低调潜行的中景镜头，与气势逼人的特写镜头穿插交织起来。杜卡告诉贝尔："为了克服恐惧，你必须成为恐惧，人最害怕看不见的东西。"没有其他哪个超级英雄的传奇史诗是这样开场的。超人之所以成为超人，并非因为他是莱克斯·卢瑟（Lex Luthor）的徒弟；蜘蛛侠之所以成为蜘蛛侠，也不是因为师从绿魔（Green Goblin）。为了成为蝙蝠侠，布鲁斯·韦恩必须先向自己的敌人拜师学艺——这个创意对于蝙蝠侠系列，乃至整个超级英雄类型而言，都是全新的。这样一来，这个传奇史诗从一开始就融进了道德矛盾，通过给布鲁斯设计几处象征其自我分裂的地方，这种矛盾还得到了具象化呈现。

《侠影之谜》最精彩的部分，就在影片的头一个小时里，能让你感受到粗布袋、麻织物和冰凌带来的粗糙质感。能够代替喜马拉雅山的外景地既要有高过林木线的山峦，又得让剧组能够抵达。为了寻找这样的地方，诺兰发现了位于冰岛瓦特纳冰川国家公园（Vatnajökull National Park）内的斯维纳山冰川（Svínafellsjökull）。该地的白色冰川有着蓝色裂隙，风景冷峻、出奇美丽，布鲁斯·韦恩和杜卡的对战就发生于此。这些冰川松脱后每周大约漂移4英尺（约1.2米），后来诺兰又回到此地拍摄了《星际穿越》。《失眠症》和《盗梦空间》中也有冰川的场景，后者中的"迷失域"（Limbo），即最深层梦境的设计，就受到了冰川的影响。基里安·墨菲（Cillian Murphy）在

《盗梦空间》里饰演的继承人问道："就不能把梦境设计成该死的海滩吗？"在诺兰的电影里，答案显然是否定的，其片中常见的天气状况就是天寒地冻，很可能还伴随阵阵飘雪。

诺兰说："没错，我太喜欢冰川了。我记得在地理课上学过，但只有当你亲眼看见，或者从其上空飞过时，才能感受到那种震撼——拍《失眠症》的时候，我就飞过了阿拉斯加的一片冰川。对我而言，冰川是如此美丽而荒凉。它极具电影感，正是我们想要达到的效果。我们想找的景观，必须以某种方式呼应、反映或者威胁角色的处境，这些事对我来说更多是凭直觉。我记不太清是第三次还是第四次拍摄带冰川的片子时，心想：好吧，这事都能拿来玩梗了。但我就要这么拍，对就是对。要想一年四季都稳妥地拍出高海拔感和冬季景象，冰川也是很棒的去处，你能塑造出一个环境，拍到一些极端、别致的东西。我个人比较悲观，一直在为最坏的天气状况做打算。我最不希望发生的事，就是干坐着等下雪。我拍片时遇到过一次这样的情况，真是太伤脑筋了，下不下雪我说了不算。而冰川就待在那里，大可让人放心。因此你能拍冰凌、拍冬景，十分保险。所以这是个很棒的地方，让你宽心——自

冰岛的斯维纳山冰川，诺兰在此拍摄了《侠影之谜》和《星际穿越》的部分场景

意大利艺术家乔瓦尼·巴蒂斯塔·皮拉内西的《监狱随想组画》(1750)。苏联电影人谢尔盖·爱森斯坦在《皮拉内西，又名形式的流动性》("Piranesi, or the Fluidity of Forms", 1947) 一文中写道："一些层次在另一些层次之后无穷地展开，驱使目光投向不可知的远处。而一些阶梯一段一段地升入天空……向前推进还是向深处延伸？——在这里不是都一样吗？"[12]

己真的会得到想要的景观。"

诺兰想要的景观，经常像他片中的蛇蝎美人一样诡秘莫测。达尔文最先指出，冰川之所以呈现为蓝色，是由于光线的折射——冰川就是**透镜**，本身是种物体，但也可以透过它观看其他物体，正是这种虚幻的特质让诺兰着迷。它们能制造天然的视觉幻象和免费特效，能产生让人目醉神迷的效果，类似于大卫·里恩《阿拉伯的劳伦斯》中的海市蜃楼。里恩在约旦的亚喀巴（Aqaba）勘景时，在日记中写道："水边洼地上的海市蜃楼效果很强，让人无法看清远处物体的真容。吉普车即便离得很近，看起来也像载重10吨的加长型卡车；行人看起来仿佛踩着高跷走在水中；你肯定无法分辨出远处的动物是骆驼、山羊还是马。如果一个人走着走着蹲下来，那他就会消失在'湖'中，完全看不见了。"

为了设计影武者联盟的道场内景，诺兰和克劳利参考了威尼斯版画家乔瓦尼·巴蒂斯塔·皮拉内西（Giovanni Battista Piranesi，1720—1778）的作品。皮拉内西被赞誉为"蚀刻界的伦勃朗（Rembrandt）"，他的蚀刻版画

第 5 章 空间 SPACE 137

系列作品《监狱随想组画》（Carceri d'invenzione），或称《想象的监狱》（Imaginary Prisons），首次发表于 1750 年，据说是 1745 年时，25 岁的皮拉内西在发烧状态下的创作。画中描绘了一座庞大的地牢，阶梯、锁链、穹顶、连桥、裂隙、拱门、过道、转轮、滑轮、绳索和杠杆，看上去都在向各个方向延伸。法国小说家玛格丽特·尤瑟纳尔（Marguerite Yourcenar）评论道："长久以来，监禁的噩梦意味着'紧紧的圈禁'"，但皮拉内西的系列作品却颂扬"一个醉心于纯粹体积和纯粹空间的建筑者的梦想"[13]。

皮拉内西的作品和艾舍尔的作品一样，都具有本质上的暧昧性，分不清画中描绘的景象是外部世界还是内部空间。皮拉内西的传记作者写道："如果成功让他洋洋自得，那么下一刻他就会被近乎身陷地狱般的绝望所折磨。他画笔下的碎裂石柱，被藤蔓捆束、缠绕着，仿佛在承受人类的痛苦。"皮拉内西的画作，最初只是为喜马拉雅山上的影武者联盟道场提供灵感，随后其影响便扩展到了蝙蝠洞，然后是《致命魔术》中的魔术师工作室，以及内森·克劳利设计的新门监狱（Newgate Prison），而现实中该监狱的建筑师小乔治·丹斯（George Dance the Younger）本人，也受到了皮拉内西设计的启发。

诺兰说："内森向我介绍了皮拉内西，我们为了设计《侠影之谜》中的道场，开始查阅这类建筑。它们也在《致命魔术》里发挥了很大作用，不仅启发了片中的监狱，还有工作室等。我们参考了不少他的作品。我是他的忠实粉丝。而对于真实的监狱，我和其他人一样害怕去监狱。有一次，内森和我在伦敦城里勘景。我俩观察着一座监狱的外观，然后接待我们的人说：'嘿，你们想进去看一眼吗？'牢房已经现代化了，基本上是玻璃墙面的，类似于拘留室。我们手里拿着星巴克咖啡站在那儿，就像俩彻头彻尾的混蛋。临时起意去监狱勘景实在不是什么好主意。我们稍微研究了下如何仿造这种场景，这对我们来说极有帮助。我一直很在意三维空间的几何构造，所以很早就得向合作伙伴说明我不会移动布景墙。对我而言，如果摄影机倒退到观众所认知的墙体位置之外，他们就知道这是骗人的把戏了，这一点再明显不过。要记住，对于大多数房间（我们说的是箱形屋，所以你很清楚透视关系是怎样的），这么干会让你感觉自己到了房间外面。这样形成的效果也会很有趣，但是我讲故事的方式倾向于展现空间的压迫感。我**想要**感觉到自己身在这个空间之内。叙事者的终极目标，就是讲一个密室解谜的故事，打造一个不可能的情境。你怎样才能逃出去？如果能想出一个好答案，那就是个金点子。"

• • •

诺兰对封闭环境情有独钟——《记忆碎片》的汽车旅馆、《失眠症》的小木屋、《侠影之谜》开头布鲁斯·韦恩醒来时身处的满洲式监狱、《致命魔术》的新门监狱、《敦刻尔克》的拖网渔船。然而在他的电影中，封闭环境很少会困住人物，如果有，也只是困住了身体。尤其是他片里的反派，常常乐于像浮士德那样，跨越空间与时间的界限。《侠影之谜》中，稻草人（Scarecrow）如此评价被关进阿卡姆疯人院（Arkham Asylum）的法尔科内："他在外面呼风唤雨，而在这里，只有心智才能赋予你力量。"《黑暗骑士》中，小丑在被关押于警局拘留室期间启动了他的大计，只凭一通电话就引爆了炸弹，让自己成功脱身。他把头伸出警车窗外，快乐得像狗一样伸出舌头感受着风，他已经自由了。"被抓也在你计划之内吗？"《黑暗骑士崛起》开场，有人这样问贝恩（Bane）。"当然。"贝恩答道。

诺兰所有主人公都必须应对封闭环境，或者与之达成某种妥协。在封闭环境中，他们必须学会接受，甚至找到重获自由的办法。布鲁斯·韦恩在探索小时候跌入的那口井时，发现了一片地下洞穴，过去的黑奴曾由此逃往北方，如今他把这里建造成了蝙蝠洞：封闭环境带来救赎，让他有了认同感，还收获了一个基地。在几乎被人遗忘的韦恩企业 CEO 卢修斯·福克斯［摩根·弗里曼（Morgan Freeman）饰］的帮助下，他在韦恩庄园地下建造了高科技的蝙蝠洞。在这个基地中，他打造了一套凯夫拉（Kevlar）[14] 生物纺织紧身衣——能让他拥有隐匿、豪阔、闪耀着自我主权的形象。贝尔饰演的蝙蝠侠用《星球大战》中达斯·维德（Darth Vader）式的粗哑嗓音低吼着台词，面孔在头套后面扭曲着，仿佛随时会袭击他遇到的每一个人。[15] 他就像一口沸腾的大煮锅，在其中升华的悲痛和愤怒极为强烈，让周遭的一切都黯然失色。

回到哥谭市之后，韦恩发现这个城市里贪腐横行。黑帮掌控了经济，大多数警察都在受贿。吉姆·戈登（加里·奥德曼饰）说："贪赃枉法到这份儿上的地方，我能向谁检举呢？"他是唯一试图遏制腐败之风的好警察。电影的中间部分极大借鉴了弗兰克·米勒的《蝙蝠侠：第一年》和西德尼·吕美特（Sidney Lumet）的《冲突》。吕美特的父母来自华沙，他本人则是出生在费城的二代犹太移民。他在 8 岁时读了卡尔·马克思（Karl Marx）的专著，后来在美国陆军通信兵团服役了将近 5 年。在拍电影方面，吕美特对

140　诺兰变奏曲　THE NOLAN VARIATIONS

诺兰的影响，可能是最出人意料的：吕美特不是罗格或库布里克那样的形式主义者，却外粗内秀，很会煽动人心。在《十二怒汉》（*12 Angry Men*，1957）、《冲突》、《热天午后》（*Dog Day Afternoon*，1975）、《电视台风云》（*Network*，1976）、《城市王子》（*Prince of the City*，1981）和《大审判》（*The Verdict*，1982）中，他都传达出了狂热的政治信仰。[16] 他曾说过，这些作品迫使"观者去检视自己良知的方方面面"。让诺兰着迷的，正是吕美特对系统性腐败、司法体系失衡、世界永远偏斜的体察。他观看的第一部吕美特作品，是英国电视上播放的《东方快车谋杀案》（*Murder on the Orient Express*，1974），然后他看了《突击者》（*The Offence*，1973）。肖恩·康纳利在《突击者》中饰演一名凶狠的曼彻斯特警探，在审问儿童猥亵犯[伊恩·邦纳（Ian Bannen）饰]的过程中，自己也被驱使着做出犯罪举动。在两人最终的对峙戏中，康纳利无力地殴打着狂笑的邦纳，启发了《黑暗骑士》中蝙蝠侠和小丑之间相似的那场戏。

　　诺兰说："吕美特在英国拍片的那段时间里佳作频出。我十几岁时在电视上看《突击者》，心想：'这他妈**到底是**什么呀？'影片在剪辑上与罗格有相似之处，但更会被认作是一部主流电影。它运用了精彩绝伦的解构主义手法操弄着时间。片子让人看得非常揪心，演技精湛的肖恩·康纳利扮演压力重重、背负罪恶感的警察。真是了不起的电影。还有《山丘战魂》（*The Hill*，1965），我觉得这是库布里克没拍出来的绝佳之作。吕美特让我惊叹的地方在于，他的作品是如此多元，但他也能拍出酷似库布里克的电影，刻画残酷暴行和社会上的人性缺失。《突击者》和《山丘战魂》这两部电影都非常英式，却出自这位纽约人之手；它们也令人极度不安。《冲突》则是一部背景放在真实世界里的恐怖片，非常可怕。我们把它完全抄进了《侠影之谜》。哥谭市的腐败程度，必须向压抑的 20 世纪 70 年代看齐，必须达到《冲突》中那样的腐败程度，蝙蝠侠的存在才能成立。戈登怎么会接受一个义警呢？他面临的必须是弗兰克·塞尔皮科那样的处境——司法之轮已慢慢停转，除了依靠义警之外别无他法。随着时间推移，看着那些陪伴我成长的电影，以及它们如今的影史定位，我逐渐感受到一些非常基本的东西，这种单纯性往往会赢得最终的胜利。我从这些电影中学到的是，在一个肮脏的世界里，洁身自好是多么不易。这就是《冲突》告诉我们的事情。"

・・・

对页，左上图：阿尔·帕西诺正在拍摄西德尼·吕美特的《冲突》（1973）；右上图：吕美特执导的《山丘战魂》（1965）中的肖恩·康纳利；下图：吉姆·戈登（加里·奥德曼饰）和蝙蝠侠（克里斯蒂安·贝尔饰），他们与吕美特的主人公都面临着同样的难题：如何在一个肮脏的世界里洁身自好？

为了专注于导演工作，诺兰放弃给《侠影之谜》当制片人。他和美术总监内森·克劳利一道，把萨里郡谢珀顿制片厂（Shepperton Studios）中最大的摄影棚改造成了高达60英尺（约18.3米）的蝙蝠洞。蝙蝠洞由仿真石头垒成，还设有流动的小溪和瀑布。然后，剧组去了位于伦敦郊外卡丁顿（Cardington）的英国皇家空军基地旧址，里面有一个已经弃用的飞艇库。这地方长800英尺（约244米），宽400英尺（约122米），从地板到天花板高160英尺（约49米），飞行高度可达16层楼，他们在此搭建了哥谭市的一整块景观，最高处可达11层楼那么高。这为置景组提供了现成的结构，他们在此基础上装设建筑立面和布景的其他部分，包括真能使用的街道、街灯、红绿灯、霓虹灯牌和来往的车辆。所有这些都可以从内部点亮，就像一座真实的城市，特效组还能人工降雨。[17]

诺兰说："和制片厂体系打交道时，他们想要的就是规模要大、更大、再大。他们总是本能地追求更大更多。他们读剧本的时候，心里就想着：嗯，等一下，动作戏够不够呢？这是他们最害怕的事情。我们写《侠影之谜》的剧本时，按尽可能最大的规模来具体下笔。我们保证'会满世界跑'；片子里面还有喜马拉雅山上的巨大道场，然后我们会把它炸掉'。我们特意把这些场景都尽可能做到最大。我和内森在这个过程中都学得很快。内森从没设计过这么大规

上图：弗里茨·朗执导的《大都会》（Metropolis，1927）的电影海报，该片影响了《侠影之谜》。在访谈中，朗是诺兰提及次数最多的一位导演；下图：在卡丁顿片场，诺兰正在给饰演瑞秋（Rachel Dawes）的凯蒂·霍尔姆斯（Katie Holmes）讲戏

模的电影，但是他担任过很多大片的美术指导，也搭建过很多大型布景。我参照着《超人》（*Superman*, 1978）的模式，说'好，我们就去英国拍摄'，而不是为了税收优惠跑去澳大利亚或加拿大那些地方。迪克·唐纳［Dick Donner，即理查德·唐纳（Richard Donner）］就是在英国松林制片厂拍的《超人》，他大概只出了3周的纽约外景。其实，我本来也想出1个月或6周外景，但由于预算的限制，外景时间越缩越短，这是常有的事。我记得我们大概只在芝加哥拍了3周外景，其他所有戏份都是在摄影棚里拍的。我们搭了这些巨大的布景。但是，当然了，我们学到的是，要在银幕上呈现出规模感，置景并不是个好办法，真的不是。就实际置景的规模而言，《侠影之谜》是有史以来最为大制作的电影。放映结束时，制片厂的人对成果很满意，但他们还是不停地问：'嗯……这样的场面真的够大吗？'我知道，我们已经达到了一部电影所能容纳的地理空间极限，再也塞不进其他东西了。"

诺兰这回聘请了两名作曲家为影片配乐，分别是詹姆斯·纽顿·霍华德（James Newton Howard）和汉斯·季默。诺兰在公学最后一年时，就听过季默的配乐原声带。季默比他大13岁，那时已经参与了斯坦利·迈尔斯（Stanley Myers）[18]为两部片子写的配乐——尼古拉斯·罗格的《无足轻重》（*Insignificance*, 1985）和斯蒂芬·弗里尔斯（Stephen Frears）的《我美丽的洗衣店》（*My Beautiful Laundrette*, 1985）。

诺兰说："汉斯一出道就是那种合成器天才。他很年轻，能想出怎么在配乐里用上合成器，因此他对迈尔斯所作的配乐贡献不少。我记得，其实是托尼·斯科特最开始和他合作了一些商业广告类的东西，然后他为雷德利·斯科特的《黑雨》作了配乐。当时19岁的我立刻爱上了他的音乐，那真是非常非常美。电子合成器能创造出不会让人联想到特定文化的人声和音响，用到电影配乐里就会很有趣。我想尝试一些更开放的东西，这就是汉斯和我能够合作成功的原因：我喜欢称其为'有着极繁主义制作水准的极简主义作曲家'。因此他的音乐虽然听起来很宏大，但其背后的概念却十分简约，非常非常简单。这也能让我这个导演在音符之间获得一些发挥空间。这些年来，我在处理较为宏大的电影配乐时，会试着完全逆转这个过程，让配乐从情感开始，从故事的基本核心出发，然后建立起音乐机理，但这样做需要一定的自信。说是那么说，但当汉斯为《侠影之谜》的主题旋律想出两个音符，第一次弹奏给我听时，我还是吓了一大跳，不停地问：'你确定不需要做得更像英雄式号角曲（fanfare）[19]吗？'最后，詹姆斯写了一首很棒的乐曲，不过我们没用到《侠影之谜》里，它后来用作了《黑暗骑士》中哈维·丹特（Harvey Dent）的主题旋律。然而，汉斯从来不说他要做什么，他只是直接往那个方向放手去做，非常、非常、非常极简主义。就那两个音符，几乎像是英雄主题旋律的回音。"

...

"有着极繁主义制作水准的极简主义者"——诺兰对季默的描述也同样适用于他自己，并且点出了为何这两人在之后数年间会结为密切的创意伙伴。在《侠影之谜》中，"极简主义"和"极繁主义"这两种驱动力之间的对话十分顺畅，并且延续到这位导演的后续作品中。

《侠影之谜》设置了三个反派，每一个反派都落入下一个登场者的股掌之中。第一个登场的，是汤姆·威尔金森（Tom Wilkinson）饰演的黑帮老大卡迈恩·法尔科内，他乍一看很可怕，但稻草人（基里安·墨菲饰）一出场，将梅斯喷雾（Mace）[20]一般的恐惧毒气喷在人们脸上，法尔科内就变成只会虚张声势的纸老虎了。而稻草人也只是在拉尔斯·艾尔·古尔[21]（Ra's al Ghul，连姆·尼森饰）归来前充当人形立牌，后者就像阴魂不散的次要情节，不请自来地出现在布鲁斯·韦恩的生日宴会上。不过，诺兰选择拉尔斯·艾尔·古尔的原因，就在于后者**不会**抢走主人公的风头，因此他的回归几乎没有带来剧情所需的刺激感。观众可以理解诺兰的两难困境：一旦我们见识过喜马拉雅山，召唤过超自然力量，还搞垮了影武者帝国，那么一个黑帮老大收买警察还算得了什么"奇观"呢？

影片中遍及全球的景观消解了封闭感，但为了让哥谭市之腐败真的骇人听闻，这种封闭感却不可或缺。《侠影之谜》中，无论是建筑风格还是道德层面上，哥谭市的风格并不统一：芝加哥卢普区那硬朗整洁的轮廓线，加上韦恩庄园的维多利亚哥特式（Victorian-Gothic）建筑，还有一些不必要的未来感元素，比如单轨列车和虚构的奈何岛——那是为了致敬阴雨连绵的《银翼杀手》。而那个"捣毁布景"的尾声[22]——高空肉搏、扩散中的大规模杀伤性武器（WMD）、精神病学实验，以及猛冲坠毁的单轨列车都搅和在了一起——让人感觉这位导演是在履行对制片厂的职责，而非听从自己的创意直觉。诺兰拍《黑暗骑士》时，用IMAX摄影解决了这个问题：拍《侠影之谜》时建筑风格上的杂乱感得以厘清，变为两种景观之间的鲜明对比——一边是小丑制造的混乱，另一边是芝加哥卢普区硬朗整洁的轮廓线。

不过，如果说《侠影之谜》的缺点是这一类型的通病，它的优点则更为独特，尤其是影片头一个小时对地理景观的运用，还有在影武者联盟的经历给布鲁斯留下的不可磨灭的烙印。电影结尾处，他对瑞秋说："蝙蝠侠只是一个象征。"瑞秋摸着他的脸说："不对，这才是你的面具。你真正的面孔，是罪犯现在惧怕的那张脸。我爱过的那个人，失踪的那个人，根本就没有回来。"这段对话在戈耶的初始版本中要逊色很多——瑞秋抱怨道："蝙蝠侠和布鲁斯·韦恩之间，没有我的位置。"布鲁斯主动提出自己会放弃打击犯罪的生活。她回应道："不是你选择了这种生活，布鲁斯，那是强加给你的使命，伟大事业常是如此。"自我放逐者知晓自己永远无法完全回归——诺兰的版本承载着其真实的牺牲和显见的哀伤。

诺兰说："三部曲中，《侠影之谜》的很多处理都是对的，主题层面也做到了巧妙的平衡，受到了观众的好评。大家很喜欢这部电影，但它其实没有我们预期的那么成功。你永远不该期盼成功。我是一个非常消极、迷信又悲观的人。试片的时候，所有人都很喜欢，大家兴奋地谈论它。但因为之前几部《蝙蝠侠》电影的关系，观看反响中也有不少对该人物和该系列的恶感。我认为'重启'（reboot）这个词第一次出现，就是用在《侠影之谜》上的。当然，那时的我根本没有意识到，但现在这个词已经是好莱坞的日常用语了。我们当时遇到的很大问题是，这次系列的重启，和上一部电影（《蝙蝠侠与

杜卡告诉布鲁斯·韦恩："你必须让人一想到你就害怕，就像一个幽灵。""黑暗骑士"（克里斯蒂安·贝尔饰）在黄昏时分的哥谭市巡逻

第 5 章　空间　SPACE　145

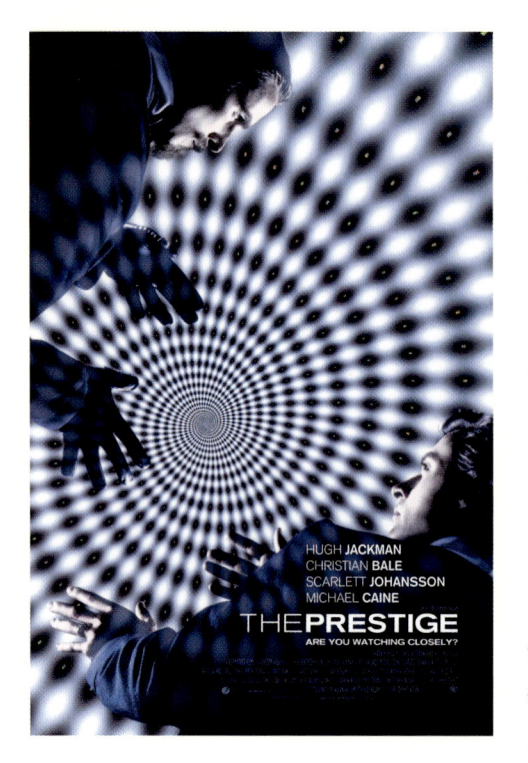

罗宾》）之间仅隔 8 年，感觉间隔太短——实在太短了，事实也确实如此。而现在他们才隔两年就又要重启，时间间隔变得越来越短。对我们来说，这真的很成问题。因为当我们跟人家说'来看看新的《蝙蝠侠》电影吧'，他们就会说'我不喜欢上一部'。观众会有这样的预期，或者说困惑：'这和我之前看的是同一部电影吗？不是吗？'自打我们拍了三部曲，情况已经大不相同了。"

《侠影之谜》的结尾，吉姆·戈登在犯罪现场发现了一张小丑纸牌。这部电影最终斩获了 4 亿美元票房，拍续集几乎是势所必然。诺兰即将成为继大卫·里恩之后，连续执导好莱坞大制作时间最长的一位导演。里恩在 20 世纪 50 年代末和 60 年代屡创佳绩，相继执导了《桂河大桥》（1957）、《阿拉伯的劳伦斯》（1962）以及《日瓦戈医生》（*Doctor Zhivago*，1965），这一纪录最终被恶评如潮的《雷恩的女儿》（*Ryan's Daughter*，1970）打破。美国国家影评人协会在阿尔贡金酒店举办了漫长的晚会，当晚影评人聚集起来，严厉抨击里恩"又拍了一部美丽的养眼大片"——他如是总结舆论对其后期作品的一致评价。晚会结束时，里恩抱怨道："不让我沦落到去拍 16 毫米黑白片，你们是不会满意的。""浮士德"被困在自己拍出的壮阔风景中了。

诺兰那看似扶摇直上的事业飞升，也引发了评论界的类似质疑，但与更为高调的烧钱导演［比如奥逊·威尔斯或科波拉（Francis Ford Coppola）］相比，他的成功还是挺俭省的。对于威尔斯和科波拉这两位导演来说，自己的作品要是没能让十来个制片厂高管心梗，或者被等候报道的媒体团比作灾难，那就称不上真正的"大师之作"。诺兰何时会拍出他的《一九四一》（*1941*，1979）或者《深渊》（*Abyss*，1989）[23]？何时会来一个激起他满腔热血但命途多舛的大项目，让他可以一败涂地，从失败中吸取教训，进而更加通晓人情？如果你的事业总是一帆风顺，你又怎么能够学习进步呢？

诺兰说："我明白，这件事很严肃。没错，因为客观来看，若观察其他导演的事业轨迹，会发现有些人从失败中学到了东西：斯皮尔伯格在《一九四一》之后，就拍出了《夺宝奇兵》和《E.T. 外星人》。不过，有时你

《致命魔术》（2006）的一款电影海报

OM
HONE

THE NOLAN VARIATIONS

THE MOVIES, MYSTERIES, AND MARVELS OF CHRISTOPHER NOLAN

若兰
变奏曲

注释别册

目录
CONTENTS

	引言	INTRODUCTION	1
第1章	结构	STRUCTURE	2
第2章	方向	ORIENTATION	4
第3章	时间	TIME	6
第4章	感知	PERCEPTION	7
第5章	空间	SPACE	8
第6章	幻象	ILLUSION	9
第7章	混乱	CHAOS	10
第8章	梦境	DREAMS	12
第9章	革命	REVOLUTION	14
第10章	情感	EMOTION	15
第11章	生还	SURVIVAL	16
第12章	知道	KNOWLEDGE	16
第13章	结局	ENDINGS	18

1 译文参考自《柴堆旁的男孩》，[英]鲁德亚德·吉卜林著，王雪纯译，人民文学出版社，2020年1月。下同。

2 译文参考自《探讨别集》，[阿根廷]豪尔赫·路易斯·博尔赫斯著，王永年、黄锦炎等译，上海译文出版社，2015年6月。

引言 INTRODUCTION

1 译文出自《康德著作全集（第8卷）：1781年之后的论文》，李秋零编译，中国人民大学出版社，2010年。下同。

2 弗里德里希·威廉·赫舍尔，英籍德裔天文学家，"深空"天体，指非太阳系或非恒星的天体，大都肉眼不可见。

3 纳普斯特，一款允许用户以P2P（点对点）形式在互联网上分享音乐或者电子音频文件的软件。

4 译文出自《时间旅行简史》，[美]詹姆斯·格雷克著，楼伟珊译，人民邮电出版社，2017年10月。

5 元小说，即有关小说的小说，关注小说的虚构身份及其创作过程的小说。

6《庞奇和朱迪》傀儡戏，英国流行的一种手托木偶或布袋木偶戏，主角为钩鼻驼背的庞奇和不断受欺侮的妻子朱迪。庞奇这一角色源于意大利即兴喜剧，并成为英国长盛不衰的滑稽人物。

7 M.C.艾舍尔，另译埃舍尔，荷兰版画家，因其视错觉画作而闻名，以分形、对称、密铺平面、多面体等数学概念表达形象。

8 in medias res，拉丁语，指"处于事件的中间"，在叙事中指从故事的中间切入，并用倒叙的方式讲述先前发生的事情。

9 伦敦周围郡县，指英格兰南部比较富庶的地区，通常包括白金汉郡、伯克郡、埃塞克斯郡、肯特郡、萨里郡和赫特福德郡。

10 霍华德·休斯，美国知名大亨，有企业家、飞行员、电影制片人、导演和演员等多重身份。

11 埃德加·爱伦·坡，美国小说家、诗人和文学评论家，以其恐怖、悬疑小说著称。

12 原文以斜体或大写字母表强调或标示使用非英文语种处，本书以黑体字标示。

13 在Film4于2018年举办的Summer Screen活动中，迈克尔·凯恩为《盗梦空间》做了映前导赏，凯恩说："……我把诺兰比作新时代的大卫·里恩。他不仅是一位伟大的导演，也是一名杰出的编剧，还是我的一位好友。他把我比作他的幸运符，因为我们合作过7部电影，全都非常成功。但我认为他才是我的幸运符，因为当我年近古稀之时，我感觉演员的世界正逐渐向我关闭，而他带着《侠影之谜》的剧本来找我，为我的演艺生命注入新的生机。我本以为等自己七老八十演艺事业就会告终的时候，却演演了7部我职业生涯里最棒的电影，所以我真的很爱他。"

14 Chris（克里斯）为Christopher（克里斯托弗）的简称或昵称。

15《无尽的玩笑》，美国作家大卫·福斯特·华莱士（David Foster Wallace）出版于1996年的小说，长达千余页，实验性的尾注多达388条，被誉为一部"百科全书式"的小说，已出版中文版。

16 魔术眼，指一种立体错视图，观者专注地看看这种二维图像时，能从中看出立体图像。

17 应指"双生子佯谬"（Twin Paradox），一个有关狭义相对论的思想实验，其提出一般归功于法国物理学家保罗·郎之万（Paul Langevin）。如果双胞胎A和B中的A乘飞船以近光速旅行，根据爱因斯坦相对论的"时间膨胀"效应，对于地球上的B来说，A的时间变慢，因此A会比B年轻。而对于飞船上的A，地球上的B也以近光速与自己做相对运动，B的时间变慢，所以B会比A年轻。如果飞船回到地球，到底是谁更年轻呢？爱因斯坦曾对此做出解答；现代相对论学者一般认为太空旅行者比留守地球者更年轻。

18 "大博弈"，指19世纪到20世纪初，大英帝国与沙皇俄国争夺中亚地区控制权的战略冲突。

19 威尔基·柯林斯，英国小说家、剧作家，代表作《月亮宝石》被誉为现代英语世界的首部侦探小说，已出版中文版。本书第8章会详述。

20 水翼船，一种高速船，船身底部有支架，装上水翼。当船速增加，水翼提供的升力会把船身抬离水面，从而大为减少水的阻力。

21 译文出自《吸血鬼伯爵德古拉》，[爱尔兰]布莱姆·斯托克著，韩啸译，安徽教育出版社，2012年2月。

22 译文参考自《福尔摩斯探案全集Ⅱ：巴斯克维尔的猎犬》，[英]阿瑟·柯南·道尔著，许德金等译，江苏凤凰文艺出版社，2017年9月。

23 托马斯·罗伯特·马尔萨斯，英国经济学家、学者和牧师，主要研究领域为政治经济学和人口学。在代表著作《人口原理》中，提出了重要的人口过剩问题，论证人口以几何级数增加，生活资料以算术级数增加，人口增长必然会超过生活资料的增长。

24 译文出自《时间机器》，[英]赫伯特·乔治·威尔斯著，顾忆青译，天津人民出版社，2018年1月。

25 弗兰克·劳埃德·赖特，美国建筑师、室内设计师，设计理念是建筑和其自然人文环境应当和谐统一，代表作为流水别墅、纽约古根海姆博物馆。

26 伊恩·弗莱明，英国作家，著名间谍小说《007》系列的作者。

27 赋格，盛行于巴洛克时期的一种复调音乐体裁，贯穿全曲的主要音乐素材称为"主题"(theme)，"主题"将以不同的形式在乐曲的其他部分重现。

28 音程(interval)，指两个乐音间的音高距离，用"度"表示。音程转位(inverted)，指将两个乐音中的低音移至下八度音，或将高音移至上八度音。本书音乐术语的译法及解释，多参考自《韦氏新世界音乐词典》(辽宁教育出版社/辽宁人民出版社，2007年5月)。

29 安杰洛·巴达拉门蒂，美国作曲家，大卫·林奇的御用配乐师，两人合作作品包括《蓝丝绒》(Blue Velvet，1986)、《双峰》(Twin Peaks)、《穆赫兰道》(Mulholand Dr.，2001)等。

30 暗语，通常特指《圣经》中的谜语。

第1章　结构　STRUCTURE

1《龙蛇小霸王》是一部全部由儿童演员出演的黑帮片，13岁的朱迪·福斯特的出场时间较为短暂，但表现十分亮眼。

2《烈火战车》曾获得1982年奥斯卡金像奖最佳影片、最佳原创剧本等四项大奖，以及奥斯卡最佳导演和1981年戛纳电影节金棕榈奖等多项提名。

3《杰森一家》，一部美国喜剧动画，第一季于1962—1963年在ABC电视台播放，故事设定为杰森一家人生活在未来，身边有各式各样的高科技产品。

4 吉恩·罗登伯里，美国著名科幻电视剧集《星际迷航》(Star Trek)系列的创剧人，星际舰队是《星际迷航》中的组织。

5 根据《爱森斯坦评传》([英]玛丽·西顿著，中国电影出版社，1983年)，谢尔盖·爱森斯坦的父亲米哈伊尔·爱森斯坦是一名市政工程师。

6 预备学校，英国为准备升入公学者而设的私立小学，学生就读年龄一般为7至13岁。

7 男爵风格，一种发展于16至17世纪、在19世纪有所回潮的苏格兰建筑风格，外观上以小型塔楼装饰，屋顶线条不均匀，广泛应用于公立建筑和乡间民宅。

8 鲁特格尔·豪尔后来在《蝙蝠侠：侠影之谜》中饰演了威廉·厄尔(William Earle)，即布鲁斯·韦恩回归、正式执掌门户前的韦恩企业CEO。

9 魔灯，亦称魔术幻灯，早期的投影幻灯机。伯格曼的自传书名即为《魔灯》(Laterna magica)，已出版中文版。

10 英国寄宿学校有一套宿舍制度(house system)：整个学校被分为不同的house(学院/宿舍)，每位师生被编入一个特定的宿舍中，每个宿舍由高、中、低不同年级的学生组成，以便在组织活动时，培养宿舍内成员之间密切的交流合作，以及不同宿舍之间的协作竞争。而每个宿舍中管理学生生活的教职员为"舍监"(housemaster)，负责维持纪律的高年级学生为"级长"(prefect)。英国宿舍制度在影视、文学作品中的反映，可以参考《哈利·波特》(Harry Potter)系列。

11 布尔战争，英国与南非布尔人建立的共和国之间的战争，历史上一共发生了两次，分别开始于1880年和1899年，第二次战争的结果使南非布尔人全部沦为英国臣民。

12 斯蒂芬·弗莱，英国演员、喜剧明星兼编剧，17岁时因盗刷信用卡被收监3个月。

13 第六学级，英国中学的最高年级，学生通常在16岁时开始就读，两年后可参加高级证书考试并申请大学。

14 科林斯式，古希腊古典建筑的一种柱式，柱头以毛茛叶纹装饰，风格豪华富丽。

15 高级证书考试，英国中学的单科考试，通常在 18 岁的毕业年级进行，考试成绩可以用来申请全英国的大学。

16 范吉利斯，希腊作曲家，作品以融合多种风格元素的电子音乐为特色，为《烈火战车》所作的配乐获得奥斯卡最佳配乐奖，还为《银翼杀手》《哥伦布传》等片创作过配乐，卡尔·萨根的电视剧集《宇宙》也曾用过他的音乐。

17 感兴趣的读者还可参考纪录片《电影之声》(Sound of Cinema: The Music that Made the Movies, 2013)，范吉利斯和汉斯·季默均在其中出镜介绍自己的配乐思路。

18 黑斯廷斯战役，1066 年英格兰国王哈罗德率领的盎格鲁-撒克逊军队，和诺曼底公爵威廉一世率领的军队，在黑斯廷斯地域进行的一场交战，以征服者威廉获胜告终。《大宪章》，也被称为《自由大宪章》，英国封建时期重要的宪法性文件之一，1215 年签署，主要内容是保障封建贵族和教会的特权，限制王权。

19 英式橄榄球分为 15 人制和 7 人制，黑利伯里采用 15 人制，学校最优秀的球队被称为"王牌 15 队"。

20 公学 (public school)，英国的精英式私立学校，一般采取寄宿制，校内学生为单一性别。生源多来自其对口儿的预备学校，提供相当于中学阶段的教育（学生 13 岁左右入学，5 年后毕业）。英国有著名的 9 大公学，如伊顿公学 (Eton College)、哈罗公学 (Harrow School) 等。

21 弗雷德·阿斯泰尔，美国舞蹈家、歌手和演员，是好莱坞黄金时期歌舞片大明星，与搭档金杰·罗杰斯 (Ginger Rogers) 是一对歌舞片界的"金童玉女"。

22 译文出自《完美的间谍》，[英]约翰·勒卡雷著，李静宜译，上海人民出版社，2011 年 1 月。

23 1948 年至 1949 年，勒卡雷曾在瑞士伯尔尼大学学习德语和德国文学。

24 译文参考自《雷霆谷》，[英]伊恩·弗莱明著，徐蕾译，北京联合出版公司，2016 年 5 月。原小说中此处描写的是火山爆发的情景。

25 即詹姆斯·戈登 (James Gordon)，Jim (吉姆) 是 James (詹姆斯) 的昵称。

26 伊顿领 (Eton collar)，源自伊顿公学校服，一种白色挺直、领角圆润的小折领型。

27 此处的两段译文出自《惊喜之旅：我的早年生活》，[英] C.S. 刘易斯著，邓军海译，华东师范大学出版社，2018 年 10 月。

28 译文出自《纳尼亚传奇：最后一战》，[英] C.S. 刘易斯著，邓嘉宛译，云南美术出版社，2019 年 9 月。

29 Saito（サイトー）对应多个日文姓氏，如齋藤、斎藤、齊藤、齐藤等，日文维基百科中，此角色姓氏的汉字写法为"齐藤"，《盗梦空间》的中国公映版字幕和中文版剧本也将其译为"齐藤"。

30 译文出自《送信人》，[英] L.P. 哈特利著，姜焕文、严钰译，漓江出版社，2018 年 10 月。下同。

31 约瑟夫·洛西，美国电影导演，20 世纪 50 年代受到好莱坞"红色猎杀"的政治迫害而移民欧洲。在英国时期的重要作品，是与编剧哈罗德·品特合作的电影《仆人》(The Servant, 1963)、《车祸》(Accident, 1967) 和《送信人》(The Go-Between, 1971，另译《幽情密使》)。

32 译文出自《情歌·荒原·四重奏》，[英] T.S. 艾略特著，汤永宽译，上海译文出版社，1994 年 3 月。

33 格雷厄姆·斯威夫特，英国作家。《水之乡》曾被改编为同名电影，上映于 1992 年，另译《水乡迷情》。

34 译文出自《水之乡》，[英]格雷厄姆·斯威夫特著，郭国良译，译林出版社，2009 年 10 月。

35 montage（蒙太奇）来自法语，原意即建筑学上的构成、装配，借用到电影艺术中指镜头的组接、构成。

36 霍布斯主义，源自英国政治哲学家托马斯·霍布斯 (Thomas Hobbes) 的主张，尤其指人类天生会为自身利益而竞争和对抗的观点。

37《全金属外壳》的主角二等兵"小丑"(Pvt. Joker) 由马修·莫迪恩 (Matthew Modine) 饰演，他在《黑暗骑士崛起》中饰演了哥谭市警察局副局长彼得·福利 (Peter Foley)。

3

38 "傻子派尔"，20 世纪 60 年代的美剧《安迪·格里菲斯秀》(The Andy Griffith Show) 及衍生剧《戈默·派尔：USMC》(Gomer Pyle: USMC) 中的角色，由吉姆·内伯斯（Jim Nabors）饰演，是一个傻气、常出丑的乡巴佬和无能的海军陆战队员。这个名字在《全金属外壳》中用作角色的外号。

39 西尔斯大厦，芝加哥目前的第一高楼，1974 年至 1998 年间曾是世界第一高楼。2009 年，该座建筑正式更名为威利斯大厦（Willis Tower）。

40 塔兰泰拉（tarantella），现多指意大利南部的一种传统民间舞蹈。相传 19 世纪时，在意大利的塔兰托城一带，曾出现过一种奇怪的病症，是由名为塔兰托毒蛛（tarantula，狼蛛的一种）咬伤所致，病人必须疯狂跳舞才能排出体内毒素，塔兰泰拉舞可能起源于这个传说。短片《塔兰泰拉》中多次出现狼蛛和莫名的动作，片名含义可能与此传说有关。另外，倒拍的镜头设计在该片中已经出现，诺兰本人也于片中出镜。

第 2 章　方向　ORIENTATION

1 粗野主义（Brutalism），兴起于 20 世纪 50 年代的一种建筑风格，建筑师为了打造工薪阶层的公寓楼和公共建筑，采用实用主义、模块化的风格，多使用钢筋混凝土，有意突出材料的粗糙肌理和结构体量，给人以毛糙粗重的感受。

2 维吉尔，奥古斯都时代的古罗马诗人，其作品有《牧歌集》《农诗集》，史诗《埃涅阿斯纪》等。

3 托妮·莫里森，美国小说家、散文家、学者，诺贝尔文学奖得主，代表作有《最蓝的眼睛》《所罗门之歌》等。

4 V.S. 奈保尔，印度裔英国作家，诺贝尔文学奖得主，代表作有《幽暗国度》《大河湾》等。

5 二等一级学位，即 2：1 或称 upper second class degree，意味着本科平均成绩为满分的 60%—69%。其之前与之后的学位等级分别是：一等学位（first class degree），平均分为 70% 及以上；2：2 或二等二级学位（lower second class degree），平均分为 50%—59%。

6 译文参考自《杜撰集》，[阿根廷] 豪尔赫·路易斯·博尔赫斯著，王永年译，上海译文出版社，2015 年 6 月。

7 译文出自《布宜诺斯艾利斯的激情》，[阿根廷] 豪尔赫·路易斯·博尔赫斯著，林之木、王永年译，上海译文出版社，2016 年 8 月。

8 视效大师道格拉斯·特朗布尔（Douglas Trumbull）用此技术实现了《2001 太空漫游》中穿越星际之门的迷幻镜头。具体操作方法是："开着快门的摄影机沿着约 0.3 米长的轨道，朝一条后方放置了多种彩色背光物体的狭缝移动。摄影机用长达 1 分钟的时间完成这次位移。在这一过程中，随着摄影机焦点的持续改变，每一格胶片都进行了双重曝光，营造出无限景深的幻象，即宇航员坠入无限空间和浩渺意识的错觉。"（译文出自《电影的秘密》，[美] 斯蒂芬·普林斯著，王彤译，后浪出版公司策划出版，文化发展出版社，2018 年 11 月。）

9 布尔斯廷在《好莱坞之眼》中将 IMAX 格式称为"卡冈都亚"："影像是如此强烈，让人身临其境……这就是它必须带给人的感受，要让人感到在参与创造世界，感到在看最初的一批电影一样，词语枯萎在浩瀚的苍穹之中。"

10 译文参考自《好莱坞之眼：像电影人一样思考》，[美] 乔恩·布尔斯廷著，宋嘉伟译，后浪出版公司策划出版，北京联合出版公司，2018 年 8 月。

11 电影《湖上艳尸》改编自雷蒙德·钱德勒的小说《湖底女人》(The Lady in the Lake)，该书已出版中文版。

12《火车怪客》改编自帕特里夏·海史密斯（Patricia Highsmith）的同名小说，在片头演职员表中，雷蒙德·钱德勒的署名是第一编剧，但根据《希区柯克与特吕弗对话录》（Hitchcock/Truffaut，上海人民出版社，2007 年 1 月）和《希区柯克传》（Alfred Hitchcock，后浪出版公司策划出版，北京联合出版公司，2021 年 11 月）的记述，钱德勒与希区柯克的这场合作"进展不顺利"，因为"钱德勒做得并不好"。钱德勒写完两稿剧本后，在开机预定日的前几周退出了编剧工作，希区柯克另聘了曾兹·奥蒙德（Czenzi Ormonde，署名是第二编剧）救场重写："他（希区）把钱德勒的剧本扔进废纸篓，然后跟奥蒙德说他们将'从第一页'重新开始。""等我（希区）完成了分镜头剧本后，华纳公司的头儿又找了一个人来写对白。"

13 盎格鲁 - 爱尔兰人，19 世纪至 20 世纪初爱尔兰的一个少数群体，因为新教占据的优势地位而成了爱尔兰的上层阶级。钱德勒的成长经历还可参见《罪恶之城的骑士：雷蒙德·钱德勒传》（南京大学出版社，2020 年 1 月）。

14 奥维德，古罗马诗人，代表作为《变形记》《爱的艺术》等。埃斯库罗斯，古希腊悲剧诗人，有"悲剧之父"的美誉，代表作有《被缚的普罗米修斯》《阿伽门农》等。修昔底德，古希腊历史学家、思想家，以《伯罗奔尼撒战争史》传世。

15 原文为 the shop-soiled Galahad，钱德勒在《高窗》(*The High Window*) 一书中描述马洛的词，直译作"老古板"。Galahad（加拉哈德），亚瑟王传说中的一名圆桌骑士，只有他才能最终寻得圣杯的下落。

16 译文出自《长眠不醒》，［美］雷蒙德·钱德勒著，顾真译，上海译文出版社，2017 年 6 月。下同。该小说的改编电影主演为亨弗莱·鲍嘉，片名 *The Big Sleep* 被译为《夜长梦多》(1946)，下文也会提及。

17 译文出自《谋杀的简约之道：钱德勒散文书信集》，［美］雷蒙德·钱德勒著，孙灿译，上海译文出版社，2017 年 6 月。

18 原文为 gumshoe，本意为胶底运动靴，也是英文中"私家侦探"的俗语代称，因为侦探经常穿软厚底的胶靴，便于无声地跟踪他人。

19 在一场围绕《追随》的对谈中，采访者提到大家看到作家公寓门上的蝙蝠侠标志时都笑了，诺兰回答道："对，这挺有预见性的（笑）。但其实回顾这部电影，没什么是专门设置的，那就是杰里米实际的住处，他的公寓、他的物品，我们拍的就是他住处的真实样子。"杰里米后来也在《侠影之谜》里客串出场，饰演结尾控制室里的操作人员。谈到实拍问题，诺兰继续说："技术方面的限制、电影的简陋都让我很有感触，但这种真实场地拍摄的质感却很惊艳。拍更大规模的电影时，一般是从头开始搭布景，这样就很难实现那种质感，像墙上的油漆剥落什么的，在人工搭建的条件下要达到那种质感，在美术设计上要下很大功夫。所以之后的电影中，我一直在努力拿到大量资源，去实现我们一无所有时的那种质感，因为你追求的就是那种真实的质感。"

20《追随》中的审讯人由克里斯托弗·诺兰的叔叔约翰·诺兰（John Nolan）饰演，在片尾处有其露脸镜头。这对叔侄还合作过《侠影之谜》《黑暗骑士崛起》《敦刻尔克》等片。

21 皮格马利翁，希腊神话中的塞浦路斯国王，他用神奇的雕刻技艺造了一座美丽的象牙少女雕像，对其倾注全部精力和热情，最终神明被他打动，为雕像赋予了生命。基于此神话，萧伯纳著有戏剧作品《皮格马利翁》，另译《卖花女》。

22 麦格芬，另译麦高芬，悬疑片里用到的电影术语，表示一个推动情节发展或者奠定人物动机的物件或事件，但其本身却是无关紧要甚至根本不存在的。希区柯克在《希区柯克与特吕弗对话录》一书中如此表述：它是"……一种旁敲侧击、一种窍门、一种手段……对于影片人物应是极其重要的，而对于我这个叙述者而言，是没有任何意义的"。

23 诺兰在 2018 年戛纳电影节的大师班上，对黑色电影也做出了如下阐述。对谈者说："有趣的是，您热爱拍摄时的互相信任和家庭氛围，但您片里的人物就没这样的待遇了……"诺兰答道："我是从黑色电影类型起步的，这种类型要你通过行动来定义人物，片中人物会说他们是谁、其动机是什么，但你并不相信，你会等着看他们实际的行动、看他们对彼此做了什么。这是这种类型成功的关键。我觉得黑色电影是塑造人物最有力的形式，从各种意义上说，我所有的作品都有赖于黑色电影的动态，无论是科幻片如《星际穿越》《盗梦空间》，还是动作片如《黑暗骑士》三部曲，都会强调黑色电影的动态，永远都有'评价人物时别看他说什么而看他做什么'的问题。我一直很喜欢这种塑造人物的形式，这种形式定下了一个标准，能夸张表现、外推出我们的恐惧、希望和欲念，所以蛇蝎美人、复仇幻想之类的，都是对我们日常生活和忧虑的夸张表现。因此，它算是符合逻辑的，有人会在意身边是否有可信任的人来协助自己完成工作。显然，我就很害怕被别人背叛（笑）。"

24 西席·B. 地密尔，美国电影导演，以其作品中杰出的史诗感和英雄叙事著称，代表作有《十诫》(*The Ten Commandments*, 1956) 等。

25 奥兹玛计划，1960 年在美国国家无线电天文台，康奈尔大学的天文学家弗兰克·德雷克（Frank Drake）使用电波望远镜从事的早期搜寻地外文明的计划。

26 译文出自《心理学原理（第 2 卷）》，［美］威廉·詹姆斯著，方双虎等译，北京师范大学出版社，2019 年 3 月。

27 杰弗里·盖特勒曼，美国记者，获得过普利策奖。他曾与诺兰共同参加过一次去非洲为难民筹款的公路旅行，详见第5章介绍。

28 此处所指的应为患者回忆不起正常脑功能发生障碍前某一阶段的事件，但新的记忆还能形成的情况，这被称为逆行性遗忘症（Retrograde amnesia）。

29 斯兰丹斯电影节（The Slamdance Film Festival），每年一度在美国犹他州帕克市（Park City）举办的鼓励新人导演的电影节，1995年创立。

第3章 时间 TIME

1 恢复记忆（recovered memory），个体通过治疗找回的所谓"被压抑的记忆"。然而，恢复记忆综合征（recovered memory syndrome）表明，被回忆起来的可能是对创伤性事件的错误记忆。

2 神奇画板（Etch A Sketch），20世纪60年代开始风靡的一款儿童玩具，因某种化学原理，可以通过摇晃的方式让画板上的内容迅速消失。

3 指雪地迷宫中的一场戏：儿子丹尼为躲避循其脚印而来的父亲，踩在自己的脚印上后退，再藏身于其他隐蔽处。

4 译文出自美国诗人赫尔曼·梅尔维尔（Herman Melville）的《夏依洛安魂曲》（Shiloh: A Requiem）（1862），杨荀译。

5 米奇·斯皮兰，美国侦探小说家，其受欢迎的作品以暴力和忤为特征，代表作为"迈克·哈默"（Mike Hammer）侦探系列，其中小说《死吻》被改编为同名电影（Kiss Me Deadly，1955）。《土拨鼠之日》，美国经典喜剧，影片的男主人公被困在一个小镇的时间循环中，只能日复一日地重过同一天。

6 克莱尔·奎尔蒂，出自弗拉基米尔·纳博科夫（Vladimir Nabokov）所著小说《洛丽塔》（Lolita），是一位神秘莫测的反派人物，曾诱骗洛丽塔。其姓名暗指clearly guilty，即"明显有罪"。

7 饰演泰迪的乔·潘托里亚诺和饰演娜塔莉的卡丽-安·莫斯也都出演了《黑客帝国》。

8 盖·皮尔斯是《洛城机密》的主演之一，他曾在某访谈中说道："《记忆碎片》是我的作品中经常被提及的一部。很多人对我说，它是同类型电影的开创者。有趣的是，别人告诉我《洛城机密》是它那种类型电影的最后一部，而《记忆碎片》则是其对应类别里的第一部，所以能参演这两部电影我深感荣幸。"

9 译文出自《福尔摩斯探案全集Ⅰ：血字的研究》，[英]阿瑟·柯南·道尔著，许德金等译，2017年9月。

10 在一次关于《追随》的访谈中，采访者问诺兰："圣丹斯电影节拒绝了《追随》，这事是真的吗？"诺兰说："这我可回答不了，我可不敢乱说。我可不想在杰弗里·吉尔摩（Geoffrey Gilmore，圣丹斯电影节前总监）他们那里惹上麻烦。"

11 弗兰克·沃纳，美国声音设计师、音响剪辑师，曾凭借《第三类接触》（Close Encounters of the Third Kind，1977）的音效剪辑工作获得奥斯卡金像奖特别成就奖。

12 临时音乐，在电影剪辑阶段，为把握影片调性与节奏所使用的参考音乐，有时是来自其他电影的现成配乐。

13 九寸钉，美国工业摇滚乐队，1988年成立于俄亥俄州克利夫兰。约翰·巴里，英国作曲家、电影配乐师，代表作为《007》系列电影的配乐，多次获得奥斯卡最佳配乐奖。

14 一次访谈中，诺兰曾被问到对自己影响最大的项目是哪个，他回道："……如果一定要选的话，《记忆碎片》带来的影响应该是最大的，因为它让我完成了转变。我此前是完全独立的电影导演，就只是和亲友一起拍电影……那部电影的成功为我们开启了各种可能，有机会去讲述更为宏大的故事。"

15 基甸版《圣经》，是由国际基甸会（The Gideons International）免费分发的《圣经》，常被放置在汽车旅馆和酒店的房间里。

16 小说中的枪决执行时间定在3月29日上午9点。

17 译文参考自《杜撰集》，[阿根廷]豪尔·路易斯·博尔赫斯著，王永年译，上海译文出版社，2015年6月。下同。

18 关于赫拉迪克的祈求，小说这样写道："他想，还差两幕没写，但他很快就要死了。他在黑暗中祈求上帝。我好歹还存在，我不是您的重复和疏忽之一，我以《仇敌》作者的身份而存在。那部剧本可以成为我和您的证明,为了写它,我还需要一年的时间。世纪和时间都属于您,请赐给我一年的日子吧。"

19 根据小说内容,"他结束了剧本:只缺一个性质形容词了。终于找到了那个词;雨滴在他面颊上流下来"。雨滴流下面颊似乎并没有为缺失的细节提供灵感,而是表示剧本甫一完成,停滞的时间即刻恢复了流动。

20 这个假名字（Dorothy Michaels）是将角色原名（Michael Dorsey）的姓氏颠倒,再略加改动的样子。

21 迈克尔拍广告时扮演西红柿却不肯接受动作指令的画面未在片中呈现,只是台词里提到此事。

22 应指这段台词:"你永远不懂我们为什么变魔术。观众知道真相:这个世界其实很简单。一切都实实在在,了无奇趣,着实悲惨。但是如果你能骗到他们,哪怕只有一秒,也能让他们惊叹,然后你就会看到非常特别的东西……那就是观众脸上的神情。"本书第6章还会详述。

23 参见赫尔佐格提出的《明尼苏达宣言:纪录片中的真相与事实》（"Minnesota Declaration: Truth and Fact in Documentary Cinema"）第5条:"电影中的真相有着更深的层次,有一种诗意、出神的真相。它神秘并且难以捕捉,只有通过伪造、想象和风格化处理才能达到这层真相。"（译文出自《赫尔佐格谈赫尔佐格》,黄渊译,文汇出版社,2008年1月。）

24 路易吉·皮兰德娄,意大利小说家、戏剧家。代表作为《六个寻找剧作家的角色》（Six Characters in Search of an Author）等。其艺术特色为颠覆传统戏剧结构,以怪诞的形式表现荒唐的社会现实,经常运用"戏中戏",将作者、观众、局中人等都囊括进剧本之中,形成虚幻与现实的对立与冲突,开放式结局通常神秘莫测、模棱两可。

25 唯我论者认为只有自我及其意识才是唯一真实的、本原性的存在,是世界上唯一的实体,而外部物质世界只能存在于自我的感觉和经验之中。

26 奥利弗·萨克斯,英国神经病学专家,被誉为"医学界的桂冠诗人",擅长以纪实文学的形式,充满人文关怀的笔触,将临床案例写成深刻感人的故事。著有《意识的河流》,该书已由后浪出版公司引进出版（2023年7月）。

27 原文为 Sentimentality is unearned emotion, 这句格言可能源自乔伊斯的著作《尤利西斯》（原句似乎并非如此,这可能是在流传中被缩改后的版本）。还有种说法是,这可能是前者在转引奥斯卡·王尔德的语句:"一个人若自作多情,无非是想既享受感情的痛快,又不用为此破费。……你以为人可以白白地获得感情。不行的。即使是最美好、最富有自我牺牲精神的感情,也不是白送上门的。奇怪的是,使之美好的,正是这一点。"（译文出自《自深深处》,朱纯深译,译林出版社,2015年10月。）

28 这家文身店的店名招牌写着 Emmas TATTOO, 可能是以诺兰的妻子艾玛命名的。

29 译文参考自《朦胧的七种类型》,[英]威廉·燕卜荪著,周邦宪、王作虹、邓鹏译,中国美术学院出版社,1996年10月。

30 史蒂文·约翰逊,美国科普作家、媒体学者。代表作有《伟大创意的诞生》《心思大开》等。

31 诺兰在接受 IFC 的采访时,影评人埃尔维斯·米切尔在谈及《记忆碎片》时说道:"这部电影的叙述者,绝对是不可靠叙述者中最不可靠的。"诺兰回道:"没错。我一直对'不可靠的叙述者'这种叙事元素很感兴趣,尤其是当你电影的叙事极其依靠叙述者视点的时候。但对我来说一直有个问题,就是如何找到合适的理由让叙述者不可靠。因为如果这个人只是在撒谎或做梦之类的,于我而言就不够有趣。但我弟弟的这个构思就是一个完美的出发点,供我们探索讲故事的方法,通过一个特定人物的扭曲视点去观察世界。"

32 柴郡猫（Cheshire cat）,英国童话《爱丽丝漫游奇境记》（Alice's Adventure in Wonderland）中的虚构角色,其形象是一只咧着嘴笑的猫,拥有凭空出现或消失的能力。

第4章　感知　PERCEPTION

1 弗兰克·塞尔皮科和汉纳警督,均为阿尔·帕西诺饰演过的角色。前者出自西德尼·吕美特执导的《冲突》,以历史上真实存在的同名纽约警察为原型,他以对抗警察系统的腐败而闻名。

2 内务部,美国执法机构中专门负责调查警察不当行为或犯罪行为的部门,《黑暗骑士》中的哈维·丹特就曾就职于内务部。

3《失眠症》,《希区柯克剧场》第5季第30集,首播于1960年5月8日。

4 爱伦·坡1844年创作的长诗《乌鸦》,叙述了一位经受失亲之痛的男子,在孤苦无奈的深夜里与一只乌鸦邂逅的故事,乌鸦来临的时刻正是男子即将入睡之时,乌鸦一声声"永不复生"加剧了绝望。

5 蟋蟀先生,《木偶奇遇记》(*Pinocchio*)中的角色,蓝仙女让蟋蟀先生担任木偶男孩匹诺曹的"良心"。

6 希区柯克对日光之下的悬疑与惊悚也有过一段经典言论,在谈及《西北偏北》(*North by Northwest*,1959)中飞机于白天袭击主人公的那场戏时,他说道:"我早就想打破这种陈规了:一个人来到一个地方,在那里他会被杀死。如今,一般导演是怎么处理的呢?一个'漆黑的'夜晚,在城市的一个狭窄的十字路口,受害者在等待,站在一盏路灯的光晕里。由于刚刚下过雨,石子路面还湿漉漉的。一只黑猫沿着墙边偷偷跑过的特写镜头。一扇窗的镜头:有个人偷偷拉开窗帘,向外张望的脸。一辆黑色老式小汽车慢慢驶近,等等。我在想:与这个场面相反,该怎么拍摄呢?一片荒无人烟的平原,阳光灿烂,没有音乐,没有黑猫,没有窗帘后面神秘的脸!"(译文出自《希区柯克与特吕弗对话录》,郑克鲁译。)

7 视觉电报机(optical telegraph),一种臂板信号机系统,通过变换臂板的形状、颜色等视觉信号来传达信息。

8 遮片绘景(matte painting),或称绘画接景,用绘制的景物替代被摄对象中的一部分实景,运用透视原理合成画面的特技摄影方法。

9 另种说法是,"彭罗斯阶梯"由莱昂内尔·彭罗斯(Lionel Penrose)和罗杰·彭罗斯这对父子联合提出于1958年。

10 译文出自《哥德尔、艾舍尔、巴赫——集异璧之大成》,[美]侯世达著,郭维德等译,商务印书馆,1996年8月。

11 三枪投影机(three-lens projector),将输入信号源分解成红、绿、蓝三色,通过发光系统放大,汇聚在大银幕上,从而显示出彩色图像。特艺彩色工艺(Technicolor)在发展过程中,有一个阶段是红绿双色系统,故称为"特艺双彩"(two-strip Technicolor)。

12 艾舍尔看到彭罗斯阶梯后,于1960年以类似的视错觉原理创作出了石版画《升与降》(*Ascending and Descending*)。

第5章 空间 SPACE

1 鲍勃·凯恩,即罗伯特·凯恩(Robert Kane),美国漫画家、动画师,"蝙蝠侠"角色的创造者之一。

2 感兴趣的读者可参阅画册《黑暗骑士手册:蝙蝠洞的工具、武器、车辆与文件》(*The Dark Knight Manual: Tools, Weapons, Vehicles and Documents from the Batcave*,Insight Editions出版,2012年7月),该书对诺兰版《黑暗骑士》三部曲的各类装备有着详尽的图文介绍。此外,还可参见幕前纪录片《侠影之谜:蝙蝠车》(*Batman: The Tumbler*,2005)。

3 格兰特·莫里森,苏格兰漫画家、编剧,以非线性叙事、人道主义哲学等特点为人所知,曾经主导过多部DC作品。

4 蒂姆·伯顿执导过的两版是《蝙蝠侠》(*Batman*,1989)和《蝙蝠侠归来》(*Batman Returns*,1992)。

5 歌德所著《浮士德》中的魔鬼名为Mephistopheles或Mefistofele,中文世界里有几种不同的译法,"靡非斯特""梅非斯特""梅菲斯特"等。本书统一参考钱春绮的《浮士德》译本(上海译文出版社,2011年1月),译作"梅菲斯特"。

6 瓦尔普吉斯(Walpurgis)为出生于英国的修女,在德国传教,在埃希施台特海登海姆修院(属本笃会)院长,卒于779年,成为大主教的圣女、魔法的主保。瞻礼日为5月1日。德国民间迷信,称4月30日至5月1日之间的一夜为瓦尔普吉斯之夜(Walpurgis Night)。是夜,魔女们乘着扫帚柄、山羊、叉棍前往布罗肯山跟恶魔举行每年一次的夜会,跳舞作乐。(该条注释出自钱春绮的《浮士德》译本。)

7 译文出自《歌德自传(下)》,[德]歌德著,思慕译,生活·读书·新知三联书店,2014年1月。

8 游学书生(traveling scholar),另译浪荡学生,中世纪的一种大学生,从一所大学浪游到另一所大学,靠施展小聪明混世。

9 译文出自《浮士德》,[德]歌德著,钱春绮译,上海译文出版社,2011年1月。下同。

10《午夜快车》，艾伦·帕克导演的电影，根据真实事件改编，讲述20世纪70年代，来自美国中产阶级家庭的青年希斯因偷携毒品而被土耳其海关逮捕并辗转越狱的故事。

11《吉姆》，讲述少年吉姆偶遇一名喇嘛，成为他的弟子，跟随他在印度寻找"箭河"。其间，聪明的吉姆被卷入彼时正在进行的英俄"大博弈"之中，暗送情报，数次化险为夷。

12 译文出自《并非冷漠的大自然》第二章"激情"中的"皮拉内西，又名形式的流动性"一节，[苏]谢尔盖·爱森斯坦著，富澜译，中国电影出版社，1996年6月。下同。

13 译文参考自《时间，这永恒的雕刻家 遗存篇》，[法]玛格丽特·尤瑟纳尔著，陈筱卿、张亘译，东方出版社，2002年12月。

14 凯夫拉，美国杜邦（DuPont）公司研制的一种复合纤维的品牌名，主要应用于防弹衣和防护服。

15 在幕后纪录片《侠影之谜：斗篷和头套》（Cape and Cowl，2005）中，克里斯蒂安·贝尔这样描述自己穿上蝙蝠装的感受："颈部粗壮，有点像豹。这种野兽般的外表，让你感觉想随时扑到谁身上……戴上头套会头痛，我对自己说'利用这点'。这个人应该很暴躁，你头痛时就会这样，脾气会变得没耐性，所以我心想，演戏时要利用这点。"

16 西德尼·吕美特著有回顾职业生涯、分享创作经验的《导演》（Making Movies）一书，此处及下述提及其作品的幕后故事在书中有所介绍，该书已由后浪出版公司引进出版（2022年3月）。

17 剧组搭建哥谭市时参考了纽约、芝加哥、香港九龙等地，可参见幕后纪录片《侠影之谜：哥谭市崛起》（Gotham City Rises，2005）。

18 斯坦利·迈尔斯，英国作曲家、指挥家，代表作为吉他名曲《卡瓦蒂那》（"Cavatina"），曾被用作电影《猎鹿人》（The Deer Hunter，1978）的主题曲。他是汉斯·季默早期的导师和合作伙伴。

19 号角曲，以打击乐伴奏、铜管乐器主奏的短曲调，用以在重要场合吸引人们的注意。

20 梅斯喷雾，一种刺激性化学气雾喷射剂，用于制服袭击者。

21 拉尔斯·艾尔·古尔，《蝙蝠侠》系列中的反派之一，影武者联盟的首领，其名字原为阿拉伯语，意为"恶魔之首"。这个角色最初登场于《蝙蝠侠》1971年6月第232期。中文名也译作雷霄古、忍者大师等，本书选取的是音译名。

22 这部涉及的布景、模型制作和拍摄花絮，可参见幕后纪录片《侠影之谜：拯救哥谭市》（Saving Gotham City，2005）。

23《一九四一》和《深渊》分别是斯皮尔伯格和卡梅隆的事业滑铁卢之作，投资不低，但分别遭遇了不叫好或不叫座的问题。

第6章 幻象 ILLUSION

1 程连苏，美国白人魔术师威廉·罗宾森（William Ellsworth Robinson）的艺名，模仿自同时代极为成功的中国清朝魔术师朱连魁［艺名为金陵福（Ching Ling Foo）］。罗宾森长期假扮成中国人的样子，从不在公开场合说英文，于美国和欧洲表演魔术，引发空前轰动。传说中还曾向"正版"朱连魁下过表演"战书"，但后者未在比试地点现身。1918年在表演"徒手接子弹"的戏法时，意外中弹身亡。电影《惊天魔盗团》（Now You See Me，2013）中也提到了程连苏的事迹。

2 安东尼奥·萨列里（Antonio Salieri）与沃尔夫冈·莫扎特（Wolfgang Amadeus Mozart）是同一时代的杰出音乐家。两人风格不同，音乐事业在维也纳时期存在竞争关系。奥斯卡获奖影片《莫扎特传》（Amadeus，1984）将两人的关系进行了戏剧化呈现。

3 典出《绿野仙踪》：当多萝西一行人来到翡翠城见到奥兹国巫师时，他们发现他是一颗火焰中的巨大头颅。而小狗托托把一旁的帘幕拉开，原来这是某人在操纵着骗人的幻象。

4 哈里·胡迪尼，美国魔术师、世界顶级逃脱大师，以能从各种镣铐和容器中脱身而著称。1913年，他表演了其最为著名的舞台魔术"水牢脱逃术"。

5 里基·杰伊，美国舞台魔术师、演员，擅长纸牌魔术、超凡记忆力等。

6 荒野电影、如鱼离水，均为电影亚类型。前者通常指背景设定在野外环境中的故事；后者指人物突然被投入陌生环境中所发生的故事，通常为喜剧片设定。

7 考文特花园，又名科芬花园，曾经是英国重要的蔬果市场，后改造成伦敦最大的特色商品市场，所在区域保留着众多历史建筑。

8《战地神探》，英国侦探剧集，共8季，背景设定为二战时及战后的英国社会。

9 奥尔维拉街，又名墨西哥街，洛杉矶历史最悠久的街道之一，有着浓郁的墨西哥风情。

10《记忆碎片》的片尾曲用了大卫·鲍伊的歌曲《悬而未决》("Something in the Air")。《奥本海默》中主人公的裤装造型也参考了鲍伊的形象。

11 克里斯蒂安·贝尔出演过以大卫·鲍伊为原型的《天鹅绒金矿》(Velvet Goldmine, 1998)，他曾在访谈中为自己没能在拍摄《致命魔术》时见到鲍伊并与之合作而感到遗憾。而与鲍伊有直接对手戏的休·杰克曼则说："我妈妈觉得我终于参演了一部正经电影，因为里面有鲍伊。"

12 该画作表现的故事出自《圣经·路加福音》，讲的是两位门徒在前往以马忤斯的途中遇到复活的耶稣，并与之共进晚餐，席间众人突然认出了耶稣，大家十分惊讶和激动。

13 卡拉瓦乔绘有《酒神巴库斯》和《扮作酒神的自画像》，此处应指前者。

14 本段论述还可参考大卫·霍克尼的著作《隐秘的知识：重新发现西方绘画大师的失传技艺》(Secret Knowledge: Rediscovering the Lost Techniques of the Old Masters)，该书已出版中文版（浙江人民美术出版社，2018），另有纪录片《大卫·霍克尼：隐秘的知识》(David Hockney: Secret Knowledge, 2001)。

15 在一场关于《记忆碎片》的访谈中，诺兰曾说道："我记东西有种倾向，比如我看了一部电影，6个月后再回顾它，发现我总是爱把构图的左右记反……因此我对记忆过程和它能被怎样扭曲很感兴趣。"

16 故障音乐，20世纪90年代兴起的电子音乐和实验音乐亚类型，其特点是故意利用故障的音频媒介或出错的数字音频来创作，彰显一种"错误美学"。易集网站，一家美国购物网站，专门贩卖手工制品、古着和工艺品等。

17 译文出自《图画史：从洞穴石壁到电脑屏幕》，[英]大卫·霍克尼、马丁·盖福德著，万木春、张俊、兰友利译，浙江人民美术出版社，2017年1月。

18 译文参考自《通天塔图书馆》，出自《小径分叉的花园》，[阿根廷]豪尔赫·路易斯·博尔赫斯著，王永年译，上海译文出版社，2015年6月。

19 该片结尾处，邦德从水翼船跳海之后，利用富尔顿地对空回收系统进行撤离。《黑暗骑士》中，蝙蝠侠在香港抓获刘先生后，也是利用此系统逃离现场。另外，在《合金装备》等游戏中也可见到它。该系统又称"天钩"(Skyhook)，是20世纪50年代由美国的小罗伯特·爱迪生·富尔顿 (Robert Edison Fulton, Jr.) 研发出的救援回收系统：先由飞机空投一套撤离装备，地面人员用绳索绑好自己并连接气球，气球快速充气后升空，将绳索拉直，再带V形架的特制飞机钩住绳索，将地面人员及物品吊起并拉上飞机。

20 指《星球大战前传3：西斯的复仇》(Star Wars: Episode Ⅲ - Revenge of the Sith)，该片在美国上映于2005年。

21《异世浮生》原片名 Jacob's Ladder 可直译为"雅各的梯子"，"梯子"既指片中的某样东西，也与宗教原型故事有关：据《圣经·旧约》记载，雅各在梦中梦见从天上连接地面的梯子，天使在梯子上下往来，上帝则从梯子顶端俯视大地。

22 滑奏，指快速滑过一个音阶，演奏时用平滑、连续的滑动指法，两音之间的力度均匀。

23 在有关谢泼德音调的讲解中，它也常被形象地比拟为理发店的红白蓝三色旋转灯柱。

24 指该张专辑的第一首歌"Tie Your Mother Down"的开头和最后一首歌"Teo Torriatte (Let Us Cling Together)"的结尾。

第7章 混乱 CHAOS

1 马布斯博士 (Dr. Mabuse)，德语小说中的虚构人物，创作者是诺贝特·雅克 (Norbert Jacques)。这个角色是一名精通心理学的犯罪天才，利用催眠、易容、赌博等伎俩，把受害人完全操控于股掌之中。朗拍了三部相关作品，分别是《玩家马布斯博士》《马布斯博士的遗嘱》以及《马布斯博士的一千只眼》(The Thousand Eyes of Dr. Mabuse, 1960)。

2 国会纵火案，1933 年 2 月 27 日发生在柏林的国会大厦，纵火方在学界存有争议。希特勒和纳粹将火灾归咎于共产主义煽动者，借此打压德国共产党和反法西斯势力；另种说法是德国纳粹党才是该事件的幕后策划者，或者是个人的纵火行为被纳粹利用并扩大。这起纵火案是纳粹夺取政权的关键事件。

3 IMAX 15/70 格式，指 15 孔 70 毫米 IMAX 胶片，每格胶片在长度上对应 15 个齿孔。

4 威廉·菲希特纳在《黑暗骑士》中饰演的角色任职于一家为黑帮洗钱的银行；他在《盗火线》中饰演配角罗杰·范·赞特（Roger van Zant），是一名不法商人和洗钱者，也是主角团抢劫运钞车行动的幕后雇主。

5 汉斯·季默为小丑角色配乐的经过，还可参见幕后纪录片《黑暗骑士：创造一个哥谭市》（*Gotham Uncovered: Creation of a Scene*, 2008）。

6 哈雷戴维森公司（Harley-Davidson）曾出品过一款名叫"螳螂"（Mantis）的车型，其外形就像一只双臂聚拢在胸前"祈祷"的螳螂。

7 阿伽门农，古希腊神话中的迈锡尼国王，特洛伊战争中的希腊联军统帅，却在凯旋归乡后被其妻子谋害。此处指某种重大悲剧性的陨落。

8 充当片中普鲁伊特大厦的建筑，是当时尚未完工的芝加哥特朗普国际酒店大厦（Trump International Hotel and Tower）。它是芝加哥目前的第二高楼，仅次于出现在《黑暗骑士》里的西尔斯大厦（现名威利斯大厦）。

9 失序之王，原指在 15、16 世纪的欧洲，被任命组织圣诞节狂欢和相关娱乐活动的官员。

10 艾利斯·库珀，美国休克摇滚（Shock Rock）歌手，表演时化有阴森夸张的妆容，如大大的黑眼圈等，舞台风格鬼魅恐怖、有受虐倾向。

11《苏菲的选择》，美国作家威廉·斯泰隆（William Styron）1979 年的同名小说（已出版中文版），后改编为同名电影，上映于 1982 年。故事中波兰女子苏菲和一对子女要被送进集中营时，纳粹军官告诉她可以留一个孩子的活口，选不出来就两个都得死。内心挣扎一番后，她对要掳走两个孩子的士兵大喊："带走我女儿吧！带走我女儿吧！"此事给她留下了一生的阴影。

12 这场戏中小丑对蝙蝠侠说的不是救人而是杀人："杀戮是一种选择，在一条命和另一条命之间做出选择。"

13 培根曾在访谈中说道："我的画作就是对这种扭曲的记录……现在我更想创作肖像画，因为肖像画可以用一种描绘性图像之外的方式来完成。这是一场由运气、直觉和秩序组成的赌博。无论有多少偶然成分，真正的艺术总是有序的。"参见《弗朗西斯·培根：肖像习作》，[英]迈克尔·佩皮亚著，李思璟译，后浪出版公司策划出版，湖南美术出版社，2022 年 10 月。

14 关于《异世浮生》的这种表现手法，还可参见《什么才是真正的恐怖》里的讲解："导演试着将弗朗西斯·培根笔下那种怪异的肖像处理成了影像，拍摄过独立电影的人应该立刻就能明白这是怎么拍出来的。让演员在镜头前剧烈地摇晃脑袋，进行延时摄影，最后用正常速度播放拍摄的画面，在剧烈的抖动下脸部轮廓变得模糊，就呈现出了一种似人非人的东西，直至最近仍有作品在沿用这一技法。"（[日]小中千昭著，谢鹰译，后浪出版公司策划出版，中国友谊出版公司，2021 年 10 月。）

15《异世浮生》中在笼子里晃头的无腿男子形象，灵感来自乔尔-彼得·威特金（Joel-Peter Witkin）的摄影作品《无腿男子》（*Man with No Legs*, 1976）。

16 译文出自《弗朗西斯·培根：肖像习作》。

17 在纪录片《我是希斯·莱杰》（*I Am Heath Ledger*, 2017）中，莱杰对此段经历的自述是："我把自己关在房间里大概 6 个礼拜，出来之后像个瘆人的疯子一样，走起路来都像个疯子，我想找到一种姿态、一种站相。找到小丑的声音也很重要，因为只要找到声音，就能找到呼吸的节律。"诺兰接受 BBC Radio 1 采访，谈及小丑的声音时也说："他的声音难以预测，他创造了这种怪异的音高变化，你永远不知道他什么时候会提高或压低嗓音，你根本无法预测他接下来会做什么，而这也正是小丑令人恐惧的地方。"

18 参议员帕特里克·莱希，美国民主党政治人物，佛蒙特州的资深联邦参议员。他是一位知名的蝙蝠侠粉丝，曾客串出演过多部蝙蝠侠影视作品，在《黑暗骑士崛起》中也饰演了支持布鲁斯的韦恩企业董事会成员。在此处所述的这场派对戏中，他对小丑说："我们才不会被暴徒吓倒。"小丑回应道："你知道吗，你让我想到我父亲，我讨厌我父亲。"

19 对于这场大闹派对戏,莱杰的发声教练盖里·格伦内尔(Gerry Grennell)给出的表演建议是:"因为你是神经病,所以他们都是你的玩偶,你就是在和玩偶玩游戏。"出自《我是希斯·莱杰》。

20 译文参考自《西方的没落(第一卷·形式与现实)》,[德]奥斯瓦尔德·斯宾格勒著,吴琼译,上海三联书店,2006年10月。下同。

21 原文为 man cave(男人洞穴),通常指家中男性可以独处的空间,比如改造的车库或地下室,用来陈列男主人的收藏品等,是男性及其友人休闲娱乐的场所。

22 固定音型,指伴随不断变化的复调音乐声部的一个不断重复的主旋律,可作为一部乐曲的约束依据。

23 "德拉吉报道",一家聚合型的美国新闻网站,创立者马特·德拉吉(Matt Drudge)是最早使用博客形式报道新闻的先锋。其报道常披露爆炸性的内幕八卦,但也因抢先发布未经核实的消息而受到批评和指控。

24 在这篇题为《小布什与蝙蝠侠的共同之处》("What Bush and Batman Have in Common")的文章中,作者还写道:"如果你用手指勾画这个(蝙蝠信号灯投射图案的)轮廓的话,你会发现,它看上去有点像个W。"小布什的代号就是 W。

25 约翰·沃克·林德,1981年出生于地道的美国人家庭,在青少年时期皈依伊斯兰教,赴也门学习阿拉伯语,后于阿富汗的"基地"组织接受训练,传言中曾受到本·拉登接见,最终加入塔利班。2001年11月军事行动中被俘获,押送回美国后于2002年被判处20年监禁,于2019年提前获释出狱。

26 学院(the Academy),即美国电影艺术与科学学院,奥斯卡金像奖的主办单位。《黑暗骑士》参评的是2009年第81届奥斯卡金像奖,当年有5部作品获最佳影片提名,最终获奖的是《贫民窟的百万富翁》(*Slumdog Millionaire*, 2008)。

第8章 梦境 DREAMS

1 爱伦·坡著有诗歌《梦中之梦》("A Dream within a Dream"),中文版收录于《爱伦·坡诗集》(湖南文艺出版社,2022年7月)。

2 在一场与詹姆斯·卡梅隆的对谈中,诺兰谈及《盗梦空间》的缘起时,称自己大学时会熬到凌晨四点左右再上床睡觉。

3 译文出自《虚构集》,[阿根廷]博尔赫斯著,王永年译,浙江文艺出版社,2008年2月。下同。

4 小说中是"火"使梦中的幻影有了生气,而幻影不会被火灼烧。已知这点的老人朝火焰走去,发现"火焰没有吞噬他的皮肉,而是不烫不灼地抚慰他,淹没了他",于是意识到自己也是别人梦中的幻影。

5 原文为 best-laid schemes o' mice an' men,出自苏格兰诗人罗伯特·彭斯(Robert Burns)的诗《写给小鼠》("To the Mouse"),诗文中该句后接 gang aft agley,整句意为"人也罢,鼠也罢,最如意的安排也不免常出意外"(王佐良译)。

6 此处提及导演执导的偷盗电影分别为《杀戮》、《傻瓜入狱记》(*Take the Money and Run*, 1969)、《落水狗》(*Reservoir Dogs*, 1992)、《非常嫌疑犯》(*The Usual Suspects*, 1995)、《瓶装火箭》(*Bottle Rocket*, 1993/1996),这些并不都是他们的出道首作,但都属于生涯早期作品。

7 埃兹拉·庞德,美国现代主义诗人,长达800页的《诗章》是他的代表作之一。

8 大卫·皮普尔斯,美国编剧,代表作有《银翼杀手》《不可饶恕》《十二猴子》等。《不可饶恕》由伊斯特伍德自导自演,是知名的修正主义西部片。

9 下述有关该片美术、布景、特效、配乐等方面的花絮,还可参见幕后纪录片《盗梦空间:行动开始》(*Inception: Jump Right into the Action*, 2010)。

10《盗梦空间》片尾最后的台词,就是柯布的小儿子詹姆斯要带爸爸去看他"盖在悬崖上的房子"。

11 2020年,艾伦·佩姬发表声明称其为跨性别者,同时更名为艾略特·佩吉(Elliot Page),并于2021年完成变性手术。本书提及时仍用其参演《盗梦空间》时的名字。

12 罗伯特·弗里普,英国音乐家,前卫摇滚乐团克里姆森国王(King Crimson)的成员;布莱恩·伊诺,英国音乐家、音乐理论家,以先锋的氛围音乐著称。

13《最后的武士》由汉斯·季默操刀配乐,《盗梦空间》中饰演齐藤的渡边谦也出演了该片。

14 利切卡尔，16、17世纪的一种特点为模仿性的主题和主旋律仿制的器乐作品。

15 原文为 Brobdingnagian，原指乔纳森·斯威夫特（Jonathan Swift）所著《格列佛游记》(Gulliver's Travels)中"大人国"（Brobdingnag）的居民，这些巨人的细微举动会对正常人类比例的格列佛产生巨大影响。该词后用于形容异常巨大的事物。

16 原文为 oneironaut，指梦境探索者，通常与清醒梦有关，他们可以塑造、改变、控制梦境世界。

17 托马斯·德·昆西，英国著名散文家、文学批评家，他在著作《瘾君子自白》(Confessions of an English Opium-Eater，1821)中，讲述了自己服用鸦片成瘾的经历、感受和幻梦。

18 塞缪尔·泰勒·柯尔律治也吸食鸦片，据称其长诗《忽必烈汗》的灵感就来自其吸食鸦片后做的梦，博尔赫斯对此写有短文《柯尔律治的梦》，收录于《探讨别集》。此处是柯尔律治向德·昆西口头描述了皮拉内西的一组版画，德·昆西在《瘾君子自白》里写道："据他说名叫《梦境》，画的是画家在发烧昏状态下的谵妄幻觉……我在这里只是凭记忆描述柯尔律治对我讲述的情形。"

19 译文参考自《瘾君子自白》，[英]托马斯·德·昆西著，黄丹译，上海文艺出版社，2007年5月。

20 欧律狄刻，希腊神话中俄耳甫斯（Orpheus）的妻子，她死后，俄耳甫斯前往地府请求冥王，试图将妻子带回人间。冥王应允了，但提出一个条件，即在他走出地府之前绝不能回头看她一眼，否则他的妻子将永远不能回到人间。然而俄耳甫斯最终还是没能忍住，功亏一篑。返回人间之后的俄耳甫斯对一切都失去了兴趣。

21 著名的勃朗特家子女共6位，按大小排行是玛利亚（早夭）、伊丽莎白（早夭）、夏洛蒂、布伦威尔（男孩）、艾米莉和安妮。

22 这段引文出自 The Adventures of Mon Edouard de Crack，它是勃朗特家族的孩子们编纂的一套迷你手写小书中的一本，包含了诗歌、故事、歌曲、插图、地图等，讲述了"玻璃城联邦"里发生的故事，被学者称为"勃朗特家少年作品"。2014年，哈佛大学将其保存的其中9卷（共20卷）进行了数字化，可供公众查阅。

23 贡达尔，勃朗特姐妹虚构出的世界，艾米莉著有大量围绕此岛国的诗歌，被称为"贡达尔史诗"。

24 译文出自《朱利安与罗切尔》，选自《艾米莉·勃朗特诗全集》，[英]艾米莉·勃朗特著，刘新民译，四川文艺出版社，2021年1月。

25 罗马的陷落（Sack of Rome），指公元410年，西哥特人洗劫了罗马城，这是近800年来罗马第一次落入外敌之手。

26 关于梦的理论学说，还可参见幕后纪录片《盗梦空间：潜意识的电影》(Dreams: Cinema of the Subconscious，2010)，该片由诺兰老友罗科·贝利奇执导。

27 译文出自《梦的解析》，[奥]西格蒙德·弗洛伊德著，方厚升译，浙江文艺出版社，2016年7月。

28 译文参考自《月亮宝石》，[英]威尔基·柯林斯著，潘华凌译，吉林大学出版社，2015年8月。下同。

29 "哆嗦沙滩"和油漆污渍都与《月亮宝石》的具体情节有关，提供了揭发罪犯的线索。

30 原文为 Lethean drafts，Lethean 词源为 Lethe，后者指希腊神话中的冥界忘川，死者饮其水会忘却生前之事。

31《威廉·威尔逊》包含一定的自传色彩，如文中提到的庄园学校就是爱伦·坡曾就读的地方，主人公和坡的生日相同，两者都喜欢赌博并最终被迫离校。该故事的电影版可参见《勾魂摄魄》(Histoires extraordinaires，1968)第二段，由路易·马勒执导，阿兰·德龙主演。

32 译文出自《乌鸦：爱伦·坡短篇小说精选》，[美]埃德加·爱伦·坡著，曹明伦译，江西人民出版社，2017年12月。

33 奥威尔8到13岁时就读的预备学校是圣塞浦里安学校（St Cyprian's School），他在自传性文章《如此欢乐童年》("Such, Such Were the Joys")中回顾了这段痛苦的学童岁月，在此文的某些版本中，他将就读的学校称作"十字门"（Crossgates）。

34 安东尼·韦斯特，英国作家、文学批评家，H.G.威尔斯之子。

35 译文出自《神曲》,[意]但丁著,朱维基译,上海译文出版社,2013年6月。

36 利底亚和弦（Lydian chord）建立在对应的利底亚调式之上。利底亚调式（Lydian mode）,一种教会调式,最大特征是主音与下属音间的三全音音程。

37 和弦进行（progression）,指从一个和弦进至另一和弦。

第9章 革命 REVOLUTION

1 译文出自《双城记》,[英]查尔斯·狄更斯著,宋兆霖译,作家出版社,2015年8月。下同。

2 合作编剧大卫·S.耶在幕后纪录片《黑暗骑士的完结》（Ending the Knight, 2012）中说道:"我们想重现那一幕,就是布鲁斯小时候掉进井里,然后被他爸拉上来的画面,现在该轮到他自己想办法逃出地洞了。"

3 指杰克·帕兰斯在《原野奇侠》中饰演的挑衅杀人的快枪手反派杰克·威尔逊（Jack Wilson）。

4 理查德·伯顿,英国演员,以其收放自如的男中音闻名,曾出演诸多莎剧角色,在1984年上映的电影版《一九八四》中饰演反派奥勃良（O'Brien）。

5 在幕后纪录片《黑暗骑士的完结》中,汤姆·哈迪介绍说自己饰演贝恩时的口音模仿自巴特利·戈尔曼（Bartley Gorman）。后者是一位有着吉卜赛口音的裸拳拳击手,自称为"吉卜赛皇帝",在其格斗领域称霸20余年。

6 贝恩外套的设计参考了瑞典军服的样式,同时也融入了法国大革命时期的外套形状（出处同上）。

7 厄尔莎·基特,老版电视剧集《蝙蝠侠》（Batman, 1966—1968）中"猫女"一角的扮演者。

8 译文出自《一九八四》,[英]乔治·奥威尔著,董乐山译,上海译文出版社,2009年6月。下同。

9 黑豹党,成立于1966年的美国黑人社团,曾利用黑人对白人警察暴力执法的激愤情绪来举办抗议集会,宣传武装自卫和社区自治,极端激进派还试图发动游击战,直接挑衅美国政府。

10 吕美特亲自编剧的电影不止两部,除了《城市王子》,还有《铁案风云》（Q & A, 1990）、《夜落曼哈顿》（Night Falls on Manhattan, 1996）、《判我有罪》（Find Me Guilty, 2006）,此处说法应出自吕美特首次出版于1995年的《导演》一书,截至当时,他只有两部作品是自己编剧的。

11 出自《导演》一书,吕美特继续介绍道:"全片除了一处,我从来没有让天空出现在取景框中……唯一可以看到天空的镜头,画面中只有天空。丹尼尔……俯瞰着地铁铁轨,他在考虑自杀。事到如今,死是他唯一可能的自由,唯一可能的解脱。"（张文译,后浪出版公司策划出版,海峡文艺出版社,2022年3月。）

12 理查德·J.戴利,于1955年至1976年担任芝加哥市长,其长子理查德·M.戴利（Richard M. Daley）也于1989年至2011年担任芝加哥市长,芝加哥甚至一度有"戴利王国"的称号。

13 译文参考自《无尽的玩笑》,[美]大卫·福斯特·华莱士著,俞冰夏译,上海人民出版社,2023年4月。

14 原文为break the back of the economy,直译为"摧毁经济、伤其要害",此说法借用了《黑暗骑士崛起》中贝恩折断蝙蝠侠脊椎的桥段。

15 托利主义,指英国托利党人信奉的政治哲学,基于英国的传统和保守主义,坚持社会秩序在整个历史和文化中的至高地位,可以用"上帝、女王和乡村"来概括托利主义的追求。

16 埃德蒙·柏克,出生于爱尔兰的英国政治家、演说家、哲学家,多年担任英国下议院辉格党议员,主张道德行为和宗教机构对社会的重要作用,支持美国殖民地独立,批评法国大革命,被认为是英美保守主义哲学的奠基者之一。

17 肖恩·汉尼迪,美国脱口秀主持人及保守派政治评论员,长年主持福斯电视台的《汉尼迪秀》（The Sean Hannity Show）。

18 琳达·奥布斯特担任过科幻片《超时空接触》（Contact, 1997）的行政制片人,该片改编自卡尔·萨根的小说《接触》,马修·麦康纳是主演之一。

19 译文出自《星际穿越》,[美]基普·索恩著,苟利军、王岚、李然等译,浙江人民出版社,2015年6月。

第 10 章　情感　EMOTION

1 Rom（罗姆）为 Romilly（罗米利）的简称或昵称。

2 该空间站的名称在《星际穿越》的中文相关书籍中也译作"永恒号"。本书依据命名源头，取沙克尔顿所驾驶船名的通行译法。

3 根据幕后纪录片《走进〈星际穿越〉》(*Inside 'Interstellar'*, 2015)，剧组种玉米的这片土地较为高寒，大家认为可能并不适合玉米生长，当地人也从没在此种过玉米。尽管如此，玉米还是在开机时长到了合适的高度，剧组甚至还靠收成赚了钱。塔可夫斯基在《雕刻时光》里也写到，《镜子》剧组取景时，片中农舍前的田野已被集体农场种了苜蓿和燕麦，剧组拜托农场改种荞麦，却被对方以土质不合、生长不了的理由拒绝，最终剧组自担风险租地种来。荞麦长出来时，"我们将即视为一个好的预兆，它仿佛告诉了我们某些与我们记忆特质相关之事——它穿透时间帷幕的能力，而这正是这部影片的基本理念。"

4 在《好莱坞报道》组织的一场电影摄影师的圆桌会议上，霍伊特玛讲到自己和诺兰的合作缘起："诺兰长期合作的摄影师沃利·菲斯特当时想自己做导演，所以诺兰不得不找新摄影师，于是就找到了我。我接替了沃利，这挺可怕的，感觉就像他俩'离婚'后，我成了诺兰的'新女友'。我希望达到人家的预期要求，拿出和他之前作品一样的水准，同时也想把自己的想法提出来。"

5 波印廷－罗伯逊效应，以英国物理学家约翰·亨利·波印廷（John Henry Poynting）和美国物理学家霍华德·P. 罗伯逊（Howard P. Robertson）命名，指太阳辐射使环绕太阳运动的尘埃微粒速度减慢，它们会沿螺旋轨道缓慢落入太阳。

6 托德先生，白人与印第安人之子，在亚马孙丛林中不为外界所知地生活了近 60 年，不识字但却是狄更斯的狂热书粉。他在救助了前来探险的主人公托尼后，令后者日日为他读狄更斯的小说。托尼由此沦为囚徒，永远地滞留在了蛮荒的异乡。详见《一抔尘土》中的"在托德家那边"一章。

7 卡冈都亚，法国作家拉伯雷（François Rabelais）所著《巨人传》(*The Life of Gargantua and of Pantagruel*) 中的虚构人物，是一名巨人国王，以高大、能吃著称。《星际穿越》中，快速旋转的巨大黑洞以此命名。

8《时间的折皱》，讲述梅格姐弟俩为寻找失踪的父亲而开始星际冒险。他们在外星人的指引下，以五维空间的原则进行星际之旅，利用超时空挪移在星球间来回穿梭。该书已出版中文版。

9 参见图书《潜水钟与蝴蝶》（已出版中文版）及同名电影。该书作者因病而全身瘫痪且失语，为与外界交流，有人为他逐个念字母，当听到需要的字母时，作者就眨一下唯一能动的左眼，如此写下一个字母、一个词、一句话……一本自传。

10 译文出自《不要温顺地走进那个良宵：狄兰·托马斯诗选》，[英] 狄兰·托马斯著，海岸译，人民文学出版社，2015 年 12 月。

11 内克尔立方体，由瑞士晶体学家路易斯·阿尔贝特·内克尔（Louis Albert Necker）于 1832 年提出的视错觉图形，是一个立方体的二维等角透视线框图，对边被画成等长的平行线段，观者对该图形代表二维还是三维、立方体如何放置、哪面朝前等问题会有不同理解。

12 "机械降神"，古希腊、古罗马戏剧中，当剧情陷入胶着时，会由演员扮演神明，借助机械装置突然出现在舞台上，将困境解决。后指意料之外、突然出现、牵强为之的解困角色、手段或事件。

13 应指《我知道你们又来这一套！：影评大佬罗杰·伊伯特毒舌小词典（升级版）》(*Ebert's Bigger Little Movie Glossary*)，该书已由后浪出版公司引进出版（2018 年 5 月）。

14 怀疑暂停状态，由英国诗人柯尔律治提出的美学鉴赏概念，即有意回避批判性思考或逻辑，从而理解超现实或现实中不可能的艺术表达。

15 关于"制鞋皮革"，托尼·比尔（Tony Bill）在《电影行话手册》(*Movie Speak: How to Talk Like You Belong on a Film Set*) 一书中这样解释："用于交代位移的转场一般是鞋的镜头……这个词透露出对这种通常没有对白的转场镜头的轻蔑之情，这样的场景只是为了交代演员通过移动而到达某个地理位置……还有，拨电话、穿衣服、给出租车司机付车费以及其他能够表示消耗了时间的动作也可以称为 shoe leather。"（张文思译，世界图书出版公司，2013 年 12 月。）

第 11 章　生还　SURVIVAL

1 译文出自《敦刻尔克》，[英] 约书亚·莱文著，吴奕俊、陆小夜、王凌译，重庆出版社，2017 年 9 月。下同。

2 幕后纪录片《〈敦刻尔克〉制作记录》(The Making of Dunkirk, 2017) 中，约书亚·莱文还曾如此评述这场大撤退的历史意义："如果这些英军被杀或被俘，那英国就没有选择了，就会变成德国的卫星城市。想象一下那样的话一切会有多么不同。对我而言，敦刻尔克大撤退就是那个'世界仍保持自由'的时间点的中心，所以记住它极其重要。"

3《信条》开场就以管弦乐团集体调音的形式呈现了谢泼德音调的效果。

4 零和博弈，即非合作博弈，指参与博弈的各方，在严格竞争的条件下，一方的收益必然意味着另一方的损失，博弈各方的收益和损失相加总和永远为"零"。

5 译文出自《电影书写札记》，[法] 罗贝尔·布莱松著，张新木译，南京大学出版社，2012 年 1 月。

6 诺兰携《敦刻尔克》众主演接受 IGN 网站采访时说："《敦刻尔克》已经达到 IMAX 拍摄的最大程度，全片有大约 75% 是实打实的 IMAX 格式。拍摄全 IMAX 电影受到的限制是，你得做 ADR（自动对白替换，即后期补录），因为 IMAX 摄影机工作时的声音太响了。而我不想后期补录，我想捕捉自然的表演和对话。"

7 片中这位一边向生还士兵发放毯子一边说"干得好"的盲人角色由诺兰的叔叔约翰·诺兰饰演。

8 返航点 (point of no return)，飞机巡航时耗尽全部燃料，仍可返回起飞地的最远临界点。越过该点后，燃料不足以安全返航。

9 埃尔加将《谜语变奏曲》的 14 个变奏献给 14 个人，最为著名的第九变奏"宁录"献给音乐编辑奥古斯特·耶格 (August Jaeger)，后者曾在长期的合作中为埃尔加提供了宝贵意见。曲名"宁录"乃作曲家玩的一个文字游戏：Jaeger 的德文写法 Jäger 意为"猎户"，而宁录 (Nimrod) 正是《圣经》中"英勇的猎户"。

10 代表飞机为斯图卡俯冲轰炸机，安装的警报器俗称"耶利哥号角" (Jericho Trumpets)，俯冲时发出的尖啸声可极大恫吓地面士兵，加强攻击效果。

11 具体音乐，1948 年由法国工程师皮埃尔·舍费尔 (Pierre Schaeffer) 提出，指将自然音响录制下来后，进行编辑加工、电声技术处理而成的乐曲。

12 减音阶，一种对称式的八声音阶，由全音和半音交替构成，按照"全半全半"顺序排列的称为"全半减音阶"，按照"半全半全"顺序排列的称为"半全减音阶"。

13 Luftpause，德语"呼吸间歇"之意，在音乐中指旋律音符间，尤其是乐句末的换气。

14 西蒙·辛格，英国科普作家、理论物理学家。《码书：编码与解码的战争》已由后浪出版公司引进出版（2018 年 3 月）。

15 答句运用以上几种变形方法的卡农分别为：五度卡农与四度卡农；减时卡农与增时卡农；转位卡农或倒影卡农。

16 螃蟹卡农，也被称为蟹行卡农或逆行卡农，另有回文卡农的叫法。

第 12 章　知道　KNOWLEDGE

1 根据电影，这段对话应发生在一座陆地上傍山的建筑里，主人公到来时，众人正边享用晚餐边聊天。

2 在《微量的慰藉》中，邦德在某地执行完任务准备离开时，"总督特意为他举行了告别晚宴……晚宴上，邦德感觉与他们几乎没有什么共同语言，气氛也不是特别热烈……邦德心里很希望总督和他聊天时能够轻松一点儿。换句话说，多点儿人情味儿"。而后总督讲起了身边一对夫妇婚姻破裂的故事，故事讲毕，总督对邦德说："开始时，我还有些担心我的故事会让你觉得无聊呢！说实话，晚餐一结束，我就在绞尽脑汁地找话题，希望和你交流。我知道你的生活充满了冒险和刺激，而我们的生活又平淡且单调，想让你感兴趣可真不容易。我很高兴你觉得这个故事有意思。"（徐建萍译，北京联合出版公司，2016 年 7 月。）

3 诺克斯堡，美国的超级金库，位于肯塔基州路易斯维尔市附近，有着最高级的安保戒备，用于保存国库黄金及其他国家宝藏。这一地点在 1959 年的《007》小说《金手指》和 1964 年的改编电影里都有所呈现。

4 该代号可能出自《撞击我的心（神圣十四行：14）》["Batter My Heart (Holy Sonnet 14)"] 的第一句："撞击我的心吧，三位一体的神。"（Batter my heart, three-person'd God.）译文出自《基督教文学经典选读》，苏欲晓译，北京大学出版社，2004 年 8 月。

5 原文为 Now I am become Death, the destroyer of worlds. 据《薄伽梵歌》第十一章"呈现遍宇形貌瑜伽"（张保胜译，中国社会科学出版社，1989 年 12 月），毗湿奴应阿周那王子的要求，向后者显现自己的宇宙形貌，其光辉有如千日同升朗耀太空，无边无际难以正视；其口则如劫末之火，以烈焰焚毁宇宙。面对种种异象，王子惶恐畏惧不已，求神平息并问其变身后的身份时，毗湿奴如此回答。此处奥本海默的讲话可参见 NBC 的电视纪录片《投弹决定》（The Decision to Drop the Bomb，1965）。

6 奥本海默会多种语言，其中包括梵文，他尤爱阅读梵文版的《薄伽梵歌》，此处所指梵文原词的字母转写为 Kālá。

7 原文为 I am all-powerful Time, which destroys all things, 译文参考自《薄伽梵歌》，[古印度] 毗耶娑著，黄宝生译，商务印书馆，2010 年 4 月。

8 吉诺·塞格雷（Gino Segrè）所著的《哥本哈根的浮士德》（Faust in Copenhagen: A Struggle for the Soul of Physics and the Birth of the Nuclear Age）一书对这一年代和相关轶事有更为详尽的描写。

9 曼哈顿计划，二战期间美国研发与制造原子弹的一项大型军事工程，奥本海默作为新墨西哥州洛斯阿拉莫斯实验室的首任主任，负责原子弹的制造项目。

10 应指《水之乡》第四十九章"关于帝国的构建"中的这一段："曾经，人们相信有世界末日。读一读那些古老的书籍，看看人们究竟有多少次，在多少篇章中，曾经提及、预见、计算和想象过世界末日。但那一切，当然，是迷信。世界在成长。它并没有结束。人们摆脱迷信，就如他们摆脱父母一样。他们说，别信那些老套的胡言乱语。你可以改变世界，你可以让它变得更好。天堂不会坠落。这是真的。有一阵子——它并非始于很久之前，只不过是几代之前——世界开启了革命、进步的历程；而世界相信它永远不会结束，它会变得越来越好。但随后，世界末日再度来临，并不是一种观念或是信念，而是世界在成长过程中一直不断为自己制造出的东西。这东西只不过显示了一点：如果世界末日不存在，就有必要创造一个世界末日。"另外，第十四章"革命"中也写道："这伟大的所谓文明进步，无论在道德上还是在科技上，总是偕退化同行。"并将核裂变称为"历史以如此反常变态的方式自掘坟墓"。（郭国良译，译林出版社，2009 年 10 月。）

11 译文出自《古希腊悲剧喜剧集（上下）》中的《奥狄浦斯王》，索福克勒斯著，张竹明、王焕生译，译林出版社，2011 年 7 月。

12 开伯尔山口，位于巴基斯坦和阿富汗边境的隘口，属兵家必争之地。吉卜林的作品中多次提到这个地理位置，如《国王迷》。

13 protagonist 一词也有"主导者""主要人物"之意，《信条》片尾揭示出华盛顿饰演的角色正是整个行动的主导者。

14 萨托尔方块，一组包含五个拉丁语回文的四方连词，最早的例子可追溯至庞贝所属的古罗马时代。图中的五个单词在《信条》中分别对应：反派（Sator）、疑似与反派妻子有染的作伪画家（Arepo）、片名（Tenet）、开场的歌剧院（Opera）、负责自由港建筑工程的公司（Rotas）。

15 在幕后纪录片《看待世界的新方式：〈信条〉制作特辑》（Looking at the World in a New Way: The Making of Tenet，2020）中，诺兰也说过："摄影机真能看到时间，在摄影机出现之前，人们没法构想出慢动作或逆转动作。电影本身就是时间的窗口，让《信条》这个项目得以实现。"

16 珍妮弗·拉梅担任过诺亚·鲍姆巴赫执导的 5 部电影的剪辑师，分别是《弗兰西丝·哈》《年轻时候》《美国情人》《迈耶罗维茨的故事》《婚姻故事》；与阿里·艾斯特则合作过恐怖电影《遗传厄运》和《仲夏夜惊魂》。

17 根据此处的描述，也可以说用到了"强迫透视"（forced perspective），该技法会利用消失点构图和近大远小等透视原理，以小体积的微缩模型或遮片绘景营造出夸大的视觉效果，让自身看起来更大或更远。前文提及的《日出》以运用强迫透视闻名，《敦刻尔克》中也用此法来表现船舶。

18 译文出自《荒原：艾略特文集·诗歌》，[英]T.S.艾略特著，裘小龙译，上海译文出版社，2012年7月。

19 译文出自《44号——神秘的陌生人》，[美]马克·吐温著，伊如一译，江苏人民出版社，1988年6月。

20 宇称守恒，可简单理解为左右镜像对称。物理学界在1956年以前一直认为宇称守恒，即一个粒子的镜像与其本身性质完全相同。1956年，杨振宁和李政道提出，在弱相互作用下，宇称可能不守恒，即互为镜像的粒子运动规律不对称，而后由吴健雄牵头以实验证明了宇称不守恒定律。1957年，杨振宁和李政道凭此项发现获得诺贝尔物理学奖。

21 译文参考自《哈姆雷特：莎士比亚戏剧集》，[英]威廉·莎士比亚著，卞之琳译，浙江文艺出版社，2001年3月。

第13章 结局 ENDINGS

1 译文出自《我是传奇》，[美]理查德·马特森著，陈宗琛译，上海译文出版社，2008年4月。

2 电影史上也称为"优质电影"，它们大多改编自法国文学著作，并采取棚内拍摄，有着华丽的布景和精致的服装，常由业内资深导演制作。

3 出自1979年3月特吕弗在《纽约时报》上发表的文章《希区柯克——他的真正力量是情感》（"Hitchcock—His True Power Is Emotion"）。

4 译文出自《1962年的作者论笔记》，[美]安德鲁·萨里斯著，米静译，收录于《电影理论读本》（杨远婴编），后浪出版公司策划出版，世界图书出版公司，2012年1月。

5 指1955年12月夏布罗尔在《电影手册》上发表的文章《惊悚片的进化》（"Evolution of Thriller"）。

6 此处列举的片例，也常被视为黑色电影的代表作品。

7 保罗·马纳福特，美国前政客，供职于特朗普竞选团队，因被曝收受乌克兰亲俄政党酬劳而离职，被控银行欺诈和逃税案入狱。

8 还原（unrestore），或称"逆修复"，本质上也是一种修复技术，但用诺兰的话说，旨在"让观众拥有1968年电影初次上映时的观看体验"，从而保留了偶尔出现的划痕等瑕疵。

也能看到他们吸取了错误的教训。我认为我自己也有过各种受教的经历，对我而言是件幸事，其中关键的一个就是《致命魔术》。我们预测这部片在上映首周末的票房可以排到第 4 或第 5 名，但市场调查结果……用他们的话来说是'十分惨淡'（in the toilet）。但是制片厂的人很喜欢这部电影，对宣发策略也很满意，可市场调查结果让他们迷惑不解。第一波影评在首映那周的头几天就出来了，反馈很糟糕。那时候'烂番茄'（Rotten Tomatoes）网站才刚刚创立。我想首映礼是定在了周二。我记得自己怀着'片子扑了'的心情去了现场。之前我的经纪人打来电话说：'真可惜，电影其实挺棒的。'你能理解吗？我当时感觉我们彻底完蛋了，胜败已成定局，因为电影上映之前就有很多风声。片子在'烂番茄'上评分很低，我们就在这样的情况下驱车前往首映礼现场。惨淡的市场调查以及观众反馈，让我感受到一种失败的气氛。首映地点在好莱坞的埃尔卡皮坦剧院（El Capitan Theatre）。结果，那却成了我们史上效果最好的一次首映，因为大家的预期很低。本来关于这部电影的小道消息都在说：'他们搞砸了，这片子是场灾难。'其实，在开车去首映礼时就知道自己搞砸了，所有人都会讨厌这部电影——拥有这样的经历让我觉得非常幸运。我确实从中学到了一些东西。我学到了，我自己知道片子很好，这对我真的很重要。因为就算它令人不快——这种感觉挺糟糕的——我也知道**我**喜欢自己拍的东西，我对它感觉良好。你会发觉，在郁闷无助的时刻，每个人都转过来跟你说电影真垃圾，这时唯一能支撑你的，就是你对它的信念。因此，如果一开始连你自己都不相信片子的品质，那你就是在冒险，冒着可怕的风险。"

《致命魔术》于 2006 年 10 月 20 日上映，成为那个周末的票房冠军。影评反馈不错，影片也轻松收回了 4,000 万美元的制作成本，最终斩获 1.1 亿美元票房，还获得奥斯卡最佳美术指导和最佳摄影两项提名。就连电影是爆是扑这件事，似乎都成了光线在玩的魔术。

SIX
第 6 章

幻象
ILLUSION

"你在仔细看吗?"听起来像是迈克尔·凯恩的旁白问道,此时以推轨镜头拍摄散落在树林中的数顶礼帽。影片的时间背景设定在维多利亚时代晚期,即19世纪90年代。托马斯·爱迪生(Thomas Edison)已经发明了灯泡,科学领域对电力的探索让它很快就会进入寻常百姓家,这迫使魔术师们要拿出更危险的戏法来挽留日益减少的观众。在《致命魔术》的第一场戏中,我们看见罗伯特·安吉尔(Robert Angier,休·杰克曼饰)跌入一道活板门,落进候在下面的水缸中,他逃不出来,逐渐溺毙。眼睁睁看着他溺毙的是另一位魔术师——阿尔弗雷德·博登(Alfred Borden,克里斯蒂安·贝尔饰),随后他因涉嫌谋杀安吉尔而受审,且被判有罪,正等着上绞刑台。我们亲眼看到了这一切。但在诺兰所有电影的开场中,《致命魔术》可能是最具欺骗性的一个。影片的结尾,诺兰会重现一模一样的戏码,只是这一次我们得出的结论截然相反:不仅博登无罪,安吉尔也压根儿没死;掩人耳目的终极活板门,其实是博登踏上的绞刑台。在片长2小时10分钟的过程中,这场双雄较量会让他们断指瘸腿、生计不保,甚至丢了性命,并且最终的反转是——其丧命的次数远超有命可丢的存活次数。

克里斯托弗·普瑞斯特(Christopher Priest)1995年的同名小说,讲述了两个魔术师之间的对决。1999年末，诺兰刚拍完《记忆碎片》，制片人瓦莱丽·迪安（Valerie Dean）第一次向他提起这本小说，引起了他的注意。但由于即将投入《失眠症》的前期制作，他发现没什么时间亲自写剧本。于是到了2000年秋天，诺兰在英格兰宣传《记忆碎片》时，他和弟弟乔纳在海格特公墓（这里后来成为剧本里的外景地之一）漫步许久，他问乔纳是否愿意改编这部小说。诺兰说："我把故事告诉他，然后说：ّ我知道这得做成什么样，我已经有想法了。不过你愿意试着把剧本写出来吗？'我知道他对这类故事有恰切的想象力和点子，别人没有能力推进这个项目。他非常喜欢这个点子，也很爱这本书。一想到这是他事业起步写的首个剧本，我绝对是给了他一个艰巨的任务。然而那时候我们都年少无知，《记忆碎片》又刚刚让我大获成功。那最初也不过是他想出来的一个疯狂的点子，让我拿去写了一个疯狂的本子，还是逆向叙事的，因此一切皆有可能。随着你做的电影越来越多，知道哪些东西行不通、明白哪些东西糊弄不了人——你必须与这种了解做斗争，你不能限制自己的思维。"

《失眠症》的成功让诺兰有机会执导《侠影之谜》，与此同时，乔纳仍在继续埋头苦写《致命魔术》的剧本。他把草稿发给哥哥，然后收到反馈意见。"他写了好几年，前后大概花了5年，因为这个故事的改编难度非常非常大。他把稿子发给我，我反馈自己的想法，给他批注'这个不行，那个行不通'。这部电影就像一个解密盒，我们花了好几年才终于破解。"他们达成共识，想要沉浸在一个层次丰富的世界里，谜团会一层一层揭开。诺兰做起了调研，维多利亚时代伦敦纯粹的视觉轰炸令他震惊。尽管当时没有广播、电影和电视，但这座城市已然充斥着形形色色的视觉广告。

"维多利亚时代非常迷人。我大学刚毕业那会儿，有几本重新评价这个时代的佳作刚刚出版。因为大众想象中的维多利亚时代总是压抑又保守，现实却远非如此。如果你看看那个时代的人们在知识上的探险，以及当时发生的事情，从这个角度来看，它就很迷人了。着装和礼仪等方面让你粗浅地认为这个时代很压抑，然而那些翻天覆地、改变世界的想法也诞生于此时。从我们身处的时代回看，当然带着高它一等的优越感。但是想想达尔文和进化论，想想地理上的探索和那些环球探险者，再想想英国皇家地理学会成立的时间，还有年仅18岁的玛丽·雪莱（Mary Shelley）写出《弗兰肯斯坦》（Frankenstein）的时间，这些也就是百十来年前的事。那是一个在智性上敢于冒险尝试的年代，在建筑上也是如此。有很多维多利亚时代的建筑质量

不佳，现代人也很看不上维多利亚式和新哥特式建筑，但是你能从中感受到那种吸引力，对复杂又原始之魅力的再挪用。过去 100 年来，这份吸引力和电影的形式主义之间存在着很强的关联。"

《致命魔术》中提到了托马斯·爱迪生，这提醒着我们，包括电影在内，还有很多诺兰喜欢的事物都是维多利亚时代的发明：四维空间 / 超立方体的概念、科幻小说、分身的概念、打字机、不可知论、照相术、混凝土和格林尼治标准时间。你越了解他，就越不会认为《致命魔术》是诺兰电影作品中的异类，反而更像是凝聚了他所有主题与关注点的典范之作。诺兰说："在某种程度上，我所有电影都是关于'讲故事'这件事。《记忆碎片》《失眠症》和《盗梦空间》都是如此，而《致命魔术》也和它们一样，都是关于讲故事。《致命魔术》大体上讲的就是人们努力去理解魔术语言，努力拍出一部本身即是魔术戏法的电影，运用电影语法来做到这一点。这就好比寻找导演和建筑师之间的关联：建筑师怎样创造出包含叙

魔术师兼电影人乔治·梅里爱（上图）的目标，是"让超自然的、想象的，甚至是不可能的事物都能被看见"，就像他在其短片《乌坦剧院的消失女子》（*The Conjuring of a Woman at the House of Robert-Houdin*，1896）中展现的那样（下图）

事成分的空间；而导演又怎样进行场面调度，怎样把镜头组接在一起，怎样营造出故事的地理空间。两者的相似之处起初并未显现，因为舞台魔术在电影里无法发挥效力，大家对摄影机的骗术和剪辑这些东西太了解了。我是通过制作本片才发现了导演和建筑师的这种关联。"

• • •

1896 年，在罗培·乌坦剧院（Théâtre Robert-Houdin）的舞台上，法国魔术师兼电影人乔治·梅里爱（Georges Méliès）让他的助手让娜·达尔西（Jehanne d'Alcy）凭空消失了。梅里爱在生命最后阶段给一位魔术师同行的信中写道："我的电影事业和罗培·乌坦剧院密不可分。我对魔术戏法的运用和对奇幻的个人喜好，让我注定成为人们口中的'银幕魔术师'。"在那个魔术中，梅里爱身穿全套晚礼服，留着山羊胡，动作夸张地将一张报纸铺在地板上，证明那里没有活板门；然后在报纸上放了一把椅子，请达尔西坐在上面。她坐在那里自顾自地扇着扇子，此时梅里爱用一块带花纹的大毯子将她盖住。她身穿一件高至脖颈的束胸连衣裙，而他要确保每一寸裙装都被遮好。接下来，他毫不费力地掀开毯子，椅子上空空如也。他把椅子拿起来转了转，展示给观众看。他尝试把她变回来，第一次不太成功：他挥了挥手，却只召唤出一具骷髅。他用毯子盖住骷髅，这次掀开的时候，助手出现了，毫发无损。他们谢幕离场，然后重返舞台再次谢幕，然而这或许才是整个过程中最大的幻象——因为台下根本没有观众。梅里爱的魔术是为摄影机表演的，或者更准确地说，是**通过**摄影机表演的，大变活人的效果是通过简单的停机再拍实现的。

观众被骗了吗？是，也不是。梅里爱进行表演的剧院，是由伟大的现代魔术之父——让-欧仁·罗培-乌坦（Jean-Eugène Robert-Houdin）创办的，他也确立了魔术师穿晚礼服表演的形象。乌坦曾说："普通人将变戏法当成对自己智商的挑战，因此决心攻克这些手上花招。相反地，聪明人看魔术表演时，却只会欣赏那些幻象，不但不会给表演者增添阻碍，反而是魔术师的首席帮手。越受骗，越开心，因为他花钱为的就是这个。"

这个矛盾也是《致命魔术》的关键所在。"如果大家把我在台上的表演当真，他们就不会鼓掌，只会尖叫了。"罗伯特·安吉尔（休·杰克曼饰）说道。他是个油滑的美国演艺人（showman），半是魔术师，半是演员，他的魅力可以弥补其魔术表演中所缺乏的真刀真枪。杰克曼站在舞台上，一束纯

蓝色的光打在他身上，他给这个角色赋予了舞台魅力、十足派头，还有一丝虚情假意的欢愉。资助了安吉尔最新魔术"移形遁影"的剧院老板说："我们得稍微包装一下，加一点伪装，让观众有怀疑的理由。"观众以为自己要的是电影里的真实感，但是这句台词却顽皮地戳破了这种幻想：我们希望电影中的真实感能够骗过自己，但又不要过分真实，让我们忘记了自己正在被骗，比如误以为银幕上的枪战是真的。1952年，法国电影理论家艾蒂安·苏里奥（Etienne Souriau）指出："我们知道魔术师并没有真的在我们眼前把箱子里的女人压扁，但是，我们身在游戏之中，拒绝被欺骗（但也乐在其中），因此我们拒绝相信自己的眼睛。看电影时，我们把自己完全交给了电影。我们因易于受骗而感到快乐。"所以，罗伯特·安吉尔的魔术和克里斯托弗·诺兰的电影都是这么回事。

站在安吉尔对立面的是阿尔弗雷德·博登（克里斯蒂安·贝尔饰），他在各个方面都与安吉尔相反：他是一个脾气暴躁、不修边幅的伦敦东区佬，同时也是个纯粹主义者——他鄙视安吉尔哗众取宠的戏法，满腔热血、自以为

休·杰克曼在诺兰的第 5 部长片《致命魔术》（2006）中饰演罗伯特·安吉尔

152　诺兰变奏曲　THE NOLAN VARIATIONS

是地相信着真正的魔术和实打实的东西,但却缺乏安吉尔的表演技巧和优雅风度。卡特(迈克尔·凯恩饰)是安吉尔的机关师,帮其设计戏法装置,他认为博登是"一个很厉害的魔术师,然而却是一个极糟糕的演艺人,不懂该如何包装与推销他的魔术"。博登如此执着于追求"幻象的真实性",以至于那已不再是幻象。他和安吉尔刚看完"中国佬"程连苏(Chung Ling Soo)[1]表演的鱼缸戏法,该戏法的诀窍在于,程连苏即便在台下也要伪装成跛脚。"摆脱这一切的唯一方法,"博登边说边用拳头捶打坚实的戏院外墙,"就是完全献身于自己的艺术,做到彻底的自我牺牲。"

乍看之下,我们以为这是演艺派与真实派、匠人精神与艺术追求、萨列里与莫扎特[2]之间的较量,然而诺兰电影的厉害之处就在于,无论剧情天平多么频繁地倾斜,无论观众的同情心怎样在两人之间游移,也从未有一方真正占了上风。

一开始,博登妥妥是影片中的反派。他被判谋杀了安吉尔,被关进新门监狱,在那里他的自娱方式就是解脱手铐,然后把它们铐在狱卒的脚踝上。典狱长把他锁进湿冷阴暗、寸步难移的牢房中,然后说:"这锁要检查两次。"博登对真实感的追求,也展现在影片分层式的美术设计、自然光的运用,还有沉浸式的音响设计中——监狱里丁零当啷的镣铐、把鸽子关进机关装置时咔嗒作响的弹簧、绞刑架咯吱咯吱的摇柄。所有这些都在极力提醒观众物质世界那无处可躲的坚实质感。博登曾用拳头轻轻捶打砖墙,把这份坚实质感称作"这一切"。但是,影片也用安吉尔对幻象的喜好来对抗"这一切"——炫技式的剪辑、叙事的反转,还有灵巧的手法,这些都为看似无比可信的事件增添了一层元小说式的光晕。片中的声音一次又一次达到高潮,然后戛然而止,徒留我们盯着银幕上的简单意象(一顶礼帽、一只黑猫),仿佛要我们思索刚刚领悟到了什么。

本片为数不多的特效镜头中,就数这个转场最为神奇:我们看着牢房中的博登正在读安吉尔的日记,紧接着镜头就转向了行驶在科罗拉多州落基山脉盘山道上的蒸汽火车。安吉尔坐在车上,正要去探寻博登那个"移形遁影"魔术的秘密。此时,影片音轨中涌现一阵低沉的声浪,仿佛远处有人冲破了音障,显示故事即将转场到更早的时间点。

在这条时间线上,安吉尔还活着,远赴科罗拉多州,探访隐居的发明家尼古拉·特斯拉(Nikola Tesla,大卫·鲍伊饰),请他帮忙破解博登的"移形遁影"之谜。此时的博登也还没进监狱。在更早的一条时间线上,博登正在追求自己未来的妻子萨拉（Sarah，丽贝卡·霍尔饰）。贝尔演出了爱玩闹小子的魅力，自打 1987 年他在斯皮尔伯格导演的《太阳帝国》（*Empire of the Sun*）中饰演了少年吉姆·巴拉德（Jim Ballard）以来，他就给观众留下这样的印象。他给萨拉的侄子表演魔术，仿佛表演给 13 岁的自己看。他告诉男孩："绝对、不要、揭穿谜底，明白吗？一定要守口如瓶。魔术的秘密不会打动人——变魔术的技巧才最重要。"诺兰片中的魔术师都和勒卡雷笔下的间谍一样内心分裂，也由于同样的原因无法获得亲密关系——他们都对秘密长期有瘾。安吉尔和博登对彼此的恨意掏空了两人，他们之间有太多相似之处，远胜于他们与同居女人之间的共同点。然而，在这场争夺观众同情心的战役中，博登的秘密武器就是他与 24 岁的霍尔之间的化学反应。这是霍尔第一次在美国大银幕上亮相，表演灵动可人，她对博登故作自信的性格动了芳心，但却含蓄不露，同时暗暗觉得对方有些好笑。她是诺兰电影中第一个有着爱意与温情的女人，而非欲望或恐惧的投射客体，她的活泼开朗似乎指引着博登走出自甘身陷的迷宫。她从博登那儿套出了"接子弹"戏法的秘密

阿尔弗雷德·博登（克里斯蒂安·贝尔饰）和他的妻子（丽贝卡·霍尔饰）

后，神色黯然地说道："一旦知道了，秘密就显而易见了。"她的失望之情就像云层遮住了太阳。

"唉，还是有可能出人命的……"贝尔垂头丧气地抗议道，他那伦敦东区佬的逞能派头泄了劲儿，奥兹国巫师躲在幕后的真身显现出来了[3]。他的气势弱了下来，违心地向萨拉表达了爱意，却遭到她的断然拒绝。"今天你不爱我，"她端详着博登的眼睛，"有些时候你说这话不是真心的。也许今天的你更爱魔术。我希望自己能够分辨其中的差别，这样一来，你**真心爱我**的日子才有意义。"贝尔听到这番话时的一连串反应精彩极了——笑容逐渐收敛，接着满脸怀疑，之后如释重负。他学到了有关情感的第一课：要发自真心。

第二本日记是博登的，身在科罗拉多州的安吉尔读着这本日记，由此解锁第三条时间线：时间点回到最遥远的过去，呈现了最初是何事让两人反目成仇的，就是那场演砸了的哈里·胡迪尼（Harry Houdini）[4]式水下逃生戏法。在这场表演中，安吉尔的妻子被绑住双手，直身沉入装满水的玻璃缸中。幕布降下罩住她，她在幕后试图逃脱。绑住其双手的是博登，之前我们听到他建议打一个更紧的蓝氏结，从而让效果看起来更逼真。幕布落下，一阵很轻的军鼓鼓点宛如她的心跳，这一节奏被卡特秒表指针的响声盖过。鼓声停止，她就死了。

・・・

《致命魔术》开始制作时，诺兰的家庭也添丁了。他和艾玛·托马斯的第一个孩子弗洛拉出生于 2001 年；老二罗里出生于 2003 年；然后老三奥利弗出生了，他刚好适合在《致命魔术》里客串博登刚出生不久的女儿。这个角色必须从醉心于工作的父亲那里争抢不多的关注——诺兰也要在家庭和工作之间保持平衡，那正是对这种个人经历的夸张呈现。"在平衡工作与生活这方面，《致命魔术》是一部重要的影片。因为那时我们刚刚有了第三个孩子，尽管艾玛很喜欢这个项目，但她却非常想退居二线，降低参与程度。她不想担任主要职务，但那到底是不可能的。我不得不把她拉回来，因为我需要她。拍片过程十分复杂，我们尽力用更少的钱做更多的事，边拍边赶进度。我们还有三个年龄很小的孩子，她却可以把一切都安排得井井有条——制片过程烦琐不堪，还要出外景，预算也紧张。对我而言，那是一个转折点。那时，她本可以说'是啊，我应付不来这么多事'，但她却想办法把一切都平衡好了。"

艾玛·托马斯和儿子奥利弗在片场

乔纳完成剧本之后，诺兰最后进行了一次调整，其中一处改动，就是对女性角色的刻画——一位是由斯嘉丽·约翰逊（Scarlett Johansson）饰演的奥利维娅（Olivia），她既是诡秘不忠的助手，也是两个男人的情人；另一位则是由霍尔饰演的博登之妻萨拉。"霍尔寄来了试镜录像带，我和艾玛合作多年的选角导演约翰·帕帕席德拉（John Papsidera）说：'你们一定要看看这个。'我们都觉得：'哇，很合适，她真是不可思议。'然后就通知她进组，让她和克里斯蒂安一起试了戏，就我们三个人一起排练。她真的很棒。最后一稿剧本是我自己写的，做了些比较大的改动。这些年来，乔纳其实已经完成了所有繁重的工作，但是艾玛也经常跟我讲如何提升角色与女性关系的可信度。因此，在改写的过程中，我做了一件自认为很有价值的事，就是发现最棘手的问题，然后接受这个问题的特性。有意思的是，电影上映之后，我记得我们去看里基·杰伊（Ricky Jay）[5]的魔术表演，演出结束后去后台找他，当时还有其他客人在场，他们开始聊自己多么喜欢《魔术师》（The Illusionist，2006），多么不喜欢《致命魔术》。他们显然不知道我们是谁，其中一人说道：'他们为什么非要杀了妻子那个角色？'我思考了一下，因为这一段是我加进去的。就我个人的观点，这样安排再合理不过。那是一个高度父权制的社会，女人没有太多选择，而她面对的丈夫其实是个疯子。考虑到这个故事的现实程度，这段关系该何去何从？这就是她自杀的原因，她必须这样做。"

对剧本写了又改、反复斟酌了 5 年之后，2006 年 1 月 16 日，电影终于在洛杉矶开拍。预算吃紧，只有 4,000 万美元，比《失眠症》还少，这种情况让诺兰只能采用他最喜欢的创作方式——在诸多限制下随机应变。美术总监内森·克劳利之前为了《侠影之谜》把伦敦郊外的飞艇库打造成了哥谭市。他才刚从那项漫长艰苦又消耗庞大的工作中恢复过来，这一次则是把洛杉矶市中心的 4 座老戏院改造成影片内景。其中只有一个场景是从零开始搭建的，就是片中舞台下面那个堆满杂物的局促区域，里面摆放着用来操控大型舞台魔术的蒸汽动力液压机。摄影师沃利·菲斯特尽可能使用配着变形镜头的手持摄影机拍摄，并且尽量使用自然光，这样他就可以跑动起来，用一种自然主义、纪录片式的风格捕捉那些场景。摄影机始终保持着和演员视平线相当的高度，他们从来不知道镜头是否正在拍自己。

"电影里有很多套路，但是你要做的是反抗类型惯例，或者说反抗人们想象中的类型惯例。之前我说《失眠症》是种荒野电影（wilderness movie）或者"如鱼离水"（fish-out-of-water）[6] 的故事，我们的每一步都在与类型对抗。《致命魔术》也是这样。每次镜头切到建筑物的外观或者车轮滚滚的街道时，若看起来跟大家在 BBC 电视台上看到的很像，那就太糟糕了。因此，我跟理查德·金（Richard King，声音设计师）说：'听着，那个该死的车轮声，你让它听起来像宇宙飞船都行；找点有趣的声音，只要听起来不像车轮声就行。'你可以反抗到某种程度，但大家会觉得你有点疯狂。我们在洛杉矶实景拍摄以维多利亚时代的伦敦为背景的年代戏，重点就在于怎么才能不让场景看起来像考文特花园（Covent Garden）[7]，怎么才能不让影片看起来像《战地神探》（*Foyle's War*，2002—2015）[8]。在洛杉矶拍片的感觉很棒，因为它让人充满干劲儿，整个过程都充满挑战。我们刚刚拍完《侠影之谜》，几乎完全是在伦敦搭出了美国的城市；到了《致命魔术》，我们想着：'好，这一次咱们就反着来。'整部电影的美术设计都非常令我自豪，我非常喜欢内森的处理。我认为这部电影设计中最棒的地方，是我们在一个不可思议的时刻遇到的，那时我们正在环球（Universal）制片厂后面的街区勘景。

我们逛着逛着，就走进了一座建筑，它的背面有一大组木制楼梯。大家通常不会在这儿拍摄，但是我们把这里改造成了片中的后台区域。其实它本身也是电影片场的后台，所以这里有些更衣室，每一间都有通向各处的楼梯，还都有楼梯平台。我们把灯架在建筑立面的窗户后面，因此效果看起来真的很酷。若你必须在现实世界中寻找实际存在的场景，而不是从无到有地把它们造出来，那你就会有这样的收获。我对这种招数感到小小的得意，这种感觉其实也能带入场景的设计和质感当中。片中的维多利亚监狱是在洛杉矶市中心的奥尔维拉街（Olvera Street）[9]上拍摄的，这听起来有点离谱，但我们就是这么做的，而且我认为完成得相当漂亮。"

· · ·

《致命魔术》是诺兰迄今为止在结构上最繁密的电影，和许多诺兰作品一样，描述起来比自行观看更加复杂。影片有四条不同的时间线、两本被偷走的日记，闪回套着闪回、替身与替身的替身，全片充斥着虚招儿与反转，让人感觉后面可能还会放大招儿；但是贯穿全片的情感轴线却非常容易理解，那就是执迷（obsession）。"你到底绑了什么结？"在妻子的葬礼上，安吉尔如此质问博登，当后者回答不知道时，安吉尔简直不能相信自己的耳朵。此刻，戏剧重心正在朝安吉尔的方向偏移：在悲痛的打击之下，这位油滑的演艺人获得了意料之外的深度。尼古拉·特斯拉对安吉尔说："回家吧，忘了这事。我看得出你执迷于此，这件事不会有好结果的。"历史上确有特斯拉其人，这位斯拉夫裔发明家发明了交流电，但是因为与托马斯·爱迪生敌对，最终身败名裂。鲍伊的表演冷淡又有趣，将这个角色演绎为具有超前意识、不懈突破科学边界的先驱。对于自己正在研发的机器，他给出了浮士德式的严厉警告："若要使用这台机器，我只有一个建议——毁了它。将它丢进最深的海底，因为它只会给你带来苦难。"诺兰自青少年时期以来，就把鲍伊当作偶像。[10]他紧赶慢赶地改写完剧本之后，才成功邀请到鲍伊出演。

"我试着请他出演时，他一开始拒绝了。我认识他的经纪人，所以打电话过去说：'听着，我从没这么做过，但是我想再邀请他一次。我想亲自去见见他，看看能不能说服他。你能帮我想想办法吗？'鲍伊答应了会面，我就飞到纽约去见他。谢天谢地，他被我说服了。我从来不对拒绝过我的人发出二次邀请，这是唯一一次，因为他们拒绝时通常都有各自的理由，我不想说服了他们之后再在拍摄现场起争执。但是对于特斯拉这个角色，没有人会比鲍伊

演得更能让观众产生共鸣。我认为这个角色十分匹配鲍伊的名气以及他周身的神话光环。从某种意义上来说，特斯拉也是一位'天外来客'。这些年来，各大制片厂开发了不少有关特斯拉的项目，他是一个令人着迷的人物，却有点难以作为主人公来呈现。但《致命魔术》提供了一种非常外围的方式来看待这个人物，就是透过魔术和骗术的棱镜去审视他——一个领先于时代的伟

上图：《致命魔术》片场，诺兰正在观察约翰逊和杰克曼两人；下图：诺兰给克里斯蒂安·贝尔的手描画好位置，然后换他的替身上场

第 6 章 幻象 ILLUSION 159

大天才，但同时又与时代格格不入，这就解释了为何必须让鲍伊来演。我和许多大明星共事过，他们在我心中都走下神坛，变成了普通人，因为跟他们一起工作时，你能够逐渐了解他们。鲍伊却是个例外，只有他自始至终都令你捉摸不透。剧组中的每一个人都为他着迷。[11] 他非常友好，我是说，他是一个特别亲切的家伙，但他取得的成就总是沉甸甸地压在他身上。我最引以为傲的一件事，就是可以说'我和大卫·鲍伊合作过'。"

整个拍摄过程中，贝尔和杰克曼一直都在争论究竟谁的角色才是主角。贝尔说："在我看来，我的角色显然更真诚，有真材实料，更实话实说。然后休就会看着我反驳道：'你说什么呢？完全不是这样。'然后他给我列了一堆很好的理由，说明为什么他的角色特别棒，而我的角色没那么出彩。他说得有理有据，几乎没有偏私。"直到影片于4月9日杀青，两人依旧谁也没能说服谁。

诺兰说："影片的一大难点，就是怎样在他们之间真正做到平衡。这种故事模式已经不再受到青睐，但《烈火战车》用的就是这种模式。事实上，在两人中选出谁是主角是一个伪命题。这两个人就是同一个人，或者说至少你需要试着把他们两个人当作一个人，因为他们不是相互对立的，而是一体两面。所以，我猜你会说博登是艺术家，而安吉尔则更像匠人或者演艺人。作为艺术家的博登只为自己创作，瞧不起别人。你在每个领域里都会遇到这种人，但是艺术领域里尤甚，他们非常鄙视这个感受不到或不理解艺术的世界。这个角色极有骨气，他对魔术有着更为深刻的领悟，这点似乎是安吉尔所不具备的。但是安吉尔理解对魔术至关重要的一点，博登却永远不懂。就在结尾处有场戏，差不多是我接手之前乔纳才加进剧本里的，这一刻他写得妙绝，我也非常喜欢。他写的是：'观众知道真相：这个世界其实很简单。一切都实实在在，了无奇趣，着实悲惨。但是如果你能骗到他们，哪怕只有一秒，也能让他们惊叹，然后你就会看到非常特别的东西……那就是观众脸上的神情。'我第一次读到这里时，心想：'写得真好。'他谈论的是魔术的本质，以及你如何能让人们相信魔术不止于此。我认为这恰恰是一部伟大电影所要揭示的——这个世界总是比你想象中烂得多，只是你还没看清这一层。这本该令人沮丧，之所以没这样，是因为我们希望这个世界比实际更复杂。这样想让人愉悦，因为这其实表明，我们肉眼可见的世界背后还有更多东西。你不想知道世界的边界在哪里，你不想感觉世界仅此而已。我的电影都在极力认同这一观点，即我们肉眼可见的世界背后还有更多东西。"

· · ·

1999年春天，诺兰正埋头苦写《记忆碎片》的拍摄用剧本终稿；与此同时，英国画家大卫·霍克尼（David Hockney）在位于华盛顿特区的美国国家美术馆里，正研究着安格尔（Jean Auguste Dominique Ingres）的画作《路易-弗朗索瓦·戈迪诺夫人肖像》（Portrait of Madame Louis-François Godinot）。安格尔这位法国画家曾在1806年至1820年期间到访罗马，他在旅途中的午餐休息时间为旅伴们画速写。他得在几小时内画完，霍克尼知道要在这么短的时间内创作一幅肖像是多么不易，然而这幅速写看起来一点都不潦草，反而完成度极高。令霍克尼着迷的是，他的笔法似乎完全不存在迟疑或试错。究竟是因为安格尔绘画技术高超，还是因为他像荷兰画家维米尔（Johannes Vermeer）一样，运用了一种早期的投影描绘器（camera lucida，也称明箱），才让这幅肖像有了照片般不可思议的真实感？所谓投影描绘器，本质上是一个棱镜，它能把影像投射在平面上，画家就能用画笔勾描出来。这种说法当然能够解释为何安格尔的笔触不曾迟疑，也解释了画作中戈迪诺夫人的头部比例。霍克尼认为，他可能用了投影描绘器简略地勾勒出五官，然后通过直接观察画完了脸部。

霍克尼越来越确信自己的观点，他回到洛杉矶的工作室，打造了一面"画之长城"，范围涵盖从拜占庭时期到后印象派的作品。他仔细审视画中衣服的褶皱、盔甲的反光、天使翅膀的柔软程度，发现了额外的光学缺陷：图像比例过大、不知为何"虚焦"或者光线很强（想要用棱镜投射影像就得有强光源）。在卡拉瓦乔（Caravaggio）的画作《以马忤斯的晚餐》（Supper at Emmaus）[12]中，耶稣的右手和革流巴的右手一样大，尽管前者应该离我们更近；革流巴的右手看上去比他的左手还大，后者也本该离我们更近。而在这位画家的两幅酒神巴库斯（Bacchus）的画像中，这位半神本该右手持葡萄酒杯，画中却变成了左手。[13]卡拉瓦乔有两个最钟爱的模特儿——马里奥·明尼蒂（Mario Minniti）和菲利德·莱瓦斯蒂（Fillide Levasti），在这位画家艺术生涯的某一时期，画中的模特儿两人也从右撇子变成了左撇子。在乔托（Giotto）和其他画家的作品中，霍克尼也发现了大量的这类左撇子酒徒。因为镜像是左右翻转的，所以他们可能也借助了光学设备。故而得证。[14]

"霍克尼会拿出某些画，把它们左右翻转，然后问别人：'这样看起来是不是更好些？'"诺兰如是说道。艺术家兼摄影师朋友塔西塔·迪恩（Tacita

Dean）将他引见给了这位画家。"如果你见过霍克尼本人，会发现他身上很棒的一点是，虽然把握话语权的艺术机构拒绝承认他的发现，但是你感受不到他的怨恨或愤慨。他并非革命分子。他不是在评判或贬低前人的成就，他感兴趣的是研究那些影响了过去绘画的要素和技术手法。在我们成长的年代，占主导地位的图像形式是单点透视的照片，电影却不是如此。在电影中，摄影机在每个镜头里都会移动，电影的语法吸收了立体派处理图像的多种方式。霍克尼意识到，在一个非常特定的时刻，一切都改变了，从根本上来说，就是从照相术发明之前的观看方式，变成了照相术发明之后的观看方式。我们至今依然被这种观念所束缚，认为这就是我们原本的观看方式。我认为当下的电脑也在束缚我们看待事物的方式。本质上，我们以大脑为模型制造了电脑，最起码他们是这么说的。但事实是，我们压根儿不知道大脑究竟是如何与思维联系在一起的，也就是大脑到底是怎么运作的。"[15]

诺兰对新技术抱有不可知论的态度，这对他影响深远。他深信实拍影像和电脑生成影像之间存在着差别。较之平滑的数字影像，他偏好赛璐珞的颗粒质感；较之利用布景棚拍，他更喜欢实景拍摄；较之电脑生成的背景，他更偏爱实体搭建的场景。在某种程度上，诺兰的电影之所以吸引人，和人们喜爱精品酒店、低保真度（Lo-Fi）录音设备、故障音乐（glitch music）和易集网站（Etsy）[16]是一个道理——在信息年代，恰恰是这些无法被剪切粘贴的元素，其价值不降反升。他电影的吸引力就在于秘密、原创点子、反转情节和实拍影像的真实性。

诺兰说："我曾用网络搜索进行故事调研，发现同样的文字被人从一个信源剪切粘贴到另一个

上图：安格尔的《路易-弗朗索瓦·戈迪诺夫人肖像》。英国艺术家大卫·霍克尼怀疑这幅画是借助投影描绘器（下图）完成的。他曾经在《图画史》（*The History of Pictures*）一书中写道："透视的实质系于我们观看者身上，而不是系于被描绘物身上。"[17] 把握话语权的艺术机构对此大为恼火

FIG. 6.—THE CAMERA LUCIDA.

地方,《敦刻尔克》就是最明显的一个例子。搜来搜去都是那些东西,没什么新内容。在信息整合方面,谷歌不像人们想象的那么强。在其他各种领域,比如说收集我们的行踪数据方面,它比大家预想的更厉害,它擅长此道。但是就数据搜索而言,结果总是很有限。你可以做个有趣的实验:去图书馆找一本书,随便翻到哪页,找出一条事实或信息,记下来。照做10次,然后上网搜搜看这10条当中你能找到几条。我们感觉90%的信息都可以在网上找到,我却怀疑真正的答案可能才0.9%。"

这又是一个让我难以抗拒的挑战。几周之后,我前往大军广场(Grand Army Plaza)边上的布鲁克林公共图书馆(Brooklyn Public Library),脑海中想着博尔赫斯的短篇小说《通天塔图书馆》("The Library of Babel")。这个故事讲的是一座无限的图书馆,其中囊括了"所有的书籍,各种文字的版本"[18],这在一定程度上启发了《星际穿越》(2015)中超立方体的设计。这里有数不清的六角形图书室,以宽阔的通风井彼此相隔,四周环绕着低矮的护栏,里面住着成千上万的学者。但许多人离开自己的图书室,涌向上面的楼梯,在狭窄的走廊里争执;有些人掐着别人的脖子,或者被人推下楼梯;还有一些人疲惫不堪地返回,说起某处破损的楼梯几乎害自己摔死。"另一些人发了疯。"博尔赫斯写道。换言之,这就是新的宗教裁判所。如今,这读起

上图:博尔赫斯的小说《通天塔图书馆》里,记述着一座"无限的、周而复始的"图书馆。他写道:"确信一切都有文字记录在案,这否定了我们的存在,或者使我们化为幻影";肯尼迪在总统任期里一共去打了几次高尔夫球?下图:肯尼迪在海恩尼斯港(Hyannis Port)打高尔夫球的情景,由白宫新闻发言人皮埃尔·塞林格(Pierre Salinger)以及K.勒穆瓦纳·比林斯(K. Lemoyne Billings)陪同

第6章 幻象 ILLUSION 163

来仿佛互联网时代来临的寓言。

布鲁克林公共图书馆的书架是开放式的，每一个都有编号。我用随机数生成器取得一串数字，先后一一找出书架、书、书中的页码，然后翻到那一页，选出我第一眼看见的事实内容。有几次我翻到了插图、菜谱或无法被提炼为事实的东西，这些就不作数了。最终我有了10条事实，下一次见到诺兰时，我迅速把写好的单子摆在桌上给他看。

1. 因纽特人面具口中的鱼代表他们希望猎物丰富或者狩猎顺利。
2. 用焊烙铁在有机玻璃上雕刻时会产生有害烟雾，需要戴上防毒面具。
3. 杰克·肯尼迪（Jack Kennedy，即约翰·肯尼迪）任职总统期间只打过3次高尔夫球，一来是因为政务繁忙，二来是因为背痛，这3次都发生在1963年的夏季。
4. 踩在东方地毯上时，应该光脚。
5. 物理学家尼尔斯·玻尔（Niels Bohr）带同事保罗·狄拉克（Paul Dirac）去看印象主义画展，并询问他喜欢两幅画中的哪一幅。狄拉克这位英国人答道："我喜欢那幅，因为画中每一处的不精确程度都是一致的。"
6. 14世纪时，英国议会的上议院在立法方面几乎无所作为。唯一真正让他们感兴趣的，就是迫害某位皇室宠臣（往往是同性恋者），结果通常以暴力事件告终。
7. 为了应对日渐高涨的工业化浪潮，画家约翰·拉法奇（John La Farge）提倡按照英国的方式推动艺术合作。
8. 1924年夏天，内布拉斯加州州长查尔斯·布赖恩（Charles Bryan）怀疑城里的头目们，尤其是坦慕尼派（Tammany）头目，正在计划将他们"邪恶的移民统治"扩展到全国各地。
9. 中泰合资企业正大集团（Charoen Pokphand，另称卜蜂集团）的创始人谢易初于1921年来到曼谷，当时他仅携带了一块招牌、一本账簿和一些菜籽。
10. 在塞尔维亚闪电战期间，150万名穆斯林流离失所。

我告诉诺兰："肯尼迪在任期间只打过3次高尔夫球这个说法，我在网上没找到,但是我找到了质疑它的理由。显然,他捏造了很多关于自己多久打一次高尔夫球的故事。而'只打过3次'这个说法出自一本编写粗糙的杰奎琳·肯尼迪(Jacqueline Kennedy)大事记画册,因此我不确定它有多大可信度。"

诺兰说:"啊,可是这无关事实,而是信息。你了解到的信息,是杰奎琳·肯尼迪希望公众认为她丈夫只打过3次高尔夫球。这本身是有用的信息,即便它是假的,也能作为政治宣传。而政治宣传也是信息,无论它是否是事实。"

"嗯,这样说来,我这次唯一能在网上找到的信息,是由蕾切尔·麦道(Rachel Maddow)报道的'在塞尔维亚闪电战期间,150万名穆斯林流离失所',这原是刊登在《华盛顿邮报》(*The Washington Post*)上的。"

"真有意思,你做得很好,和我一直以来想象的差不多。但我觉得10条可能不太够,如果能用更大的样本量来观察平均结果,也会非常有趣,不过你别真的花一辈子去做啊。当然,这样做的另一方面是,你可以看到实体书和条形码,看到出版机构和出版时间,多少能了解一些他们的出书意图。而你在网上查找事实内容时,可能很难搞清楚它们的出处。"

我的脑中开始闪回博尔赫斯的短篇小说,幻想着自己的余生都将在世界各地图书馆的书架之间度过,我盯着书上的条形码,只为验证诺兰的论点。

"我觉得10条足够了。"我说。

他耸耸肩。

"或许我是唯一在乎这件事的人吧,但是我们正被操控着。这种操控不是典型的被害妄想,也不是蓄意为之,只是商业模式的进化造成了这种局面,我们一直在被喂食信息。我再给你一个任务,不会占用很长时间的。随便用谷歌搜索点什么,看看会出现多少条结果,再看看其中有多少条是你真能点开的。比如说你用谷歌搜索某个人,某个名人,获得了400万条结果,这里面有多少是你能点进去看的?"

"现在吗?"

"不会花很长时间的,我保证。用谷歌搜索某个名人,好比说你得到了400万条结果,它会告诉你:'好了,我们找到了400万条结果。'然后看一下其中有多少条是你能点开的。"

我打开笔记本电脑,用谷歌搜索"克里斯托弗·诺兰的下一部电影",在仅仅0.71秒内出现了248万条结果,其中包括:"《敦刻尔克》之后,克里斯托弗·诺兰的下一部电影是什么？"（来自 Quora）；"克里斯托弗·诺兰的下一部电影：我们希望他拍什么？"（来自 Observer 网）；以及"克里斯托弗·诺兰下一个项目仍保留悬念"（来自 Blouin Artinfo 网）。

"好，现在拉到网页底端，点最后面的页面数字；一直重复这样做，看看你能得到什么。"

我把页面拉到底部，显示搜索结果一共有 19 页。我不断翻页，直到第 19 页，没有第 20 页了。《楚门的世界》结尾处，楚门撞上了世界的尽头，我的感觉和那一样。

"一共有多少页？19 页？一页上有多少条结果？20 条？"

"大概 10 条。"

"那就是 190 条结果。它最开始显示有多少？"

"显示有 248 万条。"

"所以只有它宣称数量的一小部分。我记得年轻时问过我爸这个问题，当时我们在地铁上，我问：'很多事物未来会一直发展吗？'他指出我们的科技已经很成熟了——这大概是在 80 年代中期的时候。他说航空业就是个例子。你看商业航空，其实从波音 747 问世之后就没太大变化了。后来协和式超音速客机出现了，但即便在那时，它其实也没有占领市场。如果你坐过波音 787，就知道它本质上也没什么不同，与波音 747 的区别就在于机身更轻，航程更远，这些都是渐进式的发展。商业航空的剧变发生在 60 年代。想想《007 之霹雳弹》（1965）的结尾，我们看到邦德驾驶着水翼船。[19] 多年以前，我从香港到澳门时搭乘过水翼船，那真是一个颇为奇特吸睛的东西，那时它们就已经存在很久了。现在你去海上的话，就只有各式各样的高速双体船了。现在的竞赛帆船甚至可以升离水面。我认为水翼船是 50 年代出现的，事实上它是一种比较陈旧的技术，现在又复兴了。这也和我的创作过程相关联，因为我们是在模拟世界里生活和工作。制片厂希望我们将《致命魔术》的底片转为数字格式，并进行数字化剪辑，这是我们第一部被这样要求的电影。我们和迪士尼的后期制作团队争吵过很多次，但最终我们还是坚持用赛璐珞版本做试映。自《致命魔术》至今，我们始终没有改用业内占主流的另一套工作流程。我们继续使用胶片拍摄、数字化剪辑，然后把帧编号记下来，再手工剪接胶片，我们的电影就是这么完成的。差不多从《致命魔术》起，我们就走上了一条与整个产业不同的道路——或者说是他们与我们分道扬镳。"

· · ·

  2006 年，诺兰的《致命魔术》上映时，乔治·卢卡斯执导的《星球大战》前传三部曲的第三部[20]已经上映。这部电影是在 600 位数字动画师的协助下完成的，所使用电脑的运算能力略逊于 NASA（美国国家航空航天局）的电脑，但要比五角大楼的强。就连该系列前两部的片名都暗示着电脑剪切粘贴的倍增能力：《幽灵的威胁》（*The Phantom Menace*，1999）、《克隆人的进攻》（*Attack of the Clones*，2002）。大卫·登比（David Denby）在《纽约客》上发表了《X 战警》（*X-Men*，2000）的影评，他在文中写道："地球重力已然放弃了无时不在的牵引；一个人的肉身可以变成另一个人，或融化，或蜡质化、黏土化、金属化；大地不再稳如磐石，而是冲向真正电影宇宙的发射台。人体像火力发射物一样在空中疾速飞过，而真正的发射物（比如说子弹）有时却又慢到肉眼可见。认输吧，牛顿！电脑影像技术已经改变了时间与空间的完整性。"一场反数字化革命的地基已经打好。

  2006 年，《致命魔术》上映之后，诺兰的一些新粉丝感到困惑不解，他

诺兰在《致命魔术》片场给休·杰克曼讲戏

第 6 章　幻象　ILLUSION

们因《侠影之谜》而被圈粉,这回期待着另一部暑期档商业大片的视觉盛宴,然而看到的却是一部严肃的蒸汽朋克惊悚片,片中对一味追求新技术的行为发出了浮士德式的警告。这部影片本身就是一首老派的颂歌,赞颂着电影制造幻象的工艺——从打光、收音、剪辑,一直到底片的光化学冲印过程。就连它的类型都难以捉摸:它究竟算什么类型?古装惊悚片?谋杀悬疑片?侦探推理片?还是带点哥特色彩的科幻片?《致命魔术》是诺兰独树一帜的作品,也是他头一部如果不提及导演是谁就无法真正解读的片子——这是一部克里斯托弗·诺兰的电影。

和诺兰的很多电影相似,《致命魔术》的结尾有两个情节反转,就像引爆手榴弹一样:第一个反转揭露后,你才刚缓过神,第二个更具冲击力的反转就接踵来袭。在第二个反转中,我们知道了安吉尔"移形遁影"的魔术秘诀,它深深地依赖于未来的技术发展,以至于有些人抱怨诺兰改变了自己的电影原则。但是,第一个反转才体现了诺兰的独特灵光:我们从中了解到博登的秘密,以及他为了魔术真实性所做出的牺牲——这是一个经典的障眼法,答案一直藏在我们的眼皮底下。诺兰用一段蒙太奇凸显了这点,把我们刚刚眼睁睁看过的关键内容重新串联起来,仿佛魔术师将手穿过金属环,向观众展示自己没有弄虚作假。

诺兰说:"《致命魔术》有意思的一点是,我们在第一幕就费尽心力地暗示,影片中有真正的魔术在发生。我们尽量直白地呈现这一点,但是有一部分观众却完全拒绝接受,认为这是在骗人。这正是叙事诡计的本质。安吉尔所谓的'真实的魔术',才是真正的悖论。世界上没有真实的魔术,要么是真实,要么是魔术。魔术就是幻象,魔术不是超自然现象。某样事物一旦得到了科学解释,就不再是超自然;而一旦变成真实,也就不再是魔术。《记忆碎片》的剪辑师多迪·多恩对此有一个非常有趣的说法。我们正在剪辑那部电影时,M.奈特·沙马兰(M. Night Shyamalan)的《第六感》上映了。多恩对我说了一句话,令我终生难忘。她说:'《第六感》的那个反转让你之前看到的东西更妙了。'我把这句话记下来,如获至宝。她说得完全没错。因为大多数时候,反转让你之前看到的东西都作废了。举例而言,你看阿德里安·莱恩导演的《异世浮生》[21],这是一部精彩的电影,但是观众并不买账。它的反转其实和沙马兰那部一样,但却消解了你刚刚看过的内容。在《第六感》中,你看到主人公和妻子争吵,你看到妻子整部片一直在拒绝他。反转揭示后你才突然意识到,她并不是在拒绝,而是在哀悼。因此你刚刚看过的故事，不仅变得更妙了，也更动人了。这说明了为何它是一个了不起的反转。它不仅仅是起到反转作用，还对你前面看过的故事发挥了效力。所以，如果你想用反转迷住观众，让其感到愉悦、获得娱乐体验，就不能止步于反转，它得有本事强化之前的所有剧情。"

"《惊魂记》的结尾怎么样？它通过'多恩测试'了吗？"我问道。

"哦，当然了。《惊魂记》的结尾把你之前看到的一切都加强了，它让你回想起那场淋浴戏，还有他们在狭小的后勤办公室里边吃小块三明治边聊天的整场对话——反转让你之前看到的东西更加有趣了。与其让凶手是观众从没见过的角色，不如让他是观众已经看了好一会儿的人，这样更恐怖。你实际看到的，比你自以为看到的内容还要多。你已经见过凶手，你看到他通过偷窥孔监视别人。"

"那《迷魂记》呢？这片的反转也算同一类型：两个人实际上是同一个人。"

"我可是《迷魂记》的头号影迷。事实上，我认为《迷魂记》极大地影响了《盗梦空间》。比如说《迷魂记》中反转的揭露方式就打破了所有规则。吉

阿德里安·莱恩执导的《异世浮生》（1990）一片中的蒂姆·罗宾斯（Tim Robbins）

第 6 章　幻象　ILLUSION　169

米·斯图尔特 [Jimmy Stewart，即詹姆斯·斯图尔特（James Stewart）] 才刚哀悼过女主角，希区柯克就告诉观众：出现的第二个女人和女主角是同一个人。你不是和斯图尔特一起发现此事的，影片中的那一段你完全脱离了他的视点。这走的是一招险棋，但希区柯克成功了。他让我们以大不相同的方式，来看待斯图尔特的所作所为和经历之事。如果你相信后出现的是另一个女人，而斯图尔特在强迫其更换发型和衣服等，我认为你就不会如此苛责他。斯图尔特对待她的方式很成问题，但是我觉得一旦你知道是女人骗了男人，便会觉得男人的行为也说得过去。事实上，你也希望男人弄清真相。斯图尔特没有试图操控她，或者把她变成另一个人，他是在努力把她变回之前的样子。所以这点让剧情的意义完全不同了。然而，这却是希区柯克的一贯作风。他打破了推理片和悬疑片的所有规则，效果依然这么出色，所以你能从中偷师的东西微乎其微。这可能就是《迷魂记》从未被超越的原因之一，我不认为有什么片子能望其项背。"

• • • •

位于美国新泽西州的贝尔实验室（Bell Labs）是晶体管和激光器的发明地。1964年，在此工作的认知科学家罗杰·谢泼德（Roger Shepard）注意到了一件很有趣的事，与人类对于音调的理解有关。自然音阶（diatonic scale），即"哆、来、咪、发、嗦、拉、西、哆"中，相邻音之间的音程是不等的，有的相差全音，有的相差半音。尽管谢泼德在学理上知道这点，他还是常会把连续音阶的音程听成等分的，仿佛楼梯一样。他甚至用电脑生成了一连串的八个全音，并将音阶中的八度音程完全等分，结果听起来全然不对劲儿，音程还是不均等。那些音符听起来有如阶梯式的错觉难以消除。

他接下来琢磨的，是用什么形式的记谱法能表现这点，类似于五线谱的传统直

线式记谱法不行；得用圆柱或螺旋的样式，让音符隔开八度——比如两个 C 音（哆），一个的振动频率是另一个的两倍，在这个圆柱体上，它们便正好处于一上一下的位置（见下页示意图）。谢泼德运用电脑软件合成了一组音调，每一个的音高和位于圆柱体上的"高度"都不同，然后令其播放一系列上升音阶，或者说进行滑奏（glissando）[22]，每个音阶开始的时间间隔都岔开。接着，他听到了不同寻常的声音，它给人一种无限升高的感觉，宛如艾舍尔画笔下那永无止境的阶梯。其中的音符似乎在不断攀升，尽管从逻辑上讲，没有哪种乐器的键盘能够弹奏此般音阶。他在《美国声学学报》(The Journal of the Acoustical Society of American) 上发表了一篇文章，题为《判断相对音高时的循环性》("Circularity in Judgments of Relative Pitch")。文中写道："一组由电脑生成的特殊复合音调，经证明会使人们判断相对音高时的传递性完全崩溃。"换言之，耳朵完全无法分辨音阶是向上升还是向下降了。

　　由此产生的听觉错觉后来被称为"谢泼德音调"（Shepard tone）[23]，在众多音乐家和作曲家的作品里都能找到：巴赫《音乐的奉献》(Musical Offering) 中的"螺旋卡农"（"Canon a 2 per tonos"）和他为管风琴而作的《G 小调幻想曲与赋格》(BWV 542)，两者具有相似的效果；平克·弗洛伊德时长 23 分钟的歌曲《回声》("Echoes") 也以上升的谢泼德音调收尾；皇后乐队（Queen）1976 年的专辑《赛马场之日》(A Day at the Races)，

对页图：希区柯克执导的《迷魂记》(1958) 中，金·诺瓦克（Kim Novak）饰演了朱迪·巴顿（Judy Barton，上）和玛德琳·埃尔斯特（Madeleine Elster，下）两个角色；本页图：玛德琳·埃尔斯特从钟楼上坠落的情景。在诺兰看来，希区柯克的这部电影从未被超越

其开头和结尾都用到了它[24];罗伯特·怀亚特(Robert Wyatt)1974 年的作品《最低谷》(*Rock Bottom*)中,《最后一根稻草》("A Last Straw")结尾逐渐消失的钢琴声也是如此;以及贝克(Beck)2002 年的专辑《沧海桑田》(*Sea Change*)中的歌曲《孤独的眼泪》("Lonesome Tears"),正是以一段管弦乐演奏的谢泼德音调结束。

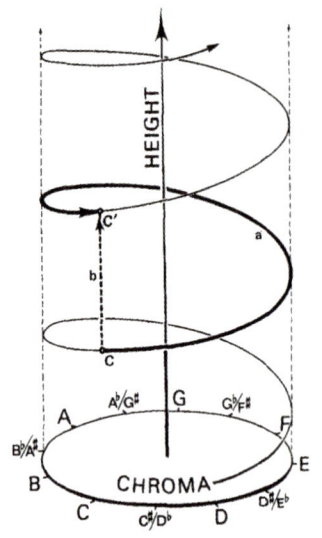

《致命魔术》前期制作时的某天,诺兰在车载广播里听到了贝克的这首《孤独的眼泪》,他立即打电话给身在伦敦的该片配乐师大卫·朱利安,询问自己听到的是什么。"我打给他,然后在电话上放给他听。我说:'这就是我们需要的东西,你能做出来吗?'大卫马上就听出来了,他说:'哦,这是谢泼德音调,它的原理是这样这样的。'于是我们就把它用到那部电影的配乐当中。之后,我也把它用到了各种地方,包括《黑暗骑士》中蝙蝠摩托(Batpod)的声浪。最终我把它用到了《敦刻尔克》里,我写剧本的时候,就在想如何在电影或者叙事中找到等同于谢泼德音调的效果。不过早在《致命魔术》时就用上了,大卫和理查德运用得很棒。"

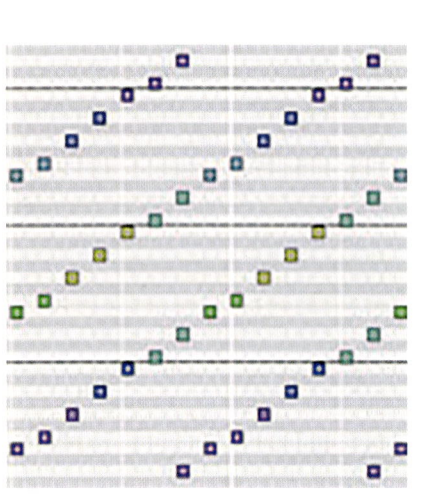

随着音响剪辑师理查德·金的加盟,诺兰和托马斯身边终于有了一套摄制班底,包括作曲家汉斯·季默、摄影师沃利·菲斯特、美术总监内森·克劳利、剪辑师李·史密斯。这个团队将协助他们勇攀好莱坞大制作的高峰,首先迎来的就是备受期待的《侠影之谜》续集——《黑暗骑士》。随着《致命魔术》的后期制作逐渐收尾,诺兰开始把注意力放到《黑暗骑士》的筹备上,一边和内森·克劳利在自家的车库里研究美术设计,一边和大卫·戈耶在办公室里撰写剧本大纲。自系列首作以来,他们的工作环境扩大了好多。之前的空间狭窄拥挤,只是摆放着一张老旧双人桌的小小编剧室,穿过一扇单门就来到了更小的模型搭建区。而现在,他们有了设备齐全的放映室、一间真正的办公室;花园尽头处,还有一栋独立的建筑,里面是美术和模型制作部门。这座建筑几乎是诺兰自家宅邸的镜像,两栋楼背靠背矗立着。熟悉诺兰电影主题的人一眼就能认出这种排布效果:诺兰的家现在有了一个分身。

诺兰说:"起初,我并不知道《黑暗骑士》系列会拍成三部曲。我从来不

谢泼德音调是一种让人感觉声音无穷上升的听觉错觉。诺兰第一次听到它,是在贝克 2002 年的歌曲《孤独的眼泪》中,后来将该音调用到了《致命魔术》的配乐里。

想一部接一部地拍续集。但我还没拍完第一部时，我就清楚地知道，如果我想再拍一部的话，他们会给我一定的时间。当时我还不知道自己究竟要不要拍续集。这其实是时机问题，就是说，我要想清楚是否要拍一部属于我自己的电影，或者也可以拍不是我独自创作的东西——《黑暗骑士》很大程度上是我的创作，至少我是这么觉得的，它有原创的想法和素材。要完成这部电影，我知道他们给我的时间不会超过三四年。"

SEVEN
第 7 章

混乱
CHAOS

1933 年 4 月，导演弗里茨·朗被叫到了希特勒的宣传部长约瑟夫·戈培尔（Joseph Goebbels）的办公室。办公室位于威廉广场（Wilhelmsplatz），对面就是总理府和凯瑟霍夫酒店（Hotel Kaiserhof）。朗盛装出席了这次会面，身穿条纹西裤和硬领圆角礼服。但是当他沿着那条又长又宽的走廊前行时，他发现自己开始冒汗——这里墙壁漆黑，没有画作或题词，窗户高到无法看到外面。他转过一个拐角，看见两个持枪的盖世太保，然后经过一排办公桌，最终到达了一个开间小的房间，有人告诉他："你在这儿等着。"

门开了，面前是一个进深很长的办公室，一面墙上排列着四五个大窗户。在办公室遥远的另一端，身穿纳粹党制服的戈培尔坐在办公桌后。"进来吧，朗先生。"这位德国宣传部长说。据朗的说法，他竟然是个"你能想象出的最有魅力的人"。

两人寒暄了一番之后，坐下来开始长谈。谈话过程中，戈培尔为自己即将禁映朗新近完成的影片而一再致歉。这部新片是《马布斯博士[1]的遗嘱》（*Das Testament des Dr. Mabuse*，1933），它是朗分为上下两集的知名默片《玩家马布斯博士》（*Dr. Mabuse, der Spieler*，1922）的续集，主角是一个拥有"通灵之眼"，即催眠之力的犯罪大师。该片进入剪辑阶段时，适逢国会大厦失火[2]，而片中描绘了被暴虐狂人所催眠统治的社会——长期以来，它一直因其可怕的预见力而受到评论界的推崇。（朗后来说道："所有这些事都是我剪报收集来的。"）影片开始不久，马布斯被关在软壁病房中，看起来失去了意识；他的笔记本上满是潦草难认的字迹，能拼出来写的是让精神病院外的同伙们施行新的犯罪活动——纵火并炸毁铁路、化工厂和银行。戈培尔说，情节发展没什么问题，但是结尾处那个恶人不应该发疯。"我们只是不喜欢这个结局，"宣传部长说道，马布斯博士应该"被出离愤怒的暴民杀死"。如果元首本人能够出面打败马布斯博士并恢复世界秩序，那就更好了。

他们谈话期间，朗看着窗外大钟的指针缓慢移动，午后的光阴随之流逝。戈培尔接着向他保证道，元首"很爱"他拍的《大都会》和《尼伯龙根》（*Die Nibelungen*，1924），甚至为后者落泪。"这个男人能够为我们拍出伟大的纳粹电影！"——戈培尔引用希特勒的原话称赞他，然后建议朗担任新机构的首长，负责督导第三帝国的电影制作。朗后来回忆道，就在那一刻，他才意识到自己究竟陷入了多大的麻烦。

"部长先生，我不知道您是否了解，我的母亲出生于天主教家庭，还是犹太人的后代。"他提出异议。

"我们了解你的缺陷，"戈培尔冷静地回应道，"但是作为一名电影导演，你的才能如此出众，我们打算让你来当德国电影部长。"

朗又瞟了一眼大钟，时间已经太晚了，他来不及去银行取些钱出来，以备下一步行动之需。他找了个借口，告诉戈培尔自己会考虑一下，然后回到家，打包了一个金质烟盒、一条金链子、几个袖扣和家里的所有现金，第二天就动身去往巴黎。

拍出一部电影，被评论界解读为批判法西斯的预言，这是一回事；而拍出一部反法西斯电影，却又被法西斯分子解读为出自法西斯支持者之手，那就得有另一种水准的本事了。这种矛盾性也同样为《黑暗骑士》所沿用：它是一部由制片厂培植的超级英雄续集电影，但同时也表达了极为个人化的构想；它捍卫法律和秩序，但同样也深受无政府主义拥趸的影响；它描绘了这样一幅社会图景——支持独裁和反对独裁的两股力量同时扼住对方的咽喉，进行了一场两个半小时的生死对决。这部电影同时被右派和左派赞许，双方都认为它在为自家的观点背书。它是诺兰两面通吃的大师之作，流畅优美、灵巧如豹。

诺兰说："《玩家马布斯博士》对《黑暗骑士》的影响极其巨大。那是一部非凡的电影，塑造了犯罪大师的原型，那直接成了我的创作养分。我让乔

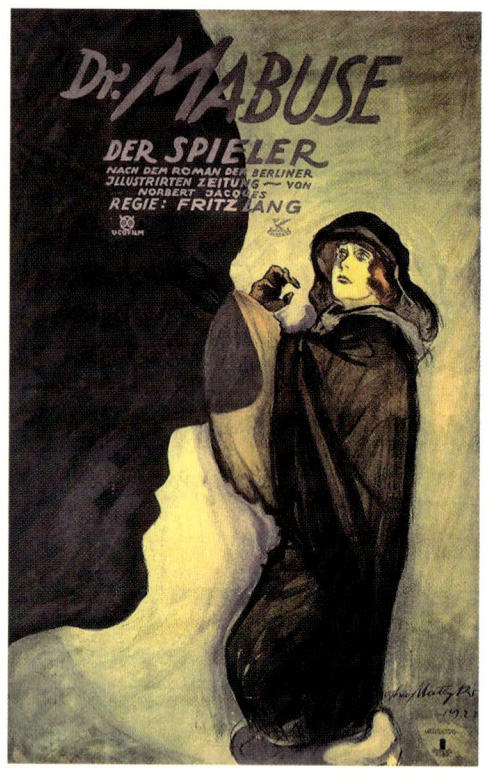

纳去看《马布斯博士》，告诉他：'我们就是要把小丑变成这样，他将是故事的核心驱动力。'他完全领会了这一点。我弟弟早期的剧本草稿有很多不切实际的地方，也有很多了不起的想法，但是他完全搞定了小丑的角色塑造，完全落实了这一点。当乔纳把稿子交给我时，虽然我觉得还有值得改进的地方，但小丑已经跃然纸上了，这个角色对故事产生的效果也都在稿子里了。事实上，我完全忘了自己让乔纳去看《马布斯博士》这回事，因为那片子太长了，有四个多钟头，我自己也好多年没有重看了。但是我放给孩子们看的时候，收获了一番有趣的体验。我们花了四五个小时看完整部片子，然后我说：'为什么现在没有人拍这样的电影了呢？'接着我意识到，我拍的就是啊。哦，好吧，**我自己拍了**。这就是我花了十年光阴在做的事。"

"我就像一个国中之国，我总是在与包围我的国家交战！"弗里茨·朗导演的《玩家马布斯博士》（1922，右图）和《马布斯博士的遗嘱》（1933，左图）中的反英雄如此宣称，两片都对《黑暗骑士》（2008）有很大影响

· · ·

《黑暗骑士》的第一场戏，小丑就来到了哥谭市。他像是被哥谭那硬朗整洁的街道轮廓召唤出的一个黑暗念头，或者说精灵。他初次现身于芝加哥卢

普区中心的富兰克林大道（Franklin Drive），背对着观众。他的身影居于景框中央，周围建筑有着明晰对称的轮廓，他在如此衬托下显得格外醒目。镜头推近，拍摄他左手拎着的小丑面具。他一动不动，显得十分怪异——他在等什么？一辆面包车停在他面前，他上了车，电影开始。

小丑的首创者是杰瑞·罗宾逊（Jerry Robinson）、比尔·芬格（Bill Finger）和鲍勃·凯恩，这个角色首次登场于1940年春季的《蝙蝠侠》漫画第一期，他被描述为"一个阴郁的丑角"。小丑的灵感来源于保罗·莱尼（Paul Leni）导演的经典表现主义默片《笑面人》（*The Man Who Laughs*，1928），主人公[康拉德·法伊特（Conrad Veidt）饰]是一名畸形秀的噱头人物，他被父亲的仇家毁容，留下了永远咧嘴而笑的表情。小丑出身于马戏团的设定从而代代相传，一直被类似的好莱坞电影所沿用，包括他那色彩鲜艳的西装、小丑妆容，以及何以留疤的故事。而诺兰却把这个角色视为一个无政府主义者，他就像《大白鲨》中的鲨鱼或连环杀手一般贯穿整个故事，仿佛一股自然之力，从头到尾驱动着影片，一鼓作气，不做解释。该人物唯一的动机，就是要撒播混乱。

取景的地理规模上，这一次他们没走比《侠影之谜》更宏大的路线，而是采取更为小巧、紧凑和局限的策略。诺兰说："我们必须以不同的眼光来看待规模。《侠影之谜》已经是我们能做出来最大规模的作品了，在地理层面上，我知道我们不可能再塞更多东西进去了。因此，我们必须以不同的眼光来看待规模，最终我选择从'讲故事'和'摄影'两方面下手。我看过规模最大的一部史诗片，就是迈克尔·曼的《盗火线》。它是一个真实的洛杉矶故事，如实展现了这个城市的角角落落。那么，这一次我们也要拍一个城市故事。我们要在真实的城市里拍摄，街道和楼房都是实景，因为这样规模可以拍得很大。我们打算用IMAX摄影机，把建筑物从楼顶到楼底统统收入镜头；然后我们要塑造一个反派，扰乱这座城市的肌理。以我们的拍摄方式来看，光是让小丑走在街上就已经是大场面了。《盗火线》对本片影响很大，因为迈克尔·曼也着迷于建筑，他理解城市的宏伟，知晓如何把它打造成史诗级别的游乐场。我觉得当时我们并没意识到，小丑在街上的影像会变成如此标志性的画面。经典场面就是如此：你有意识地在每一部作品中构建这样的场面，有时做出来的东西在你意料之中，但有时也会创造意外之喜。我们的确花了很多心思，经典场面并不是无意间出现的，但是直到看了IMAX画面之后，我们才确信它果真成了经典。"

诺兰决定使用超高分辨率的 IMAX 15/70 格式[3]，这种格式历来被专用于拍摄自然纪录片，如攀登珠峰、穿越大峡谷或探索外太空。它能带给你身临其境般的海量细节，但是景深极浅。这种 IMAX 摄影机异常沉重，超过 100 磅（约 45 千克），即便架在斯坦尼康（Steadicam）上面依然很不灵便；而且很费胶片，一盘胶片最多只能拍摄两分半钟的影像，而常规的 35 毫米胶片可以拍摄大约十分钟；这样拍出来的胶片还要花四天时间来冲印。开机后的头五天，剧组在芝加哥老邮局（Old Post Office）拍摄开场戏，内容是小丑和他的同伙戴着小丑面具成功抢劫了一家银行，就像斯坦利·库布里克导演的《杀戮》（The Killing，1956）中斯特林·海登（Sterling Hayden）饰演的劫匪一样。这五天堪称摄制团队的"IMAX 学校"，他们都在学习怎样应对这种摄影机的重量和操作方式。威廉·菲希特纳（William Fichtner）饰演片中的一位银行经理，他也是从迈克尔·曼的《盗火线》中借用的众多元素之一。[4]《盗火线》中有个片段一直令我着迷，就是他们把钞票的真空包装用刀划开，装袋后把袋子的拉链拉好，用力摔一下，这样钱就会散开，

饰演小丑的希斯·莱杰，他正在拍摄《黑暗骑士》的第一场戏

178　诺兰变奏曲　THE NOLAN VARIATIONS

以便他们携带。我不知道迈克尔·曼从哪儿学到的这些东西,不过他确实痴迷于钻研。这是一个迷人的细节,也让我意识到,没错,我们要的就是这样的东西。"

第一周拍摄结束之后,摄制组转移到英格兰,像是哥谭市警察局的内景戏,就是在伦敦的史密斯菲尔德(Smithfield)附近实景拍摄的。这场审讯戏中,蝙蝠侠会殴打小丑,想要逼问出被绑架同伴的下落。之后,摄制组又回到芝加哥拍了两个月,诺兰和剧组成员尽量多地从街道和建筑当中挖掘各种视觉可能。诺兰说:"我对建筑的评判随着年龄增长而变化。我认为这主要取决于是否自信,因为去掉多余的东西比制造视觉伪装更需要自信。可能因为内森比我年长一点,他对陈词滥调的设计抱有更为鄙夷的态度。他对现代主义和现代主义建筑非常了解,拍摄《黑暗骑士》系列的整个过程中,他都在努力向我讲解现代主义和现代建筑的宗旨,带我去看这类高楼大厦,谈论它们的材质、形式怎样遵从于功能,等等。他曾经想为《侠影之谜》打造一套现

下图:斯坦利·库布里克执导的《杀戮》(1956)中,斯特林·海登饰演的约翰尼·克莱(Johnny Clay,右)说:"如果你要冒险,那就要确保报酬值得";上图:迈克尔·曼执导的《盗火线》(1996)中的罗伯特·德尼罗。该片利用城市建筑,架构出了一场史诗级的争斗,对《黑暗骑士》产生了很大影响

第 7 章 混乱 CHAOS 179

代主义的设计,但我没有同意。我说:'不行,我理解你的初衷,但是现代主义太单调了,我们需要更多层次。'等到拍《黑暗骑士》的时候,我们有信心试一试了。因此我们拍摄了真实的楼房,也搭了非常简约的布景,完全遵循现代主义美学。但是我必须先为此做好准备。事实上,我认为制作《侠影之谜》时,人们还没准备好迎接这种美学,我们得一步一步来。"

和《侠影之谜》时一样,诺兰这回也请了两位作曲家为电影配乐——詹姆斯·纽顿·霍华德和汉斯·季默。霍华德为哈维·丹特创作了更为古典和英雄主义的组曲,而季默则采用小丑那更为朋克的美学风格。一些配乐概念在开拍之前就已经诞生了。诺兰刚一完成剧本(那是在霍华德开始配乐的半年之前),他就在伦敦和季默碰面,讨论小丑——小丑的动机,或者说无动机;除了纯粹混乱之外,他不代表任何原则。要怎样通过音乐来表达混乱无序?季默回到位于圣莫尼卡(Santa Monica)的工作室,把一张影印的弗朗西斯·培根的教皇画像贴在了电脑屏幕旁,然后开始钻研自己的根源——电子合成音乐和朋克音乐,并从发电站乐队(Kraftwerk)和诅咒乐队(The Damned)的作品中汲取灵感。他从这个角色身上看出来的特质,是无惧无畏和绝不双标——就如小丑对丹特所说:"你知道混乱有什么特点吗?它很公平。"这种特质让季默想到某个音符,急迫、可怕又简单。他花了几个月的时间琢磨这个想法,在旧款合成器上不断研究,制造疯狂的噪音,请来音乐家录制演奏实验——用剃刀刀片摩擦钢琴琴弦、用铅笔刮擦桌子和地板,殊不知他早就应该动笔为影片创作一些能用的音乐了。最终,季默写出了400首曲子和9,000小节音乐。他把成果导进iPod,让诺兰在飞往香港进行最后一轮外景拍摄的路上听。飞机一着陆,诺兰就告诉季默,整个听曲过程是"一种非常不愉快的体验"。"我不知道小丑的音乐究竟是这9,000小节中的哪一段,但我能感觉到它就在里面。"[5]

最终,他们决定使用由马丁·蒂尔曼(Martin Tillman)演奏的单个大提琴音符的几种变奏,并用一些听不太清的吉他音来增强。那其实是两个音符,一个悠远空灵、持久不去;另一个随之加入,

弗朗西斯·培根的《根据委拉斯凯兹〈教皇英诺森十世肖像〉而作的习作》(*Study After Velázquez's Portrait of Pope Innocent X*,1953)。汉斯·季默以此画作为《黑暗骑士》配乐的灵感来源

缓慢地以滑奏上扬，仿佛一根琴弦被越拉越紧，却从未完全断掉。我们听到了越发刺耳的不协和音（dissonance），掺杂着金属的嗡鸣和刮擦声。与其说这是一段主题音乐，不如说它更像一个音调实验。为了演奏这段音乐，蒂尔曼需要抛弃之前受过的所有音乐训练。诺兰说："小丑的主题音乐非常与众不同，因为他像蠕虫一样不断地往电影里钻。我希望早点着手，我想知道这段音乐究竟会是什么样，因为我们想在电影上映前，在影院里放映开场戏。《黑暗骑士》是我们第一次这么做。我们把影片开头的六七分钟抽出来，做成一个短片，在IMAX影院里放映。我们要以此提前介绍小丑出场，因此我们对于小丑的音乐到底会是什么样感到非常紧张。汉斯创作了好几个小时的素材，我们知道它就在里面，那里面有我们需要的东西。我们开始给开场戏配乐时，选用的是最长的一段旋律中非常非常开头的部分，只是那段最为悚然怪诞之声的最短版本，我记得他对此相当惊讶。但等他一看到影片，发现影像和音乐一拍即合。然后这个声音在影片的不同时间点上越变越大、越来越响，这个小小的变化就能让人联想到小丑。"

在剪辑小丑用火箭筒伏击丹特的押送车时，诺兰也做了同样大胆的决定：他完全拿掉音乐，将这场戏中的枪火声、尖锐的金属刮擦声等音效精心编排成了一曲打击乐。他说："我们其实写了配乐。但是我跟声音设计师理查德·金说，因为电影中已经有很多音乐了，所以'我希望你试着用音效取代音乐，这样一来，引擎声就变成鼓点，高端声音就变成架子鼓的踩钹'。他离开时仿佛深吸了一口气，不过对他而言，这确实是一个非常难得的机会，因

小丑用火箭筒伏击护送丹特的警方车队

为通常你很难拿到一个五到十分钟的片段，然后被告知：'行了，这段归你了，拿去尽情发挥吧。'我拍的电影中有很多配乐，开始的时候总是什么配乐都没有，到最后全片铺满了配乐。我感觉，当影片进行到某个时刻，观众会对配乐有点麻木了，所以留出一段音乐空白还挺重要的，因为配乐会让你对动作戏有种安全感，即便让人心跳加速的配乐也是如此。当小丑掏出火箭筒的时候，你要思考：'嗯，现在要怎么办？该为它配上什么声音？'等配乐再度出现的时候，效果就会倍增。有人问过我是否会拍歌舞片，我的答案是：'我的电影**都是**歌舞片。'"

· · ·

上述这场戏出现在影片的 74 分钟之后。为了满足小丑的要求，哥谭市的新任地方检察官哈维·丹特［艾伦·埃克哈特（Aaron Eckhart）饰］决意宣称自己就是蝙蝠侠。他被保护性拘留于一辆装甲特警车中，在六辆警车和直升机的护送下驶过城市。日暮时分，夜色低垂，城市的街道沐浴在冷色调的蓝色阴影中。从空中俯拍的跟拍镜头里，我们看到押送车队排成一列纵队，穿行于高楼林立的"峡谷"之底，宛如西部片中的货运马车队。这个镜头如此典雅，我们几乎没有注意到景框顶端，也即距押送车队一个街区之遥的地方，似乎出现了一面火墙。大约就在此时，我们注意到了声音，或者说注意到"没有声音"。在直升机探照灯的照射下，押送车队过桥左转，螺旋桨的声音逐渐消失，我们听到了大提琴以缓慢拉满弓的方式（son filé）演奏的持续单音，这个声音已能让我们立刻联想到小丑的混乱。

"那是怎么回事？"车队逐渐靠近那个挡路的火墙时，一个警察问道。现在，我们看清了那是辆燃烧的消防车——倒在空荡荡的街道上，无人看管，这景象颇具超现实感。押送车队遂改道进入地下通道。"开进地下第五大道？"那个警察抱怨道，"在那下面我们就成瓮中之鳖了。"

果不其然，押送车队一经匝道驶入地下，失去了直升机的掩护后，其中一辆警车突然就被不知从哪里冲出来的垃圾车撞到了路边。一辆 18 轮大卡车现身，与特警车并行，把旁边一辆厢式警车撞进地下通道一侧的河里。此刻，丹特被夹在了中间。18 轮大卡车的车门上印着海姆斯游乐场（Hyams Amusement Park）的广告："欢笑（laughter）是最好的药"，而前面被添上了一个字母 S，变成了"屠杀（slaughter）是最好的药"。车门突然打开，小丑和戴着小丑面具的团伙出现了，身上绑着系在车厢棚顶的绑带。小丑随意地举起小手枪开火,仿佛毫不在意"庆典"如何开幕。然后手下递给他一把短管霰弹枪,给特警车一侧打出了几个大凹坑。最后,手下递给他一支火箭筒,他轰炸着警车,它们就像多米诺骨牌一样,一辆接一辆地翻倒。配乐已经完全消失了,取而代之的是轮胎嘶鸣、金属弯折,以及回响在空旷的瓦克尔街地下车道中的枪声,宛如打击乐的鼓点。瓦克尔街地下车道是诺兰电影中最别具一格的空间之一,在《侠影之谜》和《黑暗骑士》中均有出镜。这里就像一处地下洞穴,有着顶部照明和沉重的混凝土立柱,仿佛艾舍尔式的递归网格,狭窄受限但进深很长,平行线一直延伸到灭点,顶部照明为交战双方的追车戏营造出惊心动魄的速度感。去掉配乐的效果既怪异又刺激,让人紧张到目不转睛;动作戏干净利落,我们的所有感官都处于高度警觉的状态。

  终于,蝙蝠侠出现了。一开始,他试图与小丑指数升级的奇袭火力一决高下。他驾驶着第一部中出现过的蝙蝠车(Tumbler,兰博基尼与悍马的装甲版混合体),径直瞄准押送车队,直直地猛撞向垃圾车,或者更准确地说,是从下面将它整个铲起。蝙蝠车像个楔子一样把垃圾车撬起来,顶在高速公路的混凝土天花板上,火花四溅,垃圾车的驾驶室像个罐头盒一样被压皱了。蝙蝠车停下,原地掉头,接着追击,及时拦截了一发直射向丹特所在特警车的火箭弹。它在空中飞起的样子,就像一个为雇主挡子弹的保镖。然后蝙蝠车坠地翻滚,撞毁水泥护栏,最终停下来。一群工人聚集在损毁的车辆周围。在面目全非的冒烟残骸中,有什么东西在颤动。突然间,驾驶舱降下,汽车外壳板裂开,就像一只甲虫准备起飞;前轮分离并向前拉动,再将后轮拉出来,这样一辆由最简略的部件——硕大轮胎、底架和车座组成的摩托车就成形了,形似哈雷戴维森公司打造的"祈祷螳螂"[6]。流线、疾速、贴地、危险,蝙蝠摩托是蝙蝠侠迄今为止最酷的玩具,因为它呼应着他的优势,而非掩藏他的弱点。摩托车的引擎声听起来像是混合了重型涡轮机和喷气式飞机即将起飞的声音。蝙蝠侠跨坐其上,身体伏低,几乎是水平俯卧着,双手挨着前轮,脚搭在后轮上。他在瓦克尔街地下车道上呼啸而过,斗篷在背后漂亮地翻飞着。所经之处,他锵、锵、锵地撞掉沿路汽车的后视镜,并发射摩托车的自带火炮——砰、砰、砰,为自己清理出一条通道。

  蝙蝠侠从冒烟的蝙蝠车底架中破茧而出的景象,几乎象征着诺兰将自己从系列首部的大而无当中解放出来。首部中的动作段落,效仿的是许多暑期档大片中快速剪辑的撞车大赛:就算一辆车撞上另一辆,你也不怎么会被吓

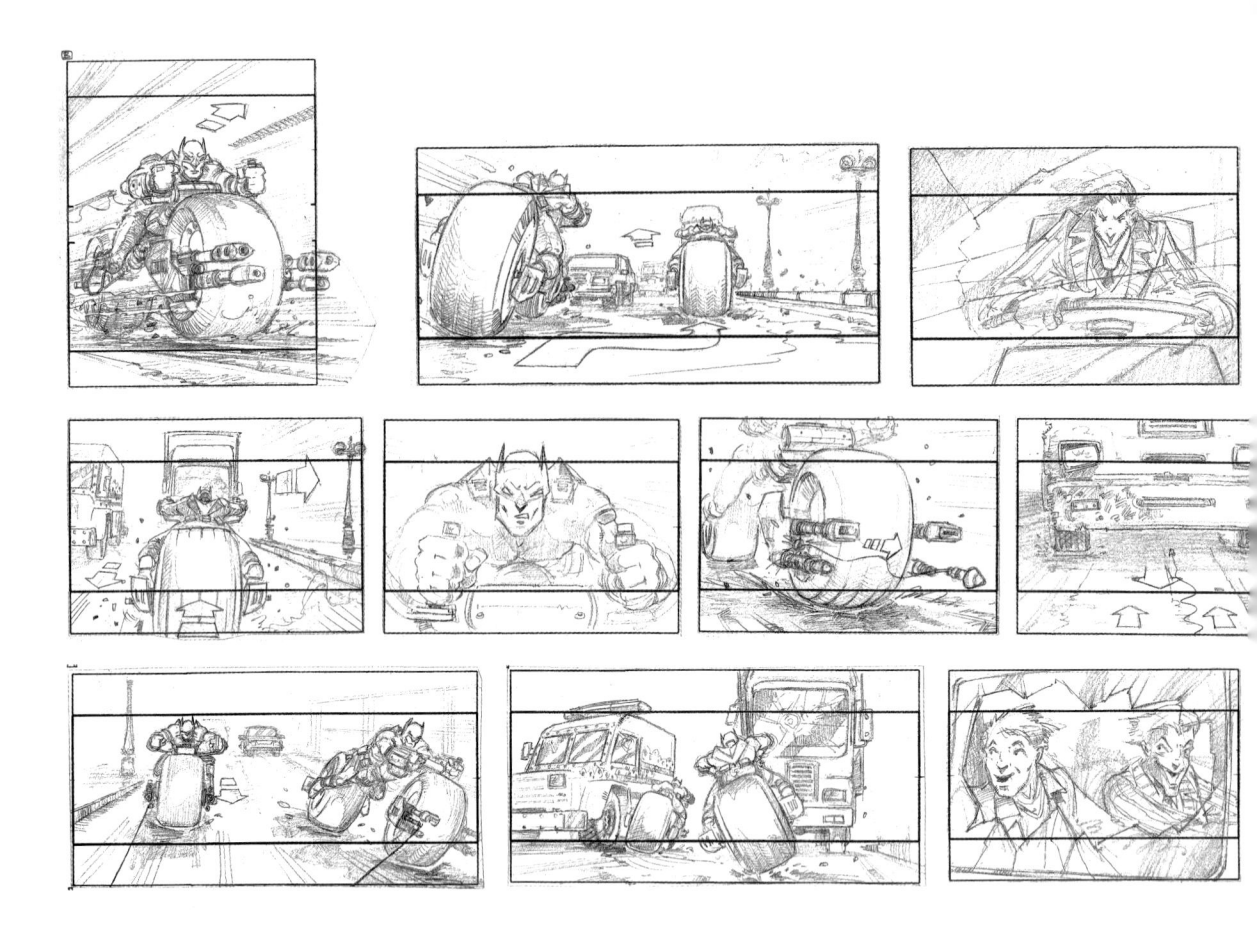

到。而当本片中的卡车撞上警车时，据我们对其大小和质量的感知，那就像是在看两架宇宙飞船相撞。从《侠影之谜》到《黑暗骑士》，在摄影、剪辑、音效和配乐方面，都有了巨大飞跃。两者在片名上也毫不承接，仿佛开启了一个全新的系列。IMAX 摄影营造出规模感，同时也让诺兰的剪辑节奏慢了下来，为镜头增添了一种形式上的优雅。小丑的攻击让观众晕头转向之后，剪辑节奏变得从容不迫，每个镜头都流畅优美。诺兰不必再让哥谭市笼罩在黑暗之中了，他得以专注于画面构图。约翰·福特过去怎么在西部片里拍纪念碑谷（Monument Valley），诺兰就怎么拍芝加哥卢普区那由玻璃和钢铁造就的"峡谷"。他利用建筑让空间具象化，观者对纵深的感知，被他转化为一种近乎生理上的愉悦。

最终，蝙蝠侠在拉萨尔街（LaSalle Street）追上了小丑，诺兰拍摄这场对决戏的取景方式，类似于约翰·福特如何拍摄《侠骨柔情》（*My Darling Clementine*，1946）中 OK 牧场（O. K. Corral）的那场枪战戏：摄影机垂吊在膝盖位置，仰拍这些神话般的人物。蝙蝠侠用一根长长的钢索缠住 18 轮

《黑暗骑士》（2008）中那段卡车翻倒戏的故事板，诺兰为这场戏配的是音效，而不是音乐

大卡车的车轮，猛地一拉，驾驶舱和车身翻转了 180°，背部着地，发出一声巨响，仿佛阿伽门农（Agamemnon）的陷落[7]。这个镜头不仅仅是物理特技，还近乎诺兰的艺术宣言。小丑说："我只不过做了我最拿手的事——以彼之道，还施彼身。"这句台词是乔纳写的，也很适合用来总结诺兰作为电影创作者的全部理念。他运用类型的规则，又颠覆了它们。他一一满足制片厂的要求，同时也像走私犯一般夹带私货通关。

《黑暗骑士》中的**一切**都被颠覆了：卡车、道德、证词，再到影片高潮处的那场戏——摄影机缓缓转至上下颠倒，拍摄被倒吊在普鲁伊特大厦（Prewitt Building）[8]外的小丑。被颠覆的不仅是一辆 18 轮大卡车，还有大制作电影"要大、更大、再大"的巨无霸主义。现在我们已经稳驻于诺兰的宇宙，在这里，强度、重量和质量的传统计量标准统统不作数了，甚至还可能反噬我们。

实际上，布鲁斯·韦恩的第一个决定就是减轻重量。他对阿尔弗雷德

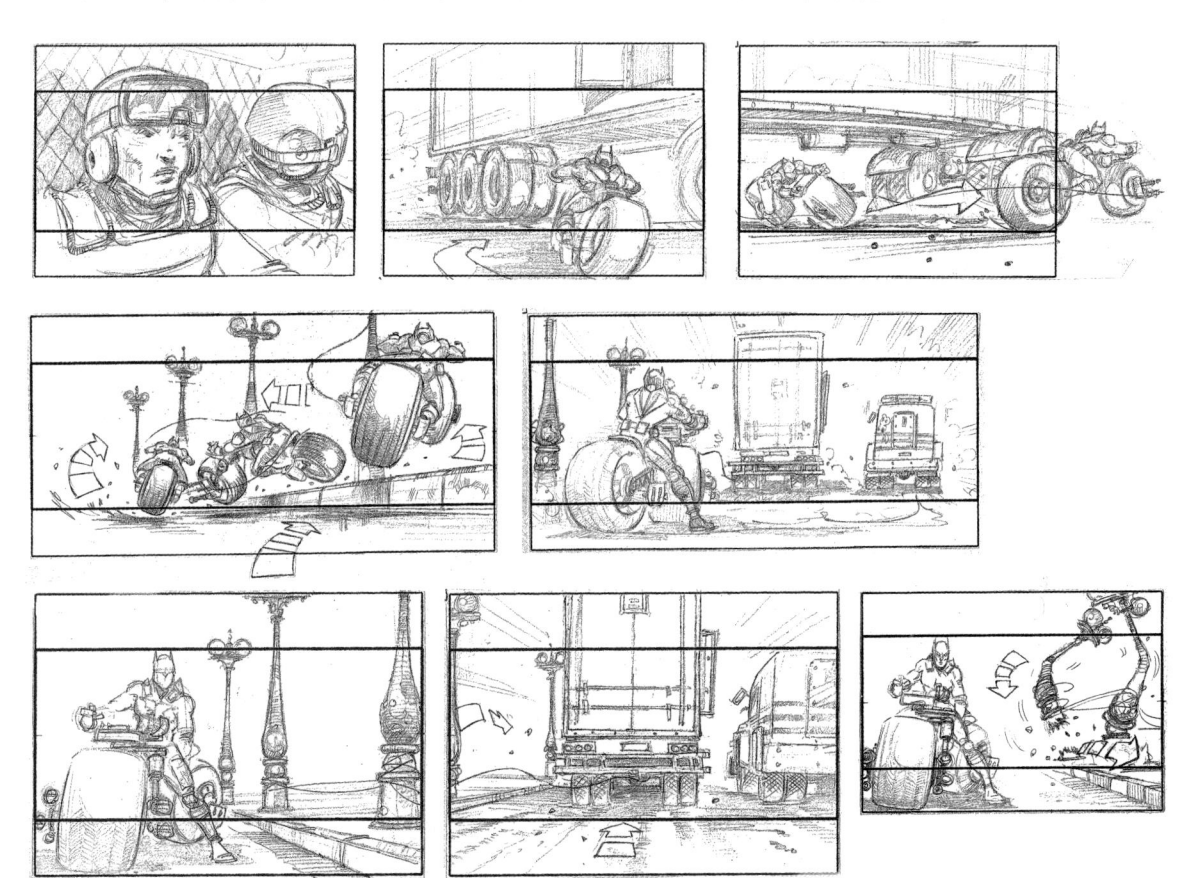

说:"我身负的东西太沉重了。"蝙蝠侠试图给哥谭市带来秩序,然而事与愿违:一批流氓和三脚猫义警开始跟风模仿他的行动和装扮。公众指责他引发了后续的暴力事件。电影中的大部分时间,有关蝙蝠侠已死的报道都困扰着他,而小丑的出现才让他放弃了退休的想法。小丑这位"失序之王"(Lord of Misrule)[9]化着龟裂的白面妆,除了撒播混乱之外别无他求。他身穿护士服,溜进了丹特所在的医院病房,说道:"我是追着车跑的狗,就算追上了也不知道要干吗。"如果说蝙蝠侠是一柄有各类科技配件的瑞士军刀,驱动他的弗洛伊德式背景故事说来话长,需要用一整部电影才能拆析明白;那么小丑便是丧心病狂的持刀人,驱动他的只有对制造混乱的渴望。每次他讲起自己的身世,故事都不相同。相较于蝙蝠侠的棱角分明和全副武装,小丑则阴柔又狡猾,就像艾利斯·库珀(Alice Cooper)[10]和变装皇后的混合体,孤立雨中无人理。他挑衅着蝙蝠侠一直赖以维系的原则,你会觉得这两个人甚至都不该共处一室,以免物理定律迫使他们其中一个"咻"地消失。

因此,两人在警察局审讯室里的第一次会面就是如此剑拔弩张,进深长且四壁贴着瓷砖的房间宛如屠宰场。这场戏以低调克制的方式开场,原是一片黑暗,而后灯光一亮,我们看到蝙蝠侠就站在小丑身后。

"你为什么想要杀我?"蝙蝠侠问道。

"我可不想杀你。"小丑大笑着在座位上前后晃动,时不时落到画面焦点范围之外,"没有你我可怎么办?再回去敲诈黑帮贩子?不,是你,让我,变得完整。"

小丑像蜥蜴一样舔着嘴唇,视线在房间里游移,仿佛半心半意地期待着别人出现——他的肢体语言就像一条受过虐待的狗。小丑继续和蝙蝠侠套近乎,声称两人之间有一种古怪的亲密感——他们是两个怪胎,让世人各安其分的规则约束不了他们。"在这个世界上,唯一明智的生存方式,就是不受规则限制。"他得意地笑着说,"今晚,你会打破你的一条规则……"小丑的挑衅让人忍无可忍,蝙蝠侠爆发了,他越过桌子,掐住小丑的喉咙,把他摔在墙上,逼问丹特的下落。戈登正透过单面玻璃窗看着里面,眼见一个手下欲起身干预,便说道:"他自有分寸。"但是此时,你会注意到那个仿佛拉锯声一般的单一大提琴音符又回来了,它宣告着小丑即将引发混乱。事态开始不对劲儿。

小丑像个小学生一样兴奋地咯咯笑着,终于抛出了恶意满满的《苏菲的选择》(Sophie's Choice)[11]式的两难选择题:蝙蝠侠必须选择是救丹特,

还是救瑞秋·道斯［玛吉·吉伦哈尔（Maggie Gyllenhaal）饰］。[12] 无论选谁都会让他良心有亏。小丑不是要打败"善"的力量，他是想揭露"善"这个概念本就是骗局，以此来测试公民们是否团结一心。诺兰换成手持摄影机捕捉接下来的殴打戏。整场戏中，小丑倚靠在瓷砖墙上，毫不还手，瘫软得像个布娃娃。蝙蝠侠的拳头劈头盖脸地落下来，每下都把他的头打得几乎转过 180°，但是他每一次扭回头时都在微笑，仿佛每挨一拳都是他对敌人的小小胜利，一下一下凿碎了蝙蝠侠所珍视的原则。他一心只想做一件事——挑衅。"你什么都没有，"他嘲讽道，"没有可以拿来威胁我的东西。你的力量再大也没用。"

他继续大笑，就像吕美特《突击者》结尾的伊恩·邦纳一样。蝙蝠侠揍的只是一个提线木偶。这场戏原本的结束方式是：小丑吐出信息，蝙蝠侠丢下他，然后在走出房间时，又心血来潮地对着小丑的头补踢了一脚。拍摄当天，他们放弃了这个设计，改成用景别卡得很紧的镜头拍贝尔——蝙蝠侠意识到自己的所作所为完全是徒劳。《黑暗骑士崛起》犹如一场激烈的大战；而《黑暗骑士》则因小丑的无政府主义而生气勃勃，相比之下，蝙蝠侠只显得野蛮暴虐。你如何打败一个以混乱为乐的人呢？

诺兰准备拍摄审讯戏，这场戏是该片的转折点

第 7 章 混乱 CHAOS 187

・・・

20 世纪 80 年代初的某天，琼·沃德（Jean Ward）去打扫英国画家弗朗西斯·培根位于里斯马厩（Reece Mews）7 号的房子。这个阁楼位于伦敦南肯辛顿（South Kensington），培根在此生活与工作。她不知道这里的主人是个有名的画家。她登上陡峭的楼梯，发现一间狭小的画室，还有另外两个房间：一间是厨房兼浴室，另一间是小卧室兼客厅，两者都很朴素，装潢简单。培根没有吸尘器，除了一罐艾佳艾斯牌（Ajax）家用去污粉（他时不时还用它抹抹脸），再无其他清洁用具。清晨来上班的沃德，经常发现培根睡在地板上，她就得从他烂醉的身体上跨过去。这位画家的画室以凌乱不堪闻名，灰尘、颜料、废弃画稿、香槟酒瓶和残渣碎屑层层堆叠，她被禁止进入画室，更遑论打扫了。沃德费力地跨过那堆杂物，有时甚至"感觉里面有蟑螂乱爬"。

培根喜欢这种凌乱，他和列奥纳多·达·芬奇（Leonardo da Vinci）一样，坚信小房间有助于集中思绪。有时他会用手指蹭上灰，然后混着油画布上未干的颜料涂涂抹抹，为画面增添一份受控的混乱元素。他告诉艺术评论家大卫·西尔维斯特（David Sylvester）："我在混乱中感到轻松自在，因为混乱带给我图像灵感。无论如何，我就是喜欢生活在混乱中。如果迫不得已要我搬到新房间去，不出一周那里也会乱成一团。"他的艺术作品反复再现了混乱与控制的对比，其画作是两者的混合体：笼子、网格或密闭房间的干净线条内，容纳着屠宰场一般狂野血腥的意象。他画作中的房间总是几无装饰，窗帘、镜子和管状结构将那些扭曲痛苦的人像封闭在内。

诺兰说："对我而言，那里面有种恐惧感呼之欲出，蕴含着几乎不能为种种社会结构所抑制的原始性。画作中的房间里发生的任何事，都呼应了图像创作的手法——培根的创作过程充满直觉性和原始性，但他也行使着绝对的控制权，他会毁掉那些不喜欢的画作之类的，小心翼翼地呈现自己的作品。他常画这么一面几何形状的镜子，在他的许多画作中都有这个小圆圈，那就是有序的混乱。我认为培根的作品中有很多野蛮和原始的东西，小丑的本性里也有，但其实并不混乱，反而相当受控。[13] 换言之，小丑并非无序者。他谈论混乱，以混乱为乐，但重点在于制造混乱。他制造混乱的方式，其实是非常精准且高度受控的。"

诺兰 16 岁时第一次接触到培根的作品。学校带他们去伦敦的泰特现代

美术馆（Tate Modern）看罗斯科（Mark Rothko）的展览，诺兰在纪念品商店里看到了一张之前培根作品回顾展的海报。他说："我记得看到那张海报时，心想：'它真是棒极了。'"他买下了那张海报，贴在卧室墙上。几年之后，他看了阿德里安·莱恩导演的《异世浮生》（1990），故事讲述一名越战老兵（蒂姆·罗宾斯饰）经历了地狱般的闪回体验。在诺兰眼中，那些闪回影像就像培根画作中猛烈晃动的模糊头颅，他试着用自己的超 8 摄影机来重现这种效果。后来，莱恩告诉诺兰，这个技巧借鉴自唐·利维（Don Levy）的《赫洛斯塔图斯》（Herostratus）。那是 1967 年在伦敦新开幕的当代艺术中心影院（ICA Cinema）放映的首部影片。该片是伟大的"秘密电影"之一，讲述一位愤怒不安的诗人［迈克尔·戈特哈德（Michael Gothard）饰］所经历的凶残又黑暗的内心之旅，通过重演培根画作《头颅四》（Head IV）中备受折磨的痛苦状态，他内心的混乱才得以释放。影片以低帧率捕捉极端动态，将他的头变成了一团狂乱的模糊之物，再配上音轨中尖叫的杂音。遗憾的是，利维的导演生涯中道而止：他搬到洛杉矶，在加州艺术学院（California Institute of the Arts）进行电影、录像和多媒体方面的教学和研究，后于 1987 年自杀身亡。

诺兰说："《异世浮生》确实是部艺术片，但也是部非常有趣的电影，影像相当令人赞叹。它上映后的几年里，每部恐怖片、音乐录影带和预告片里都有那个晃头的影像。"[14] 这些东西需要一些时间去渗透。我自己也曾尝试用超 8 摄影机拍出面部模糊的角色，或者让景框中的脸一闪而过。片中还有一处，莱恩拍了笼子里的躯干[15]，那个笼子不完全是培根画作中的那种立方体

弗朗西斯·培根在其恋人乔治·戴尔（George Dyer）自杀之后，画了这幅《三联画，1972 年 8 月》（Triptych August 1972，1972）。最左侧的戴尔画像是第一幅吸引到少年诺兰的培根画作。一幅比之更早的肖像画作《乔治·戴尔的头像习作》（Study for Head of George Dyer，1967）也出现在《盗梦空间》的第一重梦境之中。该片男主角混乱失控的爱情故事也以一场酒店自杀事件而告终。培根曾于 1972 年的夏天说道："我每分每秒都想着乔治……如果那天早晨我没有出去，如果我只是待在酒店里，确保他没事，他现在可能还活着。这是事实"[16]

第 7 章　混乱　CHAOS

框架，不过非常接近。你要是再看看《追随》，杰里米饰演的那个角色穿着西服、打着领带，一只眼睛被揍得严重变形，这些都会让人想到培根。"

拍摄《黑暗骑士》期间，诺兰带了一本培根的画册，来到希斯·莱杰的休息室拖车里，给化妆师约翰·卡廖内（John Caglione）和这位 28 岁的演员作参考。小丑的妆容残损剥落又污迹斑斑，仿佛他几天几夜都没卸妆，妆面内部正在开裂。此妆的灵感，部分来源于弗朗西斯·培根的《根据委拉斯凯兹〈教皇英诺森十世肖像〉而作的习作》（1953），更为人熟知的名字是《尖叫的教皇》(*The Screaming Pope*)。诺兰说："他们完全懂了我想要什么。他们先上白色和红色的妆，然后又开始涂上黑色，把皮肤遮住，再用特定的手法把妆抹花。某些地方可以看到希斯的皮肤，如同培根的画作中时而可见的画布一样。"伤疤假皮一直延伸到希斯嘴里，他表演时假皮会松动，为了避免再坐上 20 分钟来补妆，他就反复地舔嘴唇，这造就了该角色最诡异的抽搐动作。"希斯还做了一件事，有一天他来跟我说：'我想自己化妆，因为我想看看自己能化成什么样子。'自行上妆之后，他说：'也许我们能从中发现点儿什么。'我们发现的是，他的技术不如化妆师约翰·卡廖内。当然，我们还发现，他会把化妆品弄到手指上，他说：'哦，当然啦，我自己化妆当然会弄到手指上。'因而我们就在他的手上也留了点儿化妆品。就是这么回事。

本页图：化好小丑全妆的希斯·莱杰；对页图：他和化妆师康纳·奥沙利文（Conor O'Sullivan）。有些妆是莱杰自己化的。他表演时伤疤假皮会松动，为了避免再坐上 20 分钟来补妆，他就会舔嘴唇能跟这样充满创意、头脑敏锐的人一起工作真是太好了——真的很酷。"

莱杰把自己关在酒店房间里，关了好几周，在发声方式和肢体习惯方面进行实验，直到对成果满意为止。[17] 他还记日记，上面满是他亲手抄写的剧本台词，里面还有各式各样的剪贴画，图片中的人物包括性手枪乐队（Sex Pistol）的主唱约翰尼·罗顿（Johnny Rotten）和席德·维瑟斯（Sid Vicious），还有《发条橙》（*A Clockwork Orange*，1971）的主人公——马尔科姆·麦克道尔（Malcolm McDowell）饰演的亚历克斯（Alex）。

《黑暗骑士》中有一场戏，小丑进来抓住了参议员帕特里克·莱希（Senator Patrick Leahy）[18]，诺兰记得自己执导这段时狠狠地逼了希斯·莱杰一把。诺兰说："这场戏我们拍得很早。我告诉希斯：'你需要表现出这种自然之力。这是一个高档派对，你走进来，大闹一番。'[19] 等我们拍完这场戏，他说：'谢谢你逼我这么做。'他真的演活了这个角色。希斯是一个非常友善的人，我认为他的本性不会允许他闯进来，做出这么残忍的事；但是小丑这个角色却残忍无比，他享受把所有人都逼向不适状态。这和希斯本人正好相反，也和我的本性相悖。他说：'你给了我一个当烂人的借口。'他真的不喜欢令

人感到不适。

"希斯和我多次讨论了《发条橙》中的亚历克斯。我认为亚历克斯是先前最接近小丑的角色。他本是个青少年，只是想着：'我就要搞破坏，因为去他妈的。'他甚至不在意自己为什么这么做。他就是如此随心所欲。这是一种非常真实的人性本质的力量，但我并不具备，我怕自己身上有那种特质。我害怕人性本质的那一面。小丑是我最害怕的东西，他是所有反派里最让我恐惧的，尤其是在我感到文明社会命悬一线的当下。我认为小丑代表了'本我'（id）。这三部曲都是我们真心实意拍出来的。我们在担心什么？我到底在害怕什么？反派可能做出的最坏之事是什么？我没有那种无政府主义冲动，真的没有。我是个非常有自制力的人，我害怕自己无法无天。我谨慎地把那种冲动当成影片的驱动力，但在整个拍摄过程中，我都很害怕这一点。"

· · ·

在这一点上，我反复追问过诺兰，因为在我看来，若说他没从小丑制造的混乱中多少感到些兴奋，似乎不太可能，毕竟观众确实为之兴奋。但是他立场坚定：他感到这很**可怕**。《黑暗骑士》之所以成为这样的电影，是因为导演愿意**违背**自己的天性去创作，愿意武装自己的心魔。诺兰说："有意思的是，《黑暗骑士》总是三部曲中大家最喜欢的一部，尽管我很难分析观众的

诺兰正在给艾伦·埃克哈特和克里斯蒂安·贝尔讲戏，在这场戏里，蝙蝠侠与哈维·丹特就如何处置小丑的亲信而起了冲突

反应，但我发现自己经常为其他两部辩护。《侠影之谜》中的那种浪漫主义在《黑暗骑士》中被我们完全抛弃了。在开始设计《黑暗骑士崛起》之前，我在IMAX公司总部放映了前两部影片，我们也有好几年没重看了。整个观影体验非常有趣，因为《侠影之谜》比我们记忆中的样子好得多。它有一种怀旧感和古典主义风格，我们心想：'哇，原来我们在这部片子里做成了这么多事。'然后放映了《黑暗骑士》，我们都评价它'像个机器'。它吸引你注意，贯穿你全身，但其中有种近乎无人性的感觉。与《侠影之谜》相比，《黑暗骑士》是一部残忍冷酷的电影。大家总说我的电影很冷酷，但我只能在这部电影中感受到这一点，因为小丑像引擎一般，以如此可怕的方式驱动着全片。整部电影就是小丑精心设计的一连串恐怖情境，而且全都是他有意为之的，毫无偶然成分。我跟制片厂提案时说：'这部电影会带给你紧张到攥拳的体验，它就是在不断下坠。'"

　　本片最为大胆的一点，就是让主角在剧情发展中逐渐失色。瑞秋·道斯离开布鲁斯·韦恩，选择了新登场的哥谭市白甲骑士哈维·丹特，这之后韦

克里斯蒂安·贝尔饰演的蝙蝠侠站在香港国际金融中心（IFC tower）楼顶，拍这场戏时贝尔坚持要亲自上阵

第 7 章　混乱　CHAOS　193

恩花了大半部影片的时间考虑自己是否应该引退。从很多方面来说，他倒成了本片的配角，丹特则承担了故事的道德弧光。蝙蝠侠在审讯室被一通羞辱后颇为恼火，愤怒导致了过度反应——他把全城的每部智能手机都变成了声呐窃听设备，从而将机主的信息传回。剧本上是这么写的："整个城市就像一本摊开的书，人们在其中工作、吃饭、睡觉。"卢修斯·福克斯（摩根·弗里曼饰）也说："你把哥谭市的每一部手机都变成了窃听器，这么做不对。暗中监视3,000万人不属于我的职责范畴。"影评人经常称《黑暗骑士》三部曲颇具奥威尔式（Orwellian）风格，尽管这个标签并没那么贴切。蝙蝠侠第一次使用监视技术，是在普鲁伊特大厦里搜寻小丑（这是诺兰电影中为数不多非必要的特效镜头之一，效果出奇地漂亮），公民自由见鬼去吧！事实上，如果在《一九八四》（Nineteen Eighty-Four）结尾，主人公温斯顿·史密斯（Winston Smith）被派去拍摄国家宣传片的话，《黑暗骑士》系列就像出自他的手笔，其潜文本仍然会泄露出他过去所有拒绝服从的倾向。这三部曲宛如老大哥（Big Brother）同温斯顿·史密斯共同创作的电影，威权与反威权本能在其中一决高下。

诺兰将芝加哥卢普区硬朗整洁的轮廓线处理为小丑之混乱的对立面。卢修斯·福克斯研制装备的实验室位于地下，那里有着**粗混凝土**墙壁，给人悚然冰冷的感觉。韦恩企业的董事会会议室则是个整洁极简的房间，取景于由建筑师密斯·凡·德·罗设计的IBM大厦，屋内从地板到天花板的落地窗能纵览芝加哥全景。为了增强效果，菲斯特和克劳利在天花板上加装了几排反光灯泡，还放置了一张80英尺（约24.4米）长的反光玻璃桌。瓦克尔街地下车道本身也是混乱的反面。奥斯瓦尔德·斯宾格勒（Oswald Spengler）在描述香榭丽舍的广阔地带时写道："无穷的空间正是西方心灵一直在寻找、一直想看到其即刻得以实现的理想。"[20]香榭丽舍那笔直的透视和整齐的街道，反映了"一种不受约束、意志坚强、胸怀宽广的心灵，它所选取的表征，是纯粹的、不可感知的、无限的空间"。想必布鲁斯·韦恩也会让斯宾格勒为之一振，前者也拥有意志坚强、胸怀宽广的心灵，把自己家建在深到没底的低顶几何形洞穴之中。"递归"是伦纳德·谢尔比的痛苦根源，但在这里，却借布鲁斯·韦恩那价值10亿美元的私密洞穴[21]而成为权力与财富的象征。

《黑暗骑士》的结尾是诺兰作品中最好的一个。"大卫·戈耶和我一起想出了那个故事点子，让蝙蝠侠在影片中段面临救人二选一的难题。然后我弟弟在高潮处将它外推成一个更大的两难选择。我立即打电话跟他说：'你不能这么来，行不通的，别想了。我们前面用过《苏菲的选择》这个桥段了，也不能老用它。'他却说：'你应该顺着小丑的思路把事态扩大，直到观众开始主动期待这种事发生。'"诺兰更大的反对理由是出于对动作场面的考虑：他的电影结尾不能**没有**爆炸场面。"乔纳总喜欢做点不一样的事，不按套路出牌，这是他写剧本时的强烈冲动。我的观点是：'没错，创新很有价值，但是你必须把电影当成一首音乐来考虑。如果不设计个渐强段落（crescendo），可能就不行，感觉就不对劲儿。'我需要一个渐强段落。他试来试去，最终还是我接手剧本继续写，但我没法舍弃这个段落，所以我们最终把动作戏放在了普鲁伊特大厦，然后在大厦与渡轮之间交叉剪辑。我想说，这样本来应该是行不通的，但最终效果还不错。电影到这里其实停摆了，然后它又跟观众说：哦，还有另一件事。"

这"另一件事"是一段蒙太奇，它向观众展现的画面，是诺兰当初在香港勘景、着手写《黑暗骑士》初稿时最先想到的场景：蝙蝠侠被警察追捕，猎人反成猎物。他战胜了小丑，但也付出了惨痛代价——小丑让丹特彻底堕落了。为了避免丹特的清誉受损，蝙蝠侠被迫替他顶罪。"你要么舍生取义成为英雄，要么苟活到眼见自己沦为恶棍。"他向戈登复述了丹特之前的台词。我们看着他越过集装箱逃走，警察和警犬在后面追赶。此处的配乐中，季默让大提琴和低音铜管乐器交替演奏 D 调和 F 调旋律，弦乐则交织出一连串固定音型（ostinato）[22]，音量不断增大，同时伴随着隆隆作响的定音鼓声，听起来宛如波浪。"哥谭市需要我什么样，我就是什么样……""（哈维·丹特是）一位英雄，不是我们应得的英雄，而是我们需要的英雄……""因为有时候，真相并不够好。有时候民众应该得到更多。"诺兰以其影片的结尾而著称，但《黑暗骑士》的结尾却堪称卓绝，它让人想到钱德勒小说中的堕落世界，在那里，真相永远不可能胜出，好人顶多能指望从腐败体系中全身而退。这个结尾是一个完美的活结，将情节线索都收束在一起，也释放了所有的矛盾和暧昧。它让观者感觉被卷入了某种更巨大且宏伟的循环乐章之中——一个故事的尾声，也是另一个故事的序曲。

· · ·

这部影片所传递的矛盾性，美国人自有理由去关注。《黑暗骑士》进入公众视野的这一年，既是总统大选之年，又是互联网发展的关键时期，双重因素让该片备受瞩目。距《黑暗骑士》上映还有 15 个月时，乔纳和协同制片人

乔丹·戈德堡（Jordan Goldberg）发起了一场电影营销活动，运用总统竞选级别的民意调查，向70多个国家、超过1,100万人宣传该片，这被《洛杉矶时报》(Los Angeles Times) 称为"好莱坞有史以来最具互动性"的宣推举措。在圣迭哥漫展（San Diego Comic Con）上，有人在印有小丑头像的美钞上找到线索，在其指引下来到指定地点，观看飞机在空中喷出一串电话号码，拨通之后，对方会邀请你加入小丑军团。漫画书店里的卡片会引你找到"哈维·丹特竞选地方检察官"的网站，擦除网站上的像素图像之后，大家终于看到了"小丑露脸"，这是希斯·莱杰小丑扮相的首度公开。他们还仿照"德拉吉报道"（Drudge Report）[23]建了一个网站，散播有关竞选的假新闻。一些粉丝甚至上街支持哈维·丹特，支持这位虚构的候选人，在一座虚构城市的一场虚构选举中，竞选一个虚构的职位。投票日当天，他们寄出选民登记卡，还成立了一个直接行动小组，通过比萨外送的方式来支持蝙蝠侠。人们收到比萨时，会在盒子里发现蝙蝠侠面具、传单和纸面指示。根据指示，他们可以登录"市民支持蝙蝠侠"的"地下"网络论坛。该论坛组织民众在芝加哥和纽约两地集会，一起见证蝙蝠信号灯（Bat Signal）照亮城市天际的时刻。

大家没完没了地解读影片中的政治观点。片中有很多令人难忘的台词，

诺兰坚持观看工作样片，《黑暗骑士》的最后一个镜头就是在样片里找到的

比如"你要么舍生取义成为英雄，要么苟活到眼见自己沦为恶棍""有些人只想看到这个世界陷入火海"以及"干吗这么严肃？"，这些台词在当时的新兴平台如 Twitter、Tumblr 和 Reddit 等互联网"首页"上重获新生。如果说《记忆碎片》只是病毒式传播的萌芽状态，那么《黑暗骑士》就是网络迷因（meme）的培养皿。一则早期的病毒式广告中，希斯·莱杰饰演的小丑潦草地写下"干吗这么严肃？"，它被无穷无尽地恶搞，和猫、婴儿、歌手麦莉·塞勒斯（Miley Cyrus）、前副总统阿尔·戈尔混搭在一起，甚至连当时的总统候选人奥巴马（Barack Obama）都得到了这种"小丑待遇"。左翼博主大呼犯规，右翼博主则在居功。小说家安德鲁·克拉文（Andrew Klavan）在《华尔街日报》（The Wall Street Journal）上写了一篇专栏文章，认为影片"在为乔治·W. 布什（George W. Bush）唱赞歌，赞颂他在这个充斥着恐怖和战争的年代里所展现出的不屈不挠和道义勇气。"[24] 其他左派则拥护他们所认为的该片立场——**反对**小布什和副总统切尼（Richard Cheney）采取的无证监视和酷刑策略；**反对**威瑞森电信公司（Verizon）、美国电话电报公司（AT&T）以及谷歌等公司每年配合执法调查超过 130 万次，把公民资料移交给国家安全局那造价 20 亿美元的监视中心。

"历史新闻网"（History News Network）的罗恩·布里利（Ron Briley）写道："影片中的政治态度似乎暗示了美国人希望维系国家清白的神话，但内心又暗自认可——小布什政府那些法律之外的越轨行为，或许是打击邪恶的必要之举。小布什成了黑暗骑士，他虽然不被公众接受，但其行动也拯救了我们。在未来某天，如同冷战时期的哈里·杜鲁门（Harry Truman）总统一样，小布什的决策也将为历史学家和公众所称颂。"

一次放映会后，德国导演维尔纳·赫尔佐格碰见了贝尔和诺兰，他说："恭喜，这是本年度最重磅的电影。"诺兰觉得他肯定是在开玩笑。这位德国人回应道："不不不！这是一部见真章的电影，主不主流的无关紧要。"赫尔佐格在轰炸过后满目疮痍的柏林长大，后来拍片时着迷于呈现魅力非凡的狂人给民众带来的恐慌，他比大多数人更能充分理解这部电影的潜在意涵。

诺兰说："我可以摸着良心说，我们从没这么干过——我们从来不去迎合时事。因为我们知道拍一部电影要花多长时间，而世界变化的速度又有多快。对我们来说，从《侠影之谜》开始，片子讲的就一直是我们害怕的东西，显然 9·11 事件之后，我们害怕的就是恐怖主义。我们稍微讨论过'美国塔利班'约翰·沃克·林德（John Walker Lindh）[25]。而布鲁斯·韦恩也是去了神秘异国后就变得激进起来。对此我们不是有意为之的，但我们坐下来写这个剧本时，9·11事件毕竟只过去了3年，不可能不被其深深影响。《黑暗骑士》的结尾，之所以出现一整段在说'英雄沦为恶棍'以及'我们得到了需要的英雄，而非我们应得的英雄'，所有这些讨论都是因为英雄主义的概念在后9·11时代大幅贬值了。这也是英雄，那也是英雄。这种现象可以理解，因为语言就是如此转变的。

"某个周末，我和孩子们一起看了《阿拉伯的劳伦斯》，这部影片绝对是把劳伦斯刻画成了一个自负、虚伪的偶像，而大家却只记得他的经典形象。他回沙漠找人的那场戏，是一个极为激动人心的时刻。接着，阿拉伯人给了他长袍，他扮成了那个经典形象——那一刻感觉还算真诚。但是往后，你看到他对着自己在匕首刀刃上的倒影自视不凡，感觉就再也不一样了——总感觉他在扮演什么角色，或是在满足人们的期待。很多好电影都是这样。《黑暗骑士》系列完全信仰英雄主义，但它们表达的却是'真正的英雄主义是无形的'。以我的经验来看，这种英雄主义为人们所渴求，却几乎永远无法企及。我很满意我们对《黑暗骑士》三部曲的处理，因为左派和右派都与影片达成了对话，两者都从中看到了自己，这让我感觉我们赢了。"

《黑暗骑士》上映于2008年7月18日，首周票房收入为2.38亿美元，次周是1.12亿美元，第三周是6,400万美元。然后影片在英国、澳大利亚和远东等海外市场开画，票房再次上涨。于是截止到10月，影片累计票房已接近10亿美元。之后票房走势渐趋平稳，但依然在影院里放映到了次年3月。本片的8项奥斯卡提名又带来了一波热度，虽然最终只赢得了两项——获奖者是希斯·莱杰和音响剪辑师理查德·金，但是对影片漏提最佳影片奖的不满之声却迫使学院[26]更改了规则，翌年起该奖项的入围名额将增加到10部。最终，该片在影院里放映了整整9个月，在这个票房"高开低走"的年代，这是一个惊人的时间跨度，因为大多数影片都是在头几周里尽可能地赚取利润，然后上映的银幕数就会大幅下滑。与影片高达10.05亿的最终票房相比，它的持久力更令人钦佩。"我搞不懂这是什么情况。"诺兰接受《洛杉矶时报》的专访时这样说道，后者为他做了近一个月的系列专访，加冕他为好莱坞新晋的"票房之王"。诺兰至此的事业上升之路一直是渐进的，甚至还有点曲折，遵循着"前进→重整"周而复始的模式，他总是奋勇向前，但也总是遭遇阻碍。他在华纳兄弟公司的地位本就稳固，忽然之间就变得不可撼动，同时对于公众而言，他本人几乎和他的电影一样知名。

"当时我没觉得那是一个扭转人生的巨变,但是回头来看,它确实是。虽然我的事业轨迹是按部就班、逐步递进地迈向这部作品的,但是在《黑暗骑士》之前,我从未在街上被人认出来过。几年之后,我和内森·克劳利在曼哈顿下城为《黑暗骑士崛起》勘景——他没能与我合作《盗梦空间》,所以我俩也有好几年没有共事了。我们去星巴克买杯茶喝,也就10分钟的光景,有人走过来问我是不是克里斯托弗·诺兰,我说是,他们却不信,真够奇怪的。他们说:'不对,你不是……'我就说:'好吧,行吧,你们不信就算了……'内森说道:'大家都知道你是谁欤。'他很惊讶。一切都和以前不同了。

"《黑暗骑士》改变了很多事,但最立竿见影、非同寻常的就是,它让我能随心所欲地拍下一部电影了。尽管没人明说,但你骨子里知道就是这么回事。就像大家常说的,我这会儿可以撕掉电话簿了。但最重要的是,这让我体会到一种巨大的责任感,因为那一刻我很清楚,面前唯一实实在在的难关,就是把下一部电影拍出来,希望它获得成功。从创作层面而言,制片厂的人会放手让我做任何我想做的事了,因而责任全落到了我自己身上。在那之前,无论做什么都需要斗争或挣扎一番,连用的每件家具都要给出理由。拍电影的时候,真的会有人问'你为什么要用那把椅子?'这类问题。我一路都是这样拍片的。然后,我突然意识到:很好,现在我有最终拍板权了。从很多方面来说,我获得了自由,但同时也感到恐怖,因为你知道每个电影导演都会不惜代价来获得这种自由。终于,你得到了它,你会拿它来做什么呢?生平第一次,我能退一步想一想,我现在想拍什么呢?我一直想拍的,就是《盗梦空间》。"

EIGHT
第 8 章

梦境
DREAMS

20 世纪 80 年代中期某天，诺兰在黑利伯里的宿舍里首次编出一个有关"盗梦"的恐怖故事，自那以后，《盗梦空间》的构思就经历了多次演变。不过，用音乐来操控或触发做梦者的反应，这个设定从一开始就有了。若要问这点子最初是在什么情形下想出来的，简单来说，就是宿舍熄灯之后诺兰躺在床上，听着随身听中的电影原声带，然后灵感就来了。另外，共享梦境和"梦中梦"的点子当时也已就位。从埃德加·爱伦·坡[1]到博尔赫斯，"梦中梦"这个创意有着悠久的渊源，但对诺兰而言，直接的灵感来源却近在眼前。诺兰说："那时有部电视剧叫《弗雷迪的噩梦》（*Freddy's Nightmares*，1988—1990），是电影系列《猛鬼街》（*A Nightmare on Elm Street*）的电视版本，也是片中角色弗雷迪·克鲁格（Freddy Krueger）的衍生剧。里面有好多情境就是你从一个梦中醒来，进入另一个梦，然后你再醒来，再落入下一个梦。我觉得这非常可怕。"

几年之后，诺兰在 UCL 读本科，他终于可以决定自己几点睡觉了。他经常和朋友们一起熬夜喝酒，高谈阔论、指点江山至凌晨时分。[2] 他说："我不想错过早上九点钟的早餐，开学时就已经缴了餐费，因此我会定好闹钟，起床、下楼、吃饭，然后再回到床上。"之后，他通常会再睡到下午一两点钟。他发现自己处于这种昏昏欲睡又半梦半醒的愉快状态，甚至能做"清醒梦"（lucid dream），也就是在梦中意识到自己正在做梦，还会试图改变或控制梦的结局。"我记得一些清醒梦，梦中我看到桌子上有本书，便走过去看；我能够读懂上面的文字，语句甚至都是通顺的。也就是说，我正在边读边写这本书。我觉得这很神奇，就是'你一边体验梦境一边创造它'这个概念。另一件令我着迷的事就是时间的扭曲，你知道的，做梦可能只花了几秒钟，但梦中的时间却感觉长得多。这就像一个迷人的基础设定，值得去探索一番。这些年来，我在拍不同的电影时都遇到过这种情况：一些很小的方面，不是整部电影而是小细节，会在我的梦中浮现或得到解决。有些时候，我做的梦令人费解；其他时候，梦境却影响着我的叙事选择。我最先梦到的是《黑暗骑士》三部曲的结尾：有人在蝙蝠洞里接替了蝙蝠侠。电影和我们的梦境之间有一种难以说清的关系，但是可以推知，你自身的经历会在梦中帮你解决问题。你希望建立这种联系，找到那些日常生活或者清醒时分隐藏起来的东西。我认为这就是电影对我们起的作用。电影是非常类似梦境的体验。"

大约同一时期，诺兰第一次读到了博尔赫斯的小说《环形废墟》（"The Circular Ruins"），这是日后影响《盗梦空间》的两篇小说之一。另一篇是《秘密的奇迹》，讲的是捷克剧作家在接受行刑时发觉子弹停滞了，于是他有了足够的时间去完成未写完的悲剧《仇敌》——这是《盗梦空间》最后一幕的重要灵感来源，此处所有情节上演完的时间，正对应着一辆面包车在极端的慢动作拍摄下从桥上坠落的时间。《环形废墟》的开篇写一个外乡人被冲到波斯南部的海滩上。这个白发苍苍的老人爬上岸，来到丛林中央一处无人居住的废弃环形庙宇，然后在这里睡着了。"引导他来到这里的目的虽然异乎寻常，但并非不能实现。"博尔赫斯写道，"他要梦见一个人：要毫发不爽地梦见那人，使之成为现实。"[3] 他梦见自己身在另一个类似的环形阶梯剧场中，只不过座位上坐满了热切的学生，等着听他教授解剖学、宇宙结构学和魔法。起初经历了多次失败，然后他终于梦到一颗"热烈、隐秘的心脏，大小和拳头差不多"。接连十四个月明之夜，他"无限深情"地梦见它。在第十四夜，他发现肺动脉在跳动。不出一年，他梦到了骨骼、眼睑和毛发。他祈求神灵赋梦中的幻影以生气，却被告知需要先教育后者，于是他延长了做梦的时间去施予教育，却不安地感到这一切仿佛曾经发生过。老人发现云彩开始聚集，火焰[4] 吞噬了他的庙宇。"几百年前发生过的事情又重演了，"博尔赫斯写道，"他宽慰地、惭愧地、害怕地知道他自己也是一个幻影，另一个人梦中的幻影。"诺兰借用了陌生人被冲上异国海滩和阶梯教室的意象,不过"梦中梦"这个点子他之前就想到了。

诺兰说:"《环形废墟》确实影响了《盗梦空间》。你喜爱并反复阅读某些作品,我认为部分原因在于,它们是你心中所思所想或者感兴趣之事的升级版本;另外一部分原因就是它们为你打开了新的思路。两者皆有。所以那个'梦中梦'的点子,我在读博尔赫斯之前就已经想到了,但正因如此,《环形废墟》让我很有共鸣,吸引我反复阅读。对于博尔赫斯的那些短篇小说,你的心中需要有某种蠢蠢欲动的东西才能与之联结。但如果你还没有这种倾向,它们对你来说就只是故事,不一定会点燃你心中的火花了。"

最初的挑战很简单:如何让观众像在乎现实世界一样在乎梦境世界,并且避免当台词解释"哦,这只是个梦"时,观众就怨声载道。"我们面对的难题艰巨无比:你怎样表现梦中生活,并让主人公承担更大风险,同时还不破坏观众的观影体验?这就是主要的挑战。在电影中处理梦境,这本来就是个难题。《开麦拉狂想曲》(*Living in Oblivion*,1995)中有句很妙的台词,片中的梦境段落里有个侏儒角色,他转过来对史蒂夫·布西密(Steve Buscemi)饰演的导演说:'我自己都不会梦到侏儒的好吗。'他仿佛在说,你到底在干吗?《黑客帝国》也极大启发了我,原来可以让虚拟体验在现实世界中也占据重要地位,让两者拥有同等价值。我们面对的挑战正是:你该怎么做到这点?下一层梦境与你所认为的现实或周遭事物,两者的真实可信度要不相上下,你怎么达到这种层次?"

解决方案是什么?就是让观众也参与到行骗行动中来,于是故事就获得了悬疑元素:做梦者是否会意识到自己正在被操控,然后醒过来?这有点像偷盗电影中最需要注意的问题,就是不要破坏"这不过是银行里又一个周一上午"的那种假象。2002年,《失眠症》上映后,诺兰向华纳兄弟公司提出了这个想法,偷盗的情节框架当时已经就位,但是大部分要借助大量的铺陈解说。偷盗电影中,铺陈解说几乎**就是**情节本身:盗贼团伙的策划过程充当蓝图,然而真正的偷盗行动一般都会偏离计划,从而制造悬念、迫使人物随机应变,等等。偷盗类型中所展现的风险与回报、团队精神、"人算不如天算"[5]的宿命论嘲弄,都让此类型深深吸引着电影导演,它宛如一个现成的寓言,暗示着拍片过程中耗费的精力。因此它吸引了诸多事业刚起步的导演,比如斯坦利·库布里克、伍迪·艾伦(Woody Allen)、昆汀·塔伦蒂诺、布莱恩·辛格(Bryan Singer)以及韦斯·安德森(Wes Anderson),他

们都以拍摄偷盗电影开启了自己的职业生涯。[6]

诺兰说："偷盗电影讲的是组建一支队伍，去完成单枪匹马搞不定的任务。偷盗电影中，主要角色处于中心，类似于导演或制片人。拿什么来类比《盗梦空间》——里面的技术什么样、科幻概念背后的过程怎么样，思考这些时，我倾向于套用自己的拍片经验，那是我了解的语言。好，你把一伙人聚在一起，去实地勘景、挑选演员……《盗梦空间》与拍片过程的不同之处在于，我们需要在这方面走得更远，因为还要非常具体地处理世界观搭建、叙事创意以及美术设计。《十一罗汉》中，他们用闭路电视打造了另一版现实，但我们能让整个过程真的发生。好，开头先让他们干成一票，从而介绍角色，接着来了一个大活儿，团队就这样聚集起来……我本来一直更倾向于从恐怖片的角度来考虑本片，然后突然之间，它变得更像是动作片或间谍片了，只需给它一些落地点，就能这样一直发展到结尾。甚至还有那个柯布穿过机场的镜头，你看到整个团队的人互相点头致意，就像《十一罗汉》结尾那样。我们从未放弃偷盗电影的框架，因为这一直都是'让观众入戏'的核心。"

诺兰始终明白，如果要提升片中的情感分量，那么进入梦境世界的旅程就也必须同时回溯柯布的过去。在早期的剧本中，故事更像一部直来直去的黑色电影，充满了出卖与背叛；人物受负罪感驱动，是因为他对业务伙伴之死负有责任，如同《马耳他之鹰》（1941）里侦探萨姆·斯佩德（Sam Spade）背叛了业务伙伴迈尔斯·阿彻（Miles Archer）。诺兰说："我最开始写这个剧本的时候，还没有小孩。或者说是我尝试写初稿时没小孩，因为

迪卡普里奥饰演的柯布、汤姆·哈迪（Tom Hardy）饰演的伊姆斯（Eames）与基里安·墨菲饰演的费舍（Robert Fischer），他们搭乘同一趟航班从悉尼飞往洛杉矶，那是当时世界上飞行时间最长的航线

我那时没能写完。我大概写了 80 页，写到第三幕开头就卡住了。我在那里卡了很多很多年，到头来没有写出什么给劲儿的东西。"但是，在拍摄《黑暗骑士》那漫长的 123 天里，艾玛·托马斯怀上了他们的第四个小孩，诺兰前所未有地强烈意识到自己有多久不在家人身边。"拍摄《黑暗骑士》的很多时间里，我的家人都跟我在一起，但那时候艾玛怀上了马格努斯。我记得她孕期最后两个月，我不得不留在英国为电影收尾，而他们得回到美国。我飞过去，赶上了马格努斯的出生，但是马上又得回英国继续拍片，又在那儿待了大概两个月。我想那是迄今为止我离开他们最长的一段时间。那时候，感觉我可以选择是单打独斗还是全家一起，我记得当时心想：我知道一家人在一起会更有趣，我们可以一起做事，这就是为何我们一直都以家族作业的方式来工作。当时我们还在学习如何找到平衡。我猜是这些经历凝结成了《盗梦空间》中的这些设计——柯布给孩子们打电话，努力跟他们通话，还有海滩上的沙堡。"

自从 1998 年夏天拍摄《记忆碎片》以来，接下来的 10 年间，诺兰几乎是马不停蹄地拍片。《黑暗骑士》在票房上大获全胜之际，他和艾玛带着全家，去佛罗里达州西海岸的堰洲岛——安娜玛丽亚岛（Anna Maria）度假了一个月。该岛的海滩以粉末状、石英般的白色沙子而闻名。他看着小儿子罗里和奥利弗堆沙堡，这个画面刻在了他的脑海中。从佛罗里达回来之后，他从书桌抽屉里翻出了那个 2002 年搁置下来的电影剧本。他重读了一遍，心想：我觉得这片能成。"在先前那个版本里，梅尔（Mal）是个完全不同的角色。她更像黑色电影惯例中的前搭档，就像《马耳他之鹰》里的迈尔斯·阿彻。我不记得改变究竟是怎么发生的，只记得有一次，我和艾玛说起这个角色时，突然意识到：不对，**她应该是主人公的妻子**。我恍然大悟，之后很快就完成了剧本。剧本终于通顺了，因为我突然明白了其中的情感分量。以前，我不知道如何在情感层面上完成这个剧本，我想随着阅历的增长，我方才懂得。"

上图：诺兰和婴儿时期的女儿弗洛拉一起玩风车的情景，照片由蒂姆·卢埃林（Tim Lewellyn）拍摄于 2003 年。呼应此画面的是《盗梦空间》中的那张道具照片（下图），照片上是费舍父子俩，实际上是由基里安·墨菲和道具师斯科特·马金尼斯（Scott Maginnis）的儿子饰演的

· · ·

因此,《盗梦空间》是诺兰酝酿半生的成果,堪称导演当时为止最接近创作生涯自传的作品,其中包含了每个创作阶段留下的魅影残像,宛如《迷魂记》中红杉树的年轮,金·诺瓦克从中看到了自己的前世。诺兰在16岁时第一次构思了这个点子,大学期间不断滋养它,到了好莱坞之后又对它进行精心打磨,最终在《黑暗骑士》成功之际得以执行。《盗梦空间》从其创作者的每个重要人生阶段中汲取养分——中学生、大学生、好莱坞新手、功成名就、身为人父,有点像埃兹拉·庞德(Ezra Pound)[7]的《诗章》(*Cantos*),写着写着诗人也变老了;或者如同大卫·皮普尔斯(David Peoples)[8]写就的《不可饶恕》(*Unforgiven*,1992),这个剧本一直躺在克林特·伊斯特伍德的办公桌抽屉里,像瓶威士忌般日益醇熟,直到导演做好准备把它搬上大银幕。

过去10多年来,诺兰都是与其他编剧合写剧本——《失眠症》是与希拉里·塞茨合写,《致命魔术》是与他弟弟合写,《黑暗骑士》系列则是与他弟弟还有大卫·戈耶合写;而《盗梦空间》是自《记忆碎片》之后,他再次独挑编剧大梁。和《记忆碎片》一样,唯我主义的威胁笼罩着《盗梦空间》:如果整个项目垮了,他不能怪别人,只能怪自己。最接近编剧搭档的是领衔主演的莱昂纳多·迪卡普里奥,在导演四处勘景的空当儿,他俩会碰面,一起通读剧本,做出改动。迪卡普里奥特别参与改写了有关柯布亡妻梅尔的部分,这个角色由玛丽昂·歌迪亚(Marion Cotillard)饰演。歌迪亚刚刚凭借《玫瑰人生》(*La vie en rose*,2007)中的"香颂女王"伊迪丝·琵雅芙(Edith Piaf)一角获得了奥斯卡奖。

诺兰说:"那个情感故事让莱奥(Leo,莱昂纳多的昵称)很有共鸣,而且他想做出扩展,因此我跟他一起改写了很多。我在往更为浅显的方向处理这个项目——浅显可能言重了,毕竟所有的故事元素都在剧本里了,但我还是尽力从类型的角度来处理。莱奥鼓励我,要我把故事往'人物为本'的方向推进,更强调人物关系。他没有真的动笔,但会通读剧本,出出主意。我记得跟副导演尼洛·奥特罗(Nilo Otero)谈起此事,我问他:'有情感向的偷盗电影吗?'因为偷盗电影本质上不是一个注重情感的类型。他建议我看看库布里克的《杀戮》,因为它既是偷盗电影,也可以说是黑色电影,但与大多数讲究趣味性的偷盗电影相比,又多了几分情感色彩。我稍稍受到了鼓

舞,但我依然在想:'嗯,好吧,我们要做的这片可能史无前例,但愿能够成功。'"

从迪卡普里奥那里,诺兰想出了这个点子:柯布和梅尔共度了他许她的那段岁月,两人相伴一生、白头偕老,这些只用不到 6 个镜头就展现出来了。诺兰说:"这基本上是莱奥的贡献,为故事带来了巨大改变。这是一个令人焦虑、困难重重的过程,因为他的要求很高,我们花了好几个月的时间改写,但也收效颇丰。我认为,是他让这部电影更能引发共鸣。"

在影片所有的美术元素中,"迷失域"是最难啃的骨头。[9] 诺兰长期搭档的美术总监内森·克劳利此时正忙于迪士尼的《异星战场》(John Carter, 2012),这次无法合作。诺兰转而找来了英国的盖·戴斯(Guy Dyas),后者曾为谢卡尔·卡普尔(Shekhar Kapur)执导的《伊丽莎白2:黄金时代》(Elizabeth: The Golden Age, 2007)担任美术总监。两人在诺兰的车库里待了 4 周,最终敲定了影片的美术理念。他们制作了一幅长 60 英尺(约 18.3 米)的卷轴,描绘了 20 世纪的建筑演变:从弗兰克·劳埃德·赖特和包豪斯(Bauhaus),到格罗皮乌斯(Gropius)的新粗野主义,以及勒·柯布

本页图:在"迷失域"的柯布(迪卡普里奥饰)和梅尔(玛丽昂·歌迪亚饰);对页图:迪卡普里奥的间休时刻,当时在拍他失去歌迪亚的那场戏

西耶（Le Corbusier）那宏大但未曾实现的现代城市构想——"光辉城市"（Ville Radieuse）。在柯布西耶的这座城市中，一系列对称、样子相同的高密度预制摩天楼遍布在广阔的绿地上，以笛卡尔直角网格状排列，让城市就像"居住机器"一般运作。起初这个卷轴只是方便他们研究检索的资料库，最终却启发了片中一处更为惊人的设计，那就是柯布和妻子在"迷失域"建造的梦境之城，它似乎在向远处无限延伸，随着他们移步而行，建筑越来越高，也越来越旧——这个景象恰切地展现了影片随时间推移而演进的创作过程。

诺兰希望这座梦境之城表现出柯布潜意识的衰变状态：最外侧边缘的建筑曾经美轮美奂、簇新一片，现在却像冰川一样逐渐崩解，落回海中；巨大的建筑冰山碎裂开来，顺水漂走。一座城市像冰川一样崩塌入海——这个场景在纸面上读着很精彩，但实际看起来究竟是什么样的呢？摩洛哥丹吉尔市（Tangier）的麦地那老城区在片中充当肯尼亚的蒙巴萨市（Mombasa），剧组在此拍摄了那段小巷追逐戏。他们从机场开车去丹吉尔的途中，在前不着村后不着店的地方路遇一条大道，两侧的公寓楼群看上去已然废弃，那为他们提供了视觉基础。视效总监（VFX supervisor）保罗·富兰克林（Paul Franklin）说："诺兰想要辨识度高的东西，于是我们有了把建筑塞进冰川里的主意。"他们在 3 个月的时间里不断拿出不同版本的设计，最终打造出一座怪诞的异形城市：从远处看就像一片沟壑纵横的悬崖，走近了才发现它们原来是建筑[10]，以街道和十字路口作为划刻。诺兰在笔记本电脑上看到这版设

计后，只说了句："嗯，这看起来像是我们从未见过的东西。"最终，他们做"迷失域"用了9个月的时间。

· · ·

2009年6月19日，在《盗梦空间》最初构思诞生的23年后，诺兰终于在日本开始了主体拍摄工作。做梦者在东京的子弹头列车上醒来，故事即将开始。本片是他直至当时地理跨度最大的一部作品，在东京、巴黎、丹吉尔、洛杉矶和加拿大的卡尔加里（Calgary）5个不同的城市，进行了长达6个月的主体拍摄，预算约1.6亿美元。6个月的拍摄周期和《黑暗骑士》的周期一样长。这个想法仍在进一步扩大。

诺兰说："影片的规模感主要来自不同地区的实景拍摄。"他时常心想：这真是一部非常奇怪的电影。"《记忆碎片》给了我信心，因为它基本上属于黑色电影类型，类型给了观众认知的立足点，为令人迷惑的观影体验指明方向。我曾读到 M. 奈特·沙马兰在采访中说，他在看《记忆碎片》时，感觉自

诺兰和托马斯正在查看监视器上迪卡普里奥和迪利普·拉奥（Dileep Rao）的对手戏

己大脑的神经通路都被换新了。我觉得这段表述既精彩又可爱。因此，我有过这种经验，就是拍摄时打破一大堆规则，采取截然不同的手法，让观众真正为电影激动，为这部影片激动。我那时强烈地感觉到，我可以按这个路子拍出更大规模的版本。我强烈地感觉到，我可以在一个更广大的世界里，用更多的预算，以更宏大的方式拍出这样的电影。"

离开东京之后，摄制组来到了诺兰最爱的飞艇库，地址在贝德福德郡（Bedfordshire）的卡丁顿。特效总监（SFX supervisor）克里斯·科博尔德（Chris Corbould）在此打造了倾斜的酒店酒吧和旋转走廊。随后，摄制组转移到诺兰的母校 UCL，在他本科时听讲过的古斯塔夫·塔克大讲堂里拍摄"建筑学院"的场景，那段是讲迪卡普里奥在片中首次和他岳父（迈克尔·凯恩饰）碰面。再之后是去巴黎拍摄塞萨尔-弗兰克街（rue César-Franck）的那场戏，艾伦·佩姬（Ellen Page）[11]饰演的阿里亚德妮（Ariadne）在那里第一次见识到梦境开始瓦解时的样子。他们坐在街边的咖啡馆里，周遭的一切开始崩塌碎裂，四处飞散。这场戏大多是镜头内实拍的：用

巴黎的比尔哈克姆桥（Pont de Bir-Hakeim）上，诺兰正在安排那个镜门镜头

第 8 章　梦境　DREAMS

空气炮把轻质碎屑喷射到塞萨尔-弗兰克街上，同时保证安全，让迪卡普里奥和佩姬在拍摄时真能端坐于爆炸中央。沃利·菲斯特同时运用高速胶片摄影机和数字摄影机，以 1,000 帧 / 秒（fps）的帧率来捕捉爆炸场面，因此，慢放时的效果让碎屑看起来就像在零重力状态下飘浮。"双重否定"（Double Negative）特效公司的动画团队通常会待在拍摄现场，他们后期再对这个崩毁场景进行数字化增强。录音师也在现场收录实景环境音。视效总监富兰克林说："诺兰想把电影带回 20 世纪 70 年代，回到电脑改变行业工作方式之前的时代。"

诺兰知道，对于这样一个复杂的项目，其剪辑过程从一开始就需要有原创配乐，让音乐引导观众，在观影时找到"情感上、地理上、时间上"的方向。写剧本时，他就已经把伊迪丝·琵雅芙的《不，我无怨无悔》（"Non, je ne regrette rien"）写了进去，作为让做梦者"穿越"梦境（kick），即让他们从梦中醒来时的提示音乐。但他选中歌迪亚出演的时候，差点决定弃用此曲，是汉斯·季默说服诺兰把它保留了下来。季默从法国国家档案馆处获取了这首歌的原始母带，然后把前奏放慢，让铜管组演奏单个的二拍子——嗒嗒，嗒嗒——形成贯穿演职员表和整部影片的不祥声响，宛如响彻城市上空的雾号。片中的所有配乐都是对琵雅芙这首歌节奏的切分和加倍，因此季默可以随时把节奏放慢一倍或者加快两倍。

"那时我还不知道这部影片需要什么样的音乐，但是我知道它将是一个统合全片的要素，所以我希望早点开始考虑。几年前，我刚开始构思本片时，我就选定了这首歌，写剧本时也用了它。但真到开拍时，我想着：'好了，影片会有专门的配乐师，不过我还是要用上这首歌。'这样一来，我们得确保拿下使用版权。因此电影还没开拍，我就需要去沟通这件事。我不想拍片时用另外一首歌，我需要确切知道到底用什么音乐。正当我们讨论这点时，剧组一如既往地遇到了预算短缺的问题。当时我想着要不放弃巴黎，去其他地方拍，或许伦敦也行，选个曾经作为取景地的地方。最后其实是汉斯阻止了我，他说：'不，巴黎在剧本中有特定的含义，也多少与这首歌有所关联。'我猜他想说的不是实际层面的关联，而是音乐方面的关联。于是我想，那好吧。在这些事上，你需要信赖亲密的创作伙伴，因为你知道他就是能看到这些关联的重要性，甚至不需要解释原因。"

季默连一格画面都还没看到，诺兰就请他为影片"盲配"，这已经成了他们之间的合作惯例。距离影片开拍还有一年多时，诺兰给季默看了剧本，也

邀请他来片场，向他展示美术设计和演员的特技动作，不过影片一进入剪辑流程，诺兰就不再给他看任何素材了。"我认为，在我们合作过的所有配乐当中，这部影片最关注概念而非细节，因此我从没告诉他配乐应该是这样或那样的。它更多关乎时间和梦的概念。在我的所有作品中，这部电影的原声碟很受欢迎，它也十分兼容并蓄，其中收录了各种各样的东西，包含了许多不同的氛围。而《星际穿越》和《敦刻尔克》的配乐则是非常统合一致的。我们谈论的全都围绕着氛围，而不是配乐本身。情况并不总是如此。我们通常会对音乐类型有具体要求，对每个角色的行动有具体安排，考虑的问题都是'我们怎么做出点不一样的东西？面对某件事我们应该怎么反应？'。要不就是说让配乐受什么因素影响。你知道吗，《侠影之谜》有处配乐绝对颇有约翰·巴里的味道，那是我特意请詹姆斯·纽顿·霍华德写进去的，我当时说：'这里想要一点这种风格。'《盗梦空间》是一架元件众多的庞大机器，很多人参与了配乐制作。汉斯组建了一支优秀团队，他称之为'乐团'（band），其中一些人如洛恩·巴尔夫（Lorne Balfe）本身就是作曲家。我们都做出10首临时音乐了，但我仍然没给汉斯什么需求指示，只说了配乐的形式、可能的走向，然后问题就来了：'好，咱们说具体点儿，这片的配乐究竟什么样？'

诺兰和演职人员正在候场，等着拍摄酒店段落

概念是什么？'然后他就成功搞定了。"

季默在《黑暗骑士》中用了大量的电子音乐；而对于《盗梦空间》，他转向了大卫·鲍伊 1977 年的先锋专辑《低》（*Low*），以及罗伯特·弗里普（Robert Fripp）和布莱恩·伊诺（Brian Eno）[12] 合作的音乐作品——《暖流》（*Here Come the Warm Jets*，1974）、《另类绿种》（*Another Green World*，1975）和《暴露》（*Exposure*，1979），还有季默自己早期为尼古拉斯·罗格《无足轻重》和马利克《细细的红线》创作的实验性合成器配乐。季默用到了一台 1964 年的老式穆格（Moog）合成器，就像约翰·巴里为《007 之雷霆谷》配乐时用的那款，季默说它就像"一头野兽"；他还添加了"007"式的吉他乐，由史密斯乐队（Smiths）的约翰尼·马尔（Johnny Marr）演奏；再加上电影配乐史上规模数一数二的铜管组，包括六支低音长号、六支次中音长号、六支圆号以及四支大号。与之相比，《最后的武士》（*The Last Samurai*，2003）[13] 只用了两支大号。

某天，诺兰直接把电话打到季默在圣莫尼卡的录音室询问进度，季默播放了用在影片结尾的曲子——《时间》（"Time"），他承诺说自己还在摸索"最棒的一段"，略微打破了气氛，然后他拿起电话问："你觉得是不是太抽象了，不太好懂？"诺兰请季默再放一遍，这次用上"那段很长的弦乐采样"，这样他才能听清楚旋律。这次，导演听得一清二楚。汉斯又拿起电话说："我

诺兰准备拍摄古斯塔夫·塔克大讲堂里的那场戏，身后是一幅佛罗伦萨圣母百花大教堂穹顶的草图，该穹顶由布鲁内莱斯基设计

就写了这些。但我想不出下面该怎么弄了。"挂断电话没多久，诺兰就转身对剪辑师李·史密斯说："这是我听过最美的一曲。"

• • •

季默在创作《盗梦空间》的配乐时，重读了侯世达 1979 年的著作《哥德尔、艾舍尔、巴赫——集异璧之大成》。书中记述了哥特弗雷德·冯·施维腾男爵（Baron Gottfried van Swieten）和腓特烈大帝 1774 年在柏林王宫里的一段对话。男爵说道："腓特烈大帝跟我谈到了音乐和一位名叫巴赫的了不起的管风琴师，后者在柏林曾经住过一段时间。为了向我证明这一点，他高声唱起了他给老巴赫出的那个半音阶的赋格主题。当时巴赫用这个主题当场敷奏了一首开始有四个声部，然后是五个声部，最后到了八个声部的赋格曲。"赋格是一种作曲技法，和卡农（canon）一样，以不同的声部和音调演奏同一主题，有时各声部的速度也不相同，有时音符上下颠倒或是逆向演奏。每个声部依次进入，演奏同一个主题，有时则为对题（countersubject）伴奏。而当所有声部都进入之后，一切规则便都消失了。美国印第安纳大学的认知科学教授侯世达将三种事物进行类比，分别是巴赫《音乐的奉献》中无限上升的循环旋律、数学家库尔特·弗里德里希·哥德尔（Kurt Friedrich Gödel）的不完备性定理，还有艾舍尔画作中无限延伸的楼梯井。他发现上述"每一种智慧的结晶，都以一种我无法表达的方式使我想起了人类思维这个美妙的多声部赋格"。

到了现代，我们可以直接向腓特烈大帝推荐《盗梦空间》。这部电影可能是诺兰在叙事结构工程方面最伟大的壮举，他杂耍式兼顾把玩的时间线不再是两条（《记忆碎片》）、三条（《追随》）或四条（《致命魔术》），而是五条，彼此速度不同，宛如巴赫赋格中的音型（figure），同步进行从而形成一种无穷动的印象。最外层的故事像是一部《007》电影，就像《007 之雷霆谷》（1967），里面有处于敌对方的日本化学公司，还有直升机从摩天大楼楼顶起飞的场景。故事设定在不远的未来，由军方率先研发的技术落入了商业间谍专家的手中，他们利用这项技术入侵毫无戒心的企业家的梦境，从中盗取商业机密。日本能源公司的首脑齐藤（渡边谦饰）雇用了柯布（莱昂纳多·迪卡普里奥饰）及其团队，要求他们潜入年轻的澳大利亚企业家罗伯特·费舍（基里安·墨菲饰）的梦中，说服他解散临终的父亲［皮特·波斯尔思韦特（Pete Postlethwaite）饰］一手建立的商业帝国。为了解开这个俄狄浦斯情

左上图：荷兰艺术家艾舍尔的石版画《立体空间分割》(*Cubic Space Division*, 1952)；右上图：巴赫《音乐的奉献》中的"六声部利切卡尔[14]"("Ricercar a 6")手稿第一页；下图：渡边谦饰演的齐藤在梦境中将卢卡斯·哈斯（Lucas Haas）饰演的纳什（Nash）挟持为人质

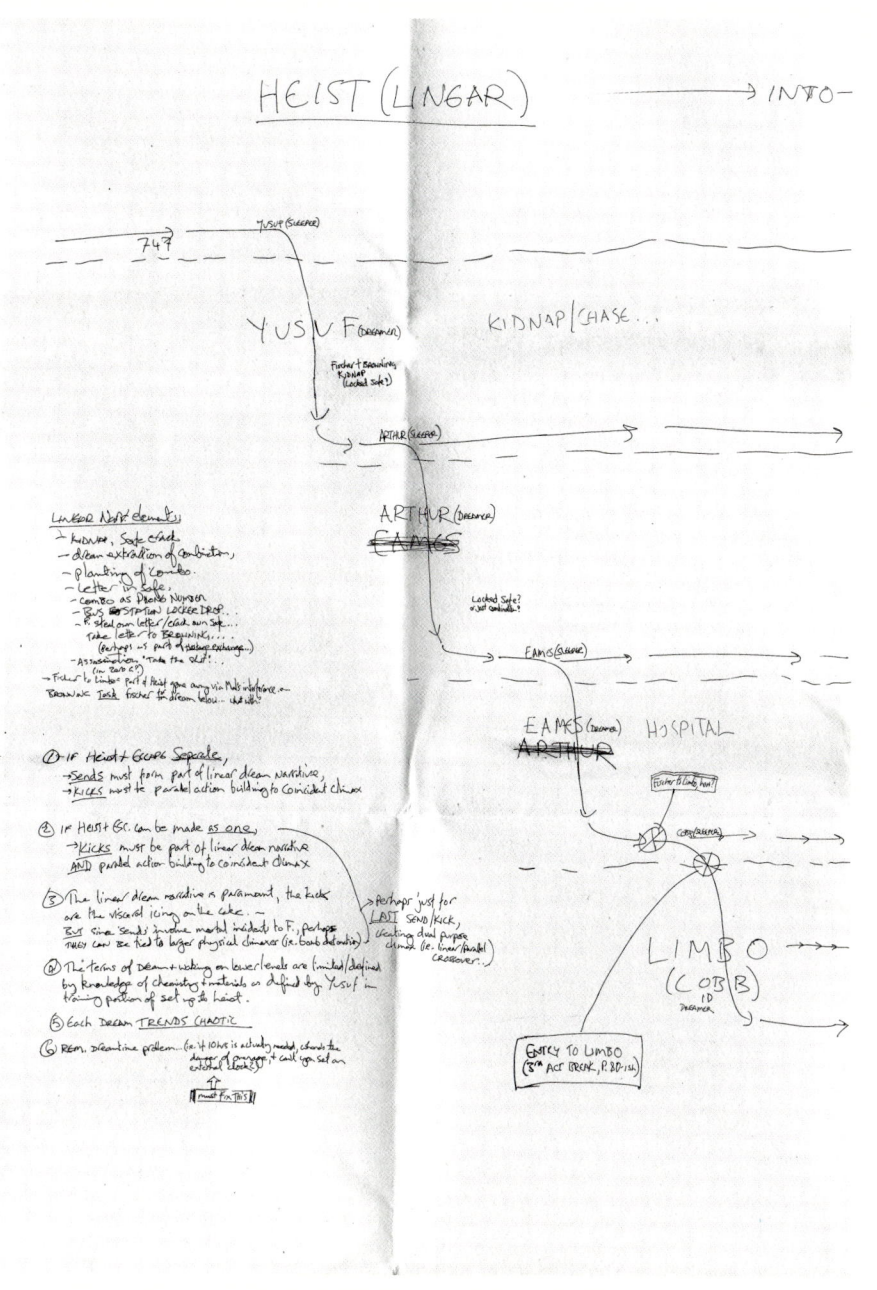

结，他们必须向下深入，不仅要把自己植入费舍的梦境，还要继续深入到梦中梦。每深入一层梦境，时间流速都比上一层更膨胀一点。

在第一层梦境中，10 个小时的航程为他们赢得了 1 周的时间。团队现身于大雨瓢泼的洛杉矶市中心，展开一场飞车追逐。费舍的潜意识武装了自己，

本页和下页图：诺兰为《盗梦空间》（2010）的嵌套式故事线所绘的示意图。每当这位导演首次听到或冒出一个想法，他一上来的本能就是把它翻转过来，几乎将之变成可以拿在手里或随身携带的三维物体。因而，讲故事就变成了一项宛如雕塑的三维艺术实践

第 8 章 梦境 DREAMS 215

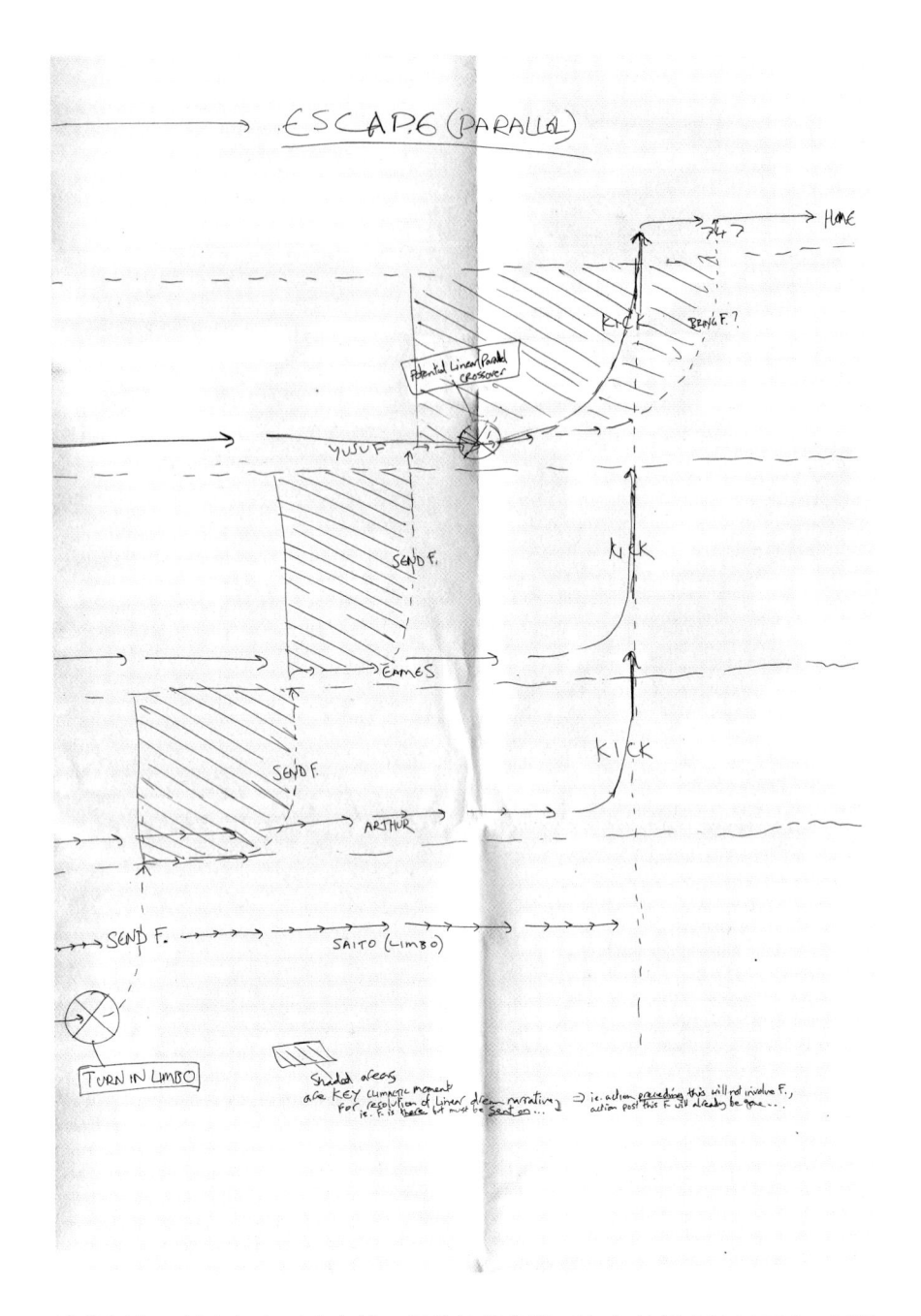

迫使柯布一行人与之开火交战，最终让他们的面包车从桥上冲了下去。再往下一层，他们这次发现自己置身于豪华酒店内，有 6 个月的时间赢得费舍的信任，让他燃起对父亲的俄狄浦斯怒火。但由于上一层梦境里的面包车还在慢速翻滚，所以酒店内的重力乱套了。角色与敌人肉搏、试图结束殴斗的过程中，酒店走廊像仓鼠滚轮一样旋转起来。上层梦境对下层梦境有"上行下效"的巨大[15]影响，这为影片持续带来最显著的观影快感，比如睡前没上厕所就会导致梦中暴雨如注。与此同时，在第三层梦境中，柯布和他的团队重演了《007之女王密使》(On Her Majesty's Secret Service，1969)中的雪地追逐戏：人物骑着雪地摩托车互相追赶，还有一波人围攻山顶堡垒，那辆依然在坠落的面包车则引发了雪崩。想象一下，如果同时在四个不同的影厅里分别放映《西北偏北》、《后窗》(Rear Window，1954)、《捉贼记》(To Catch a Thief，1955)和《迷魂记》，而希区柯克带领我们从一个影厅赶到下一个，既让我们投入每个正在进行中的情节，又在适当的时刻切换到下一部，这种感觉就很接近诺兰实现的叙事工程壮举了。

  影片上映之后，影评人普遍吐槽的一点，就是它不太像梦。《纽约时报》的A.O.斯科特(A. O. Scott)写道："诺兰对思维的想法过于一板一眼，过于讲究逻辑，过于循规蹈矩，以至于无法完全呈现这个主题所需的疯狂——主人公所面临的风险，应该来自真实的困惑、精神错乱和不可言喻的暧昧感。"《纽约客》的大卫·登比则吐槽道："柯布的颅内冒险一点也不像梦境，反而像不同种类的动作片堆在一起。"

  诚然，观众都能看出这部影片其实是有关电影制作的寓言，因为柯布和他的探梦者[16]团队将其梦境安排落实到了服装和布景的每一处细节。你无法在梦中杀死谁，因为垂死的体感会让做梦者醒来，但是这样能让他们意识到自己正在做梦。如此一来，你撒下的幻觉之网就会逐渐破碎，就像一部电影的可信度在你眼前瓦解。柯布是团队的领导者，或者说导演，他说："我们得把那个想法转化成情感概念。""怎么把商业战略转化成情感呢？"阿瑟〔约瑟夫·戈登-莱维特(Joseph Gordon-Levitt)饰〕问道，他是柯布信任的伙伴，好比制片人的角色。造梦师阿里亚德妮负责设计梦境中的迷宫结构，就像美术总监。风度翩翩的易容高手伊姆斯（汤姆·哈迪饰）能够披上各种各样的伪装，如同演员。企业雇主齐藤就是主管项目的行政老总。至于费舍，就是他们锁定的一名目标观众。最后，我们还有优秀的亚裔药剂师尤素夫(Yusuf，迪利普·拉奥饰)，可以说他负责的是饮料供应。

  诺兰把电影叙事的开场变为一场导演与观众之间的游戏。这部"《007》电影"是有知觉的。塞萨尔-弗兰克街边的咖啡馆里，柯布问阿里亚德妮："你从不记得梦的开头，对吧？你只是突然出现在发生什么事的过程中间……那么，我们是怎么来到这家餐馆的？"他的问题同样在问观众。希区柯克在

《西北偏北》中让加里·格兰特（Cary Grant）跑遍全球［你还记得格兰特为什么会出现在贝克斯菲尔德（Bakersfield）附近的玉米地里吗？］，自那以来，动作冒险片就经常神秘莫测地变换地点，仿佛这已然见怪不怪，柯布的问题也在戏谑这一点。街道里的物品——杯子、玻璃、水果、纸张——像典礼上的五彩纸屑一样炸裂、飞散开后，又仿佛没入水下般静止不动。

阿里亚德妮说："我本以为梦境空间是完全靠视觉来构建的，但其实对这个地方的感觉才更重要。"她运用新习得的创造能力，把整条塞萨尔-弗兰克街对折起来，每条街道的重力井各自运作，车辆和行人移动的方向互相垂直，宛如艾舍尔1953年的版画《相对性》（*Relativity*）。尽管这个效果在视觉上十分大胆，然而真正让它吸引人的却是对折时发出的声响：远方传来沉重的金属哐啷声，就像正在给巨大的机械钟表上发条。事实上，这是船只的起锚绞车发出的声音。理查德·金为《怒海争锋》（*Master and Commander: The Far Side of the World*，2003）里带24门火炮的英国三桅战舰设计了这个声音，该片由彼得·威尔执导，背景设定在1805年。

子弹头列车和新粗野主义建筑让《盗梦空间》看起来光鲜现代，但是它的创作谱系源头却让人感觉更为久远。片中的这些梦没有弗洛伊德/超现实主义时期的闪烁朦胧；相反，它们像艾舍尔作品或托马斯·德·昆西（Thomas De Quincey）[17]的鸦片梦境那般硬朗清晰。诗人柯尔律治（Samuel Taylor Coleridge）[18]曾向德·昆西提起皮拉内西的"梦境"版画，德·昆西注意到，皮拉内西的版画和自己在毒品影响下所梦到的建筑奇景何其相似。

> 沿台阶拾级而上的就是皮拉内西本人。顺着台阶往前看，你会看到它突然中断，再没有栏杆，他已上到顶端，前面再无级可踏，再迈一步就会坠入深渊……你再抬眼一望，又会瞧见向更高处攀升的台阶，可怜的皮拉内西又在忙着起劲儿地攀登。如此往复，直到那永无止境的台阶和皮拉内西一齐消失在厅堂上方的黑暗中。我梦中的那些建筑，也以同样的神力无限地延伸和自我复制。[19]

但是，正如很多观察者所指出的，德·昆西弄错了：他以为这个系列作品描绘的是"梦境"，实则画的是监狱，而且也没有微缩版的皮拉内西困于台阶之上。谢尔盖·爱森斯坦指出："这与其说是一个错误，毋宁说恰好准确

地把握了皮拉内西的痴迷状态……一层层阶梯（flight）的不断延伸显然是再现了作者本人内心的驰骋（flight）。"爱森斯坦在自己的影片《伊凡雷帝》（Ivan the Terrible，1944、1958）中，也运用了爆发力十足的皮拉内西式对角线和弧线，把角色的影子一分为二。换言之，皮拉内西的监狱看似梦境，而德·昆西的梦境则犹如监狱。德·昆西认为的并没有"错"。

　　似乎可以这么说，诺兰电影生涯的所有作品都在渴望犯同样的"错"，尤其是《盗梦空间》。对于柯布之妻梅尔来说，片中的梦境就是真实的监狱。她是明艳动人又满面泪痕的欧律狄刻（Eurydice）[20]，她的死亡就是柯布这些年来自我放逐的原因。阿里亚德妮震惊地说："你以为自己可以造出一座记忆监狱，把她关在里面吗？你以为这样真能关住她？"梅尔这个角色不仅仅承担爱恋戏码或浪漫支线，她还是《盗梦空间》叙事工程的核心人物，她的背景故事与该片的核心谜团交织在一起，那个谜团就是"意念植入"（inception）究竟是什么，它又为何如此危险。"我们仍然能够在一起……就在这里，在我们一起建造的世界里。"梅尔活像个毒瘾患者在哄诱伴侣复吸，她恳求道，"做出选择吧，选择留在这里。"试问谁会不心动呢？她身边的木质家具看起来足够坚实，阳光在上面投下温暖的光斑；而在上层世界中，面包车依然在坠落，酒店仍在滚筒般地缓慢旋转，枪火依旧在雪景中扫射。影片质感上的精准度才是关键所在，任何含糊不真实都会扼杀片中进退两难的局面。有那么一瞬间，甚至连柯布都动摇了，他的双拳在面前紧握，仿佛要重拾越来越

在阿里亚德妮的一个梦境中，塞萨尔-弗兰克街对折起来

弱的决心。虽然《盗梦空间》匠心独运、结构恢宏，却有种悲伤感掠过叙事架构，这很容易从歌迪亚令人心痛的表演中感觉到；但就在这么几秒之内，迪卡普里奥也捕捉到了这一点：这是做梦者的悲伤，因为他知道自己终有一天要醒来。

上图：诺兰和艾玛·托马斯在加州度假留影，罗科·贝利奇摄。这幅照片启发了多年之后《盗梦空间》中的一处关键场景（下图）

. . .

当代好莱坞电影不常表达这种多愁善感，但它在另一个地方却极其充沛。英格兰兰开夏郡（Lancashire）考恩桥地区（Cowan Bridge）的教会女子学校素来以严酷著称，艾米莉·勃朗特（Emily Brontë）的两个姐姐[21]——玛利亚（Maria）和伊丽莎白（Elizabeth）都是在就读期间死于肺结核。年幼的艾米莉忍受着沉闷乏味的学校生活，同时沉迷于想象中的"玻璃城"（Glass Town）。

在那里，"工厂和仓库层层堆叠，高耸入云；如同高塔一般的烟囱占据制高点，向空中吐着又浓又黑的巨型烟柱；工厂里机器叮叮当当的超大嘈杂声透过墙壁传出，不断回响，让城市的每个角落都重新喧闹起来。"[22] 这部作品探索着虚构的玻璃城联邦，出自十来岁的夏洛蒂（Charlotte）、艾米莉和安妮（Anne）之手。长久以来，学者们都将其视作勃朗特姐妹少年时代的作品而不予重视，但从诸多方面来看，它都是托尔金（J. R. R. Tolkien）笔下"中土世界"的先行者。研究勃朗特的学者克里斯蒂娜·亚历山大（Christine Alexander）指出："主宰贡达尔（Gondal）[23]生活的是无处不在的禁锢感，有时是肉体上的，有时是精神上的。讲话者被强烈的情感、记忆和行为后果所束缚。在这样的世界中，死亡倒成了一种解脱。"艾米莉抱持的幻想强度极高，若要抽身回到现实，她甚至会感受到生理上的疼痛。

> 啊，那压抑真是可怕——疼痛那么强烈，
> 当耳朵有了听觉，眼睛恢复了视力，
> 当脉搏开始跳动，大脑又能思考，
> 心灵感知了肉体，肉体感知到镣铐！[24]

维多利亚时代的人如何看待梦境？在弗洛伊德之前，关于梦的主导理论是联想主义（associationism），经由大卫·哈特利（David Hartley）的著作《对人的观察》（*Observations on Man*，1749）而普及开来。这一理论认为，在梦中，做梦者的想象力压倒了思考力，因而变得骇人。梦境并非隐秘愿望的达成，而是一种难以控制的虚构。格拉斯哥医师罗伯特·麦克尼什（Robert Macnish）在《睡眠的哲学》（*The Philosophy of Sleep*，1834）一书中写道："梦的幻觉远比最精巧的戏剧更完备。在一秒钟的时间里，我们就能从一个国家到达另一个国家；在怪异和不协调的混沌中，生活在不同年代的人被凑在一起……简而言之，无论是多么骇人、多么难以置信或不可能的事物，在梦中都不会显得荒谬。"梦的内容经常是由身体感官的介入而引发的，因此，若躺在烟雾弥漫的屋子里，你可能就会梦到罗马的陷落[25]；麦克尼什还指出"梦中的时间会明显扩张"，就像剧作家为了好看的戏而延长时间一样。梦的所有这些方面——与身体感官的关系、与想象力的联结、梦中时间的膨胀，都在1899年弗洛伊德出版了《梦的解析》（*The Interpretation of Dreams*）之后变成明日黄花，但它们都在《盗梦空间》里派上了用场。[26]

梦境之于维多利亚时代的人,正如梦境之于诺兰,它们都是一种逃避。《记忆碎片》和《盗梦空间》的主人公都沉迷于幻想之中,这并非因为他们的现实不够美好,而是因为现实不堪忍受。当电影结局暗示他们可能仍在自欺时,观众却出奇地欢腾——他们为那种否认机制而欢呼。诺兰将其"镜中世界"的运作方式十分有效地传授给了我们。影评人总算说对了一点。奥地利的精神分析学派之父弗洛伊德认为,梦是"愿望的达成",而压抑的欲望是"通往潜意识活动的康庄大道"[27]。但是在《盗梦空间》那丰富拥挤、建筑细节精确的地下世界里,弗洛伊德不会认出片方在哪里用上了自己的任何学说。这部电影不是弗洛伊德式,甚或后弗洛伊德式的,它是**前**弗洛伊德式的。如果勃朗特姐妹是游戏玩家的话,《盗梦空间》恰恰是她们可能会设计的那种多人游戏。

诺兰说:"大家看到片中那场戏——他们乘坐电梯上上下下、到达柯布头脑的不同层次,我想其中的弗洛伊德内涵是没法撇开的。在创意和艺术层面,弗洛伊德学说都是个有趣的想法。想想《爱德华大夫》(*Spellbound*,1945),希区柯克找来达利(Salvador Dalí)设计梦境段落什么的,这招儿在今天就行不通了。《艳贼》(*Marnie*,1964)中也有对弗洛伊德元素的呼应。就我们观看故事的方式而言,弗洛伊德的影响是巨大的,而且说实话,还有点难以摆脱。我用过这套理论,也常常在写作时避开它。所以,在写霍华德·休斯的传记剧本时,我强烈地抗拒这种冲动。我和制片人在这一点上意见相左,因为他们想要弗洛伊德式的背景故事。我上大学时从文学角度读过弗洛伊德,我们研究了一些有趣的课题,关于好莱坞黄金时代和侦探小说年代的相关性,还有精神治疗科出现的时间,怎么就赶在了弗洛伊德学说渐趋流行的同一时期。从文学的角度而言,它们非常相似。如果你读过威尔基·柯林斯的《月亮宝石》,就知道它不太算对梦的解析,但这书在心理学、体验、记忆和侦探小说之间建立了某种关联。我其实最近才读到这本书,因此它并没有影响《盗梦空间》,但我以它命名了《敦刻尔克》中的那艘民用船。这本书令我着迷的是,如果把它看作现代第一本侦探小说,那么它也是对现代侦探小说的解构。对于以任何媒介形式创作犯罪故事的人而言,它都令人惭愧,因为打从一开始,作者就完全颠覆了这一类型,扭曲并操弄着种种规则。这是一本精彩的书,真的很精彩。"

柯林斯的《月亮宝石》最初于 1868 年在好友狄更斯主办的期刊《一年四季》(*All the Year Round*)上连载,分为 32 期,历时逾 8 个月。这部小说讲述了一宗发生在乡间别墅里的珍贵宝石失窃案。书中有一位古怪的侦探叫卡夫警长,他是最早使用放大镜探案的虚构人物之一。每一位参加乡间别墅派对的成员依次被认作嫌犯,他们被轮番怀疑归罪,就像一场无休止的接力游戏。更不寻常的是,故事由大多数嫌疑人轮流讲述,总共 11 位叙述者,他们一个接一个地讲述自己那个版本的故事。其中一个角色说:"依我所见,每种解释都同样有理,都可能正确。"[28] 然而,这个悬疑故事的谜底才是最值得注意的:窃案是其中一位叙述者在吸食鸦片之后犯下的。罪案在无意识的状态下发生,作案者甚至不知道自己有罪。"'哆嗦沙滩'不让别的活人知道的秘密,已经被我看穿。而面对油漆污渍这个无可辩驳的证据,我发现我自己就是那个窃贼。"[29] 柯林斯第一次出手就推翻了"最不可能的嫌疑人"定律,即叙述者就是犯案者。这个反转设计要等到半个多世纪之后,才重现于阿加莎·克里斯蒂笔下的《罗杰疑案》(*The Murder of Roger Ackroyd*,1926)中;而柯林斯笔下的"梦游"窃贼也是一个多世纪后《盗梦空间》中柯布的前身。

不过,诺兰直到拍完《星际穿越》后才读了《月亮宝石》,那么为什么要在讨论《盗梦空间》时提到这本书呢?因为不难看出,为何《盗梦空间》的诸多创意基因可以追溯到维多利亚时代。这个故事的点子,大体上孕育于 19 世纪式的生活氛围,孕育于拥有"维多利亚时代遗风"的黑利伯里,那里有着

艾伦·帕克执导的《迷墙》(1982),诺兰为《盗梦空间》剧组的演职人员放映了这部电影

新古典主义的方庭，学生们要做拉丁语祷告以及洗冷水澡。滋养《盗梦空间》的不少养分就是诺兰在黑利伯里期间吸收的，比如电视剧集《弗雷迪的噩梦》、《迷墙》以及艾舍尔的石版画。很长一段时间里，人们认为后者版画中的无限楼梯井就像三角方程一样，与现实世界没有多大关联。艾舍尔也曾在一次采访中说道："我的作品与现实无关，也与心理学无关。"但是，2015年，荷兰海牙（The Hague）举办了一场艾舍尔的作品展，展出了他战后著名的迷宫作品，如《昼与夜》（*Day and Night*，1938）、《阶梯宫》（*House of Stairs*，1951）、《相对性》（1953）、《画廊》（*Print Gallery*，1956）。展览揭示出这些作品与他中学里的罗马式楼梯井和过道有着相当大的关联。那时，13岁的艾舍尔在荷兰东部的阿纳姆市（Arnhem）上学，他厌倦课堂，两次留级，离校时也没能拿到文凭，后来他称自己的学校生涯是"人间炼狱"。这般"炼狱"里的楼梯井和走廊，被艾舍尔重现于自己战后的著名版画中，只见它们在画中恐怖地延伸开来。

《盗梦空间》也设计了一些类似于黑利伯里新古典主义建筑的地方，特别是尤素夫的药房，他在此给人提供忘却剂[30]。药房下面是举架低矮的水泥地下室，头顶悬挂着裸露的灯泡，12名入睡者躺在一排排铁架床上，明显是在呼应诺兰住过的梅尔维尔宿舍那重复又递归的建筑布局：一间进深长又简朴的营房，地上铺着木质地板，天花板低矮，两排平行而立的铁架床，每张都一模一样；岁数最小的男孩在房间一头，岁数最大的在另一头，没有人对自己在整个布局中所处的位置心存疑虑。熄灯后，诺兰会躺在宿舍床上听电影配乐。柯布从噩梦中惊醒，退到隔壁的洗手间，站在一排水槽旁往脸上泼水。黑利伯里的公共浴室也有一样的水槽，还有瓷砖墙、深浴缸和配有高水龙头的洗脸盆。

诺兰说："两者确实很像，你没说错。我们睡了好多年的铁架床，那确实留在了我的脑海中。那是很常见的宿舍标配床，标准的金属床架很符合片中该地区的后殖民状态。我拍的时候没意识到这点，只是觉得美学层面上很合适。你描述宿舍的本质和运行方式时提到'形式的重复'，这点与影片之间的

作家威尔基·柯林斯，其1868年的小说《月亮宝石》被小说家亨利·詹姆斯（Henry James）誉为"最悬疑的悬疑小说"，书里包含着解读《盗梦空间》中梦境的线索

联系也说得通；还有用音乐来逃避现实也是，但那些绝对是无意识的。拍电影就是这么回事。大学时，我与身边擅长文学分析的同学聊过，也和教授们探讨过，我发现电影导演有很多东西都是在潜意识状态下做出来的。我拍短片的时候，会被某些意象或符号所吸引——钟表、一副纸牌这类东西，因为它们让我有某种共鸣。这些年来，我已经接受了这一点，那就是在导演的工作中，或者说在导演的位置上，很多事你都是凭直觉和无意识来做的。《星际穿越》中的超立方体可能是递归概念在视觉上展现最充分的一次，因为每个卧室都是略有不同的单元，而且在时间上都比其他单元提前了一点。你所谈到的单元、样式和多样性的重复，我所有电影里都有这个概念，比如《星际穿越》中卧室形成的隧道；《盗梦空间》中，主人公居住的各式房

上图：诺兰在尤素夫供应入睡剂的药房地下室里。诺兰在黑利伯里上学时住的宿舍（下图）无意识地影响了这个场景

约瑟夫·戈登-莱维特在旋转的酒店走廊里准备拍摄步态。剧组搭建了一条100英尺（约30米）长的走廊，外部由8个巨大的圆环包住，由2个巨型电动机悬吊并驱动，让它能360°旋转

子随时间推移而演变，就是这个概念的雏形，还有电梯中的递归镜面隧道也是如此。我总是努力以不同方式把它放进我的电影里。"

诺兰说不出他宿舍的形式为何在其想象中挥之不去，但正是在寄宿学校的生活让他初次尝到了时空限制之苦。也是在黑利伯里，他的想象力获得了维多利亚时代独特的活力之源——逃避现实的感觉不仅是奢侈品，而且也是必需品。重复和递归对诺兰的画面布局和空间感知极其重要，在他的宿舍里，这两种关键元素实现了首次会师。如果你也想对透视法心怀怨念，那么梅尔维尔宿舍正是能激起你不满的地方。在《盗梦空间》最早期的版本中，它还与其他可称为"寄宿学校哥特风"的故事有某种关系，比如埃德加·爱伦·坡的小说《威廉·威尔逊》（"William Wilson"）[31]，这个故事讲的是一个男孩在寄宿学校里发现了另一个和自己同名同貌的人。学校宿舍就像一座迷宫，"以至于我们对那幢房子最精确的概念，跟我们思考无穷大时所用的概念相去不远"[32]。再比如鲁德亚德·吉卜林的《柴堆旁的男孩》中，乔治梦见"街道没有尽头"，直到他被"白警察"捉住，送回寄宿学校，然后"痛苦地坐在巨大的门前台阶上，努力将乘法表一直诵唱到四六二十四"。什么是梦中盗窃？难道只是寄宿生自我主权遭践踏的一种夸张表现吗？《一九八四》中，温斯顿·史密斯的邻居派逊斯（Parsons）这样描述"思想罪"："你知道它怎样抓住我的吗？在睡梦里！"这部小说复刻了奥威尔就读预备学校[33]时噩梦般的景象——宿舍每晚都有女舍监巡视，她们设法揪出聊天的男孩，再送到校长那里受罚。安东尼·韦斯特（Anthony West）[34]在《原则与说服》（Principles and Persuasions）一书中指出："无论奥威尔是否意识到，他在《一九八四》中所做的，就是把所有英国人都送进巨型的'十字门'学校，体验他当年受过的苦。"

同样地，若说《盗梦空间》是导演在努力从黑利伯里的噩梦中醒来，这个说法也未免过于简单粗暴。诺兰在那里过得远比奥威尔在"十字门"时快乐得多。尽管宿舍限制了他，但也成为其讲故事生涯的起点。进退自如的想象力，以及既带来禁锢又令人解脱的结构，透过《盗梦空间》那万花筒般的棱镜视角无休止地重演。这部电影再度讨论了《记忆碎片》的一些主题——时间、记忆与放逐；但是这一次，诺兰有了在好莱坞召集到的剧组成员凝聚起的团队精神，有了身为四个孩子之父的情感核心，还有了刚刚晋升十亿票房导演的牛气。"做梦就做大点嘛，亲爱的。"汤姆·哈迪饰演的伊姆斯边说边拿出一把榴弹枪，压下了约瑟夫·戈登-莱维特的手枪。他也精准捕捉到了导演此时的情绪——活泼、挑逗、嬉闹。

· · ·

在诺兰拍摄的同时，剪辑师李·史密斯和助理剪辑师约翰·李（John Lee）也在进行剪辑工作。他们在卡丁顿设立了一间移动剪辑室，在那里工作了好几个月。在此期间，诺兰在摄影棚之间来回奔波，一次就要跑五六个大场景。为了能在镜头内实拍出与安保人员打斗时的零重力效果，戈登-莱维特有六周时间都在像滚轮中的仓鼠一样旋转跑动。这场戏唯一用到数字技术辅助的地方，就是移除该段落最后一个镜头背景中的摄影机操作杆。史密斯说："我看到这场戏的影像素材时，着实被惊艳到了。"他选择中间不予切断，让这场戏一镜到底，"只因我们最初看到这段素材时，第一反应都是'这看起来不现实啊'"。在那之后，他们去巴黎待了一周。约翰·李白天会待在酒店房间里，用笔记本电脑剪辑几场戏。但是笔记本电脑能做的事非常有限——为防电脑被盗，只能处理不超过六个镜头（装下整部电影需要一两个

TB 的硬盘）。每天晚上，诺兰都会以 35 毫米胶片格式放映当日样片。约翰在晚间动身去看样片之前，都会把硬盘锁进保险箱里。随着后期制作越发深入，诺兰开始放映给一些他选出来的朋友观看，以此考察影片效果如何。自从《致命魔术》之后，他就没这么做过了，两部影片也有着相似的情节复杂度。放到第三本胶片时，他才第一次真的怕了。

诺兰说："剪辑工作进行了几周之后，通常会让你获得一点信心，因为看到影片开始成形。我们办了一场放映会，却在'把故事讲清楚'这一环上碰壁了。有两大块内容讲得不好。第一个是迈克尔·凯恩那场戏，真是个不好克服的大难关，我们在这里卡了好长时间；再就是这段后面的一本胶片，铺陈解说的内容太多了。放完之后，我们都脸色煞白。我好几天睡不着觉，那感觉糟透了。我心想：'哦天哪，我们这是弄来了两亿美元，然后把这钱付之一炬了啊。'你明白我意思吗？我们其实没花到两亿美元，但大家都会这么觉得。我想着：'行吧，我们还不如真就花掉两亿美元呢。'和别人谈起在剪辑室里遇到的困难时，那些没拍过电影的人有时会认为我们在夸大其词。我跟李·史密斯一起剪辑，边剪边放给自己看——制作一部电影、发掘一部电影时，很多事往往像是在游标尺上滑动，总觉得'嗯，这里可以更好一点；那里我们需要微调一下'。牵一发而动全身啊，好像拧紧轮胎上的螺母一样，拧完这个拧那个，接着再拧下一个，轮胎就转起来了。但有些时候，事情不太顺利，你就会想：'这怎么都行不通的，我们永远都过不了这个坎儿了，那我们该怎么办呢？'这样的情况在我的职业生涯中并不多见，但这里就算一次。"

解决方法就是毫不留情地剪掉。上述的第一场戏大约被砍掉了一半，导

柯布和梅尔在"迷失域"里。"我们共度了那些时光"这句台词是迪卡普里奥的点子

致部分观众心中一直留有一个小小的问号：凯恩的角色和迪卡普里奥到底是什么关系？是他的老师、父亲还是岳父？"这场戏最初的版本把大家想知道的故事逻辑或前史都讲得明明白白，而我们基本上把它剪掉了一半。我们去吃午饭时聊起这场戏，我说：'如果我们不担心如何解释，就让观众有所误解，会怎么样呢？'因为好多人看了电影后，都觉得迈尔斯教授是柯布的父亲，而非岳父。我们就说：'得嘞，就这么着吧。'我不记得自己曾在哪部作品中放着这样实际的叙事点不管。也就是说，在这里我不准备解释这层人物关系了。它对观众而言没那么重要，或者说他们想深究的话，会自己去搞清楚的。我很少进行这类删减，但我们一这么处理，剧情就不会在这里卡住了。对于后面那场戏，我不太记得具体的突破点，但确实和蒙太奇有关。这场戏着实证明了史密斯的剪辑功力，我们两个坐在那里想：'好，我们应该怎么重新编排，让影片看起来既流畅又动感呢？'后来我们开始把配乐加进来，利用音乐保持一种娱乐感。但当时感觉很可怕，有那么一段时间，怎么处理都不行。"

对于最后两本胶片，即第六本和第七本，他们从四条故事线交集的汇合点开始往回剪，以此控制每一部分的节奏和步调。"我们剪这场戏的方法是，让史密斯尽量跟着我写的剧本结构走。他试着依照剧本把故事线汇集到一起，有些地方行得通，而有些不行。最后我跟他说：'你得从后往前剪。就从所有事汇集的时刻开始，然后我们从那里往前推，把你剪好的戏份叠加进去。'他搞清楚这一点后拍案叫绝，后面的一切便进展神速了。"

最终，影片到了高潮的一刻，诺兰用了 20 年的大好时光来思索如何抵达这里——但丁称之为"一切时间都向之汇集"[35] 的地方。随着四条时间线的交汇，那宏伟的设计显出真容，带来盛大的华丽感；音乐和影像浑然一体，使得电影制作本身也变为自成一类的音乐。季默在配乐中用到的利底亚和弦[36]进行[37]，呼应了约翰·巴里为《007 之女王密使》所作配乐中的和弦处理。和弦进行发生在四个不同的音调，从 G 小调到降 G 大调，再到降 E 大调，最后到 B 大调，历经许多个音乐小节；在观众以为会听到小调和弦的地方，他们听到的却是大调，那感觉就像脚要踏空时，却发现下面又冒出来一级台阶供你踩。因此，这样的音乐结构匹配上了电影中阶梯式的叙事架构。

在第一条时间线上，面包车最终以纤毫毕现的慢动作落入水中；第二条时间线上，约瑟夫·戈登-莱维特在零重力状态下悬绕到酒店的电梯井，播放伊迪丝·琵雅芙的歌曲《不，我无怨无悔》来唤醒下一层的做梦者。琵雅芙那桀骜不驯的标志性嗓音，如高音喇叭声一般回荡在白雪皑皑的山坡之间：

不！没什么

不！我无怨无悔

无论发生的是好事

还是坏事，对我来说全都一样

对于《盗梦空间》而言，好与坏也都一样。在第三条时间线上，费舍和父亲和解，伊姆斯则在雪山堡垒里安置炸药；在第四条时间线上，柯布把弥留之际的梅尔抱在怀里，回忆着他们共度的一生。梅尔流泪恳求道："你说过我们会一起变老。"然后，我们迎来了解除痛苦的致命一击，那还是迪卡普里奥在剧本改写阶段提议的——柯布说："我们一起变老过了。"此时，我们看到了一段影像：他们两个白发苍苍的耄耋老人手牵着手，徜徉在"迷失域"的楼宇之间，两位梦境建筑师圆满走完了一生。"我们共度了那些时光。"男人失去了妻子，但同一个男人也与她白头偕老。儿子失去了父亲，但同时也与之和解。如果说《黑暗骑士》是诺兰对矛盾性最激烈的表达，那么《盗梦空间》的洞见则正好相反：人世间的事物皆会唤起自己的对立面，梦境变成监狱，《007》电影化为幻景，重力魔咒打破失效。在 2 小时 28 分钟的时长里，观众在影院中逃离了现实，收获了一种纳尼亚王国式的超验体验。

影片的最后一场戏，柯布回到洛杉矶家中，在餐桌上转起陀螺。但还没等到确认陀螺是否停下来，换言之，还没确定自己是否还在做梦，他就分神去看外面花园中的孩子们了。诺兰的镜头在陀螺上停了很长时间，长到几乎让人难受——陀螺不稳定地晃动起来，接着又仿佛恢复了正常旋转，就在此时，银幕暗了下去。

诺兰说："画面是在非常特定的位置切掉的。每个人的解读都有所不同。这一格是李·史密斯和我一起选出来的。我们来来回回、一格一格地看，花了好长时间才找到'就是它'的那一格。之所以特意选择它，就是因为陀螺不稳定晃动的效果。我记得在网上看到一些物理学家试图追踪其运动之类的，但其实画面是在陀螺从晃动中恢复正常的那个时刻切掉的。它转啊转，然后开始摇晃，不过陀螺就是这样，不稳定一会儿之后又会重新变稳。那个镜头我们还剪出了更长的一版，画面是在第二个摇晃不稳的时刻切掉的。我所有的电影都以这种方式收束，可能是因为我试着尽量不去强调自己在电影中的存在感，但有那么一刻，你不得不说一句：'电影结束了。'"

NINE
第 9 章

革命
REVOLUTION

乔纳·诺兰把《黑暗骑士崛起》的剧本初稿交到哥哥手上时,他说:"你绝对会联想到《双城记》,你肯定读过这本书吧。"诺兰回应道:"当然了。"但是阅读剧本的过程中,他意识到自己从未读过这本狄更斯的小说,便立即下单了一本企鹅出版社版本。《双城记》的故事开篇于1775年,一位法国医生马奈特(Dr. Manette)被不公地单独关押了18年之久,终于在这一年获释。"有关时间和空间,我脑子里还是一片糊涂。"马奈特医生说,"从某个时候 —— 我甚至说不上到底是什么时候 —— 我给囚禁了起来,我就干了做鞋这一行,直到我发现自己和亲爱的女儿同住在伦敦为止,我脑子里只有一片空白。"[1]《记忆碎片》里的伦纳德·谢尔比一眼就能看出马奈特医生的病症 —— 后者患的是创伤后顺行性遗忘症。

起初,诺兰不愿意拍这第三部电影。"系列电影的第三部续集一般都不怎么样 ——《洛奇3》(Rocky III,1982)可能是个例外,但第三部就是很难拍好。所以,我的直觉是改变类型。第一部讲的是起源故事,第二部是很像《盗火线》的犯罪片,至于第三部,我们需要放个大招儿,因为影片的规模只能升不能降。观众没给你任何选择,你也不能走回头路,重复以前的东西。因此你只能变换类型。我们选择了史诗片和灾难片 ——《日瓦戈医生》加《火烧摩天楼》(The Towering Inferno,1974)那种感觉。乔纳是这么跟我说的：'听着，我们只要在第三幕时走到那步就行了。'我们已经拍了两部，大家都感觉电影在讲'可怕的事将要发生'，现在我们需要让事态发展到那步了。'所有这些《蝙蝠侠》电影都威胁说要把哥谭市闹个底儿朝天、令其自行崩坏，咱们就让这厄难如愿发生吧。'我并不偏爱自己的哪部电影，但是我觉得《黑暗骑士崛起》被低估了。我们在影片中尝试了一些颇具颠覆性且令人震惊的东西。如果要我来改编《双城记》，差不多就是这个样子。"

诺兰兄弟从《双城记》中借用的东西大多是非实质性的——片尾字幕缓缓升起之前，那段有关自我牺牲的著名结束语就出自该书（"我看到从这个深渊里升起一座美丽的城市，一个卓越的民族……"）；片中达格特（Daggett）的副手［伯恩·戈尔曼（Burn Gorman）饰］的名字，取自狄更斯笔下夸夸其谈、趋炎附势的律师斯特里弗（Stryver）；还有贝恩的得力助手［乔什·斯图尔特（Josh Stewart）饰］的名字，也取自《双城记》中的英国间谍约翰·巴塞德（John Barsad）。其他引自《双城记》的元素则更具实质性，主要是"革命正义"的主题，这份正义由片中自发组织的人民法庭施行。贝恩坐在法庭里，就像《双城记》中手上织着毛线活儿的德发日夫人（Madame Defarge），"以命运女神坚持不懈的精神"编织着正义。狄更斯年轻时，他的父亲因债务问题入狱，他经常去探监，对这种"以自由之名进行革命，却导致如此多错案冤狱"的讽刺意味很是着迷。《双城记》以巴黎的大革

插画家菲茨（Phiz）为《双城记》所绘的插图，题为《人海汹涌》（*The Sea Rises*）。狄更斯写道："尖声的喊叫，齐发的射击，切齿的咒骂，无限的勇猛，轰轰隆隆，乒乒乓乓，稀里哗啦，还有那人海肉浪的狂啸怒号……"

命为高潮，怒潮攻占了可憎的巴士底狱，狄更斯以一连串大胆的笔触呈现了这一幕——大炮、火枪、烈火和浓烟，有人受伤倒下，武器闪闪发光，火把熊熊燃烧，"尖声的喊叫，齐发的射击，切齿的咒骂"——他反复将人民比作"人海肉浪"（living sea），一场迭起的浪潮，以及吞噬一切的大火。

诺兰从这部文学作品中找到了影片的主题和标题。

· · ·

剧本甚至还没写完时，诺兰就在自家房子旁边的工作室里组建好了模型制作部门，还设有工具、工作台和绘图桌一应俱全的美术室，令他们启动影片的设计工作。2008 年，诺兰曾和编剧大卫·戈耶在自己的办公室里碰面，看看彼此对第三部电影有什么想法。两人讨论了《黑暗骑士》结尾的遗留问题，即哥谭市的秩序乃是建立在谎言之上，然后他们把情节要点和人物注释一一写在索引卡片上。戈登和蝙蝠侠协定由后者为死去的哈维·丹特顶罪，

诺兰在贝恩监狱的拍摄现场。该监狱以印度拉贾斯坦邦的月亮水井为原型，呈倒金字塔形状，多层阶梯往下延伸至水面

《黑暗骑士》以此收束全片。8年过去了，这一协定已达到他们期望的效果。"丹特法案"的施行之下，哥谭市的治安环境得以净化。成千上万的暴徒罪犯烂在监狱里，而百分之一的人过着奢靡的生活。在与戈耶的讨论中，第三部的主题——"真相大白"开始浮现，某种被压抑许久之物的形象也随之崛起。乔纳提议让反派现身于城市的下水道系统之中。

诺兰说："一座仰望天际的地下监狱，这个主意也是乔纳想出来的，真是一个非凡的点子。我告诉他，布鲁斯需要被打倒，然后被带到某个充满异域感的地方。有趣的是，若不是地下监狱的话，别的地方都没法让故事立住。你想象一下，如果故事发生在某幢建筑里，那就行不通；但如果是地上的一个洞、一个陷坑，那就会唤起仿佛身陷井底的感觉。[2]"和《双城记》一样，《黑暗骑士崛起》也是一部有关囚禁的史诗。影片行至中段，贝恩把蝙蝠侠放逐到中东的地下监狱，那也正是贝恩初次现身的地方。蝙蝠侠必须在那里眼睁睁地看着哥谭市民们踩着彼此往上爬，力求获得生机。贝恩说："没有希望，就不会有真正的绝望。"他就像早期基督教的教义至上主义者，认为被打入地狱的灵魂虽然看得到天堂，但永远无法到达彼处。和诺兰电影的诸多反派一样，贝恩希望加诸他人的主要是心理折磨。

"我们怎样处理类型，就怎样处理反派。你得想想，好，都有哪些不同类型的反派呢？拉尔斯·艾尔·古尔颇似《007》电影里的反派，是个试图让整个世界依照自己的哲学体系运转的知识分子；小丑是个疯子，一个连环杀手；而贝恩则需要成为怪兽。他得像《原野奇侠》（Shane，1953）中的杰克·帕兰斯（Jack Palance）[3]，像《星球大战》中的达斯·维德，像《现代启示录》中的库尔茨上校（Colonel Kurtz）。贝恩也是一名军人。汤姆发出的那种声音，我们最初听到时感觉很恐怖，仿佛魔音穿脑。我立马就让他演了至少一场戏，用一种更像理查德·伯顿（Richard Burton）[4]的声音——低沉又恶毒的反派式嗓音，但那却与角色不搭。剧组里的每个人都不停模仿贝恩的声音。我们在录音棚里时，总有人突然用这种声音说'小心身后'。它还带有一点殖民色彩。就像学过英语的人有时会发错音，但并不明显，也没有外国口音，不过那种令人不快的说话方式很精准。[5]这个角色很难拿去和希斯的小丑一较高下——他俩全然不同，不具有可比性。不过贝恩是个相当惊艳的角色，汤姆的表演十分精彩。我也很自豪我们为这个角色写的一些内容，有些是乔纳执笔的，有些是我写的。有几个片段让我记忆犹新，比如贝恩谈到黑暗时说：'你以为黑暗是你的盟友？你只不过是接受了黑暗。'这句台词的效果很好。"

漫画中的贝恩是个戴着艳彩摔跤面具的莽汉。在诺兰的演绎中，他变成了有着野牛般体格的革命者[6]，所戴的防毒面具有个达斯·维德式的口鼻面罩，他那不知从哪儿习得的口音由此变成了骇人的刺耳粗嗓。他发表长篇演讲，煽动受压迫的哥谭市民从富裕的压迫者手中夺回城市的控制权，此时你就能听到他那可怖的声音。

"暴风雨就要来了，韦恩先生。"一名叫塞利娜·凯尔［Selina Kyle，安妮·海瑟薇（Anne Hathaway）饰］的飞贼如此警告道。乔纳热切地希望猫女（Catwoman）重返这个系列，但一想到厄尔莎·基特（Eartha Kitt）[7]造作的形象，诺兰和戈耶起初对这个提议是心存疑虑的。不过他们后来把这个角色想成离群索居、难以追踪的骗子，这么一来，他俩就同意把猫女加进来了。电影的大部分时间，她都在追寻那个能够抹去犯罪黑历史的"洗白"技术。"当今这个时代没法洗心革面、从头再来。随便哪个12岁的小孩都能用手机查到你的底细。我们的所作所为都被量化、被记录在案，永远别想摆脱。"猫女的抱怨呼应了《黑暗骑士》里奥威尔式的隐含之意。贝恩把GPS追踪器放到手下的外套里，开枪杀掉他，再把尸体推进下水道，从而追踪吉姆·戈登的逃跑路径——他这一行为完美地表现了影片那残酷的、新奥威尔式的黑色幽默。

诺兰说："《黑暗骑士》系列中的这些东西其实是我弟弟想出来的，他一直对这类技术非常着迷。有意思的是，回头看这些元素，想当初他向我提议，在《黑暗骑士》里以手机作为窃听器，这点子当时看起来还很不现实呢，现下几乎就是小儿科了。虽然手机声呐信号成像的前景可能还有待技术进步，但说实话，'控制手机话筒、打开话筒权限、监控信号波段'这个点子，如今肯定不属于科幻范畴了。今天若把这个设计放进哪部《谍影重重》（*Jason Bourne*）之类的电影里，观众绝对能够接受。但在当时，它看起来却是如此稀奇，几无实现可能，这么一想，技术转变真是相当惊人。三部曲终章里的麦格芬是猫女追寻的'洗白'软件。现在，如果你寄希望于一个软件能够从根儿上清除你的身份信息，那几乎是白日做梦——我们早已过了那个阶段。仔细一想，形势的变迁是多么可怕，抹去身份这事儿如今看起来都不现实了。这一点就很可怕。"

· · ·

诺兰也许是令人迷失方向的西席·B. 地密尔，但他并不是现代主义者，把让人晕头转向作为美学目的本身来追求。他不像达达主义者或超现实主义者，以"神游"来探索"清醒生活与梦境世界之间的界限"；也不像情境主义者那样进行"城市漂泊"，主张以"心灵地图"的原则来解读城市。诺兰最为重视方向感，并且以自己的方向感为荣。

2017 年秋天，诺兰前往乔克农场（Chalk Farm）拜访《敦刻尔克》的历史顾问约书亚·莱文（Joshua Levine）。他在乔克农场地铁站下了车，找了一辆公共自行车，在地铁站内的地图上努力查看前往莱文家的路线。他看了好几分钟，依旧毫无头绪，然后意识到这张地图并不是以上指北。"现在的地图以你在街上面朝的方向来定位，就像手机上的卫星导航。所以你完蛋了，因为几乎无法用 GPS 在脑海中建构地图或鸟瞰图。这根本算不上地图，只是一套指示说明。这种情况超出了《一九八四》里的想象。你本质上变成了机器人。我很想知道他们什么时候改成这样的，是否有人抱怨过，

上图：阿拉伯地理学家谢里夫·伊德里西（Al-Sharif al-Idrisi）绘制的公元 12 世纪地图，南方朝上，指向麦加的方向；下图：改编自乔治·奥威尔小说《一九八四》的同名电影的海报细部，该片在很多内容之外，还详细讲述了那个世界中的第一段地下恋情

还是只有我在意这件事？"

其实，地图这东西本身就是奥威尔式的。《一九八四》中，老大哥控制底层人口的一个方法，就是重绘地图。那地图源自奥威尔在伊顿公学读书时，钉在图书馆黑板上的西线超大地图。奥威尔写道："当时什么情况都与现在不同。甚至国家的名字、地图上的形状都与现在不同。例如，一号空降场当时并不叫这个名字，当时它叫英格兰，或者不列颠，不过伦敦则一直叫伦敦。"[8] 温斯顿·史密斯没带地图就在"迷魂阵似的伦敦"一通乱走（"迷失在一些没有到过的街道上，也不顾朝什么方向走去"），这才找到一家旧货铺子。他在那里买了日记本，在上面写下煽动思想；还遇到了在小说司工作的黑发女孩裘莉亚，并与之享受了一段地下恋情。"她逐一说明了他要走的路线，清楚明确，犹如军事计划一样，使他感到惊异……好像她头脑里有一张地图一样。她最后低声说，'这些你都能记得吗？'她以她特有的实际作风，把一些尘土扫在一起，用鸽子窝里的一根小树枝，开始在地上画出一张地图来。"

为了验证诺兰的观点，我在伦敦的公园步道上徒步跋涉了 12 英里（约 19.3 千米）。之所以选择这里，是因为伦敦城里没法通过附近地标来确定方位的地方为数不多，公园正是一处。我约上好友马塞尔·泰鲁（Marcel Theroux），他最近刚从克里米亚的报道工作中归来，他在那里找路时极度依赖手机。他说："（用手机导航）确实有种不用动脑的感觉。你不必费心记住路线，状态十分放松，根本意识不到自己要去哪儿。"我们从肯辛顿的皇家地理学会出发，关掉手机，感觉异常自由，然后开始找人问路："哪边是北？"他们同样也不能查看手机。天阴沉沉的，完全符合我们的需求。没有了手机和太阳的帮助，地铁站和巴士站的地图倒成了我们最偏好的定位手段。还有一个野餐者指出：苔藓长在树的西北侧，远离太阳的那一面。马塞尔告诉我，他的侄子芬利（Finley）近期去西伦敦参加一个音乐节，本来计划搭乘巴士回家，但是手机没电了。"他基本上退化成了婴儿。我说：'嗯，难道你不能搭夜班巴士吗？'但是他说：'我得付 50 英镑打车才能回南伦敦啊。'"

下午将尽的时候，我们已经听到了不少类似的恐怖故事，好几个都提到了康沃尔（Cornwall），那里被誉为"卫星定位界的百慕大三角"。日头西垂，我们走向海德公园（Hyde Park）的蛇形画廊（Serpentine Gallery），在由墨西哥艺术家弗里达·埃斯科韦多（Frida Escobedo）设计的展亭里完成了最后几个采访。那是一个带有镜面天花板的封闭庭院，由水泥瓦片堆砌成格构墙，还有一个三角形水池，水池的一条轴线与格林尼治的本初子午线对齐。在那里，我们找到了两名建筑师，对于公共自行车所配车载导航（Wayfinder map），他们的看法与诺兰的想法不谋而合："这套系统'奥威尔式'的地方，在于它能整合你所有的路线数据，然后再从Whatsapp或者Facebook上获得一点关联信息，它就能知道你是谁、你在哪儿。"一位奥地利女演员告诉我们，有天晚上她和丈夫开车去米兰，不料卫星导航规划的路线让他们开进了多洛米蒂山（Dolomite Mountains）。她说："我们在山里转了6个小时，我变得歇斯底里，我从来没这样过。"

那天结束时，我们采访了50多个人，年龄从12岁到83岁不等。我给他们的回答打了分，猜出正北方向的人得6分，猜出西北偏北或东北偏北的人得5分，猜出西北或东北的人得4分，依此类推，然后计算每个分数获得者的平均年龄。获得6分的平均年龄是44岁，得5分的是27岁，得4分的是22岁，得2分及以下的是19岁。这个结果很能证明诺兰的观点，手机已然削弱了我们的方向感。他并不是唯一在意此事的人，不过这是否完全是奥威尔式的阴谋则有待商榷。

我向诺兰展示结果时，他说："这很有趣。最吸引我的是芬利的故事，因为他真的变成了'婴儿'。我之所以老聊这个，是因为我一直对此怀有兴趣，总会在电影里讨论这种张力——我们对这个禁锢自身的世界有一种主观判断，但与此同时，我们也始终如一、坚定不移地相信，还有一个'客观真实'存在，而我对探索这两者间的张力很感兴趣。一张标注东南西北和城市地点等要素的地图，直到它从我身边消失，我不知道怎样到达某处，这时我才意识到，地图的概念对人类来说，竟是如此大的解放。"

"我应该指出，芬利不喜欢他叔叔说自己像个婴儿，但更大的异议是，所谓的北方究竟有多客观呢？我和皇家地理学会的地图管理员有过一番有趣的对话，有关为何地图永远以上指北。他说托勒密（Ptolemy）是第一个用我们熟悉的、像吃了一半的甜甜圈形状的投影来绘制世界地图的人，这样能反映出地球的曲率，但也因为他唯一能使用的固定点就是北极，于是就这样用北方来定位了。我问管理员：'如果托勒密是在亚洲或非洲呢，他是不是就会用南方来定位了？'他说：'没错，是的。'"

"我只是在想，是否有某种物理原因能解释为何罗盘指向北方，但我想它同样也指向南方，对吧？"

"因此地图的确**就是**奥威尔式的。"

"我差点儿忘了《一九八四》里面的地图,我好久没读这本书了。当然,在奥威尔描述的情况下,地图本身就被不知不觉地操控了。地图绘制的背后有一种机制,与自由、控制相关,决定了给你露出多少信息。我们谈论这些的时候,你不能太较真儿,因为它们并不是阴谋论。只是若我们开始依赖某些技术,或者依赖某些公司来管理我们的信息、追踪我们的行迹,那就势必蕴藏着风险。这并非夸大其词,它们确实在鼓励人们的依赖性。我试着教给孩子们这样一件事:每当我们去一座新城市,我都喜欢到处走走、主动迷路,然后向他们说明如何在没有手机和地图的情况下,设法找到自己的路。我不担心迷路,因为如果你是游客,随便你出现在什么地方都不要紧——问题是你怕尴尬。我却坦然接受这点。我说:'听着,我们会迷路,但是我们也会找回自己的路。'这一点非常直接地适用于拍电影这件事,因为当你看着搭建中的布景平面图时,你得能以地面上的主观视角想象出它的样子,这样才能把它搭建起来。你一直要调和二维图像和三维空间的问题。采用主观镜头时也总是需要考虑:'好,这和此刻正在发生的其他事有什么联系?'电影的世界就是这样。故事的地理空间对我而言非常重要,电影在企划阶段时,我就会留意这一点了。"

• • •

《黑暗骑士崛起》还在筹备阶段时,诺兰就让他的团队看了《阿尔及尔之战》(*The Battle of Algiers*,1966)。这部准纪录片(quasi-documentary)由吉洛·蓬泰科尔沃(Gillo Pontecorvo)执导,讲述了反抗法国占领的阿尔及利亚战争,在极低成本下以鲜明的黑白色调拍摄,表演者都是从阿尔及尔街上找来的非职业演员。影片刚一发行就遭到法国禁映,但是获得了威尼斯电影节的金狮奖。后来这部影片被黑豹党(Black Panther Party)[9]拿来学习革命游击队的组织经验;美国五角大楼也在占领伊拉克之际放映了此片,以便更好理解如何发动"反恐战争"。影片中,卡斯巴(Casbah)古城区那幽闭蜿蜒的小巷,为民族解放阵线提供了迷宫般的藏身之处。他们在全城范围内发动游击战,溜过检查站,在咖啡馆引爆炸弹,致使几十个平民丧生。

诺兰团队也再次参看了《大都会》(1927)、《日瓦戈医生》(1965)和《城市王子》(1981),研究电影主题与建筑之间的关系。《城市王子》是西德

尼·吕美特自己编剧的唯二影片之一 [10]，主角丹尼尔·切洛是一名缉毒警探，和《冲突》主角塞尔皮科一样，也身陷部门腐败和内务部紧追调查的困境。"这部吕美特作品被低估了，它非常了不起，虽然我们观看的拷贝保存状况糟糕，色彩怪异，但看起来还是那么惊艳。"诺兰特别注意到，吕美特避免使用中焦镜头，只用广角镜头或长焦镜头，空间被横向拉长或纵深缩短，城市的街区看起来变成实际的两倍长或缩短成一半，这都取决于镜头的选择。此外，该片还完全避免拍到天空，吕美特说："天空意味着自由、解脱，但丹尼尔没有出路。"[11]

《黑暗骑士崛起》以"马格努斯王"为代号，主体摄制过程始于 2011 年 5 月，拍摄地点是印度拉贾斯坦邦（Rajasthan）首府斋浦尔市（Jaipur）一处靠近巴基斯坦边界的乡下地区。剧组在此拍摄监狱外观，而监狱的内部则在卡丁顿搭景棚拍：以拉贾斯坦邦的月亮水井（Chand Baori）为原型，搭景的形状呈倒金字塔，上部最宽，再接一道高高的竖井直通地表。影片筹备阶段，诺兰和摄影师沃利·菲斯特以及视效总监保罗·富兰克林碰面时，他们一上来常说的就是"这里我们能不能来真的？"。即便是片中最复杂的视效镜头，也都在前景或背景中包含了一些实拍元素，呈现了一些镜头内捕捉到的特效。那场因贝恩引爆场地内炸弹而中断的橄榄球赛，拍摄于匹兹堡（Pittsburgh）的亨氏球场（Heinz Field），他们是在一块有坑洼的隆起地

诺兰和贝尔在印度拍摄现场的间休时刻

皮上进行的现场实体爆破。匹兹堡钢人队（Steelers）的球员饰演了哥谭市侠盗队（Rogues），还有11,000名群众演员忍受着匹兹堡夏日超过100华氏度（约37.8摄氏度）的高温落座。为了安抚群演，现场布置机位的间隙还有iPad抽奖和蝙蝠车列队表演。后期制作时，保罗·富兰克林的视效团队逐帧转描（rotoscope）前景元素，让地表塌陷下去，增强爆破效果，再把惊恐的观众从11,000名增加到了80,000名。

在洛杉矶拍了9周之后，他们接着转战纽约拍了12天。这次特朗普大楼（Trump Tower）的前门取代了理查德·戴利[12]中心（Richard J. Daley Center），成为韦恩企业新总部的前脸儿。摄制组封锁了华尔街的部分街区，带进来摄影器材、特效设备和1,000名群演，诺兰让蝙蝠侠和贝恩的高潮对决就在此上演。拍摄场地与祖科蒂公园（Zuccotti Park）相去不远，现实中占领华尔街的示威者正在此集会，但影片并没有如传闻所说，真的让这群人参演出镜。

诺兰说："占领华尔街运动就发生在附近，我们真是不得不配合示威人群

诺兰正在给克里斯蒂安·贝尔和汤姆·哈迪讲戏，这场打斗戏发生在贝恩的地下巢穴里

第9章 革命 REVOLUTION 241

来安排日程。当时我们很清楚，这部电影所传达的悲悯情怀，与人们对这场运动的同情非常合拍。如果你想讨论这个系列中的阶级议题，那就得看《黑暗骑士崛起》。因为布鲁斯必得先失去一切，被搞到破产，才能获得胜利。同时他也怀有深深的自我厌恶，每当谈起有钱人如何炫耀他们的慈善事业，他都感觉'全是胡扯'。事实上，我认为这部电影做到了真正意义上的颠覆，因为它具备所有的娱乐效果，但也深藏暗流汹涌的玄机。我本以为这次我们不会侥幸成功，但我们还是做到了。我不知道大家会**如何看待这部电影**。《黑暗骑士》系列不是政治行动，而是在探索对我们所有人——无论左派还是右派——都很重要的恐惧。《黑暗骑士》探讨的是无政府主义，《黑暗骑士崛起》讲的则是煽动群众、颠覆社会。"

• • •

《黑暗骑士崛起》的剧本写于 2008 年金融海啸初见端倪之时，拍摄于 2011 年占领华尔街运动愈演愈烈之际。一座现代美国城市，在一个虎背熊腰

贝恩（汤姆·哈迪饰）"生于黑暗"

的鸡血版"罗伯斯庇尔"（Robespierre）的煽动下，因内部阶级斗争而四分五裂——这部电影描绘了此般景象，从而敏锐地洞察到了后工业经济结构的要害。

贝恩（汤姆·哈迪饰）初到哥谭后，我们最先看到的是他的背影。城市地下下水道系统中，贝恩蹲在自己的黑暗巢穴里，他的背阔肌和斜方肌被顶光勾勒得很是醒目，在周遭黑暗的衬托下宛如雕塑，就像科波拉执导的《现代启示录》中，白兰度用海绵精心擦拭自己的光头。白兰度轻抚着头颅，动作之温柔，就像他在《教父》中抚摸那只偶然出现的橘猫，以及在《码头风云》(On the Waterfront, 1954) 中摩挲伊娃·玛丽·桑特（Eva Marie Saint）的手套。大卫·福斯特·华莱士（David Foster Wallace）在《无尽的玩笑》中写道："他触摸的任何东西都像是他身体的一部分。他看似粗暴地对待世界，对他而言就是感触和感受。"[13] 哈迪是白兰度的忠实弟子，他以类似后者抚猫般的细微动作，消解却也凸显了贝恩的残暴。杀戮之前，他的小指在抽动；扭断达格特［本·门德尔松（Ben Mendelsohn）饰］的脖子之前，贝恩那只主宰之手放在他的肩上；抑或在橄榄球赛之前，他赞美那个唱国歌《星条旗》（"The Star-Spangled Banner"）的男孩，说了句"多么美妙的声音啊"，随即引爆了全城范围内的炸弹，让哥谭市臣服于他的脚下。因此，哈迪提出把贝恩塑造为一个受过文明教化的暴徒，或者说，由文明诞育的暴徒，文明必须为其掉以轻心偿还代价。贝恩崛起，焚琴煮鹤。

序幕中，贝恩和其手下用一架C-130"大力神"运输机挟持了一架涡轮螺旋桨飞机，这是直接从《007》电影里借来的经典桥段——"交通工具劫持交通工具"，仿佛《007之雷霆谷》中一架航天飞机吞掉另一架的戏码，但没有哪个《007》反派会像贝恩那样详尽筹谋，连计划的细枝末节都不放过。《007之诺博士》(Dr. No, 1962) 中的诺博士［约瑟夫·怀斯曼（Joseph Wiseman）饰］说："导弹只是证明我们实力的第一步。"但等他用原子无线电波束阻挠了美国发射航天飞机之后，下一部的计划却是空白。《007之雷霆谷》中，反派布洛菲尔德［Ernst Stavro Blofeld，唐纳德·普莱曾斯（Donald Pleasance）饰］自鸣得意地说："不出几小时的工夫，美国和苏联就会同归于尽，那时我们就能看到一个新的力量统治世界。"但届时世界的治理体系如何（或许是某种资本主义和共产主义的混合体？）却按下未表。而在《黑暗骑士崛起》中，我们看到反派有着完备周详的蓝图，事无巨细地计划了民众将如何接管政府。

51

EXT. GUNMEN SHOOT.

52

GUNMAN ATTACHES GRAPPLE TO THE TURBO PROP

53A

2ND GRAPP
ATTACHED.

SHOT CONT'D

53B

THUMBS UP.

36

54A

SHOT CONT'D

54B

P.

55

TURBO PROP PILOTS BATTLE CONTROLS.

37

56A

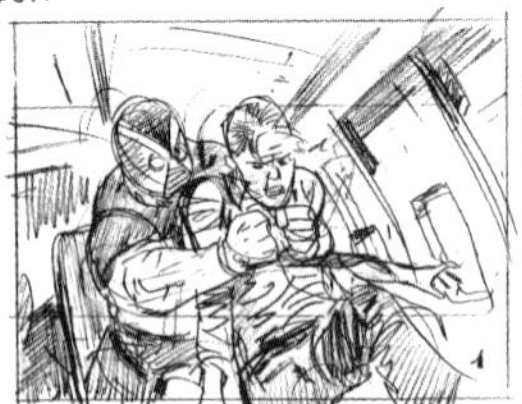

BANE TRAPS CIA WITH HIS HAND CUFFED ARMS AS...

SHOT CONT'D

56B

38

THE PLANE UP ENDS

57

DOWN ANGLE AS CABIN TILTS

39

58A

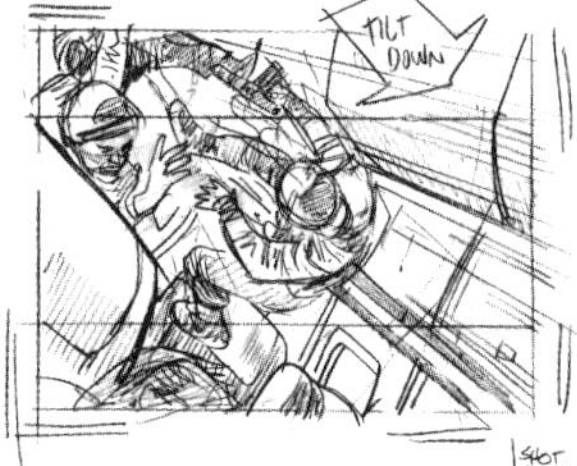

SPECIAL FORCES TUMBLE...

SHOT CONT'D

58B

... OVER THE SEATS.

59

40

ANGLE ON TURBO PROP AS THE NOSE DIP.

60

61

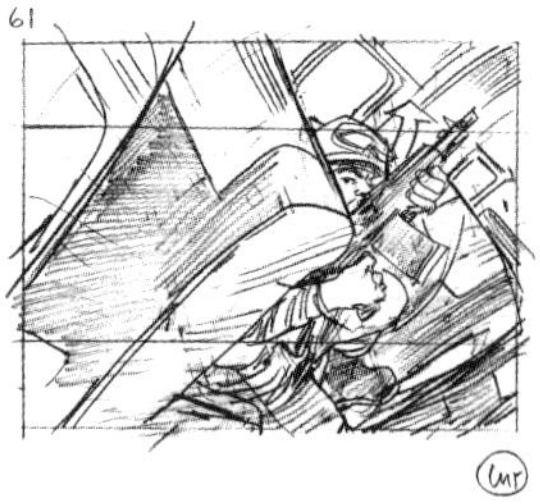

DOWN ANGLE
THE SARGENT
LOOKS BACK
AMONG THE S

起先，贝恩对证券交易所发起袭击，让达格特得以恶性收购韦恩基金，从而夺走了韦恩的权势来源——财富。《黑暗骑士崛起》有趣地利用了它与《黑暗骑士》之间的时间差，两片的上映相隔4年，片中故事上演的时间相隔8年。在这段时间里，韦恩的身体状况随着城市贫富差距的拉大而每况愈下，克里斯蒂安·贝尔贡献了这一系列中的最佳表演：疲惫不堪、伤痕累累的布鲁斯·韦恩，终于为多年前与影武者联盟签订的"浮士德契约"付出了代价，正如片中达格特言辞粗鄙地形容韦恩："他龟缩在房间中，指甲留到8英寸（约20.3厘米）长，直接尿在梅森罐里。"这个细节出自诺兰写的霍华德·休斯传记剧本。医生告诉韦恩，他的膝盖里已经没有软骨了，脑震荡也留下了脑组织损伤。阿尔弗雷德说："我会给你接骨疗伤，但不会为你送终。"

布鲁斯驾驶着全新的蝙蝠战机（the Bat）逃脱警察追捕后，阿尔弗雷德不以为然地责备道："你开着福克斯给的新玩具，引得这帮警察漫无目的地满城跑。"这仿佛是诺兰在扪心自问，该片是否已经偏离了续集电影的任务设定？《黑暗骑士崛起》是三部曲中规模最大也最为残酷的一部，既有新战机，也有核爆炸，还令人失望地加进了那句台词："帮我接通总统的电话。"但在哥谭市桥梁垮塌的远景镜头中，桥体残骸坠入水面时，每座桥都冒出了一小股烟，这些都是电脑特效的功劳，尽到了特效本应发挥的作用。任何一个在纽约市中心经历过9·11事件的人都知道，双子塔就是这样垮塌的——在远景之中，安静得可怕。

接下来，贝恩的手下假装维修城市的基础设施，实则用炸药填充了桥梁和隧道，方法是用水泥搅拌机将混有炸药的水泥灌入地基之中。约瑟夫·戈登-莱维特饰演的年轻警察布莱克（Blake）负责追查贝恩计划，他说："我对土木工程一窍不通。"吉姆·戈登回应道："但是你了解犯罪手法。""自爆建筑"这个创意非常有诺兰风味，将建构主义与解构主义的冲动结合在了一起。

如果说《盗梦空间》相当于导演与现代建筑的爱情结晶，那么《黑暗骑士崛起》就是一曲对破坏、爆炸和拆毁的雷霆礼赞；如果说《黑暗骑士》的质感是玻璃和钢铁，那么《黑暗骑士崛起》中展现最多的材料则是混凝土。从贝恩藏身的下水道系统的墙壁，到卢修斯·福克斯（摩根·弗里曼饰）展示装备的地下掩体，都是混凝土材质。

最终，贝恩袭劫了橄榄球赛，与此同时，他的手下释放了这座城市监狱中的所有囚犯。这些身穿橘色囚服的犯人组成了一支临时的武装叛乱部

对页图：《黑暗骑士崛起》序幕的故事板

第9章 革命 REVOLUTION

队,手中挥舞着 AK-47,朝第五大道迈进。而富人们躲在漆艺家具下瑟瑟发抖,他们的皮草和丝绸长袍则被丢到了街上。"我们从腐败者手中夺回哥谭,把它交还给你们——人民。"贝恩语调打着弯儿地柔声说道。此刻,基里安·墨菲饰演的稻草人正在主持私设法庭,富人们被押上前接受审判。他们面前有"死刑或流放"两个选择,其实都是一回事:所谓"流放",意味着要被迫走过城市周边的冰面,直到冰面碎裂为止。没人能成功挺过这关。

诺兰对哥谭市所做的一切,与他在《记忆碎片》中如何处置伦纳德·谢尔比一样——他把整个城市都封锁孤立了起来。一场《日瓦戈医生》式的大雪进一步让城市与世隔绝,也标志着漫长冬日的来临,还让高潮对决中的贝恩与蝙蝠侠得以沐雪肉搏——贝恩的拳头又快又狠,像拳王泰森(Tyson)一般。这就如同系列首部中,布鲁斯跋涉到影武者联盟道场时的那场雪,雪花看上去既像簌簌而下又像横飞乱舞。就连诺兰的雪花也不知该飘向何处。

· · ·

诺兰说:"片中有电影史上最长的倒计时,约五个月之久。大家通常会觉得:'好吧,这个城市被劫持了,接下来应该是争分夺秒的反击战。'当时制片厂的人都在讨论:'你怎么能让炸弹在三个月之后爆炸呢?即便三个月之后才爆炸,蝙蝠侠三秒之内就能拯救世界。'因为制片方是华纳兄弟公司,他们出品了《哈利·波特》系列,所以我给他们的说法是,所有的《哈利·波特》电影里都有这样一个时刻——每当天空下起雪,时间上就会出现某种神奇的跳跃。"

《黑暗骑士崛起》在洛杉矶、纽约和伦敦的三个 IMAX 影院举行了试映。前六分钟的序幕段落遭遇了炮轰,观众抱怨贝恩的声音难以听懂。《娱乐周刊》(*Entertainment Weekly*)警告观众:"做好心理准备,贝恩的大部分对话都会让你摸不着头脑。"《野兽日报》(*The Daily Beast*)写道:"贝恩仿佛呼吸困难,还夹杂着准英语口音,你根本听不懂他在说什么。"诺兰还没搞清楚怎么回事,就已身陷一场全面爆发的公关危机。

他说:"哦,老天,这是我处理过最难搞的电影公关事件。奇怪的是,我其实花了大量时间和混音师讨论这个问题。我们公开序幕片段时,已经进行了很棒的声音处理,但却更难听清了,所以我们最终稍微简化了一下——没怎么处理汤姆的声音,只是让其自然的嗓音流露更多。有趣的是,放映结束后,我们回收的反馈卡上,观众说他们完全听不懂贝恩在说什么,却没人抱怨看不懂剧情，那可是同一场放映哦。《黑暗骑士崛起》全片中，贝恩要用七八分钟的独白来阐述剧情，于是就有了他与蝙蝠侠的对话、在黑门监狱前和体育场上的演讲。这个家伙用长篇大论告诉你眼下的情况，因此所有人都明白此刻正在发生什么。但你若把他的嘴遮住，就会担心大家听不见他讲话了。汤姆又采用了那种古怪的说话方式，确实很难理解，尤其是对美国观众而言。但是，没错，我们经历了这样一段有趣的过程。"

本片和《黑暗骑士》一样，上映时适逢美国的大选之年。那一年，奥巴马角逐连任，对手是米特·罗姆尼（Mitt Romney），当时的网络迷因层出不穷。保守派电台主持人拉什·林博（Rush Limbaugh）称，影片中蝙蝠侠对手的名字"贝恩"（Bane），是在影射罗姆尼的前公司"贝恩资本"（Bain Capital）。《华盛顿观察家报》（Washington Examiner）的保守派评论员杰德·巴宾（Jed Babbin）发问："奥巴马的竞选团队要花多长时间，才能把该片和现实联系起来，把罗姆尼比作将要'拦腰折断'经济[14]之人？"右翼作家克里斯蒂安·托托（Christian Toto）的看法正好相反，他说如果不把此片解读为对占领华尔街运动的颂歌，就不可能真正理解它："贝恩的党羽真的攻占了华尔街，残忍地殴打富人，还对哥谭市的良民承诺：'明天，你们将领回本就属于你的东西。'"《纽约时报》专栏作家罗斯·杜塔特（Ross Douthat）的观点较为折中：

> 纵观整个三部曲，布鲁斯·韦恩和其影武者联盟师父之间的分歧，并不在于是否相信哥谭市还有善良可言，而在于是否坚信一套折中的秩序仍然值得捍卫。如果将这套秩序摧毁，比腐败和不平等更黑暗之事就会接踵而至。影片传递了一条保守的信息，但并没有抱着必胜的信念，没有拍着胸脯为资本主义摇旗助威；它反映了一种"安静的托利主义（toryism）[15]"，而非喧闹的美国精神；它更多地归功于埃德蒙·柏克（Edmund Burke）[16]，而不是肖恩·汉尼迪（Sean Hannity）[17]。

这个观察十分敏锐，不仅是因为埃德蒙·柏克的著作《法国革命论》（Reflections on the Revolution in France，1790，另译《法国大革命反思录》）极大地影响了托马斯·卡莱尔（Thomas Carlyle），而后者的著作《法国大革命：一部历史》（French Revolution: A History，1837）又对狄更斯的《双城记》产生了影响；也是因为柏克这位爱尔兰辉格党人谴责巴

黎大革命"践行了无政府主义",从而摧毁了"国家的结构"。他还预言这场革命终将吞噬年轻的一代,将国家引向军事独裁。

正如柏克预言了拿破仑·波拿巴的崛起,《黑暗骑士崛起》也感知到了时政风气的重大转向,它多少能因此而领受好评——这种转向将导致唐纳德·特朗普(Donald Trump)后来当选总统。第五大道上,黑色玻璃幕墙的特朗普大楼充当了片中韦恩企业大厦的正面外观。特朗普在一个发布于Youtube的影评视频中说:"我跟大家讲,这片真的很棒。"他称赞了影片的摄影,还指出"最重要的就是特朗普大楼,我的大楼,在其中扮演了一个角色"。暂且不论这个"角色"其实是统治阶级的象征,布鲁斯·韦恩正是被迫脱离了这个阶级之后,才获得阶级斗争反抗者的新身份。几年后,特朗普就任第 45 任美国总统。在 2017 年的就职宣誓仪式上,他似乎部分引用了贝恩的黑门监狱演讲("我们从华盛顿特区移出权力,把它交还给你们——人民"),这一挪用很快就被发现了。还有他在 2020 年竞选连任的视频中用到本片的配乐与字体也是如此。华纳兄弟公司迅速要求特朗普竞选团队移除与电影相关的任何引用。

诺兰说:"我所有电影中,《黑暗骑士崛起》这部老是被各种拉扯,解读方向最多,简直多到诡异。我认为你得是看这片时用力过猛,才会把它归到右翼特征里;如果说其中真有什么,那也应该是左翼的。人们认为贝恩'听起来像特朗普',或者说'特朗普听起来像他',没错,他们都是煽动家。他就是反派。拍《黑暗骑士崛起》的时候,我在害怕什么?我怕的就是煽动性。事实证明,我的恐惧是对的。这部电影不该是政治性的,这不是它的本意,它讲的是原始的恐惧。我们写剧本的时候,社会上弥漫着一种虚假的平静。

蝙蝠侠(克里斯蒂安·贝尔饰)和贝恩(汤姆·哈迪饰)在哥谭市对阵,他们将这座城市带到了革命的边缘大家认为一切安好，我们度过了金融危机，但有些潜在的东西正在酝酿之中，可能会让局势陷入困境。影片在安全的、宣泄性的环境里考验社会体制，其实某种程度上就是在探索混乱和无政府主义带来的危险——尤其是后者，我认为无政府主义才是三部曲中最大的反派。保卫社会免于崩溃的屏障，竟由一位义警来担当——对于我和大多数人而言，这个想法都令人十分不安。但是影片也满足了某种希望：你愿意去相信英雄人物能够单枪匹马地扭转乾坤，或者以某种特殊的方式激励大众。这些电影就是这么拍出来的。我的朋友们之前问我，为什么不拍一部电影，直接讨论我本人所关心的政治议题呢？我总是说：'嗯，因为那样行不通。'你不能用叙事告诉别人该如何思考，这样永远行不通，大家只会有逆反心理。你得更纯粹地看待故事，更忠实于叙事和讲故事的原则，但这也存在被误解的风险。这并不意味着我对事物毫不关心，或者它们对我没有意义，只是我必须中立客观地去表达。你不能告诉别人该如何思考；你只能邀请他们来感受。我总是想起《角斗士》（*Gladiator*，2000）中的精彩一刻，男主角［拉塞尔·克罗（Russell Crowe）饰］砍下对手的头，然后转向观众问道：'难道你们看得不开心吗？'不管怎样，你都得让观众开心。"

. . .

2007 年的一个傍晚，诺兰兄弟正在为《黑暗骑士》勘景时，乔纳告诉哥哥，自己正在为史蒂文·斯皮尔伯格和

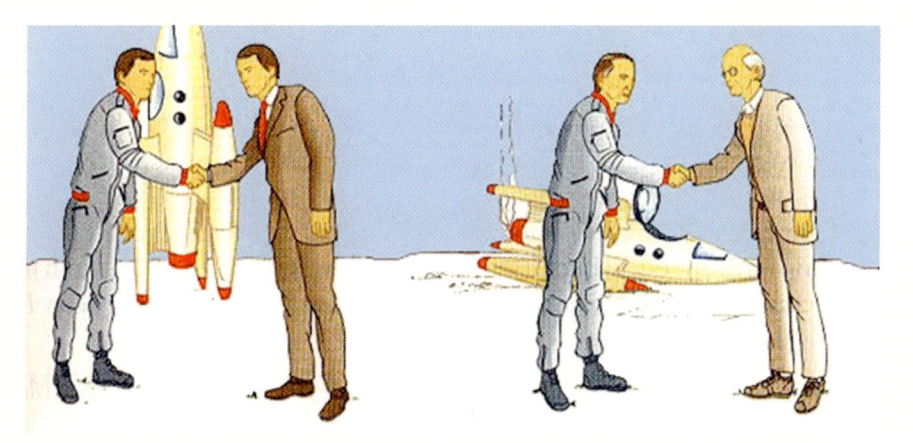

1904 年，就职于瑞士伯尔尼专利局的阿尔伯特·爱因斯坦（上图）首次提出了相对论原理。据此原理，一对双胞胎兄弟，一个留在地球上，一个从外太空返回，两人再见时会发现彼此衰老的速度完全不同（下图）

第 9 章 革命 REVOLUTION 249

制片人琳达·奥布斯特（Lynda Obst）[18]写剧本，故事大纲是加州理工学院（Caltech）的物理学家基普·S. 索恩（Kip S. Thorne）写的。30年前，天文学家卡尔·萨根帮索恩和奥布斯特安排了相亲，两人由此结识，后来他们一直在琢磨怎么拍一部电影，能把黑洞和虫洞的神秘属性融进去。索恩在1988年的一篇论文中写道："我们可以想象某个先进文明从量子泡沫中拉扯出一个虫洞。"文中还附有一幅插图，图题为"将可穿越的球形虫洞转化为时光机的时空示意图"。一听到这个想法，诺兰瞬间沉默不语，多年以前，兄弟俩驱车从芝加哥横穿美国前往洛杉矶的路上，他初次听到《记忆碎片》那个点子时，也是这样的反应。

"《盗梦空间》和《星际穿越》其实非常非常相似。乔纳写《星际穿越》的初稿时，我正在写《盗梦空间》。那时候他知道我在忙什么，因此有好几次，我跟他说：'行了，咱们注意点儿，别互相干扰。'"乔纳为了调研故事，并试着理解相对论，在加州理工学院学习了几个月。在索恩的指导下，他钻研了这

为《黑暗骑士崛起》拍摄幕后工作照期间，诺兰和弟弟乔纳在伦敦的合影

位物理学家所谓的"宇宙弯曲的一面"[19]，包括弯曲时空、现实构造中的孔洞、引力如何使光线弯折。他还注意到，爱因斯坦在阐释狭义相对论和广义相对论时，用到的案例都有一个共同的主题，总带有一种"内在的悲伤"。他说，它们总在讲两个人的分离，要么是一个在火车上，另一个在站台上；要么是一个在宇宙飞船里，另一个留在地球上。当火车或宇宙飞船以近光速驶离时，他们彼此挥手道别。爱因斯坦在一个案例的设定中用到了同卵双胞胎，这一点乔纳也注意到了。他的剧本草稿清晰地唤起了他与哥哥的童年回忆：那时，太空竞赛在大家的认识中还是新鲜事，男孩们整日黏在电视机前，观看卡尔·萨根的纪录片剧集《宇宙》，或者全家一起出去看《第三类接触》。之后，克里斯就被送进了寄宿学校，而其他家庭成员则搬回了芝加哥。

"我们曾经仰望天空，想知道我们在群星之间的位置。"约瑟夫·库珀（Joseph Cooper）沉思道。他是一名丧妻的 NASA 退休飞行员，属于因 NASA 关闭而被迫失业的迷惘一代。而他们曾经的航空任务，却被如今的教科书写成"旨在让苏联破产"的骗局。"现在我们只会低下头颅，担心我们在这片土地上葬身何处。"一场小联盟棒球比赛被天空中一道耀眼的蓝光打断——其实，那是一架旧的 NASA 探测器掉落在了地球上。库珀跟随指引来到圣克鲁斯（Santa Cruz）附近的一座巨大无人岛，在那里发现了由 NASA 秘密运营的地下工业设施。库珀帮助科学家解锁了探测器中的数据，之后有人请他主导一项任务——去寻找人类能移民的宜居星球。他起先考虑到儿子而拒绝了，但后来又答应下来。他把自己的手表给了儿子，并承诺一定会回来。从这往后，乔纳的故事就和诺兰的电影大不相同了，而前者的结局是这样的：库珀离开地球 200 年之后，终于找到了回地球的方法，回来后却发现儿子已经死了，农场也被白雪覆盖。他挣扎着想返回温暖的飞船，却在半路被冰风暴冻得晕死了过去。接下来，他在巨型空间站的医院病床上醒来，他的玄孙已转送过来与他见面。玄孙成了老人，如今说不了话，而玄孙的孙子伸手打开床边的抽屉，取出一块手表交给了库珀，那正是后者离开时留给儿子的手表。

梦工厂（DreamWorks）脱离派拉蒙（Paramount）之后，斯皮尔伯格也转向了其他项目。诺兰联系了派拉蒙，想看看自己是否有机会接手。诺兰说："这个项目开放之际，我对乔纳说：'我愿意参与进来，前提是我用上你的剧本，结合其他的想法——那些想法都来自我一直在写的关于时间的剧本。你同意让我接手，拍成我自己的东西吗？'乔纳已经塑造出了一个了不起的角色，一段了不起的父子关系；第一幕写得真是棒，结局也很不可思议。它这些元素我真的很想用上。他说：'行啊，试试看吧，看看你做出什么来。'我认为自己最终实现的成果，和他力图追求的东西已经非常接近了。"

TEN
第 10 章

情感
EMOTION

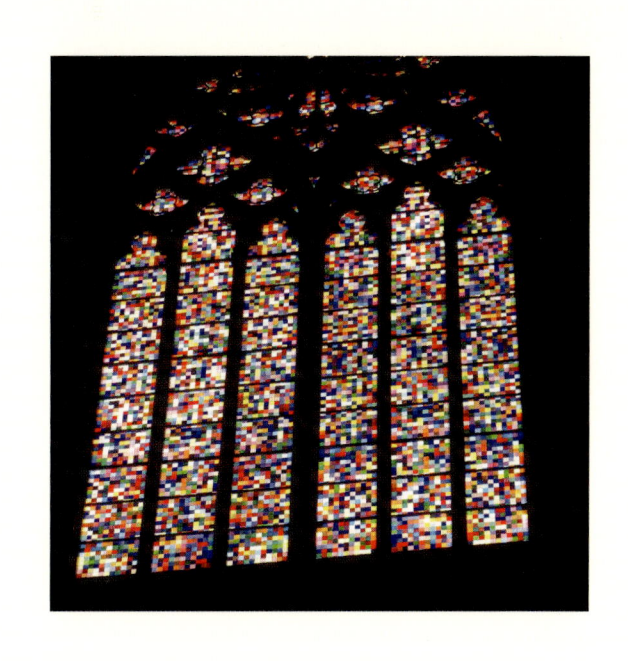

  开始写《星际穿越》的剧本之前,诺兰找出 21 岁生日时父亲送给他的打字机,拂去上面的灰尘,然后敲出一页纸的剧情概要,概括了他对这部电影的构想。对于每部电影,他都会这么做。"我会一口气写下一页纸或者一段话,记下这部电影在我心中的要点,好比一个大方向,写明我要努力干成的事。然后我把它收好,时不时拿出来看看,比如完成初稿后,或者进入前期制作阶段时。我只是用它来提醒自己,因为一旦开始思考如何把故事讲好,往往就会迷失在各种事务中。怎么才能实现初始的目标呢?电影进入前期制作后更是如此,因为你是雇人来设计、置景、勘景,每件事都得协调,没什么会让你称心如意,从来不会。预算、场地、布景,所有那些都是。于是你开始拍板做决定,但我不会称之为'妥协',因为不一定非得让步;有时候你发现有些东西也很棒,就会顺势为之:哦,我还可以拿它干这干那。一旦你全身心投入这个工作机制,问题就难办了。因为在更大的层面上,你很难记起自己本来要做些什么。"

  对于这部电影,写概要还有另一个目的——诺兰想把它拿给配乐师汉斯·季默看,在剧本还没着落之前,就请他为影片谱写一段音乐。"我甚至还不确定自己能否拿下这个项目,就给汉斯打了电话,告诉他:'我会给你一个信封,里面有一页纸,写的内容会告诉你我们下个项目的深层寓言;上面还有片中的几句台词，那就是影片的核心。我给你一天时间，随便写点什么，明天结束之前交给我。你写的这段旋律将作为种子，我们会依此完成整个配乐。'我们意识到，在之前合作的其他电影中，我们在临近制作尾声时，花了太多时间努力穿透自己构建的机理，以求回归故事的核心。我心想，这一次，咱们把这个过程调转过来，先从谱写配乐开始，然后再去扩展其他。"

诺兰给季默打电话的时候，后者正在参加罗耀拉玛丽蒙特大学（Loyola Marymount University）影视学院的学生聚会。第二天，信就送到了。里面有一张厚厚的牛皮纸，上面的内容是用打字机敲出来的，意味着这封信没有复印件，这就是原件。纸上写了一个短篇故事，其实不过是一段父子故事的概要。

提到儿子，季默想起了之前与诺兰夫妇的一段对话。那是在几年前的圣诞节，季默、诺兰和其妻子艾玛·托马斯在伦敦皮卡迪利广场上的沃尔斯利（Wolseley）餐厅用餐。这是一家装饰艺术风格（Art Deco）的餐厅，店面很大，生意繁忙。那天外面正下着雪，伦敦市中心的交通瘫痪了，他们三人算是被困在了此地。他们聊起自己的子女，季默的儿子当时15岁，他说："孩子一出生，你就不可能再用自己的眼睛来审视自己了，你总会透过他们的眼睛来观察自己。"凌晨1点左右，他们来到皮卡迪利广场空无一人的街道上，想好如何回家后，他们就打起了雪仗。

季默埋头写了一天，次日晚上9点，他完成了一段4分钟的钢琴与弦乐作品，灵感来源于他身为人父的感受。他打电话给艾玛，告诉她曲子写好了。"要不要我寄过去？"季默问。"哦，克里斯已经心痒难耐了，你介意他现在过去取吗？"艾玛回道。据季默后来回忆，诺兰开车去了季默在圣莫尼卡的工作室，进门就坐到了沙发上。季默像那些第一次在别人面前演奏新作品的作曲家一样，找借口不看诺兰，而是目视前方，直到演奏结束后才转过身来。他能看出诺兰被打动了。后者说："我想，我最好现在就把电影拍出来。"季默问道："嗯，好啊，但这部电影是讲什么的？"这位导演就开始描述这部有关太空、哲学、科学和人性的恢宏史诗。"克里斯，等会儿，我写的是非常私人的东西，你知道吧？""我懂，但现在我终于知道这部电影的核心在哪儿了。"

在伦敦的那晚，季默说了那番话："孩子一出生，你就不可能再用自己的眼睛来审视自己了，你总会透过他们的眼睛来观察自己。"它如今成了"某种寓言"，诺兰说："你可以把《星际穿越》解读成幽灵故事。这个观点是说父

亲是孩子未来的幽灵。我给季默写的寓言里有这层意思，因为我想让他写的音乐是这个故事的情感核心。这片讲的就是父亲以幽灵之身重访孩子，然后奋力获得自由。"

  诺兰经常想起自己11岁的女儿弗洛拉，他要离家拍片时甚至会感到心痛。《星际穿越》的暂定名就是"弗洛拉的信"。诺兰说："我对这种进退两难的心情很有共鸣，就是某人必须离开孩子们去做一件事，尽管他非常想和孩子们在一起，但也真的很想去做这件事。我绝对热爱我的工作。我能做这行简直三生有幸，但是心里也感到愧疚——**很多愧疚**。我有一个和片中角色同龄的女儿。在我弟弟的剧本草稿中，这个角色是个儿子，我将其改成了女儿，因为我拍这部电影时，弗洛拉差不多就是这个年纪。孩子们不断长大，我却渴望留住过去。光阴似箭让人忧郁。所有父母都会谈到这个问题，所有父母都有这种体会。所以《星际穿越》源自一种非常私人的情感。"

• • •

  《记忆碎片》和《盗梦空间》是两部钟表匠式的电影杰作，它们的创作者最终来到阿尔伯特·爱因斯坦的"门前"，这恐怕不足为奇。爱因斯坦正是在瑞士伯尔尼处理钟表专利事务期间推演出了相对论假说。他每天从其居住的克拉姆街（Kramgasse）步行到专利局上班，都要途经无数个电子街钟，钟面显示的时间与中央电报局一致，这要归功于在致力于同步全球时钟一事上，

库珀（马修·麦康纳饰）正准备离开女儿墨菲［Murph, 麦肯齐·弗依（Mackenzie Foy）饰］

第 10 章 情感   EMOTION   255

瑞士伯尔尼所起到的表率作用：自 1890 年 8 月 1 日起，该市天文台的母钟就被连接到一张电网上，电网不断扩大，从而增强母钟的信号，并将自动校时信号发送给各大洲的酒店、街角和教堂塔楼的每一个钟表。爱因斯坦在办公室里审核着一份份新型电子钟的专利申请，他相当于是坐在看台位上，观看这场媒体所谓的"钟表革命"。从某种意义上说，相对论就是爱因斯坦日常通勤的写照。科学哲学家彼得·加里森（Peter Galison）写道："爱因斯坦身处最紧要的地带，他掌握了这台又新又传统、跨越世界范围的共时机器，并以此建立了全新物理学的基础原则。"

更令人惊讶的是，至少出乎那些只会用"冷漠""残酷"来形容诺兰作品的影评人的意料，这位导演竟然从爱因斯坦的理论中提炼出这么多情感要素。纵观诺兰的职业生涯，影评人贬低其作品的常用词不是"冷漠"就是"没人情味"。然而，《星际穿越》却是一首亲人联结的凄婉颂歌，一部不折不扣的催泪作品。此片中"时间"扮演的角色，在别的电影里通常是留给"距离"的。大卫·里恩的《日瓦戈医生》中，奥马尔·谢里夫（Omar Sharif）饰演的尤里·日瓦戈（Yuri Zhivago）和朱莉·克里斯蒂饰演的拉拉（Lara），这对恋人被白雪皑皑的乌拉尔山地冻原分隔两地。《星际穿越》中，时间令人心痛地让父亲子女骨肉分离。角色看着至亲于一生之前发送来的视频信息而崩溃不已；"幽灵"则在灰尘上写下给生者的信息。

《星际穿越》整个故事之下，潜藏着一个简单的想法，该想法延续自最初由《致命魔术》开启的 19 世纪与 21 世纪的对话，即从对极端人性的探索和开拓来看，探索外太空并不异于第一次地理大发现时期，人类对地球上海洋和大陆的探索。"我们是探险家，罗姆[1]，"库珀对罗米利［大卫·吉亚西（David Gyasi）饰］说，"这就是我们的船。"乔纳把影片中 12 舱的环形空间站命名为"坚忍号"（the Endurance）[2]，名字取自 1914 年欧内斯特·沙克尔顿（Ernest Shackleton）爵士驶向南极的三桅帆船。这艘船卡在坚冰之中动弹不得，最终被浮冰碰撞挤碎。沙克尔顿与队友们启程两年后被迫弃船，又踏上一趟绝望之旅，最终蹒跚着走进南乔治亚岛（South Georgia Island）上的斯特罗姆内斯（Stromness）捕鲸站。沙克尔顿问捕鲸站的主管："告诉我，战争是什么时候结束的？""战争还没结束呢，"主管回答，"上百万人被杀害，欧洲疯了，整个世界都疯了。"在某种程度上，所有旅人都是时间旅行者。

诺兰说："《星际穿越》其实是一部典型的求生史诗，我们就是这么想

的；还有你进入空旷无垠的外太空，心中会油然而生一种孤独感，一种直面自我的体验。我想，这就是这个故事人性化的原因，人性之处在于那种亲密感。当你剥离一切，置身最荒芜之处，丑陋的真相就会浮现，揭露我们的真面目。"主人公小队所遭受的背叛，起先来自布兰德博士（Dr. Brand，迈克尔·凯恩饰）和曼恩博士[Dr. Mann，马特·达蒙（Matt Damon）饰]，他们的观点吸收了达尔文和英国经济学家托马斯·马尔萨斯对于"适者生存"的沉重演算。马尔萨斯在著作《人口原理》(Essay on the Principle of Population, 1798) 中，首次提出如下理论：人口的指数级增长最终会超过食物产量的增长。

"我对马尔萨斯的记忆是，他的理论虽然残酷，但在科学上却是冒着相当风险的，就像达尔文的理论被纳粹滥用一样，你可以通过歪曲'适者生存'的真正含义而得出各种各样的谬论。达尔文并没有说过，物种总会选择做最

1916年，欧内斯特·沙克尔顿的"坚忍号"被困在南极海冰中的景象，《星际穿越》中的空间站以该船命名

有利于自身的事。达尔文的理论实际上说的是，那些传下去的基因会持续存在，但只是非常当下、非常短期的，这个过程不具有集体意识或集体目标，它只不过是一轮随机突变。我们与未来的人，比如说 100 年后的人，在道德伦理上有多大联系呢？是什么构成了人类的联结？是我们看得到、与我们交际的人吗？是我们所爱的、与我们生活在一起的人吗？是我们认识的、来自过去或未来的人吗？这个问题并不简单。若你放眼宇宙，以宇宙级别的时间与尺度去看，你便开始以一个物种的身份去思考：我们当下的生活方式是什么？与前人相比，我们这样生活有多久了？之后又会怎么样呢？"

接手这个斯皮尔伯格放弃的项目时，诺兰非常清楚自己对华纳兄弟和派拉蒙这两位制片厂"父母"所肩负的责任。这部电影代表着诺兰目前为弥合以下鸿沟而有意做出的最大努力。鸿沟的一端是他孩童时期的乐观主义，那时的诺兰和乔纳总是盯着卡尔·萨根的《宇宙》和斯皮尔伯格的《第三类接触》看个没完；鸿沟的另一端则是更为黑暗、烧脑的虚构作品，他在青少年时期探索了库布里克和罗格的这类电影。

筹备阶段时，在摄影师霍伊特·范·霍伊特玛（Hoyte van Hoytema）的极力推荐下，诺兰还看了安德烈·塔可夫斯基的作品，尤其是这位苏联导演的《镜子》（1975）。影片仿佛一首非线性的自传体诗歌，内容源自一位将死诗人的记忆。它以梦的逻辑组织架构，在当代的场景中穿插着导演自己的童年回忆，还有对其母、其父诗歌的抒情追怀。工作人员煞费苦心地重建了塔可夫斯基童年时的老房子，影片的部分回忆片段就在那里上演，主要通过抓取种种质地和色彩来实现，如一滩洒出来的牛奶，或是从锃亮的木桌上升腾起的一点水汽。

诺兰说："在那座农舍的世界里，影片对火、水等元素的运用很有意思，巧妙极了。我不认为艺术电影和主流电影在类型或形式上有什么明确划分。你是在这些前沿者影像实验的基础之上进行创作。这么说的部分原因在于，他们中的许多人搞创作的年代，让他们更有机会尝试各种形式。他们学到了东西，并且教会你电影可以做到什么。我想到某些点子时，尽量不去担心它是否顺应整个社会环境，或者哪里能贴合进去。如果我觉得它说得通，那么它拍成电影也会说得通。"

· · ·

《星际穿越》的主体拍摄始于 2013 年 8 月 6 日，在此前拍过《盗梦空间》雪原戏的加拿大艾伯塔省（Alberta）开机，但是这一次他们去了该省更南部的地方，那里有一片四面无垠的平地。美术总监克劳利在那里种了500英亩（约2.02平方千米）的玉米，剧组再用大型风扇把合成沙尘吹到空中，以此模拟末日沙尘暴，玉米地随之被毁，这就如同塔可夫斯基种了一整片的荞麦，只为重现童年记忆中那独一无二的白色花朵。[3] 首次与诺兰合作的荷兰摄影师霍伊特·范·霍伊特玛[4]，曾经为2011年托马斯·阿尔弗雷德松（Thomas Alfredson）改编自勒卡雷小说的《锅匠，裁缝，士兵，间谍》（*Tinker Tailor Soldier Spy*）掌镜。霍伊特玛在肯·伯恩斯（Ken Burns）2012年的纪录片《黑色风暴》（*The Dust Bowl*）中寻找灵感，最终发现了如此画面——房屋四周堆满表土，人们没完没了地费力把沙尘挡在屋外。伯恩斯甚至给了他一些纪录片未选用的镜头，来充当《星际穿越》开场的采访特写片段。

离开加拿大之后，摄制组来到了冰岛，回到拍摄《侠影之谜》中影武者联盟外景的冰川地带——瓦特纳冰川国家公园内的斯维纳山冰川，之后再到

2013年，摄影师霍伊特玛、艾玛·托马斯和诺兰在加拿大卡尔加里片场

拍摄幕后工作照期间，艾玛·托马斯在询问乔纳·诺兰的看法

洛杉矶拍了 45 天。内森·克劳利曾在此处的 30 号摄影棚内搭建了《黑暗骑士崛起》里的蝙蝠洞，这一回还是在这个棚里，他打造了一个实物大小的太空舱——"徘徊者号"。舱内塞满了各式设备，宛如潜水艇内部。它被安置在水力夯锤上面，让演员在里面左摇右晃；而窗外是他们"行经"的星空，投影于 80 英尺高、300 英尺长的巨型环幕上——诺兰给剧组人员放映了菲利普·考夫曼（Philip Kaufman）的《太空先锋》（*The Right Stuff*，1983），之后他就想到了这个主意。

诺兰说："最终，我们的做法是造出整艘飞船，尤其是当我们进入飞船内部的时候，就可以像在真实空间里一样拍摄。我们完全没用绿幕，拍的都是演员们面对真实事物时的反应。他们重新进入大气层时，整个太空舱都会摇晃，红灯亮起来，还会冒烟什么的，就像一个模拟宇航机。然后我会告诉霍伊特我想要拍到什么，他自己也会找东西来拍，然后我们就开机，一条接一条地拍，像拍纪录片那样，捕捉不同的片段。我喜欢伟大的纪录片摄影，原因就在于它的自发性和自由性。这类摄影有一种新鲜的质地，你仿佛能看到那些留在剪辑室地板上的废弃镜头；你感觉自己只是粗粗一瞥，而在镜头与场景之间，有种真实感在流动。对我而言，这种感觉更真实，好像身临其境，真能看见那几个地方。我印象深刻的一处，是他们刚离开地球轨道时，画面上只是他们忙着做事的零碎片段——操作开关、竖起拇指——我们本可以把

260　诺兰变奏曲　THE NOLAN VARIATIONS

它拍成一场正式的大戏，但是你会从这样的一瞥中感受到完整的流程，它蕴含着我真正所爱事物中的复杂性和活力感。"

《星际穿越》的前 40 分钟**没有**出现这些内容：我们没看到任何有关枯萎病的电视报道，讲述大气已受其毒害，把 21 世纪的地球变成了横贯大陆的风沙侵蚀区；我们没看到哪个惊慌失措的记者被困于正在逼近的沙尘暴中，还在解释玉米收成将会遭到多么严重的打击；我们也没看到什么国家首脑或高级官员召开紧急会议，商讨全球环境末日的议题，或者命令 NASA 为剩余人口寻找新的可住星球。换言之，我们没看到那些灾难片和科幻片惯用的末日表现手法。

《星际穿越》是以极简主义模式拍摄的极繁主义电影，它呈现给我们的不是上述那些，反而是一连串的受访者特写，仿佛他们正在拍摄一部肯·伯恩斯风格的枯萎病纪录片；我们还看到餐桌上落满灰尘的盘子，以及马修·麦康纳饰演的父亲力劝自己的小女儿墨菲好好上学。霍伊特·范·霍伊特玛采用蓝绿色调，在曙光中捕捉到了一丝马利克式的微光，拍出了卡尔加里玉米

剧组在卡尔弗城的摄影棚拍摄，他们把一架实物大小的"徘徊者号"安置在水力夯锤上面，还在 300 英尺乘 80 英尺的巨型银幕上投影星空的影像

第 10 章 情感 EMOTION 261

拍摄间隙，诺兰正在和饰演成年墨菲的杰西卡·查斯坦（Jessica Chastain）讨论

地的粗糙质地，全然不同于沃利·菲斯特掌镜的《黑暗骑士》系列电影的闪亮光泽。当汉斯·季默所作的管风琴配乐的第一个音符响起，地平线和远处的山峦变为了预期中的神秘之地。这部电影是横向的，而不是片名中"穿越"让你以为的纵向。

墨菲相信自己房间里的尘埃是"幽灵"传递的信息，而那实际上拼出了NASA隐秘机构的地图坐标，库珀将在那里知晓自己的任务——这个情节设计抄自斯皮尔伯格的《第三类接触》，该片中截获的数字也拼出了怀俄明州魔鬼塔（Devils Tower）的坐标。然而，墨菲房间里阳光照射下的尘埃流意象，却是纯粹的诺兰风格，它是对波印廷-罗伯逊效应（Poynting-Robertson effect）[5]的诗意演绎，在此效应的作用下，星尘会被太阳拉入环形轨道。这个意象如此迷人，库珀随后闯进NASA秘密基地时，对方喋喋不休的解说反而让人几难忍受。该基地的运营者是睿智的老教授布兰德（迈克尔·凯恩饰）。据他解释，某种更高级的智慧生命（很奇怪，居然没人好奇他们究竟是谁）在土星旁边放置了一个虫洞，便于人类探索宇宙的遥远角落，从而寻找可供生存的星球。之前已有三队 NASA 人员失联，而下一艘飞船正准备升空；他们现在只缺一名无畏的宇航员来领航，并在那三条失联人员的去向中选定一条深入追踪。"我只能告诉你这么多了，除非你同意驾驶这艘飞船。"布兰德说道。"一个小时之前，你甚至不知道我的存在，你们不还是要出发吗？"库珀回道，观众也被猛地闪了一下。诺兰的情节撞上了他弟弟的版本，眼看第二版电影开始盖过第一版故事，这种感觉难以消除。秘密重启的 NASA、先前的三次任务、即将启程的新任务、可能还有更高级的智慧生命从旁协助——这些都只是为了让库珀登上发射台。

自此之后，电影平顺推进。乔纳的版本中，库珀只降落在一个冰星球上，他在这里发现了中国开采的矿井、机器人、一台改变重力方向的机器、吸收阳光的分形外星生物、一座建于时空之外的空间站，最后，还有一个让他找到返回地球之路的虫洞。诺兰则给我们展示了两个星球，一个水星球和一个冰星球。一个让他探索人类爱的能力，另一个则表现人类背叛的能力。"坚忍号"上的宇航员体验到的时间流速，和留在地球上的人不同，当他们降落到预期中可居住的星球时，那里的几分钟可能等同于飞船上的几周或几个月，甚至地球上的几年时间。暑期档大片的主人公拯救至亲至爱，这一举动被以偏概全地拿来代表他们对全人类的爱，编剧们随意地将之归结于他们的忠诚，而诺兰却将这两种忠诚拆分开来。别那么快下结论，诺兰说。库珀和他的团队可以拯救世界，但他们也可能会在过程中失去所爱之人。"我女儿才 10 岁，"库珀说，"我走之前还没来得及教给她爱因斯坦的理论。""你没跟她说你是去拯救世界吗？"阿梅莉亚·布兰德（Amelia Brand）问道。"没有。"他平淡地回答。

接下来的这个段落紧张得让人难以忍受，配乐中的时钟持续嘀嗒作响——库珀和他的团队下降到了米勒星球那被水覆盖的地表，那里的每小时等于地球上的 7 年。阿梅莉亚说："我们得把时间也当成一种资源，就像氧气和食物一样。在这儿登陆的代价很大。"降落到地表之后，他们发现了米勒飞

诺兰和韦斯·本特利（Wes Bentley）在冰岛测光

船的残骸。正当阿梅莉亚试图取回残骸上的数据时，一个巨浪迎面扑来，他们驾驶飞船奋力躲闪。水淹了引擎，他们只能干坐着等待排水。"这会让我们付出多大代价，布兰德？"库珀问。"很大。"返回"坚忍号"时，迎接他们的是胡须斑白的老年罗米利。23年4个月零8天已然过去。库珀坐下来，开始查看离开期间从地球传来的每一条信息。

"嘿，爸爸，问个好，说声嗨。"儿子汤姆说。起初我们只听见了蒂莫西·查拉梅（Timothée Chalamet）的声音，而摄影机还停留在麦康纳的脸上。此时，在单簧管和长笛停奏的间隙，季默让管风琴交替演奏出五、四、三和二的音程。一束光线透过舷窗照亮了麦康纳的脸。

"毕业成绩我拿了良好。克尔利克小姐还是给了我C，拉低了分数。"汤姆告诉父亲，麦康纳满是自豪地咧嘴笑着。季默的音程不断循环往复，这一次和弦之中叠加了更多的音符。镜头缓缓推近，我们看到麦康纳的眼中也噙满了泪水。

"外公参加了毕业典礼，"汤姆继续说，"哦，我又遇到了一个女孩，爸爸。我觉得这辈子就是她了……"一个新女友！这里第一次出现了他毫无参照的回忆，麦康纳的脸沮丧地皱了起来，从这时开始，他就在强忍泪水。查拉梅举起一张照片说："她叫洛伊丝，就是她。"

一个镜头从麦康纳座椅背后拍摄，暗示着时间的流逝。

"墨菲偷开外公的车……车撞坏了……但她没事。"汤姆说，演员换成了凯西·阿弗莱克（Casey Affleck），他那沧桑的情绪完美契合了接下来的情节——汤姆抱起他的第一个孩子说："他叫杰西。"镜头切到麦康纳，我们看到对新生孙子的喜爱之情短暂地平息了他的悲伤。他对着屏幕挥了挥手，就像一个新晋祖父。

"抱歉隔了好一阵子。"汤姆说，神色显然有难言之隐，他目视下方，脸藏在紧握的双手后面。"呃……外公上周去世了，我们把他葬在了屋后、妈妈的旁边……"麦康纳一动不动地消化着这个消息，就像被海浪拍打的岩石，泪珠从他脸上滚落。"墨菲来参加了葬礼。我们最近不常见面了。"汤姆接着说，"洛伊丝说我必须把你放下了，"麦康纳只摇了一下头，"那我就把你放下吧……"

屏幕上的影像消失了，配乐也停止了，麦康纳心烦意乱，抓住屏幕一通摇晃，仿佛这样就能把画面晃回来。终于，一声管风琴的单音抛出了新的"生机"，屏幕上闪烁着泛绿的画面，影像恢复了。

"嘿，爸爸。"说话的是墨菲，她已经是个成年女子了，由杰西卡·查斯坦饰演。"嗨，墨菲。"他耳语般地回应道，目瞪口呆地看着长大成人的女儿。"你还有回应的时候我没发过视频，因为我还为你的离开而生气。然后你就音讯全无，看起来我也该接受这个决定了。"她边说边压制自己的怒气。此时，季默将音符一个个堆叠起来，音量慢慢增强。今天是她的生日，现在她和库珀离开时的年纪一样大。"现在该是你回来的时候了。"她说着，然后关掉了摄像头。

但是这一次，我们是从墨菲办公室椅子后面的视点看着她关掉摄像头。她的书架上有 NASA 的活页文件夹。迈克尔·凯恩饰演的布兰德博士坐在她身后，观察着眼前的情况。

现在我们要听听她这边发生的故事了。

・・・

诺兰说："在原始剧本中，乔纳完美把握住的一处就是这一刻。这场戏就是关键，是灵魂所在。我想自己从没见过这样的东西，它真的让我非常有共鸣。关于这场戏，我和马修聊了很多，他想的做法是，我们提前拍好所有视频信息。我不想用视觉特效把它们加进去。而马修想的是，在拍这场戏、拍到他的特写之前，都不去看这些素材。他的表演处在过于真实的边缘，因为身为父亲的他是在非常真实地体验这一切，我认为其中一条甚至可能真实过头了。这是表演最令我着迷的地方之一。我坐在那里直接与他们四目相对，而不是盯着监视器，我只会扫一眼监视器上的取景情况，因为我的职责是从观众的视角去尝试、去体验，试着以开放心态去体会演员的感受。演员们时常会在某个瞬间表现得极其坦率赤裸，以至于你切断了与他们的情绪联结，因为那太强烈、太丰沛了，让你感觉自己像个侵入者。那简直像是声音调得过大而开始失真。因此，导演的部分工作，就是判断你何时与观众达到了真正的同步。很多人都和我一样感受到了，很多人至今还在跟我聊这场戏，聊它对自己的影响。这些设计都是有意为之的。我觉得这场戏十分感性，它基本上讲的是我所关心和我觉得感性的事。"

诺兰在《星际穿越》里认为很感性的东西，和他在《记忆碎片》《侠影之谜》《盗梦空间》以及《黑暗骑士崛起》里觉得感性的是同一件事，那就是离弃。库珀一行在冰星球上找到马特·达蒙饰演的曼恩博士时，后者说："再次看见人类是一件多么美好的事，希望你们永远不用体会这种心情。"在这

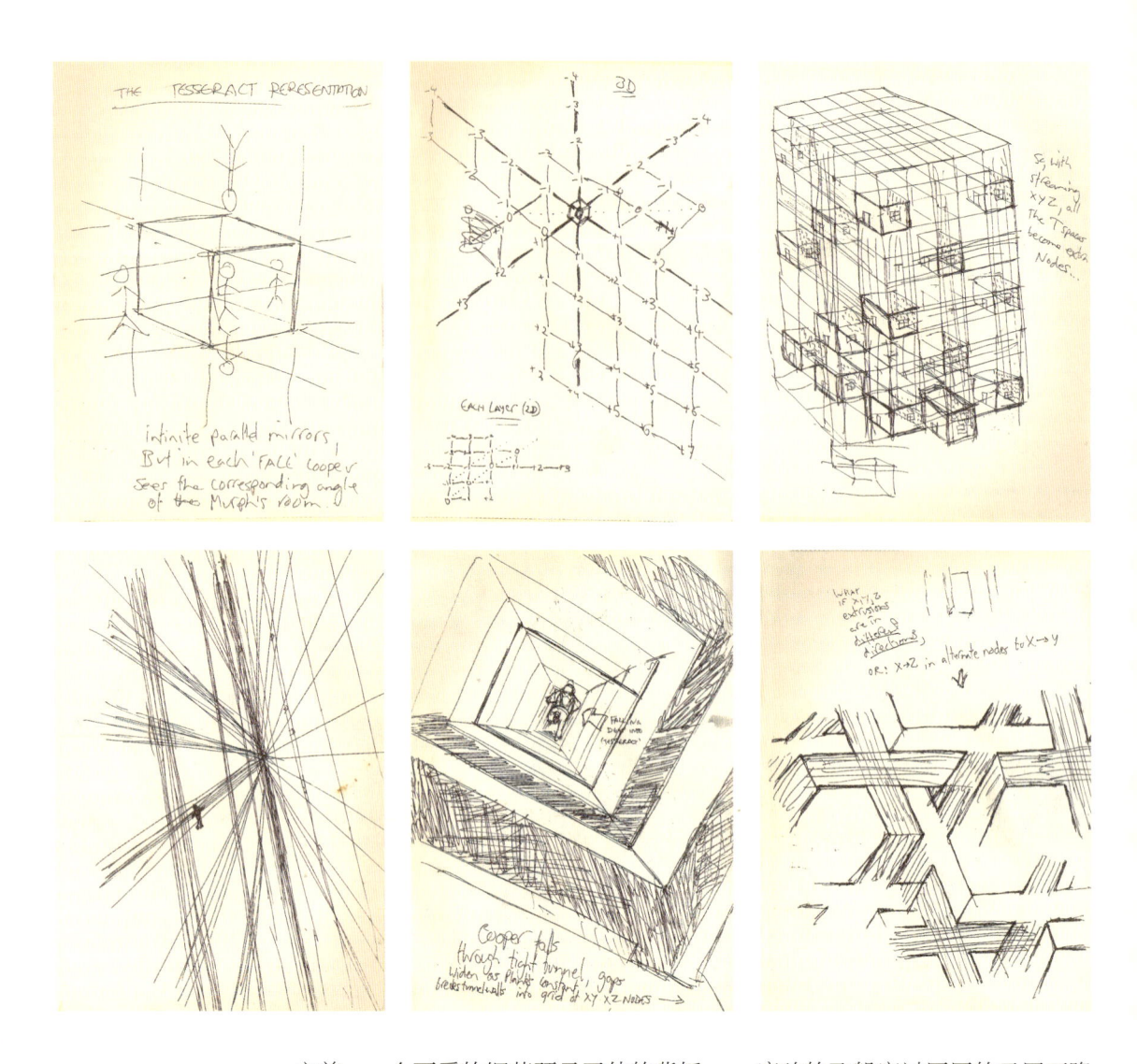

之前，一个可爱的细节预示了他的背叛——库珀的飞船穿过厚厚的云层下降时，削掉了一朵云的边缘，只见它碎裂开来，原来那是块冻云。曼恩这位宇航员忍受着孤绝和寂寞，被逼得慢慢失去了理智，就像伊夫林·沃（Evelyn Waugh）在其小说《一抔尘土》（*A Handful of Dust*）中塑造的托德先生（Mr. Todd）[6]。曼恩为了获救，用虚假的借口把他们诱骗至此。求生的本能战胜了一切。

当库珀坠入卡冈都亚（Gargantua）[7] 黑洞时，他也受到了类似的灵魂考验。他发现自己被困在一个五维空间的超立方体中，他能在时间轴上前后移动，却被圈在一个令他愧疚的特定空间——女儿的卧室，过去不同时间点上

诺兰手绘的超立方体草图

266　诺兰变奏曲　THE NOLAN VARIATIONS

的女儿卧室。幽灵故事绕了一圈，回到原点：他就是女儿的幽灵。

　　这里是她在梳头发，那里是她向他指出灰尘的图样，还有那里是他正在与她道别（"你要走就走吧！"）。但此时的库珀无法与她接触或交流，唯一能做的就是将书架上的书弄掉。那些书里有一本百科全书、柯南·道尔全集、《夏洛的网》（*Charlotte's Web*），马德琳·英格（Madeleine L'Engle）的《时间的折皱》（*A Wrinkle in Time*）[8]，还有莎士比亚的《冬天的故事》（*The Winter's Tale*）——最后这本书讲的也是一个被离弃女孩的故事。"别走，你这笨蛋！"他朝过去的自己嘶吼，在房间与房间之间穿行。"别让我走，墨菲。"超立方体是由父亲的悔恨构成的永恒长廊，他被迫重新面对那些错失的机会、未说出口的话、没有选择的路。和《记忆碎片》中伦纳德·谢尔比的循环生活一样，这里也有着无休止重演的永恒创伤。但是不同于谢尔比身陷的无着落困境，库珀并非完全无所借助，他发现可以通过自己留给墨菲的手表与之交流——他操控秒针来传递信息，就像四肢瘫痪者通过眨眼的方式写自传[9]一样。

　　"《星际穿越》非常坚定地落足于人与人之间的情感联结。这就是为何我想引用狄兰·托马斯（Dylan Thomas）的诗作。'怒斥，怒斥光明的消亡。'[10]这正是我想说的，你愤怒，是因为灯火正在变暗。时间当然是敌人，特别是在《星际穿越》中，它是一种潜伏的力量，它是能捉弄你的。我可以让时间赢，或者愿意如此，我觉得这没有任何问题。对我而言，这部电影其实讲的就是身为人父的状态。那种生命在你身上流逝、孩子在你眼前长大的感觉。那和我观看理查德·林克莱特（Richard Linklater）执导的《少年时代》（*Boyhood*，2014）时的感受很像，那是一部非凡之作，我们以全然不同的方式做着相同的事。我们都在处理这个主题，其中蕴含着积极的一面。我想这就是《星际穿越》中部分乐观主义的来源。你与人道别时有多哀伤，也极大表达出你有多爱他们。这种联结的强度，是让我们认出彼此的一个非常重要的部分。"

马修·麦康纳和麦肯齐·弗依在超立方体布景内。这个幽灵故事是诺兰对弟弟剧本的增补之一

第 10 章　情感　EMOTION　267

诺兰参看了许多雕塑家和艺术家的作品，研究他们如何处理"时间扭曲"的概念，其中包括出自路易·达盖尔（Louis Daguerre）之手的史上第一张真人照片。那是 1838 年，达盖尔用长时间曝光的方式拍摄巴黎的圣殿大道（boulevard du Temple），发现街上有一名男士正在接受擦鞋服务。在达盖尔让金属板曝光成像的 10 分钟内，他是唯一站着不动的人。

"德国画家格哈德·里希特（Gerhard Richter）有这么一本书，里面有幅画，他把画作一分为二，二分为四，以此类推，然后把这些画作切片拉长延展，变成一道道线条。我们还真让视效人员去拍高速公路了，研究当长时间盯着它们看时，路面车流如何移动、开始闪烁，诸如此类的大量素材都放进了电影里。通常情况下，我只要接受这东西的样子是自己喜欢的就行，但是这一次，我感觉必须做得像数学般精确。因此，我们按照内克尔立方体（Necker cube）[11] 旋转（一种四维旋转）来呈现时间的坍缩，对四维旋转做二

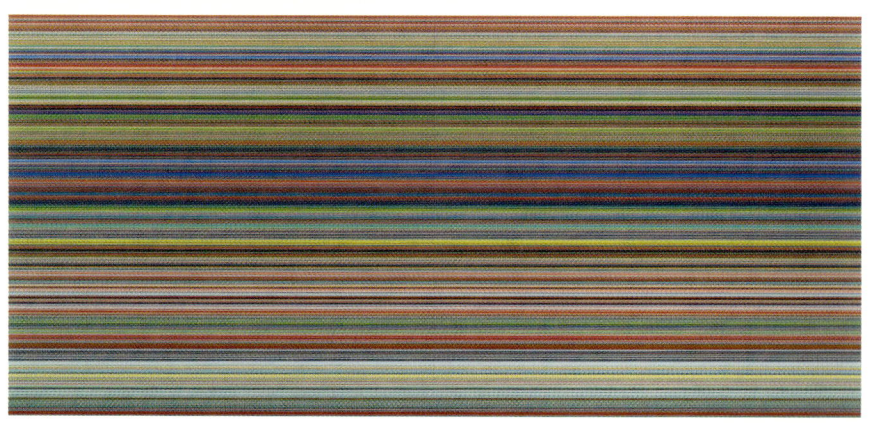

268 诺兰变奏曲　THE NOLAN VARIATIONS

维呈现，于是造就了如此奇特的打开方式。数学家和科学家一眼就看得出来。你站在那里看着布景，会发现它真的很美，但却是种无意之美。有个学说我绝对赞同，讲的是作家或电影导演创作时，其实是在让一些事显露出来，好比雕塑家雕刻时只是把某些部分削掉，因为他知道作品一直就在里面。"

· · ·

诺兰建议汉斯·季默用管风琴为电影配乐时，这位作曲家吓坏了。季默所能想到的，就是大家在汉默（Hammer）公司出品的老恐怖片里总能听到的那种管风琴声。诺兰说："用管风琴配乐确实是我给汉斯出的难题。我当时说：'听着，我真的很想用管风琴。你用它作过配乐吗？'他从未在其他电影配乐中用过管风琴，所以有点打怵，但他还是全力以赴。"对诺兰来说，他对管风琴的情结更为私人——那是他童年时代常听到的一种声音。他在黑利伯里上学时，每周二至周五早晨的 8 点一过，全校学生就像沙丁鱼一样挤进学校的小教堂，在类似布雷西亚新大教堂（Duomo Nuovo, Brescia）的穹顶之下进行日常祝祷。仪式只有 10 分钟，早饭前大家都饥肠辘辘，这个时长也就是快快地假装祷告一下。在约翰内斯·克莱斯（Johannes Klais）牌管风琴的伴奏下，大家还要吟唱几首圣歌，有人唱得敷衍，有人全情投入。那是架大教堂里常见大小的管风琴，3 层手键盘和脚键盘之上有 54 个音栓。

诺兰说："我之前就在天主教预备学校巴罗希尔斯听过这种音乐，那里也有一架管风琴。我对这种乐器很熟悉，因为我就读的那些学校，所以从小就受到天主教教育——某种程度上，我是在天主教的环境下长大的。我爸是虔诚的天主教徒，而我不是，当时更不是，但我的确就读天主教学校。在《星际穿越》中，我兴味盎然地想到把管风琴当作激发宗教感或敬畏心的工具。所以如果你非常仔细地听配乐中的设计，常会听到一段音乐突然结束，而后回音缭绕。我们其实是在利用圣殿教堂（Temple Church）的封闭空间。我们用音乐的回响营造出一种空间感，尽管它实际上是通过封闭空间实现的。这是非常建筑学的想法。当你走进一座大教堂，那里的一切都会激发敬畏感。《星际穿越》确切说来并不是宗教电影，但我仍然在寻找能借助什么、利用什么联想来制造敬畏感。管风琴就给人这种感觉。此外，戈弗雷·雷焦（Godfrey Reggio）的《失衡生活》（Koyaanisqatsi，1982），还有菲利普·格拉斯（Philip Glass）为它创作的绝赞配乐，也对我产生了巨大影响。我认为它是一部精彩

对页：诺兰构思的超立方体受到的影响包括：（上图）埃德温·A. 艾勃特（Edwin A. Abbott）的中篇小说《平面国：多维空间传奇往事》（Flatland: A Romance of Many Dimensions，1884）；（中图）史上第一张真人照片，摄于 1838 年，是由路易·达盖尔用长时间曝光的方式拍摄巴黎的圣殿大道时拍到的；以及（下图）格哈德·里希特的《线条（921-6）》（Strip 921-6）。为了创作这些横向线条，里希特拍下他最喜欢的一幅作品——《抽象画，724-4》（Abstract Painting, 724-4，1990），并对其进行分割和拉伸，让画作的超细竖切片沿水平轴延展

第 10 章　情感　EMOTION　269

的非叙事电影，里面也大量用到了管风琴。"

1982 年的《失衡生活》是戈弗雷·雷焦的首部作品，这部实验性纪录片包含各种城市面貌与自然环境——洛杉矶和纽约的交通高峰期、犹他州的峡谷地国家公园（Canyonlands National Park）、旧房的拆除爆破，以及核爆炸。该片采用延时摄影，由菲利普·格拉斯操刀配乐，传达出现代生活正逐渐失衡的观点。拍摄本片之前的雷焦是基督教兄弟会的修士，于是这就成了诺兰剧组的演职人员观看的首部由修士拍摄的电影。

距离《星际穿越》上映还有整整两年时，季默的配乐工作就开始了。他把自己关在伦敦的公寓里，周围堆满以 NASA 拍到的太空照片为主打的《时代生活》系列图书，构思着那些毫无剧本可循的场景，不过诺兰会在电话里把这些场景描述给他听。17 世纪时，管风琴这种乐器的复杂程度，是当时的其他机器无可比拟的，它的**样子**有点像火箭飞船。季默说："管风琴宛如沉睡地下的巨人。你只听到空气向上推动音管的声音。它就像一只等待被释放的巨兽。"

最终，季默在泰晤士河畔舰队街（Fleet Street）附近的圣殿教堂里，找到了一架新近修复的 1926 年产 4 层手键盘式哈里森（Harrison & Harrison）牌管风琴。季默在教堂侧室里设立了遥控录音室，并在教堂正厅各处放置了许多麦克风。这架管风琴原是当年为一座苏格兰庄园打造的。它有 3,828 根音管和 382 个音栓，这些音管有的短如铅笔，有的则长达 32 英尺（约 9.8 米），发出的低音甚至会让教堂的窗户都鼓胀起来。季默把麦克风放在距管风琴约 20 英尺（约 6.1 米）远的地方，有些麦克风离主音管甚至远达 40 英尺（约 12.2 米）；他还要求合唱团背对着麦克风，以获得奇特的声学效果。季默说："影片中人物离地球越远，配乐中的人声就越多，但却是一种异化的人声。就像电影中视频信息的效果一样，这些声音有点被腐蚀失真了，听起来更抽象了些。"录制第二阶段在乔治·马丁（George Martin）的 AIR 录音室（AIR Studios）里进行，由包括 34 组弦乐、24 组木管乐器以及 4 架钢琴的百人管弦乐团演奏。诺兰和季默意识到，他们不可能按照日程计划录制完所需的音乐量。于是他们两头同时开工：如果季默在 AIR 录音室录制管弦乐和钢琴部分，诺兰就在圣殿教堂录制管风琴和合唱团部分，反之亦然。

"要做的工作太多了，"诺兰回忆道，"那时候我们已经共事多年，尝试过各种不同的配乐方式，合作也日益紧密。汉斯非常慷慨，也欣然接受我参与

配乐创作的意愿，允许我在过程中提出建议，而不是直接拿来音乐贴在影片上。我想，他从来不认同音乐只是最后才附在电影表面的东西；他是想让音乐深入文本结构。每部片合作下来，我真是越来越挑战他的配乐方式了。汉斯是怎么工作的呢？他会给我们听一连串层次丰富的提示音乐，有时还会对我说：'你应该到工作室来，我们一起试试看不同的元素。'这段配乐中，有一层的管风琴声只有几个音符，我问他能否只循环这个小节，然后提议了几个循环点。他说：'我明天发给你。'第二天，东西发了过来，他称之为'管风琴涂鸦'（Organ Doodle），因为这一小段本来出自一首更长的乐曲，对他来说是随手写完即弃的东西，但是他最终将它谱成了一支可爱的小曲儿，

诺兰和汉斯·季默在《星际穿越》（2014）配乐录制间隙。为了按计划推进，他们两头同时录音。照片由乔丹·戈德堡拍摄

然后发给了我。李·史密斯正在剪辑倒计时那场戏，我则在一个能播放音乐的独立系统上放着玩儿。我说：'让我配合画面播放一次，也许会有什么发现。'那段音乐很奇特——嗯，奇特而复杂，只有区区几个管风琴音符。我们播放了一遍，李和我盯着画面，因为这曲子正是我们要的东西，和片中情感完美契合，可谓余音绕梁。"

这场火箭发射戏是诺兰电影中的华彩桥段之一，在麦康纳含泪驱车离开女儿的镜头之上，叠加了机械化的发射倒计时（"10、9、8、7……"），季默的管风琴配乐随之营造出古斯塔夫·马勒（Gustav Mahler）式的渐强效果。倒计时数到 1，管风琴声戛然而止，银幕上火光喷射——自弗里茨·朗在 1929 年的默片《月中女》（Frau im Mond）中首次使用此技巧以来，这个华彩桥段至此完成了一个轮回。《月中女》里的发射倒计时借鉴自电影胶片的开头倒计时。朗移民到美国之后，NASA 的科学家也观看了他这部电影，由此启发了现实中 NASA 的发射倒计时程序。而 NASA 的每一次升空倒数，都是在向这位黑色电影的鼻祖致敬。此处也阐明了诺兰的潜在主题，也即牛顿第二定律的一个变体：为了到达某处，你必须先将某人丢下。

然而，上映之后，本片的混音效果却遭到了一片吐槽，大家抱怨某些对话被音乐盖过而听不清楚。纽约州罗切斯特市（Rochester）的一家影院不得不挂出告示，通知《星际穿越》的购票观众："请注意，本影院所有音响设备都能正常运作。克里斯托弗·诺兰在混音时特别强调了音乐。这是影片有意制造的声音效果。"换言之，声音问题就找导演反映去吧。

诺兰说："我们听到了好多吐槽。我其实也接到了其他导演的电话，他们说：'我刚看了你的片子，对话听不清啊。'有些人认为也许是音乐声太大了，而事实是，我们选择怎么混音的门道算是全在这上面了。它就是一种非常大胆创新的混音方式。观众对声音的保守态度令我有点惊讶。因为你若拍一部电影，画面看起来怎样都可以，你可以用 iPhone 拍，没人会抱怨；但是如果你以某种特殊方式做混音，或者用了某种副谐频（subfrequency），观众

弗里茨·朗执导的《月中女》（1929）的海报，这部电影启发了 NASA 的倒计时程序

就会愤然反对。通过混音能产生一种奇妙的规模感，让你感觉声音仿佛有了实体，我认为《星际穿越》在这一点上比任何电影走得都远。我们成功运用了次声道，做出了很多震动声，然后用在火箭升空的音响和音乐中。汉斯在配乐中用到了低到极致的管风琴音符，低到你的胸腔都会为之下沉，声音素材中有很多都是这样的音乐。某些低段频率会被软件自动过滤掉，他便取消了所有设置，副谐频就全都保留了下来。我们在配音阶段也是这么做的。混音的效果十分迷人。如果你特意去 IMAX 影院看这片，放映时，效果真的相当出色。"

另一方面，为了更好地配合霍伊特玛的手持摄影，诺兰去掉了科幻片飞船上充斥的常见动效拟音（Foley）——嗡嗡的嘈杂声、咻咻的呼啸声、嗖嗖的开关门声，转而使用拍摄过程中录制的每个人在飞船里四处移动的声音。"我们只配上这些音效，把片子放映了一次，然后我问音效团队觉得如何，他们都说：'好，我们可以采纳这种方式，就按这样做。'这种方式也非常大胆创新。比如说，机器人塔斯（Tars）的声音就是这么来的——我从助理办公室拿了一台录音机，再找了两个文件柜抽屉，然后开始用它们'演奏'。影片最终用的就是这个单一的声音，没有更多层次。这个声音让人感到有点凄凉，或者说有点不安，因为我们另一方面有华丽的配乐，有丰富的声音元素，这个地方通常也会加上层层叠叠的音效轰鸣，此处却有一丝渺小单纯的感觉。我们只是把那些东西统统去掉了。影片中，某些时刻会给人一种真实感……观众不清楚这种感觉从何而来，但这种不安感却贯穿了全片。"

季默想出了影片中的一处"装饰音"（grace note）：飞船驶过土星的镜头中，音轨上响起的却是热带暴雨声。诺兰说："这个点子是为了提供视角。汉斯提议说，飞船上的某人可能录下了地球上的暴雨声、雷雨声，或许他们想与抛在身后的地理环境维持某种联系。因此，最终我把暴雨声叠加在了飞船的外景镜头上。有个镜头里，超小的宇宙飞船正在驶过土星，飞船太小了，DVD 版本都把它擦除了，我们不得不回头补上。不过这里有一段非常安静的钢琴旋律，然后镜头进到飞船里面，我们看到了罗米利，他戴上耳机，镜头再回到飞船外面时，暴雨声开始响起。在土星附近惊人的广阔宇宙中，你听到的却是蟋蟀和雨声——我真的很喜欢这个点子。这是本片里我最爱的一处。"

· · ·

和《盗梦空间》一样，诺兰又一次在剪辑时有些怕了。他说："《星际穿越》异常难剪，因为我之前每一部电影，初剪版都很长。完成初剪之后，我们进行放映，有些地方不太顺畅，但我们知道如何修正，剪掉无效部分，找到更有效的叙事方法，压缩片长，结果就会越来越好，更加紧凑精炼。尤其是《黑暗骑士》，情节非常密集，DVD 版本里也没有收录任何删减镜头，一个都没有。我们没有浪费一丁点儿素材，成功地想办法把所有内容都塞了进去。《星际穿越》是一部体量庞大的电影，起初我们也顺着原来的思路，凭直觉尽可能地提高叙事效率。但是剪出来的影片十分无聊，因为从表面来看，影片拍到的只是这些人在交谈，然后快切到更多人的交谈，好像完全搞错了这场太空旅行的重点。所以观看的时候，我心想：这样完全行不通，必须舍弃过去 10 年来我和李一直用的剪辑方法，不能总想着把片长缩短，这样做无法提升影片质量。"

诺兰让李·史密斯去看《失衡生活》。"李从没听说过这部，但那正是《星际穿越》所需要的东西，因为它就是纯粹的影像。不管这部电影在讲什么、营造什么样的感觉，你都在**体验**某些事物。我们缺的就是体验感，我们得确保《星际穿越》中也有这种东西。你必须给观众直接的影像体验——那种敬畏和规模感。片中必须有影像让你屏住呼吸，凭影像直接打动你，而不是仅凭角色。我们说：'好，视觉上我们得和数字特效团队合作，音乐上和汉斯合作。我们必须创造这种直接的体验，让观众感受到故事中的情感。'这是两种不同类型的电影制作方式，但是本片必须两者兼备。有时候，其中一种比较容易实现；其他时候，则是另外一种；有几次，我们对其一面感到恐慌；其他时候，则是另外一面。剪辑接近尾声时还有点可怕，我有好几周的心情完全就是'好吧！我们正在做可怕的事，我们正在做以前从未做过的事'。"

· · ·

在诺兰的所有作品中，《星际穿越》或许是最不受影评人待见的一部，而观众却不以为然（如果你切换查看本片在"烂番茄"网上的影评人排名与观众排名，它会从影评人那里的第 9 位跃升至观众眼中的第 3 位，仅次于《黑暗骑士》和《盗梦空间》）。网络上，对片中疑似情节漏洞的分析文章，数量多到堪比小黑洞的密度：从《〈星际穿越〉中不合理的 21 件事》（《纽约》杂志），到《〈星际穿越〉15 个令人抓狂的情节漏洞》（《娱乐周刊》），再到相

对温和的《〈星际穿越〉3个不合理的情节漏洞》[商业内幕网（Business Insider）]。反对意见从"死抠细节派"发展到了搞笑的地步（"宇宙里究竟有什么人能从书架背面认得自己全部藏书的书名啊？"），还有些观众是真的没看懂。

　　我没用一连串吐槽对诺兰吹毛求疵，而是向他提出了一个在我看来最大的问题，那就是五维生命体这个"机械降神"（deus ex machina）[12]的设计，他们谋划了整个情节，把超立方体放置在黑洞里，让库珀不仅逃过一死，还可以和女儿交流，向她提供数据，而她将凭此数据拯救人类免于灭绝。这是一个不小的人为干预。诺兰通常都会小心翼翼地抹去影片中"操控者之手"的痕迹，除了《盗梦空间》的最后一个镜头让他举棋不定，因为那似乎正出自他自己的主观视点；但是五维生命体似乎激发了他专横的一面——观众必须接受他们的存在，及其对情节的推动，不管这是否超出常人的理解范畴。

戈弗雷·雷焦执导的实验性纪录片《失衡生活》(1982)，片中的意象和菲利普·格拉斯的配乐都影响了《星际穿越》

诺兰说："我觉得你搞错了叙事重点，纵身跳入黑洞是一次终极的信仰之跃。他被已知存在的五维生命体找上门，而整部影片中，你却一直在想他们到底是谁。他们是谁？谁把虫洞放在那儿的？——影片第一幕中就提到了，全都事先说明了。因此他们不是'机械降神'，而是一开始就被明确设定好的，无论你喜不喜欢这个说法。对于喜欢这部电影的人来说，他们不会把超立方体看作'机械降神'，他们知道它从何而来。"

"我确实喜欢这部电影……"

"再多一点无所保留的喜欢。"

"……但拯救他的却是一个躲在幕后的东西，况且全片只有一句台词说明。别人第一次提到五维生命体时，库珀并没有表现得多么好奇，这也有些奇怪。这些五维生命体没有戏剧性分量。反而是你——戏剧的创作者，踏入了自己的剧中。"

"嗯，但是你不会把同样的特征套在《2001 太空漫游》中的黑石碑上，实话说，可以拿它来类比。库布里克用一种智性的方式呈现了他无法具象化的智慧生命——他展示了他们制造出来的一个机器。我恰恰也在做同样的事。不同之处在于，我尝试以一种感性而非智性的方式来呈现。因此对我而言，如何表现这种生命体、他们看重何物，以及他们与我们互动的方式，都与情感联结有关。"

针对这个话题，我们又争论了几个回合，但是再纠缠下去就显得失礼

库珀（马修·麦康纳饰）在冰星球上

了。正如诺兰所言："如果我不得不论证某事为何行得通，那么很显然，对你而言，这件事是行不通的。"从情感层面而言，《星际穿越》行得通。超立方体是诺兰拍过最美的一样事物，幽灵故事也富有诗意。这部电影里仿佛还有另一整部电影。在叙事逻辑层面上，《星际穿越》也比诺兰别的电影更为笨拙，你能感受到诺兰和乔纳两版剧本的"焊接"痕迹；而影片唤起的身处宇宙的孤独感，也远超它对爱之力量的言说。这种笨拙本身就值得注意。或许《星际穿越》必须是一部不够规整的电影，让诺兰得以挣脱自我强加的限制，这种限制束缚了其早期作品，那时他邀观众像棋手一样，思索参与叙事的规则——用他自己的比喻来形容，就是"把表盘做成透明的"。而让时针反向运动，则需要观众同等的蛮力，是时候打碎表盘了。诺兰因其早期作品的智力含量而备受赞誉，如今他却来到了这般不寻常的境地——他想让《星际穿越》的观众少琢磨一点。

他说："我发现那些任电影'流经'自己的人收获最多。他们没有把它当成填字游戏，或者看完之后还要考试一样。诚然，我电影中的情节设计，在网上被抬到了高得离谱的标准。我真的不知道为什么，但我猜这在某种意义上，应该是一种褒奖。我想原因在于我使用的结构，那种非线性的情节结构，还有我所致力的类型，确实需要观众看得更仔细。规则对观众而言很重要，确实如此。人们挺无情的。但是我非常坚持自己的规则设定。当然，人都会犯错，但我从不承认那些错误，而且那些吹毛求疵者也几乎从没把它们挑出来。作为一名导演，我不希望有受限感。我希望能利用上情节构想和叙事方面的合适惯例。罗杰·伊伯特（Roger Ebert）写过一本很好的书[13]，讲的就是那些只会发生在电影里的事，比如从来没人付打车费，或者角色们上车时引擎总是发动的，还有办公室里摆着建筑模型的角色都是坏蛋。我也拍过几部里面有建筑模型的电影。因而电影里充斥着这些奇妙的规则，我也不想被区别对待。换言之，我希望能拍那种没人付打车费的电影。这么说吧，《盗梦空间》不是真的，《蝙蝠侠》也不是真的。你要求观众纵身跃入剧情中，你提供了一种怀疑暂停状态[14]，但在某些时候，这些事确实都是假的。

"某位制片厂高管有次谈到《记忆碎片》时，阐明了一个观点，就是你可以要求观众在影片的前三分之一接受一次大的叙事跳跃，但不能在后三分之一。我对这个观点印象很深。大家开始谈论他们所谓的情节漏洞时，未必会考虑到讲故事的门道和节奏。《2001太空漫游》从骨头直切到宇宙飞船的镜头，中间跃过了几百万年，接下来的一个段落，就是不厌其烦地讲解那个人怎么抵达月球的细节，是吧？这段戏很精彩，令人惊叹，但在剧本写作术语中，我们称之为'制鞋皮革'（shoe leather，交代位移或时间流逝的转场镜头）[15]。此处就是最漂亮的'制鞋皮革'。这就是为何我说《2001太空漫游》是电影界的朋克摇滚，并不是说它打破了所有规则，而是这部电影压根儿就不承认世界上有什么规则。"

ELEVEN
第 11 章

生还
SURVIVAL

20 世纪 90 年代中期,诺兰在拍《追随》期间,他和艾玛·托马斯决定乘坐由朋友掌舵的小帆船,横渡英吉利海峡去往敦刻尔克。诺兰说:"我们当时还很年轻,20 多岁的年纪,出发之前也没做什么功课。这不是多么疯狂的事,毕竟同去的朋友伊万(Ivan Cornell)从小就在世界各地航行了,不过这趟航程还是挺冒险的。我们在那年的早些时候出发,天气比预期中冷得多,航程也更恶劣。英吉利海峡波涛汹涌,横渡的时间也比预计长了许多。我之前也开过船,不过主要是在内陆水域航行,所以整个旅程让我们有些震惊。我们半夜抵达了敦刻尔克,这个地名让我颇有共鸣,所以当身处该地、目睹该地时,我真他妈高兴自己到了那里。没有人朝你丢炸弹,你也不会进入战区,因此,我对大撤退这个真实事件心怀一种全然不同的敬意。这为我日后讲述敦刻尔克的故事埋下了种子。我当时没有意识到这件事——那时候我正忙于制作《追随》,但我认为这趟旅程本身绝对种下了这个想法。"

那次乘船之旅或许是这部电影的种子,但是拍摄《敦刻尔克》更直接的动力,来源于诺兰和家人一起参观伦敦的丘吉尔战时办公室(Churchill War Rooms)。这座秘密地堡位于财政部下面,你可以在此看到丘吉尔麾下将军们规划出的西部战线。回家之后,艾玛·托马斯把一本约书亚·莱文所著的《逃亡日:敦刻尔克大溃退亲历者口述》(*Forgotten Voices of Dunkirk*)塞

诺兰和肯尼斯·布拉纳站在防波堤上讨论；《敦刻尔克》(2017)中，德军对这条防波堤进行了空中轰炸。它就是该故事的"钩子"，也即一座实打实的绝路桥

给丈夫。莱文如此描述这场撤退："对每一个站在海滩或防波堤上，或是骑着奶牛撤退的人来说，他们面对的现实是不一样的。"[1] 撤退期间，约33.8万人最终从德军的攻击中获救。"若将这些故事——比对，它们往往互相矛盾。可若考虑到现实的重要因素——海岸延绵数里，挤满了数以千计身体和精神状态各不相同的人，在高度紧张的10日撤离中，各种状况又层出不穷，这些陈述怎么可能不互相矛盾呢？那时，整个世界都挤在这片海滩上了。"[2]

纷乱的细节之中，有一点格外引人注目，那就是对"防波堤"的描述。那是两条长长的混凝土防浪堤，位于港口东西两侧，最初是用来防止港口淤塞的，却在纳粹德国空军对港口的轰炸中，奇迹般地完好保留了下来。东侧的防波堤向海中延伸了约1英里（约1.6千米），上面有木制走道，堤下海流变幻莫测，潮汐落差有15英尺（约4.6米）。船只轻易无法停靠，但却可以相对容易地把士兵从海滩上带过来。由于岸边水位过浅，英国驱逐舰无法在海滩旁着陆，因此，数百艘民用小船的船主，冒着不断遭受德军轰炸的危险，驾船横渡英吉利海峡，来到了防波堤旁。

"防波堤就是吸引我的'钩子'(hook),因为我从没听说过。这一景象如此原始又引人共鸣,人们真的在排队等待着自己生死未卜的命运;然后轰炸机来了,但不知道救援船会不会来。我不敢相信自己以前居然从没听说过这些事。防波堤是这个事件本身的一个象征、一种隐喻,即便对这个事件已经非常了解,但还是会大受震撼。"诺兰埋头阅读有关这次撤退的一手资料,其中一些是由帝国战争博物馆(Imperial War Museum)汇编的;他还联系了莱文,邀请其担任本片的历史顾问。莱文为他指出了进一步的阅读方向,并帮他联系上了最后一批从敦刻尔克生还的老兵。

诺兰说:"很显然,那些老兵如今岁数都很大了,活下来的也不多。但是我们能和他们交谈,了解当时在那里的现场情况,这些素材以不同的方式融入了电影。这些老兵对'敦刻尔克精神'的含义有很多不同的解读。有的老兵认为,它很大程度上指的是那些前来救援的小船;另一些老兵则觉得它显然是指那些守住防线的人,是他们让其他人得以逃生;也有人认为那只是宣传而已。当时有那么多人,海滩上大约有40万人,或多或少都会产生截然不同的经历。有秩序,也有混乱;有高尚行为,也有懦夫之举。这也差不多是我们在电影中采取的呈现方式,试图告诉观众,他们所看到的只是事件的某些方面,但同时还有无数的其他版本。每个坐在角落里祈祷的人,都有属于自己的故事和诠释。"

那些真实而无法回避的后勤保障细节让诺兰很是着迷,比如在地狱般的状况下,扭转变形的金属船身怎么应对,等待救援的人们如何满足基本需求。一位生还者谈到,有个小伙子把水从英格兰带到了敦刻尔克,这意味着一旦

德军对防波堤进行空中轰炸

第 11 章 生还 SURVIVAL 281

他下了船，就无法再上来了。你从哪里弄到食物？或者水？或者去哪儿上厕所？搞定这些事突然变成了巨大的成就。诺兰决定在电影开头就让一个角色到处找地方上厕所。还有个故事，说的是一个人径直走入海中，没人说得准他是要自杀，还是想乘着海浪游回英格兰。"我问给我讲这个故事的老兵：'他们是想自杀吗？还是游到船上去？'他也答不上来。他不知道，他只知道他们会死。这听起来让人不寒而栗。诸如此类的故事都被放进了电影。那一刻我意识到，我的个人经历、我们的经历、艾玛和我去往敦刻尔克的经历，以及对那趟艰险航程的感受，实际上都是相关的。不过这些事很难在电影中表达出来，因为电影呈现的往往是不那么平凡的困境。"

20世纪80年代初，诺兰住在芝加哥时，他和母亲一起在诺斯布鲁克的老伊登斯电影院看了斯皮尔伯格的《夺宝奇兵》。他回想起了片中一个激动人心的时刻：主人公印第安纳的同伙发现他还活着，还爬上了一艘德国U型潜艇的顶部。"最后他把自己吊起来，爬到塔上——他抓住栏杆，把自己吊了起来，然后镜头切走——我当时还小，只觉得这个动作的难度一定超乎想象。就那一个动作，虽然在电影中无关紧要，但不知道为什么，我总是注意到这些事……电影中最难表达的一件事，就是喘不过气的感觉。你可以让演员气喘吁吁之类的，可事实是，当电影中的角色奔跑时，观众不会感觉到累；而如果角色在水下憋气，观众就会有同感。有时你也会跟着憋气，想看看自己能坚持多久，所以你大概能懂。但是当演员在街上奔跑时，你就不会有那种感觉。他们可以跑一个小时，你也从不会想：'为什么他们都不会喘不过气呢？'在电影中，我们自然而然地接受这一规则。因此在《敦刻尔克》里，我们所要做的，就是努力打破这个规则，让观众体感登船有多难，因为你得登上一艘正在移动的船，要不就是抬着担架登船。影片讲的就是这些事有多难，没什么是容易的。"

《敦刻尔克》这部电影汇集了最后一刻的逃亡和九死一生的脱险。诺兰唯一感兴趣的问题就是：他们能逃出来吗？他们会在赶去防波堤的路上死于下一轮轰炸吗？他们会被往来的船只撞上吗？在向华纳兄弟公司提案时，诺兰给出的参考影片，包括阿方索·卡隆（Alfonso Cuarón）的《地心引力》（*Gravity*，2013）和乔治·米勒（George Miller）的《疯狂的麦克斯4：狂暴之路》（*Mad Max: Fury Road*，2015）。两者都是紧张刺激的求生史诗，就像一部电影第三幕的加长版——纯现在时，全程高潮。《敦刻尔克》不会展现将军们在地图上进行沙盘推演，不会有丘吉尔，也没有政治。第一个镜头里,汤米(Tommy)奔向盟军街垒时,德军狙击手干掉了他两侧的士兵,从这一刻开始,电影就赤裸裸地向我们呈现了欧几里得式的道德演算——生存,还是死亡。

在制作《致命魔术》的时候,诺兰就曾鼓动作曲家大卫·朱利安研究一下"谢泼德音调"。这种听觉错觉由相隔八度音程的正弦波叠加产生,因此每当一个上升的音调淡出,最底下的一个音调就会淡入,给大脑造成一种音高在不断上升的错觉,宛如螺旋形的拔塞钻,听起来也有点像管弦乐团在调音[3]。诺兰以这种方式架构出《敦刻尔克》的整个剧本,将三条时间线交织在一起,形成一种持续不断的紧张感,就像电影的第三幕被延长、拉伸到极点。

诺兰说:"我在《敦刻尔克》中去掉了背景故事。一般来说,你会安排角色在某个时刻登场,或者在后面哪个时候让角色自我剖白,从而获取观众的同情。我却想舍弃这种做法。我就想试着在很多地方都不放对白。我一脱离这种写作的思维方式,就没法再回去了。一旦走上这条路,你就会意识到电影中的对白是多么造作,即便写得很好的对白也是如此。在电影里用对白和用音乐没什么不同——都是在表情达意。在处理真实故事或现实事件时,你一旦感受到了这点,那我得说,通过对白来讲故事就突然变得矫揉造作起来,所以本片中的对白就越删越少。在后期制作阶段,关于《敦刻尔克》,艾玛和我一直争论不休的一点是:她认为这是一部伪装成主流电影的艺术片,我则认为它是一部伪装成艺术片的主流电影。两者非常不同,但这个讨论本身很有趣。她对自己的观点深信不疑,而我却对自己的观点将信将疑,但这确实很有意思。这只是在讲不同的电影制作语言,我对此毫无异议。看到一张电影海报就会想:'好的,它是这类电影,我就想要这样的观影体验。那么,你要给我看什么呢?'这对我来说没有任何问题。"

· · ·

诺兰还在写《敦刻尔克》剧本的同一时期,拍摄了一部有关定格动画师斯蒂芬·奎(Stephen Quay)和蒂莫西·奎(Timothy Quay)的短片。奎氏兄弟(Quays,发音是"kwayz"而不是"keys")是一对同卵双胞胎,出生于美国宾夕法尼亚州,在英格兰生活了数十年。他们的作品让人联想起杨·史云梅耶(Jan Švankmajer)的定格超现实主义,其中满是被困在疯人院里的女人、动起来的家用物品和鬼娃娃脑袋等噩梦般的影像。诺兰导演的8分钟纪录短片《奎》(*Quay*),于2015年8月19日在纽约的电影论坛影院（Film Forum）首映，同时还放映了兄弟两人的三部短片——《缺席》（*In Absentia*，2000）、《梳子》（*The Comb*，1991）和《鳄鱼街》（*Street of Crocodiles*，1986）。《奎》这部短片探访了他们的工作室，里面杂乱无章地堆放着粗陋的创作工具，如用洗衣皂涂成磨砂效果的小片镜子，同时还就其创作过程对兄弟二人进行了采访。

诺兰说："（我的助理）安迪（Andy Thompson）负责录音，现场真的只有我们两个人，还有我的发小儿罗科·贝利奇。我自己拍、自己剪，还自己作了配乐。这些年来，我拍的电影规模越来越大，对我而言，我只是想重新找回我最开始采用的，也是最基本的电影制作形式，因此这部短片采用了尽可能小的方式，我彻头彻尾地享受这个过程。制作《星际穿越》是一次很棒的经历，真的很棒，但那也是电影制作的最大形式——参与人员数量很多，还有各种不同的部门。而某些时候，我感觉自己脱离了电影制作的本质，于是便渴望去做一些非常私密的东西，事事亲力亲为，重回我的起点。"

诺兰和奎氏兄弟正在拍摄《奎》（2015），这部8分钟的纪录短片，导演、摄影、剪辑和配乐，都由诺兰自己完成

影评人也始终在问那些类似的问题。2014 年《星际穿越》上映后，史蒂文·索德伯格在接受《纽约时报》采访时，表达了自己的好奇：诺兰是否想过回头再拍一部"和《记忆碎片》体量相同"的个人电影呢？言外之意就是，一部大制作电影不可能同时也是个人化的。影评人宝琳·凯尔（Pauline Kael）在《纽约客》上评论《雷恩的女儿》时写道："有品味和大体量基本上水火不容，最起码在电影领域是如此。"这部影片让大卫·里恩在 70 年代遭遇事业滑铁卢。"《雷恩的女儿》的空洞无物体现在每一格画面当中，然而公关机器却将它包装为一起艺术事件。美国观众就是垃圾桶，对英国史诗片高贵的腐朽趣味照单全收。"对大制作的非议，可以追溯到 1915 年格里菲斯（D. W. Griffith）的《一个国家的诞生》（The Birth of a Nation），它释放了美国电影中的巨大化"食人魔"。用该片摄影师卡尔·布朗（Karl Brown）的话说："'更大更好'变成了大家挂在嘴边的年度口号，而这两个词很快就合二为一，更大意味着更好。一种巨无霸主义席卷了全世界，尤其是电影界。"诺兰的职业生涯不曾遭受《雷恩的女儿》这样的重大失利，主要是他还身兼制片人一职，他自己就会留心预算问题。不过，凯尔臆断的"体量和品味彼此对立"的问题，也不太可能发生在诺兰身上，主要是因为他从《侠影之谜》中学到了电影规模的悖论。规模只不过是电影的另一重幻觉，与其他幻觉别无二致。

诺兰说："无论是最小的特写镜头，还是最大的全景镜头，景框的大小都保持不变。"从许多方面而言，《敦刻尔克》这部大型战争史诗片，都是诺兰自《记忆碎片》以来规模最小的电影，故事发生在英吉利海峡一片 44 英里（约 70.8 千米）长的区域，而且主要局限在 2 英里（约 3.2 千米）长的海滩上。"我从小到大欣赏的影片，里面都比较杂乱，富有层次和纹理。而内森却总是抗拒这一点，他引我走向更为简约之路，最终我们拍的战争片没用任何让人眼花缭乱的设计。大量的快速剪切、大量的行动、烟雾、火焰、碎片横飞、遍地狼藉——战争片通常用这些手法向观众传达战争的概念。《敦刻尔克》中却完全没有这些东西。我们让它一直非常简约素净，更强调抽象的意象。"

该片摄制组特别参看了德国摄影师安德烈亚斯·古尔斯基（Andreas Gursky）的作品，他的大幅摄影作品展示了山峦、海滩、赛车跑道、牲畜围场等，照片中的人类在这些自然与非自然景观面前显得十分渺小。极简主义和极繁主义的对话由《侠影之谜》开启，在《黑暗骑士》和《盗梦空间》中

延续，最后在《敦刻尔克》里走向了最抽象、最衰微的终点。诺兰最终完成的剧本非常短，仅有76页，是他自《追随》以来写过的最短剧本。其中有三条故事线，第一条发生在一周之内，第二条是一天之内，第三条则是一小时之内。这部电影有史诗般的规模，但随着剧情推进，影片的规模越来越小，就像一个套索。

第一个故事"防波堤"，讲述年轻的英国士兵努力逃离敦刻尔克半英里（约805米）长的一小片海滩，他们被德军围困在那里，成了纳粹空军轻易就能俯冲轰炸的猎物。从天上掉落的传单宣告着："你们已经被包围了！"第二个故事"海上"，讲述一位平民（马克·里朗斯饰）、他的儿子［汤姆·格林-卡尼（Tom Glynn-Carney）饰］和儿子的朋友［巴里·基奥恩（Barry Keoghan）饰］驾驶着"月亮宝石号"（Moonstone）小船，横渡英吉利海峡，去接回陷于困境的士兵们。第三个故事"空中"，讲述英国空军飞行员法里尔（Farrier，汤姆·哈迪饰）和科林斯［Collins，杰克·洛登（Jack Lowden）饰］与徘徊于空中伺机攻击的德国斯图卡（Stuka）等轰炸机交

菲恩·怀特黑德（Fionn Whitehead）和高地兵团在海滩上找到了藏身之处。《敦刻尔克》是诺兰在构图上最抽象的电影

战。三条故事线行进到结尾才交汇。

"我们尽力通过《敦刻尔克》传达给观众的想法是，它讲的并不是个人的英雄事迹，而是英雄主义的社会团体。这很独特，并且我认为，它在很多方面更关乎这个世界，以及世界的运行方式。敦刻尔克的故事中有两个元素，我们想挖掘其普世意义：第一个是求生，其实就是个体的求生本能；第二个是归乡的迫切渴望。观众恍若进入了荷马史诗的境界，但他们的'奥德赛'如此艰巨，仿佛永远都无法归乡，这让你感觉很宏大。这点对我而言很重要。故事的地理空间很小的那种电影，我不太有兴趣拍摄，我不是说字面上的地理空间，也不是指拍摄地所涉及的国家。故事甚至可以发生在一个房间里。比如《敦刻尔克》，我对这部电影的地理空间就很满意，即便它本质上简单到不可置信，逼仄到会引发幽闭恐惧。但是我们找到了一种穿过那片地理空间的方式，对我来说，规模一下子就扩大了。我认为《敦刻尔克》是一部非常私密的电影，但它又有这么大的规模。对我而言，地理空间和你踏上的旅途就是一切。"

· · ·

影片筹备期间，诺兰每周都会为演职人员准备一个小型的电影季，就是在影院里放映真正的胶片，这是为了让他们了解导演想要的东西。其中一部是大卫·里恩的《雷恩的女儿》，他们在电影艺术与科学学院看了一场70毫米胶片的特别放映，观察摄影师弗雷迪·扬（Freddie Young）如何自然地呈现大自然、光线和景观。扬还在摄影机上安装了可旋转的挡雨板，这样他们就可以拍出爱尔兰克莱尔郡（County Clare）海岸处的风暴。里恩说："有时候你必须驾车驶过湍急的海水，水淹得你不得不把车停下，满脑子想着：'天哪，脚下这些盐水会把我怎样？'但是这好玩极了，你懂的，棒呆了。"

诺兰还参看了希区柯克的《海外特派员》(Foreign Correspondent, 1940)。影片中，一架四发动机、84英尺（约25.6米）长的飞机坠入了海中。这场戏是在一个巨大的摄影棚水槽里拍摄的，当隐藏的扇叶和80英尺（约24.4米）高的风车把水搅动起来的时候，演员们只有挣扎的份儿。扬·德邦特（Jan de Bont）的《生死时速》(Speed, 1994)中，从头至尾从未停歇的动作戏，让诺兰的演职人员都很欣赏；还有休·赫德森的《烈火战车》(1981)，片中时代的种种细节混搭着与时代不符的合成器配乐。他们也观看了各种经典默片，包括格里菲斯的《党同伐异》(Intolerance,

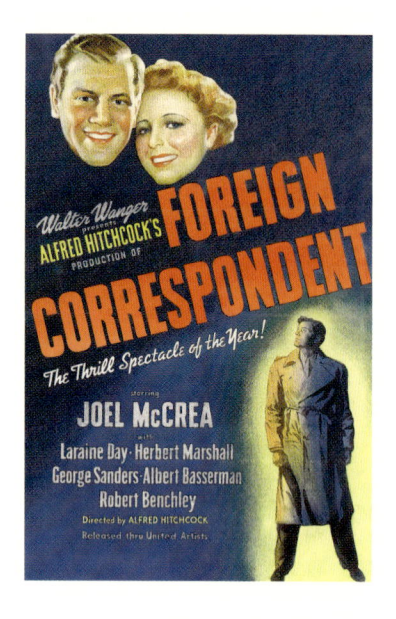

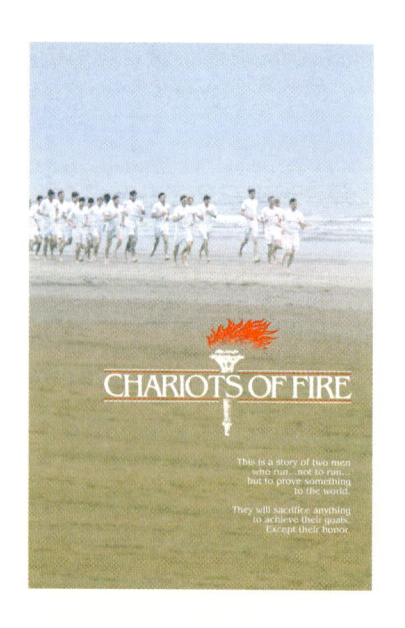

1916）、茂瑙的《日出》（1927），尤其关注后者中的群众场面，看临时演员怎样移动，以及茂瑙如何运用布景空间；他们还看了埃里克·冯·斯特劳亨（Erich von Stroheim）那部恶名远扬的催眠经典——《贪婪》（*Greed*，1924），片中的两个男人因一笔意外赢得的彩票奖金而反目，最终在烈日灼人的死谷（Death Valley）中展开决斗。

诺兰说："其实，《贪婪》对《星际穿越》也有巨大影响，就是两个宇航员在冰天雪地中打斗的那场戏。《日出》则是单质的，像个寓言，而《敦刻尔克》正需要那种静默和简约。我运用了悬疑片的电影语言，但它也和默片有关系——茂瑙在《日出》中运用建筑精彩地表达了人们的道德观。和冯·斯特劳亨拍《情场现形记》（*Foolish Wives*，1922）时一样，茂瑙也给《日出》搭建了巨大的布景，然后邀请媒体来探班。你看这些片子，故事都相对私密，然后角色走到街上，你才看到那些巨大的布景。这是另一个年代不同类型的表现方式，效果却如此惊人，让人联想到里恩在《雷恩的女儿》中所做的事。剧组人员的工作与他们拍摄的事件两相交汇，银幕上的画面有多史诗级，把它搬上银幕的幕后过程也就有多史诗级。那就是我从《日出》和默片时代学到的东西。他们在德国拍片，拿到美国放映；或者在美国拍片，拿到德国放映。默片具有一种普世性，没有什么语言障碍。"

最后，诺兰还放映了亨利-乔治·克卢佐（Henri-Georges Clouzot）的《恐惧的代价》（*The Wages of Fear*，1953），影片讲述两位主角在山中

从左至右的海报分别为：阿尔弗雷德·希区柯克的《海外特派员》（1940）；亨利-乔治·克卢佐的《恐惧的代价》（1953），以及休·赫德森的《烈火战车》（1981）。这些都是诺兰在制作《敦刻尔克》（2017）期间，为演职人员放映过的电影

土路上驾驶卡车运送易爆炸的硝酸甘油。诺兰想让大家看看片中怎样表现两人之间持续紧绷的关系，还有极端状况下人类道德的零和博弈[4]。"这应该是我们看的最后一部。霍伊特坐在我前面，其他人坐在我后面。我坐着看片，心里想着：'就是这个，这就是我们要拍的电影。'我想说，瞧瞧那场戏——卡车必须回到平台上，而车轮却不听使唤了——这场戏的整个设计、镜头聚焦于轮胎怎样在木头上打转、让你看到木头嘎吱碎裂……我说：'我们要的就是这个。'纯粹的物理性，纯粹的悬疑感，甚至包括结尾时两人在原油中的打斗。我想：'就是这个，这就是我电影里想要的东西……'电影看完了，我转过头去，发现剧组人员都吓坏了。他们**讨厌**这部片子，这是我从未碰到过的情况。我想他们是讨厌那个厌世的结尾，让他们感到不爽。当时我说：'你们是回味一下之后确实不喜欢？还是一上来就不喜欢？'于是他们又多投入了一点兴趣，多琢磨了一下，但他们是真的一点都不喜欢这部片子，它的结局**着实残忍**。"

演员读剧本之前，诺兰积极地与每个人沟通，包括马克·里朗斯、基里

诺兰和艾玛·托马斯在敦刻尔克的海滩上

安·墨菲和汤姆·哈迪，让他们对影片实验性的地方做好准备。剧本开头的匍匐行进和后面的某些对白里，提及了"德国人"和"纳粹"，里朗斯对此提出疑问。既然诺兰已经决定不会实在地展现德国人，那么提及他们似乎也没有意义。他们是画面之外的威胁，就像《大白鲨》中的鲨鱼——你看得到鱼鳍，却看不见鲨鱼。里朗斯在讨论中提到了罗贝尔·布莱松（Robert Bresson）的电影哲学，在《扒手》（*Pickpocket*，1959）和《死囚越狱》（*A Man Escaped*，1956）中，他都让真人以简单的动作来阐明角色的人性，而非直白地陈述人性中的勇气。布莱松写道："不要演员（不要指导演员）。不要角色（不要研究角色）。不要表演。要使用模特，取自生活的模特。以**其人**（模特）代**其表**（演员）。"[5]

诺兰说："我看到马克真正实践了布莱松的理念。对他而言，了解这艘船、体会舵柄握感非常重要，因为他需要对这船有概念。因此我为他提供的条件，就是让他自己能真的掌舵。船上还载着最精简的剧组人员，还有一架轰炸机真的从他头顶上飞过。我们尽量把这一切都放进去，让演员们有身临其境的实感。我们和其他演员一起上船，还带着一台 IMAX 摄影机。拍摄过程并非完全即兴创作，而是和演员们一起探索。于是，我们在船上待了好几周，身边有伟大的表演艺术家，也有像汤姆·格林-卡尼和巴里·基奥恩这样初出茅庐的新人。特别是马克，他出色地帮助了这些年轻演员，引领他们，把自己即兴表演的方法传授下去，提出具体实在的问题让他们思考：'现在画面外发生了什么？每场戏之间发生了什么？我们怎么处理这部分？我们怎么处理角色之间的关系？'那些年轻演员对此非常兴奋，我也一样。"

他们在敦刻尔克开始了主体拍摄，时间是 2016 年 5 月 23 日，与历史上真正的撤退日期重合，借此尽可能再现当时的天气状况。"我们开拍第一天就遇到了最坏的天气，我认为在那种天气下，很少有剧组会继续拍摄。开机初期有整整 5 天，天气差到你都无法走到户外，我是说，我们的布景都被吹得七零八落。但是那些神奇的泡沫被冲到海滩上，让海滩大变样，景象看起来棒极了。我在天气方面运气不错，这点在电影圈里挺有名的。但这么说不太准确，其实我经常遇到坏天气，但我的理念是不管天气好坏都要拍摄，直到安全主管说风太大了之类的，我们才停机，等它平息过去。但是不管什么天气，我都要开机拍摄，一直拍、一直拍，让剧组中的每个演职人员都知道，不管外界条件如何，我们都得认真工作。这样他们就不会一大早先去看窗外，猜想今天到底会不会开工。"

上图：诺兰和剧组人员在海滩上；下图：霍伊特玛、诺兰和菲恩·怀特黑德在《敦刻尔克》外景地。诺兰希望演员和幕后人员之间的区隔降到最低

第 11 章 生还 SURVIVAL 291

敦刻尔克的海滩戏拍完之后，摄制团队转战荷兰的于尔克（Urk）拍了 4 周。内森·克劳利和海事协管尼尔·安德烈亚（Neil Andrea）已在那里安排好近 60 艘船只，包括法国海军驱逐舰马耶-布雷泽号（Maillé-Brézé），还有荷兰的扫雷艇和引航船。它们的外观都被改造成 1940 年英国驱逐舰的样子，保罗·科博尔德（Paul Corbould）则在船上安装了炸药，以便拍摄三场沉船戏——沉掉的分别是片中的医务船、驱逐舰和扫雷艇。他们拍摄时组合使用潘那维申的 65 毫米大画幅胶片摄影机和 65 毫米 IMAX 摄影机，机身上面也套了防护外罩，这样一来，诺兰和摄影师霍伊特玛穿上潜水衣，就可以和演员们一起泡在水中，摄影机其实就漂在水面上。诺兰说："我们想要打破'剧组人员不在水里，而演员们在水里'的这种区隔。我们想打破这一点，和演员们一起待在水里，获取一种更为主观的视野，并且成为他们面前真实情境的一部分。光是走出这一步就很不容易。我之前拍过很多陆地戏和空中戏，但是对我而言，水上作业是最具挑战性的，也存在最多未知。我从没做过这样的事。演员们必须待在水中，不是拍个别镜头时要如此，而是几乎拍摄全程都要泡在水里。"

离开荷兰之后，摄制团队又来到了英格兰多塞特郡（Dorset）的斯沃尼奇（Swanage）和韦茅斯港（Weymouth Harbour），里朗斯要驾驶"月亮宝石号"从这里出发。那是一艘 20 世纪 30 年代的小型机动游艇，尽管设计上只能容纳 10 人，最终却塞进了多达 60 位剧组人员。另外还有 50 多艘船，其中 12 艘由船主亲自驾驶，拍摄横穿海峡的戏份。英吉利海峡上空的戏份，则由驻扎在索伦特海峡旁利村（Lee-on-Solent）机场的一支飞行部队完成，用到了两架超级马林（Supermarine）公司设计的喷火式（Spitfire）MK.Ia 型战斗机、一架超级马林的喷火式 Mk.Vb 型战斗机，以及一架西班牙的西斯潘诺球胸鸽（Hispano Buchón）战斗机，后者用以充当德国的梅塞施米特（Messerschmitt）Bf 109E 战斗机。至于机舱内部的镜头，则是在苏联雅克（Yak）战斗机上安装了双座舱，飞行员坐在演员后面驾驶飞机，再把 IMAX 摄影机倒装在机身内部，由于驾驶舱太小，他们就利用镜面反射来拍摄。李·史密斯和诺兰都非常喜欢镜子的颠簸给这些场景带来的卡顿感和紧张感。"我们在斯图卡俯冲轰炸机上做的改动，简直多到离谱。"史密斯说道。他全程都在拍摄现场，以确保未经剪辑的原始胶片状况良好。他剪出的工作样片大体上是默片，因为即便极少数场景有现场收音，但由于用了 IMAX 摄影机拍摄，声音基本上也无法使用[6]，所以他们只能用同步的参考音轨和摄影机自身的收音来指导剪辑。

诺兰说："我想告诉观众现实中的近距空战有多么艰难。我把观众放进喷火式战斗机的驾驶舱，让他们和德军在空中交战，教他们在追击一架飞机时如何倾侧转弯，射击时必须用机枪瞄准敌机前方，预测敌机的移动距离，而风又会对子弹造成什么影响，如此等等。我想把观众带到海滩上，感受沙子跑得满哪儿都是；或者带他们登上一艘小型民用船，随海浪颠簸起伏，驶入可怕的海域。我想尽可能做到真实，因为当下有太多电影都极度依赖电脑影像。在真实情境下拍摄的优势在于，你可以通过具体的方式来呈现，让观众能信以为真。《敦刻尔克》中，我最满意的一个镜头，就是驱逐舰翻倒的画面。我们把摄影机绑在船身上，所以水是从侧面涌进来的。这个镜头和《盗梦空间》中的一些影像没什么不同，只不过它是真实发生的。我对这个镜头非常满意，它充满戏剧性。"

· · ·

大卫·里恩为《阿拉伯的劳伦斯》勘景时，去了约旦最南边沿海的亚喀巴，他注意到该处沙漠热浪造成的海市蜃楼现象，有一种奇异的扭曲效果。里恩在日记中写道："水边洼地上的海市蜃楼效果很强，让人无法看清远处物体的真容……你肯定无法分辨出远处的动物是骆驼、山羊还是马。"这个观察启发了他最著名的一个镜头：用极端的远景镜头拍摄奥马尔·谢里夫和他骑着的骆驼，最初他们只是地平线上一个模糊的影子，缓慢地向坐在水井旁沙地上的劳伦斯走来。那是谢里夫的首个拍摄日。他和骆驼被送往距离摄影机 0.25 英里（约 402 米）的地方，他们还是绕道过去的，以避免镜头中看到行迹。摄影师弗雷迪·扬用上了他手头焦距最长的镜头，在 1,000 英尺（约 305 米）之外，以一条镜头拍摄谢里夫渐行渐近，他的身影越来越大，直到头和肩膀填满景框。拍完后，里恩跑去跟美术总监约翰·博克斯（John Box）说："这是你做过最棒的电影设计，不会有超越它的了！"正是这样的镜头让格利高里·派克（Gregory Peck）把这位导演称为"远方地平线的诗人"。

里恩有着陀螺仪式的旋转空间美学，而《敦刻尔克》让诺兰证明了自己正是前者那种美学的继承人——他是模糊或消失地平线的诗人。他再次与霍伊特·范·霍伊特玛合作，呈现了他在构图上最空旷、最抽象的作品。对于海滩上人群的第一个镜头，他们取景时就让人群处于两根白色旗杆之间。接下来展现的是非常**英式**的撤离，一排又一排的队伍绵延向远方，甚至这些队伍的中断处都遵循着某种可怕的对称性。当斯图卡战机俯冲轰炸海滩时，大家全体卧倒，这一效果莫名地令人愉悦，好像多米诺骨牌倒下时的连锁反应。汤米俯卧在那里，我们越过他的手肘，看到一连串爆炸以精准的间隔呈一条直线向他袭来，最后一次爆炸把躺在他身边的人炸上了天，而尸身却没有落下来，好像完全人间蒸发了。电影史学家大卫·波德维尔指出："电影大部分篇幅用的颜色范围非常有限，主要是棕色、褐色、灰色、蓝灰和黑色……动作戏被置于背景的衬托之下，而背景也在凸显海陆空恍若交融的同种朦胧构图。"换言之，士兵们若要在任一给定环境中确认方位，最有效的方法就是找地平线，而诺兰却把地平线弄得模糊不清。

汤米和另一个年轻士兵［安奈林·巴纳德（Aneurin Barnard）饰］联手协作，两人几乎就要搭乘红十字会的船逃离时，船却被德国空军击沉。后来，他们成功登上了一艘驱逐舰，汤米下到底舱内喝茶、吃果酱三明治，却警觉地留意到金属门被关上了。这艘船也沉了，这回是被U型潜艇发射的鱼雷击沉的。当船身在黑暗中开始倾覆时，摄影机也倾斜了45°，海水水平涌入，形成一堵水墙，人们的哭喊声模糊不清，苍白的身影在水下拼命挣扎，有个人一直紧握着马口铁杯子不放。

一次又一次，这部电影回归到诺兰最原初的恐惧，那就是害怕被关起来，特别是**自己把自己**关起来，心甘情愿地受制于那些用来保护你的构造，最终反而把自己困住。驾驶舱变成了棺材，救了你的船也会将你淹没，你的藏身之处随时可能被弹片洞穿。三条故事线都逐渐向封困状态发展。第二条故事线发生在民用船"月亮宝石号"上：道森（Dawson，马克·里朗斯饰）和他的儿子彼得（Peter，汤姆·格林-卡尼饰）发现了一艘几近沉没的船，他们驶向前去，从水中救起了瑟瑟发抖的水手（基里安·墨菲饰）。后者因炮弹休克症（shell shock）而呆滞麻木，起先一语不发，之后喃喃道："是U型潜艇。"乔治（George）问他要不要下到船舱里去，那里更暖和，水手害怕地拒绝了。道森说："随他吧，乔治。他觉得待在甲板上更安全。你要是被轰炸过也会这样。"诺兰听那些生还者讲过，他们当时看到了远处的火光，他在拍片时便让画面中火光四起，来充当一种无处不在的意象——大火燃烧在地平线上，那是你最不想去的地方。水手一想到要返回敦刻尔克便惊慌失措，彼得把他关进了一间舱室，我们听到门闩咔嗒一声，第一个故事仿佛复现眼前。第三个故事"空中"，讲述英国空军飞行员法里尔（汤姆·哈迪饰）和科林斯（杰克·洛登饰）与徘徊于空中伺机攻击的德国斯图卡等轰炸机交战。

对页上图：大卫·里恩执导的《阿拉伯的劳伦斯》(1962)中的彼得·奥图尔（Peter O'Toole）；对页下图：里恩在爱尔兰克莱尔郡的海岸上拍摄《雷恩的女儿》(1970)

第 11 章 生还 SURVIVAL 295

这些战机下降、翻滚和旋转，机身的青灰色使得背景中的海天几难区分，战斗像是在某种全新的环境中展开。其中一架飞机坠落时，汹涌的海水很快灌满了驾驶舱，而座舱盖却怎么也滑不开。

影片在空间层面的大胆尝试，某种程度上超越了在时间层面的独创巧思。到目前为止，影评人已经被练得能看出诺兰作品中的时间实验了，他们认为《敦刻尔克》的三重时间结构很重要，但诺兰却没什么兴趣借此进行戏剧性反讽，只有一场戏例外——汤米和伙伴想要爬上一艘救生船，却遭到船上指挥官的强硬拒绝，而后者正是基里安·墨菲饰演的水手，此时的他尚未陷入创伤后应激障碍（PTSD）。他在不同的时间线上，表现出自私拒绝和恐惧颤抖，两者对比鲜明，说明了战争对人有何影响，同时也冷眼审视了人类的求生本能。不过对于这场戏，观众可能没太意识到时间框架的不同，而是会把它看成一段发生于 24 小时之内、在以下事件中交叉剪辑的标准动作戏。这些事件分别是：汤米和伙伴多次试图逃离海滩、道森启程去接他们，以及法里尔最终前来挽救大局。你可能得稍微抻长时间来搞定喷火式战斗机燃料有限的问题，也得拿掉三场沉船戏的其中一场，但要是把陆海空三者交叉剪辑在一起，就能让三条故事线在结尾奇迹般地汇合。

那么，诺兰为什么要这么做？这种无休止、不松懈的紧张感，标准的交叉剪辑没法带给你，至少表现难度也会升级，而本片却实现了，手法为一连

科林斯那架被击落的喷火式战斗机燃烧起来

串的与时间赛跑、九死一生的逃难，还有最后一分钟营救（直接出自诺兰研究过的默片）。影片选择的每个时间框架，都是为了让各人所面临的逃生难关达到最多，同时也让诺兰在剪辑室里有更多选择。诺兰让汤米和伙伴不断身陷险境，生还本身就是胜利。汤米第一次在海滩上遇到吉布森（Gibson）时，后者正在把一具尸体埋进沙子里，汤米本能地过去帮忙。他看到吉布森穿着死者的靴子，两人却对此心照不宣。单看这场戏，诺兰就让我们适应了影片的道德景观——自私自利和利他主义，就像部队食堂中的士兵一样互相推搡。电影结尾处，亚历克斯（Alex）对那个盲人[7]说："我们只不过是活了下来。"那人答道："这就够了。"

这也使得影片结尾处的英雄主义之举更加亮眼。整部电影中，我们看到汤姆·哈迪饰演的飞行员在不停查看燃油表，他最终决定飞过返航点[8]，给海滩上的士兵们提供最后一次掩护。他的飞机在空中滑翔，引擎已经熄火，在被德军俘获之前，他享受了片刻的超脱。让我们再回到"月亮宝石号"，科林斯问彼得，他父亲道森怎么知道如何操控船只来避开飞机的攻击。彼得回答道："因为我哥哥。他是开飓风式（Hurricane）战斗机的。参战第3周就牺牲了。"道森坚定地投身于幸存者的救援工作，背后原因由此得到了解释，就这样藏在寥寥几句低语之中。正因如此低调含蓄，效果才更加感人。

· · ·

诺兰说："结尾那场戏对我而言是个非常重要的时刻，我真的很想把它拍好。我认为，由于影片的其他地方缺少明显的英雄之举，所以这场戏才有了巨大的冲击力，让人感觉这是自己应得的。"诺兰是听着父亲和叔叔讲述的战争故事长大的。两人在战争中失去了父亲弗朗西斯·托马斯·诺兰（Francis Thomas Nolan）。后者是兰开斯特轰炸机的领航员，在平均年龄18岁的飞行队伍中已是个"老人"。他历经45次任务都安然幸免，却在1944年，也就是战争结束的前一年，在法国上空被击落。"我听着这些战争故事长大，知道我祖父是怎样牺牲的，我认为自己不可能不用英雄主义的方式来刻画二战飞行员。二战对我父亲一直非常重要，他常给我讲空袭的故事。所以在很大程度上，那是我爸想讲给我们听的一段人生经历。尽管那时候我还没意识到，但是回想起来，我似乎早就知道，未来总有一天，我也会想以某种方式讲述一个二战故事。当我知道自己要在《敦刻尔克》中展现空战时，我感到一种强烈的责任感，必须把它拍好。我爸看到电影中与飞机有关的情节时，总会对它们的历史准确性提出严厉批评。《敦刻尔克》中有一处是对我爸的致敬，就是道森先生仅凭引擎声就能听出是喷火式战斗机，我爸以前也能像那样辨别出喷气式飞机的声音。我不知道他是怎么做到的，但有飞机从头顶飞过时，他就是能通过声音分辨出是哪种飞机。"

在《敦刻尔克》中，这位导演做了一件鲜少做的事，就是使用了一首现成的音乐——埃尔加《谜语变奏曲》中的"宁录"（"Nimrod"）[9]。诺兰说："我爸是位资深的古典音乐专家。他听力极好，音乐知识渊博，了解各种各样的音乐，尤其是古典音乐。他见我喜欢《星球大战》的配乐，就把霍尔斯特（Gustav Holst）的《行星组曲》（The Planets）推荐给我。约翰·威廉斯（John Williams）为《星球大战》配乐时就借鉴了这个组曲。我刚开始拍片时，他建议我在配乐中使用古典音乐，我很难向他解释为什么那不适合我，不过在电影中使用古典音乐的确很难。古典音乐可以被用得很好——显然，库布里克在《2001 太空漫游》中就很好地运用了古典音乐；但这实际上很难，因为它会引发其他联想。"不过，当诺兰为录制《失眠症》的配乐，第一次请来管弦乐团时，他父亲还是火速赶到了伦敦市中心的录音棚，听他们录配乐。"我们当时在夏洛特街（Charlotte Street）录音，我记不清具体是哪个录音室，那里现在也不再是录音室了。我们找来了一个大型管弦乐团，我爸就是奔着那个来的，然后混音时他也来了。那是我们第一次用上完整的管弦乐团来录制配乐。"

2009 年，诺兰筹备《盗梦空间》时，他的父亲被确诊患有四期胰腺癌。而影片中有场戏，正是皮特·波斯尔思韦特在临终的病床上与基里安·墨菲和解。这个纯属偶然、意料之外的对应，让诺兰每次面对记者时，都要澄清影片中对父亲的指涉。他说："我和我爸的关系非常重要——**在他在世时非常重要。**他没能活着看到《盗梦空间》，因为在我们制作的过程中，或者说我们刚杀青时，他就过世了。不过，这部片子中的父亲形象有个非常明显且具体的类比原型，却没人注意到。这让我很困惑，因为我真的以为自己会因此惹上麻烦。但是这个原型和我的家人毫无关系。我这么说吧，你们在片中看到的，是一位非常有权势的澳洲商人，他面临着如何传承自己商业帝国的问题。而我需要那趟从澳大利亚起飞的航班，从悉尼飞往洛杉矶，这在当时是世界上最长的航程，或者说航程长度位居前列。我得就此打住了，但是没人注意到这一点。"

在《盗梦空间》中，诺兰或许更有兴趣表达对鲁伯特·默多克（Rupert

Murdoch）这类企业巨头的看法，而非化用自己与父亲的关系。但在《敦刻尔克》的配乐中，他却与父亲进行了一场音乐对话。"很早期的时候，我给汉斯发了一段录音，那是我录下的自己一块怀表的持续嘀嗒声，我们在此基础上制作了音轨。我们做配乐一如拍电影。"影片拍摄期间，季默去往敦刻尔克，他抓起一把沙子，放进小玻璃罐中，然后把它带回了洛杉矶，作曲时就摆在桌上。面对诺兰的剧情梗概，他最根本的挑战是：如何写出让观众觉得紧张感不断升级的音乐呢？在早期的录音样带中，季默用过空袭警报，但他也想试试管弦乐，于是去伦敦和交响乐团一起录制了 100 多分钟的音乐，只为证明用谢泼德音调的点子可行。回到洛杉矶之后，季默把音乐和影片粗剪版合在一起，却发现遇上了问题。原本一切似乎都挺好，直到他们开始处理段落细节。他们很快发现，声音持续上升、节奏连续不断，带来的问题是你无法从中间剪切。如果他们想在第 4 本胶片处剪切一下，那就得回到影片最开头，从那里开始重做所有音乐。季默说："我去伦敦录制了管弦乐，配上画面之后，却发现这样不行，真是大受打击。那时候，我们的时间也不多了。紧迫的日程让人备受折磨，尤其还有睡眠不足的问题。我整天都泡在工作室

剪辑师李·史密斯、诺兰和音响剪辑总监查德·金正在工作

第 11 章 生还 SURVIVAL 299

里谱曲，回家睡觉都还会梦到它。让我有这种经历的作品有那么几部，《敦刻尔克》就是其中之一。它一直都让我挂怀。"

最终，季默回头接受了诺兰原本的计划。生还者叙述时，对撤退现场的**声音**印象鲜明，这格外引起了诺兰的注意。他们记得炸弹爆炸声、船只沉没声，还有德国俯冲轰炸机的警报声——飞机的固定式起落架上装有发声器，迫近时就会发出恐怖的尖啸[10]。于是，诺兰决定让整个配乐像变色龙一样变幻，并将配乐与声音设计师理查德·金发送过来的音响一起进行混合与切分。金把"月亮宝石号"的音响发过来，然后它就变成了一件乐器。船只和马达的音效与音乐的节奏同步，小提琴的刮擦声与小船的喇叭声合为一体，铜管乐器的乐音和轮船引擎有节奏的轰鸣相互融合，最终难以分辨配乐何时终止、音响设计何时开始。机械元素和音乐元素融合在一起，形成了一种具体音乐（Musique concrète）[11]，就像埃德蒙·迈泽尔（Edmund Meisel）为《十月》（*October*，1928）所作的配乐。汤米在海滩上徘徊时，看到一队队的人绵延至远方，防波堤延伸向波涛汹涌的大海，我们听到一系列减音阶（diminished scale）[12]从越来越高的起始音循序往上升，这个音乐版的

后期制作时，诺兰与季默一起工作。《敦刻尔克》代表了这位导演当时所尝试过的最大声画融合

数字游戏推动着每个人前进。当汤米和吉布森抬着担架跑向防波堤时，音轨中伴随着一段小提琴演奏的固定音型——小提琴手简直要把琴弓从琴弦上弹开；当他俩的计划动摇时，琴声变得飘忽不定，几乎时不时奏出不协和音（discord），然后重新稳定下来；当爆炸在防波堤两侧掀起阵阵水柱时，小提琴的速度也随之加快。

诺兰说：“我们用一种完全独有的方式进行混音。所有带节奏的音乐结构都融入了音效。举例来说，船只的引擎声和音乐遵循同样的节奏，所以前者本身也变成了一种乐器，和其他元素同步。我认为大家都没真正注意到这一点，但是他们感觉到了。这项工作非常难搞、极其费劲儿，所有参与其中的人都饱受折磨，汉斯和他的团队都恨死我了……整部片子都是这么做出来的。音乐基本上是两条线索：第一条是110分钟的配乐和最后10分钟用到的埃尔加，而所有的节奏性结构音乐都属于另外一条线索。中间只有一次很短的换气（Luftpause）[13]，就是科林斯溺水获救之前的一个小停顿，此处音乐停止了，停了一拍，喘了口气，然后重新开始。我想不出还有哪部电影里有比这更长的音乐线索。从片头出制片厂标志的那一刻起，除了上述的这一刻，全片再没跳过一拍。影片结尾处，汤米睡着了，火车停下来，然后埃尔加的音乐响起。"

影片的高潮处，三条故事线汇集在一起，士兵、水手和飞行员在火热的油层中相遇。此时，季默用的不是一个谢泼德音阶，而是三个，以三个不同的拍号同时演奏，低声部非常缓慢地演奏上升音阶，中声部以二倍速演奏相同的音阶，高声部则以四倍速演奏，三者都在同一时间点上达到高潮。换言之，这是影片赋格结构的一个音乐版本。最后，当救援船队出现在地平线上时，我们听到埃尔加《谜语变奏曲》中的"宁录"或名"第九变奏"隐隐响起。速度放慢到每分钟六拍，还加入了原谱中没有的低音音符，由一把低音提琴在其最高音区里演奏，同时还有十四把大提琴在上音域演奏。季默把音符时值设得很长，以至于要拉出这些音，演奏者的琴弓都不够长。他转而让每一位演奏者分别在不同时间加入和退出演奏，给音乐带来一种不断闪烁的质感，宛如海滩上的鹅卵石或水面上的阳光一般闪闪发亮。

诺兰说：" '宁录'是我父亲最爱的一首曲子。在他的葬礼上，我们把棺材抬出去的时候，演奏的正是此曲。我觉得这支音乐非常动人，当然很多人也这样认为，但是它对我而言分量极重，这就是我们把它放进《敦刻尔克》里的原因。我自己和音乐剪辑师两人把这段音乐拉伸变形，我们抻长它、操

弄它，对它做出改动，这样你就不太能抓住旋律。有时这个旋律会成为焦点，发挥出很好的效果。我不知道我爸若还在的话会怎么想，他可能会大吃一惊，也可能很喜欢，我不知道。但是我可以说，在这部电影里，我好像与他进行了一场音乐对话。"

• • •

影片的票房战绩背后是一个非凡的故事。《敦刻尔克》上映于诺兰偏爱的 7 月暑期档，首周票房为 7,400 万美元，第二周为 4,100 万美元，第三周为 2,600 万美元，与《碟中谍 5：神秘国度》(*Mission: Impossible—Rogue Nation*, 2015)、《猩球崛起 3：终极之战》(*War for the Planet of the Apes*, 2017) 和《星际迷航 3：超越星辰》(*Star Trek Beyond*, 2016) 的票房成绩不相上下，只不过《敦刻尔克》没有上述这些电影中的大明星，没有续集自带的吸引力，拍摄预算也只有它们的一半。然而，这部讲述军事惨败事件的历史战争片反倒成了暑期档的大热门之一。它在整个 8 月都大赚特赚，到 9 月时全球票房破 5 亿美元。

11 月时，《敦刻尔克》追平了《黑暗骑士》的 8 项奥斯卡奖提名，只不过这一次它还提名了最佳影片，诺兰也首度获得最佳导演的提名。不过，要向奥斯卡挺进，影片公映后就面临着长达 8 个月的艰难征程。《敦刻尔克》上映之际，艾玛·托马斯对《洛杉矶时报》说："我们不是为了得奖才拍片的，我们绝对是为了观众而拍片。"颁奖礼当晚，李·史密斯获得了最佳剪辑奖，混音师格雷格·兰达克（Gregg Landaker）和声音设计师理查德·金

铜管组在为排演《敦刻尔克》的配乐而调音

也各自拿下一奖，但在最佳影片奖和最佳导演奖上，《敦刻尔克》却败给了吉列尔莫·德尔托罗（Guillermo del Toro）的《水形物语》（*The Shape of Water*，2017）。

颁奖礼过了几周之后，诺兰跟我说："这些年来，我已经放弃分析这些东西了。大家总是把学院说得好像上下一心，但事实完全不是这样，它是由一群个体组成的。我认为哈维·韦恩斯坦干的一件事，就是建构了一套商业模式，把奖项变成了市场营销的一部分。过去它是用来**嘉奖**一部电影的，现在它却成了电影的助力。可以说，奖项就是赞助系统的一部分；而对于《敦刻尔克》，很幸运的是，我们不需要它。还有一件非常重要的事，虽然没怎么引起注意，就是我们的音效团队获得了奥斯卡最佳音效剪辑奖。我们的音响剪辑师是理查德·金，不过他之前坚持要把音乐剪辑师亚历克斯·吉布森（Alex Gibson）也放进提名里，所以他俩一起赢得了这个奖，这还是奥斯卡史上的头一遭，以后可能也不会再有了。但他们都知道并且理解，在电影混录方面，音乐和音响之间并没有真正的界线。在我拍过的所有作品中，《敦刻尔克》是音乐、音响和画面结合得最为紧密的一部。"

· · ·

2015年，一位名叫鲍勃·帕吉特（Bob Padgett）的得克萨斯州保险经纪人在上班途中听音乐时，觉得自己解决了一个困扰学者们一个多世纪的音乐谜题，那就是爱德华·埃尔加《谜语变奏曲》中的"隐藏"主题。埃尔加曾表示自己作品中隐藏着"暗语"，几十年来，音乐理论家、密码学家和音乐爱好者们一直在努力找寻这个"暗语"。人们声称在这首乐曲中听到了各种各样的东西，从巴赫的《马太受难曲》（*St. Matthew Passion*）到贝多芬的钢琴奏鸣曲《悲怆》（*Pathétique*），再到英国国歌《天佑女王》（"God Save the Queen"）、《一闪一闪亮晶晶》（"Twinkle, Twinkle Little Star"）以及儿歌《鼬鼠跳》（"Pop Goes the Weasel"）。

2006年，身为管弦乐团成员的帕吉特，在准备一场专为《谜语变奏曲》中的"谜题与隐语"而举办的音乐会时，突然觉得这首乐曲听起来"有点像谋杀疑案之类的，就像一个侦探故事"。2009年，他被保险公司裁员之后，搬到了得州的普莱诺市（Plano），开始教授小提琴，并利用所有业余时间来破解埃尔加的谜语。他恶补了密码学，阅读了西蒙·辛格（Simon Singh）[14]的《码书》（*The Code Book*），甚至还试着将旋律节奏转译成莫尔斯码。开车旅行的时候，他一遍又一遍地听着《谜语变奏曲》的 CD，同时哼着各种名曲，看看它们能否对上——《一闪一闪亮晶晶》、《天佑吾王》（"God Save the King"）、《统治吧，不列颠尼亚！》（"Rule Britannia"）、《生日快乐歌》（"Happy Birthday"）……直到有一天，他最爱的一首圣歌突然浮现在脑海中，那就是 16 世纪马丁·路德（Martin Luther）所作的《上主是我坚固堡垒》（"A Mighty Fortress Is Our God"）。经过 7 年的钻研，写了上百篇博客文章之后，帕吉特自信终于找到了埃尔加意指的"对位"（counterpoint），那就是这首圣歌 19 世纪的门德尔松（Felix Mendelssohn）演绎版本。当它倒着演奏时，两者似乎刚好完美吻合。这个理论受到了专家学者的质疑。利兹大学（University of Leeds）音乐学院的名誉教授朱利安·拉什顿（Julian Rushton）是世界顶级的埃尔加研究专家之一，针对帕吉特的上述发现，他评论道："倒放《上主是我坚固堡垒》的主意，撇开其他不说，最起码表明帕吉特先生在痴迷之路上独辟蹊径。这个谜语魅力无穷，正是因为它如此难以解答。"

有人会说，诺兰电影的关窍，在于提供了一组主题的变奏，很像赋格或卡农里那样，先引入一段主题旋律，然后是该主题的对位声部，再然后是第三和第四个声部，直到所有声部都进入之后，作曲者就可以丢开条条框框，随心所欲地谱写下去了。一个新进入的声部可以怎样对主题进行变形，有这么几种方法：进入时可以比起始主题高五度或低四度；可以对主题进行加速或减速，如同季默在《敦刻尔克》配乐中对《谜语变奏曲》的处理；也可以倒转旋律的音程，主旋律跳下几个半音，新声部就跳上几个半音，反之亦然；[15] 最后，还可以让主题逆行——实实在在地将其反向演奏——比如巴赫在《音乐的奉献》中的某个时刻，就让一名演奏者真的把音乐颠倒过来。最后这招儿也被称为"螃蟹卡农"（crab canon）[16]，以螃蟹特有的横行步态命名。尽管《记忆碎片》是一部以逆行闻名的电影，但它却没有真的倒拍。只有每场戏的顺序是倒着来的，电影本身却没有倒着上演，唯一倒拍的是出字幕的片头部分——伦纳德盯着一张宝丽来相片，相片上是已经死去的泰迪。我们眼见相片的颜色渐渐褪去，最后滑回相机中；接着死者活了过来，四溅的鲜血

20 世纪头 10 年早期的爱德华·埃尔加

304 诺兰变奏曲 THE NOLAN VARIATIONS

逆流回身体，子弹也被吸回枪膛。一场谋杀刚刚被倒带了。但要是一部有着完整场次、段落和次要情节的电影全片都如此倒带，那一定让人费解不已吧。《记忆碎片》上映 20 年之后，诺兰决定弄清楚是否真的如此。

TWELVE
第 12 章

知道
KNOWLEDGE

1927年11月7日下午4点左右，约瑟夫·斯大林（Joseph Stalin）造访谢尔盖·爱森斯坦的剪辑室，这位导演当时正在赶工推进《十月》。该片是对布尔什维克革命的全方位重演，动用了60,000名群众演员，在冬宫场地上拍摄，耗电量过多导致圣彼得堡一度全城停电。后期制作阶段非常紧张，因为爱森斯坦和剪辑师要赶在"十月革命"十周年庆典之前完成本片。为了熬过繁重的日程安排，爱森斯坦甚至服用起了激素兴奋剂，一度短暂失明。然后，他得知共产党中央委员会的总书记斯大林想来看看电影。

斯大林曾在神学院读书，后担任《真理报》（Pravda）的编辑。他手边似乎总有一支蓝色铅笔，以便在党内高官的备忘录和演讲稿上写批注（"这篇论文是针对谁的？"），或者在没完没了的夜间会议上把他的核心班底画成漫画（"对喽！"或"给政治局所有成员看看"）。据斯大林的主要政敌列夫·托洛茨基（Leon Trotsky）所说，斯大林主义不过是对历史的一种利己式编撰，精心"在事后将走过的曲折路线合理化，掩盖昨日的错误，从而准备明日继续犯错"。《十月》于莫斯科大剧院（Bolshoi Theatre）的首映式在即，时值剪辑工作的最后一天，斯大林坐下来观看了爱森斯坦的电影。他问导演："你的影片里有托洛茨基吗？"然后他下令剪掉3,500多英尺（约1,067米）的胶片，这已经超过了胶片全长13,000英尺（约3,962米）的四分之一，其中包括那些主要表现托洛茨基的镜头。

德国作曲家埃德蒙·迈泽尔设法以音块的巨响来捕捉"十月革命"的机械冲击力，并设计了众多同步穿插的"机械之声"（style mécanique）——用木管乐器的和弦音簇（chord-cluster）模仿工厂汽笛，用琴弓敲打低音提琴展现军队行军，用半音的升降转调来表现桥梁的升降。沙皇亚历山大三世（Tsar Alexander Ⅲ）的雕像在电影前段倒塌碎裂，后面又见它重组回来。爱森斯坦后来写道："关键在于，影片的开场画面，半是象征着推翻独裁统治。雕像的'倒塌'同时也被'倒拍'下来。王座和没有四肢的躯体一起飞回基座；双腿和双臂、权杖和宝球也飞回原处、组接起来……埃德蒙·迈泽尔给这场戏配的音乐，是将开头'正常'演奏的同一首音乐倒着录制……但是我想大家都没注意到这个音乐技巧。"

他所指的技巧就是"回文"（palindrome），指一个图像、单词或数字正看逆看都一样，比如 civic（公民的）、radar（雷达）、level（层级）、rotor（转子）、kayak（皮划艇），或者 tenet（信条）。诺兰第 11 部长篇电影《信条》，是一部未来主义的间谍惊悚片，片中的子弹、汽车甚至人物，都能在时间轴上逆行，而非顺行。"我们正在遭受来自未来的攻击。"迪宝·卡帕蒂娅（Dimple Kapadia）饰演的普里亚（Priya）解释道，她在片中担当解说人物之一，要向间谍主人公[约翰·大卫·华盛顿（John David Washington）饰]解释剧情。未来世界制造出了一种"逆转军火"，并流回到一个残忍无情的军火贩子手中，那就是名叫安德烈·萨托尔（Andre Sator，肯尼斯·布拉纳饰）的俄罗斯寡头。他买通了英国的权贵政要，还娶了一位美丽的妻子[伊丽莎白·德比茨基（Elizabeth Debicki）饰]，后者如今却对他嗤之以鼻。

布拉纳以令人不寒而栗的精湛演技，演绎出了萨托尔这个目光冷峻的施虐狂。他最喜欢的战术叫"时间钳形攻势"，即在某事件中，一半队伍在时间线上正向行动，并把信息传递出去；之后，他便可以利用该信息，从另一端逆行回穿同一事件，从而展开进攻。"头开始疼了吗？"尼尔[Neil，罗伯特·帕丁森（Robert Pattinson）饰]如此问道，他是协助华盛顿阻止萨托尔的盟友之一。逆向穿行的动作戏构成魅惑迷人、华丽陌生的奇观，情节的复杂性很快就消解了，就像血肉从骨架上消失殆尽。子弹黏合了破碎的窗玻璃；爆炸的喷气式飞机聚拢如初；汽车逆转了撞毁过程，翻滚回来四轮着地，一副完好无损的样子。片中人物惊叹道："我还是不习惯那些倒着飞的鸟。"

最终，在全片的正中间，《信条》呈现了大胆惊人的反转：影片自身来了个180°的对折，华盛顿一方的团队成员掉头回穿刚刚在我们眼前上演的事件和场景，一路回到了电影的开头。

诺兰说："我在拍片时一直对时间以及如何操弄时间很感兴趣。但是我粗浅涉猎过这么些东西，却从来没拍过时间旅行电影。《信条》不是一部真正意义上的时间旅行电影，它有一个不同的时间观；但是'逆转时间'的概念，也即本片的出发点，始于子弹从墙上逆射飞出的意象。这个想法在我脑海中酝酿已久，差不多有20到25年。"诺兰16岁时在巴黎的一间剪辑室里，看过一部倒着播放的自然纪录片。如果说《信条》的动作戏灵感可以追溯到那部倒放之作，那么它的哲学潜文本则在大概32年之后才充实成形。那是2018年2月，诺兰正在为该片勘景，并去孟买参加了为期3天的研讨会，会议名为"重构胶片的未来"，会上与他的一位友人——艺术家兼摄影师塔西塔·迪恩共同讨论胶片媒介的保护事业。"塔

上图：摄影师霍伊特玛和诺兰在《信条》（2020）片场的一个旋转门里；下图：约翰·大卫·华盛顿饰演"主人公"

308　诺兰变奏曲　THE NOLAN VARIATIONS

西塔说的一件事一直让我记忆犹新，她说：'摄影机能看到时间，它是史上第一个能做到这点的机器。'我们是第一代能够构想'观看'这件事的人类，并已对此习以为常。尽管科克托（Jean Cocteau）在《奥菲斯》（*Orpheus*，1950）中，就能用倒拍的影像迷惑观众，我们多数情况下却必须从叙事意义上来处理'观看'。她那番话让我得以重新用前者那种方式来看待世界。《信条》最让我兴奋的一点，就是我找到了自己想用该片实现的事，那是无法在纸面上表达出来的。你必须真的看到它、体验它，才能真正理解。它道出了电影的本质。"

• • •

诺兰很久以来都想写一部间谍惊悚片，毕竟他是看着《007》系列电影、读着伊恩·弗莱明以及后来的约翰·勒卡雷的作品长大的。勒卡雷的《夜班经理》（*The Night Manager*）尤其对《信条》产生了影响。

上图：弗里茨·朗正在剪辑《大都会》（1927）；下图：朗导演的《间谍》（1928）

小说描绘了一名受英国权贵势力保护的军火商,还有他那腐败又富有的核心圈子。在新近改编的同名电视剧集(2016)中,军火商的女友也是由德比茨基饰演的。

诺兰的版本中,在阿马尔菲(Amalfi)海边的游艇上,布拉纳饰演的"007"式反派低吼着威胁主角:"你想怎么死?""老死。""那你入错行了。"[1]诺兰承认道:"游艇上的情境非常有弗莱明的味道,确切地说,像他的短篇小说《微量的慰藉》('Quantum of Solace')[2],这一篇的描写比人们想象中的詹姆斯·邦德更多一点亲和力。但是,我认为比起弗莱明笔下的反派,萨托尔更像是弗里茨·朗片中的反派,因为他如恶魔般邪恶,却未必是个天才。他很凶残,让人感觉他的爪牙遍布各地。弗里茨·朗或许是对我构思该片影响最大的导演,尤其是他的《间谍》(*Spies*,1928)。我很早就看过这部电影,但没有放给剧组成员看。我觉得它的指导意义不够直接,但是回过头看马布斯博士,以及片中秘密社团如何融入组织肌理、利用官僚体制来掩盖犯罪活动——朗在这方面确实是第一人。"

《信条》中的时间逆转机器,或称"旋转门"(turnstile),位于自由港(Freeport)之内,世界各地(奥斯陆、新加坡、日内瓦、苏黎世)的机场里都有这种巨型高科技保险库,有钱人可以在此存放价值数千亿美元的名画、美酒、贵金属甚至老爷车,还不用缴税。自由港里有 7 吨重的安全门、几百个摄像头,以及顶级的保存条件和温湿度控制技术,这让自由港看起来不像仓库,而更像是一座现代主义博物馆或酒店。本片中的自由港就像《007 之金手指》(*Goldfinger*,1964)中的诺克斯堡(Fort Knox)[3]一样。《经济学人》(*The Economist*)曾在 2013 年的文章中,称自由港为"平行的金融宇宙",那是诺兰第一次注意到它——一个靠闭门不见光的易货贸易维持的世界。

"我想,对动作片来说,这是个多神奇的地方啊,然后就把它记好归档。我们在片中把它呈现得花哨了一些,但并不过分夸张;本质上,它就是一种富人的中转厅。如果弗莱明知道这种地方,他肯定会写进小说里的,因为它很迷人,但其实也有点可鄙。《007 之诺博士》里有一幅著名的惠灵顿公爵肖像,邦德走进来看到它时还愣了一下,然后才缓过神来。这个桥段放到现在已经不灵了,因为如今没人会记得,他们拍这片的两年前,那幅画就被偷了,这事当时还见报了。所以大家对这个秘密的艺术收藏世界有一种幻想,你懂的,好比《蒙娜丽莎》(*Mona Lisa*)的真迹其实在莫斯科之类的。事实上,更多的情况是偷来的艺术品没法转手卖掉，它是作为一种抵押品在罪犯之间流转。自由港的设定就是这种做法的高端版，因为在自由港里，你不需要真给藏品报关，它们的买卖交易其实都没离开过自由港。因而一件价值连城的艺术品压根儿不会流出到市面上，在自由港里就几易其主了。"

诺兰在调研中也发现了俄罗斯的"秘密城市"网络，这些地方被核试验弄得无法居住，因而遭到废弃，在任何地图上都找不到了。这为他的反派萨托尔提供了背景故事。萨托尔在其中一座秘密城市——斯塔尔斯克12号（Stalsk 12）的瓦砾堆中长大，于后苏联时代，也即片中角色普里亚指出的"核武器史上最不安全的时刻"，在废墟上建立起自己的军火商铺，把军火卖给出价最高的人。

影片的开场戏是发生在基辅歌剧院的一起劫案，这座歌剧院采用的是苏联时代建筑常见的粗野主义风格；高潮戏则发生于斯塔尔斯克12号，这座鬼城"阶梯状的露天矿与地表融为一体，边上是灰色的混凝土和废弃的工业区"。从开场到高潮，《信条》都宛如一座粗混凝土富矿，一首高调的混凝土诗歌，甚至让《黑暗骑士崛起》都黯然失色。

上图：位于爱沙尼亚塔林市（Tallinn）的林纳哈尔体育馆，这座建筑是为1980年的莫斯科夏季奥运会而建造的，建筑师是雷恩·卡普（Raine Karp）；下图：诺兰和华盛顿在此体育馆拍摄了《信条》的开场戏

当时，诺兰和美术总监内森·克劳利、摄影师霍伊特·范·霍伊特玛一起，研读了一本又一本关于苏联粗野主义的书籍，比如说弗雷德里克·肖班（Frédéric Chaubin）的《CCCP：共产主义宏伟建筑摄影集》（*CCCP: Cosmic Communist Constructions Photographed*）、彼得·查德威克（Peter Chadwick）的《粗野此世》（*This Brutal World*）、祖帕格拉菲卡（Zupagrafika）出版社的《东方街区》（*Eastern Blocks*）……然后他们偶然发现了一座苏联时期的旧体育馆。这座名叫"林纳哈尔"（Linnahall）的体育馆位于爱沙尼亚，原是为了 1980 年夏季奥运会而建的列宁文化体育宫，后被废弃。在《信条》里，它被用作影片开场基辅歌剧院的拍摄地。诺兰说："你还记得吗？美国抵制了那年的奥运会。林纳哈尔体育馆是一座非常美丽的建筑，有着非凡的设计，墙体是那样下来的，但却被弃置了 10 年左右。虽然设计得很漂亮，但是施工质量很差，因此它都快散架了，我们必须重新修缮一下。我从没见过这么多混凝土，我们都有点为之疯狂了。"

对霍伊特玛和诺兰而言，本片受到的另一个重大影响来自敦刻尔克的马士基（Maersk）造船厂，他们几年前参观过那里。"我们拿到了一本宣传册，上面介绍了他们在世界各地建造的惊人船只。这些惊人的基建所具备的视觉潜力把我们迷住了。我们在挪威和爱沙尼亚探访了好几家造船厂，那里有巨大的起重机，那些设备的效率极高，其中蕴含着惊人的工程技术。更让我们感兴趣的是这些东西，而不是间谍小说和间谍电影中的高科技世界，比如高级的监视器和奇怪的图表之类的。那些东西出现得够多了，现在已然成为我们日常生活的一部分，然而这些实物所在的才是更真实的世界。事物的物理特性，还有我们在丹麦拍的工业用船舶和风力发电场，它们的那种实物感。非常美妙，色彩缤纷，一切都是亮蓝色和明黄色。它们的美学着实非凡。"

· · ·

如果说该片设计上的"格式塔"（gestalt，德语"完形"之意）受到约瑟夫·斯大林的影响，那么其智性层面的教父则是 J. 罗伯特·奥本海默（J. Robert Oppenheimer），他为影片提供了麦格芬——一种由核裂变产生的逆辐射。并且，影片原定的上映日期是 7 月 17 日，正是 1945 年世界上第一颗原子弹引爆日的后一天。那是由奥本海默在新墨西哥州的沙漠中引爆的，核试验场地的代号为"三位一体"（Trinity），出自奥本海默最喜欢的诗人约翰·多恩（John Donne）的诗作[4]。核爆产生的光亮高达 1 万英尺（约 3 千米），相当于几个太阳在正午同时放射光芒，100 多英里（约 161 千米）之外都能看见光亮，20 英里（约 32.2 千米）之外都能感受到热度。"几人笑，几人哭，大多数人沉默无言。"奥本海默后来如是写道，"我想起了印度教经典《薄伽梵歌》（*The Bhagavad Gita*）中的一句话，那是毗湿奴在设法劝诫王子履行自己的职责，为了打动后者，毗湿奴变为多臂形态，说道：'我现在成了死神，世界的毁灭者。'[5]"因为奥本海默的引用，"我现在成了死神，世界的毁灭者"成为《薄伽梵歌》中流传最广的一句，但是被奥本海默翻译为"死神"（Death）的梵文原词[6]，其实更常被解释为"时间"（time）。因此在企鹅经典的版本里，这句话被译为"我是永恒不灭的时间，吞噬一切"[7]。

　　奥本海默是终极的浮士德式人物——事实上，1932 年时，在哥本哈根的尼尔斯·玻尔研究所里，奥本海默曾参演过一出模仿《浮士德》的戏剧，当时和他一起演出的还有几位物理学家同仁，包括沃尔夫冈·泡利（Wolfgang Pauli）、保罗·埃伦费斯特（Paul Ehrenfest）和詹姆斯·查德威克（James Chadwick）。[8] 出于同样的原因，奥本海默在智性上完美衬托出了诺兰的风格。奥本海默又高又瘦，神经敏感，身上有种近乎傲慢的贵族气质。广岛和长崎遭核爆之后，他的神经崩溃了。"他不停抽烟，不停抽，不停抽。"多萝西·麦基宾（Dorothy McKibbin）如此说道，她是"曼哈顿计划"（Manhattan Project）洛斯阿拉莫斯（Los Alamos）实验室[9]的行政主管。有一天，奥本海默的秘书安妮·威尔逊（Anne Wilson）注意到，他看起来格外忧虑，便问他怎么了。他回答道："我只是一直在想那些可怜的平民。"长崎近 80,000 人被原子弹化为焦灰——两年之后的 11 月 25 日，奥本海默在麻省理工学院（MIT）发表了一场公开演讲，题为《当代世界的物理学》（"Physics in the Contemporary World"）。他在演讲中说道："从某种粗略的意义——某种任何糙话、笑话或大话都无法完全消解的意义来

"原子弹之父"J. 罗伯特·奥本海默曾经说过一句名言："物理学家见识过罪恶。"他后来解释道："我们知道什么对人类有益，我们为此感到自豪，但这并不是科学家的天然使命"

看，物理学家见识过罪恶，他们不能忘却这一认知。"这篇文章收录于奥本海默战后发表的演讲选集，书中穿针引线地表达出他对核技术的矛盾心理。在《信条》的杀青派对上，罗伯特·帕丁森将这本演讲集作为礼物送给了诺兰。

"阅读的感觉很怪异，因为他们释放出来的东西也让他们纠结。该怎么控制它呢？责任可是巨大无比。一旦这个知识曝光于世，你还能做什么呢？挤出来的牙膏就收不回去了。这其实是一份思虑周到、颇有洞察力的杀青礼物，因为你我一样，都成长于后核时代。格雷厄姆·斯威夫特的《水之乡》里，有一整段关于世界末日的思考。[10]核技术具有终极毁灭性——我们都在知道这点的阴影下长大。如果这项技术消失了，你不太会怀念它。就像电影《天使之心》引用的那句索福克勒斯（Sophocles）的台词，我看了这片才知道这句话：'在智慧对智慧者不利的地方，拥有智慧多么可怕！'[11]一般来说，知道某件事意味着能够掌控它。但是，如果反过来才是对的呢，如果知道某件事意味着被它控制呢？"

· · ·

美国电影是由动词组成的——开枪、接吻、杀戮；诺兰加上了他自己独特的子集——遗忘、睡觉、做梦。但要说他的作品序列中，最危险的动词是什么？答案是"知道"。《记忆碎片》中，娜塔莉对伦纳德说："即便你报了仇，你甚至都不知道它已经发生过了。""我知不知道没什么区别，"他回应道，"我不记得这些事情，并不会让我的行为失去意义。"讽刺的是，当他最终得知谁是杀妻凶手时，他并不满意那个答案，令影片的结局完全取决于另一个问题：你对某事的认识，能否从"知道"退回到"不知道"？《失眠症》中，埃莉问阿尔·帕西诺饰演的警察多默："你是有意向哈普开枪的吗？""我不知道，"多默喊道，"我什么都不知道了。"诺兰电影里的所有主人公可能都会这样呐喊，他们是维多利亚时代确定性下的造物，却落入了这个确定性不复存在的世界。"要相信！先生，我就是**知道**。"维多利亚时代的艺术评论家约翰·罗斯金（John Ruskin）曾经如此回应那些质疑其观点的人。诺兰的主人公就是爱因斯坦宇宙中的罗斯金，被可知或应知的局限所困扰。《星际穿越》中的墨菲（杰西卡·查斯坦饰）说道："你说科学就是承认我们不知道的东西。"她是忠实于科学方法的学生，但有个问题一直折磨着她，就是自己的父亲对永远离开地球的计划知道多少——"他知道吗？我爸爸知道吗？！"不管他知道多少，他都离开了，徒留她凝望黑洞，寻找答案。

罗米利则说："有些事本不该被人知道。"亨利·詹姆斯的小说《梅茜知道什么》（What Maisie Knew），其实全凭梅茜不知道的事情推进。一边是詹姆斯所谓的"不可克制的求知欲"，另一边是怀疑"为了获取某种知识，我们的付出是否超出了它们的价值"，自《梅茜知道什么》以来，还没有哪部作品创造性地在这两者间如此摇摆不定。

《信条》中的最佳建议，来自克莱芒丝·波西（Clémence Poésy）饰演的科学家，她说："别试图去理解……要去感受。"这是诺兰对观众的一种惯常邀请，请观众不要过度思考，而是把自己交给电影，让电影流经自己。不知何故，诺兰的职业生涯似乎注定要行至此处：拍一部间谍片，用上这个类型积累下的所有光鲜套路——风力发电机、双体船、俄罗斯寡头、伦敦的会员专享俱乐部——钟表嘀嘀嗒嗒，留给角色们将已知变为未知的时间不多了。大多数间谍都想找出些什么，比如写有核武器密码的缩微胶片，或者显示如何通过开伯尔山口（Khyber Pass）[12]的地图。而《信条》的核心争夺战却极具灾难性，以至于"知道它的真实本质就输了"，迪宝·卡帕蒂娅的角色如是说道，"我们努力对逆转技术所做的事，正是我们在原子弹上没有实现的，即阻止它被发明出来。分散并控制知识。无知就是我们的武器。"他们必须销毁所有书面证据和相应记录，以防未来世界的人通过研究这些东西来对付他们。诺兰的间谍们想清空自己的头脑，也一并清空我们的，剧本也进一步强化了诺兰在《敦刻尔克》的写作中形成的极简主义风格。约翰·大卫·华盛顿饰演的间谍十分神秘，甚至连名字都没有——剧本中只称他为"主人公"（the Protagonist）[13]；尽管片中提到了中情局（CIA），但是主人公或其他人究竟为谁工作依然不甚明了；尽管迈克尔·凯恩在一所会员专享俱乐部中现身，但他也只是给主人公提了一些建议、推荐了一位裁缝。

诺兰说："在这部电影中，我更多地表露了影响过我的事物。当年《盗梦空间》上映的时候，大家问我是否受到《007》电影的影响，我承认它们在视觉上影响了我，但事实上，与其说《盗梦空间》是间谍片，

法国奥佩德（Oppede）的萨托尔方块（Sator Square）[14]

第 12 章 知道 KNOWLEDGE 315

不如说它更像一部偷盗电影。到拍《信条》时，我想借助观众对类型惯例的熟悉度，把他们带到另一重境界，就像我在《盗梦空间》中如何利用偷盗片惯例一样。然而《信条》中间谍元素的分量非常之重，我们已经不需要再去参考其他东西了，只需要在此基础上创造自己的版本就可以了。对于这部电影，我的野心是：让《信条》之于间谍片，好比塞尔吉奥·莱昂内（Sergio Leone）之于西部片，也就是提炼其精华。我有种直觉，就是莱昂内拍《荒野大镖客》（*A Fistful of Dollars*，1964）时，没有参看任何老西部片，而是凭借记忆中的样子，以及自己对它们的感受来拍的。所以，虽说《007》电影对《信条》影响巨大，但我创作时没有重看其中任何一部。事实上，那可能是我人生中远离《007》电影最久的一段时光，因为重要的是你对它们的记忆和想象，而不是这些电影本身。我想提炼'秘密特工'这个设定的精华，那就尽可能走到最远。"

诺兰完成一稿剧本之后，拿去给天体物理学家基普·索恩看，后者也是《星际穿越》的顾问。他们详细地讨论了支撑本片的物理学推想。华盛顿饰演的主人公在进入旋转门之前，有人给他解释了一遍逆转后的情况：要戴呼吸器，因为空气无法穿过逆转之后的肺膜；摩擦力和风的阻力都会逆转，因此你会感受到风从背后吹来；下落的物体问题不大，但要注意上升的物体，或者自发出现的不稳定现象：如果某物周围有一缕烟在变浓，意味着子弹即将从中逆向飞出；遇到火情时，衣服上会结冰，因为热传递也变成反向的了。"有些他觉得没问题，有些他不太同意。我和基普讨论得足够深入，我意识到这并不是《星际穿越》，我并不是在寻找影片背后真正的科学依据，它更像一个有趣的推想。但举例来说，角色们要佩戴呼吸面罩这一点，确实是我们讨论的成果，围绕的是肺的渗透性以及物质穿过肺的途径。所有我们已知和现存的物理定律，正向和反向的作用方式都是一样的。只有一个例外，那就是熵（entropy）。所以你懂的，一个碎掉的茶杯是可以恢复如初的，但是出于这样那样的原因，这一点极难实现，但它是可以实现的。"

诺兰和视效总监安德鲁·杰克逊（Andrew Jackson）一起进行了很多模拟实验，录制球在水面上滚过的样子，记下球运动时前后出现的波纹。这带给他一些灵感，比如追车戏中，反向旋转的轮胎看起来会是什么样儿？轮胎前面有少许灰尘浮动，而后面会扬起更多灰尘。他一直对这类倒拍影像很是着迷，比如让·科克托的《奥菲斯》（1950）中，橡胶手套飞回手上；尼古拉斯·罗格的《无足轻重》（1985）结尾，房间爆炸之后又恢复如初；

埃罗尔·莫里斯（Errol Morris）的《时间简史》（*A Brief History of Time*，1991）中，打碎的茶杯完好复原。

不过，诺兰为《信条》剧组演职人员放映的唯一一部电影，是鲜为人知的16毫米纪录片《时间是》（*Time Is*，1964）。该片由纳菲尔德基金会（Nuffield Foundation）资助，导演是曾拍过《赫洛斯塔图斯》的澳大利亚电影人唐·利维。影片是一系列镜头的集合，以各种形式如慢动作、快动作、定格、倒拍、负片等，来展现奥运会游泳运动员跳水、通勤的人群涌动、飞机和赛车相撞、云的形成，该片以此向英国小学生解释时间概念。"因此，如果宇宙中有一个由反物质组成的地方，那么它的时间对我们而言，可能就是逆向流动的。"旁白如此说道，并推想如果遇到"一个从反物质世界来的时间逆转人士，不仅我们彼此之间的交流会很困难，可能实际一碰面，就会把在场的每个人都消除"。《信条》的情节就依据这个推想，让片中顺时而行的主角们和自己反向逆行的镜像人物扭打一番。

诺兰说："《时间是》真的美极了。摄影机让我们以不同的方式看待时间，该片就是基于这点的一件小小的艺术品。我记得电视上播出的第一个真正够好的慢动作镜头，那是在1984年的洛杉矶奥运会上。他们把动作慢速播放，我还记得体操运动员的手在双杠上旋转的样子——你能看清运动的过程，所以你就能理解、能看到以前看不到的东西。你在以一种全新的方式观看这个世界。倒拍的影像是看世界的一种方式，慢动作是另一种，快动作、延时摄影、逆向摄影都是。虽然你看到的是实际存在的事物，但这些摄影形式向你展现的世界，是你无法用别的方法看到的。摄影术发明之前，人们无法看到倒拍的影像，甚至无法想象它的存在。对我而言，这就是为什么《信条》是我所能制作的最为电影化（cinematic）的作品。它能存在的唯一理由，就是世上有了摄影机。"[15]

唐·利维的16毫米纪录片《时间是》(1964)。"我们一直认为时间只能单向前进，"利维的旁白说道，"这到底是时间的真实特性，抑或仅仅是我们人类的又一局限？"

第 12 章　知道　KNOWLEDGE　317

上图：艾玛·托马斯、诺兰和华盛顿在定制的预演监视器上观看刚拍好的逆转动作戏；下图："主人公"（约翰·大卫·华盛顿饰）和尼尔（罗伯特·帕丁森饰）在塔林的自由港中对峙

・・・

在《信条》的制作过程中，诺兰对一些主要合作者进行了一次换血。他首次与剪辑师珍妮弗·拉梅（Jennifer Lame）合作，她之前与诺亚·鲍姆巴赫（Noah Baumbach）和阿里·艾斯特（Ari Aster）合作的作品[16]吸引了诺兰的注意；配乐师换成了凭《黑豹》（Black Panther，2018）拿下奥斯卡奖的卢德维格·约兰松（Ludwig Göransson），他曾为瑞恩·库格勒（Ryan Coogler）导演的《奎迪》（Creed）系列电影作曲，诺兰最初欣赏的就是他的这些配乐作品。诺兰早就是罗伯特·帕丁森的粉丝了，尤其是看了后者在詹姆斯·格雷（James Grey）执导的《迷失Z城》（The Lost City of Z，2016）中的表演之后；他也一直热切关注着约翰·大卫·华盛顿在HBO剧集《球手们》（Ballers，2015—2019）中的表演。

2018年，正值斯坦利·库布里克的《2001太空漫游》上映50周年，诺兰首次前往戛纳电影节，为该片的全新拷贝放映做介绍。当时他也被斯派克·李（Spike Lee）邀请参加《黑色党徒》（BlacKkKlansman，2018）的首映。"斯派克就坐在我后面，我有点紧张。但是看到约翰·大卫在大银幕上饰演的男主角时，我感觉注定了就得是他来演。我写剧本时不考虑演员，你得按照自己的想法去塑造角色。但时不时地，通常只在写某场戏的时候，演员的形象会闯进来，他们把自己置于那个场景中。对于《信条》来说，这个情况其实发生在主人公和迈克尔·凯恩的对手戏时，当时他俩在伦敦会员专享俱乐部里。在某个时刻，约翰·大卫的形象就和那个场景绑定了，他在我脑海中挥之不去。"

肯尼斯·布拉纳之前在自己执导的《一触即发》（Jack Ryan: Shadow Recruit，2014）中，就出演过俄罗斯反派——一个骄奢淫逸的寡头，后来变成了恐怖分子。诺兰说："肯（Ken，肯尼斯的昵称）忍不住要在角色塑造上深入挖掘，因为他一直想找到萨托尔身上的诗意，我却总是告诉他：'他就是个暴君。'"伊丽莎白·德比茨基饰演与萨托尔分居的妻子凯特（Kat），她对丈夫满心憎恶，却渴望同丈夫一直不让她见的儿子团聚。诺兰把这一选角归功于妻子兼制片搭档："选择伊丽莎白其实是艾玛的主意。之前我只看过她在《以寡敌众》（Widows，2018）中的表演，她的角色非常肆意妄为，非常戏剧化。而凯特对我而言，是一个非常英式的角色，我在写作的过程中爱上了她，我可不会经常爱上笔下的角色。这很难用语言来表达，但我就是同

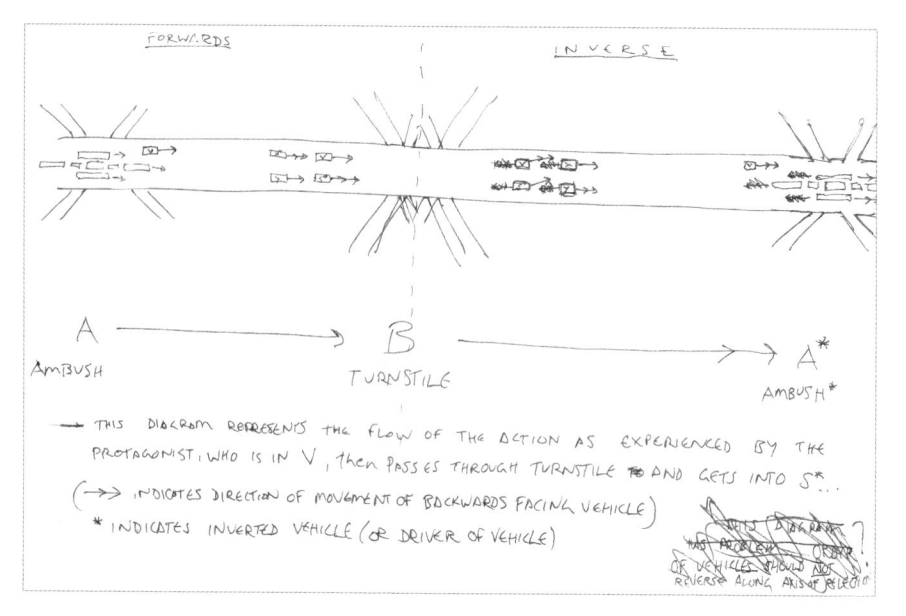

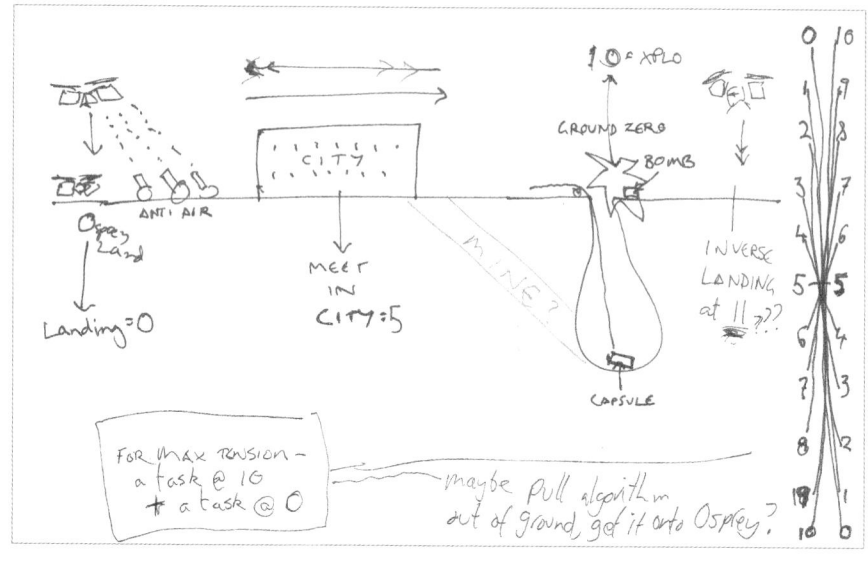

诺兰为《信条》中的逆转动作戏所画的示意图。首要原则是，他们不能从影片的另一部分拿来一个镜头进行简单的倒放。每个动作都要重新拍摄。约翰·大卫·华盛顿必须学会四种不同的打斗方式——作为主角，正向和逆向；作为自己的反角（antagonist），正向和逆向

情她的困境——她属于特权阶层，却也是困于镀金笼子的金丝雀，即便从另一个角度来看，你可能会觉得她很讨厌。这就是为什么这个角色的选角如此苛刻，因为她得是个能赢得人心的人。"

开拍之前，诺兰过了一遍剧本，画出动作戏的示意图——一场在自由港的保险库里，华盛顿和逆转后的自己搏斗；一场在爱沙尼亚三车道高速公路上的逆向/正向追车戏，用上了一辆18轮大卡车、许多辆轿车和一辆消防车；

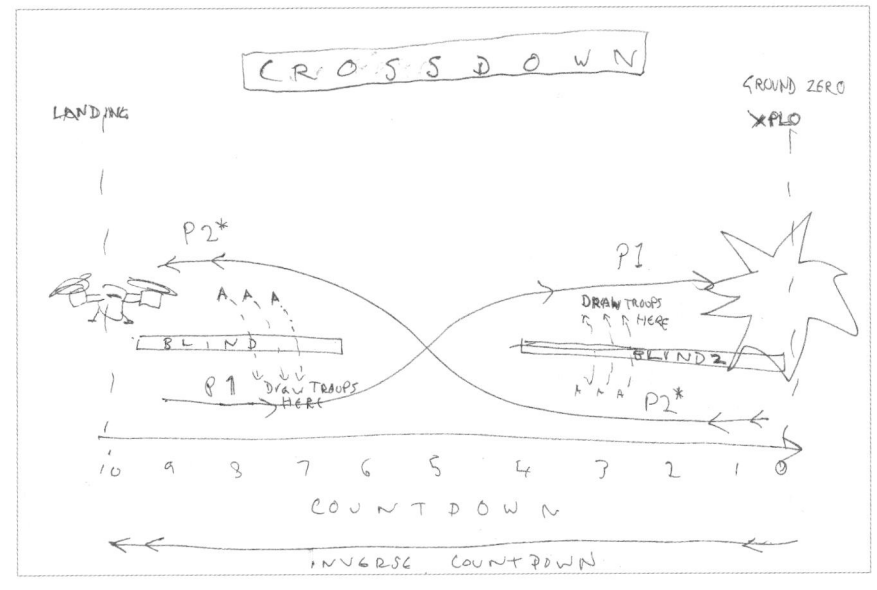

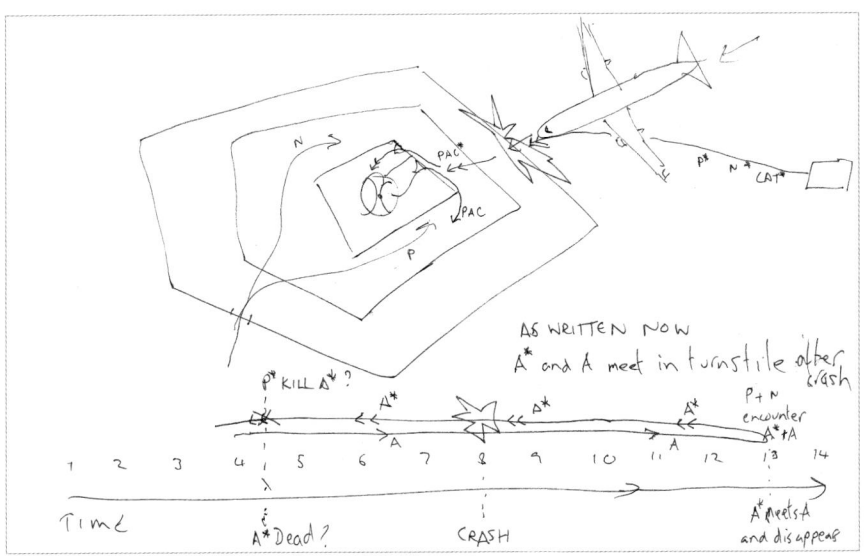

而高潮戏发生在斯塔尔斯克 12 号，敌对势力兵分两路，正如艾夫斯（Ives）对萨托尔手下的描述："逆时的，顺时的，顺行的反角，逆转的反角，他们都有。"给这些场景做动作设计，需要全新水准的多维故事板。诺兰说："这部作品带来的巨大挑战是，我以为我能停止正向思考，然后就可以逆向思考了。我非常擅长凭某种直觉来把握事物，然而这个项目让我兴奋的地方，就在于那种挫败感。我发现原来真的没法做到，我们没人具有反向的直觉。我们在

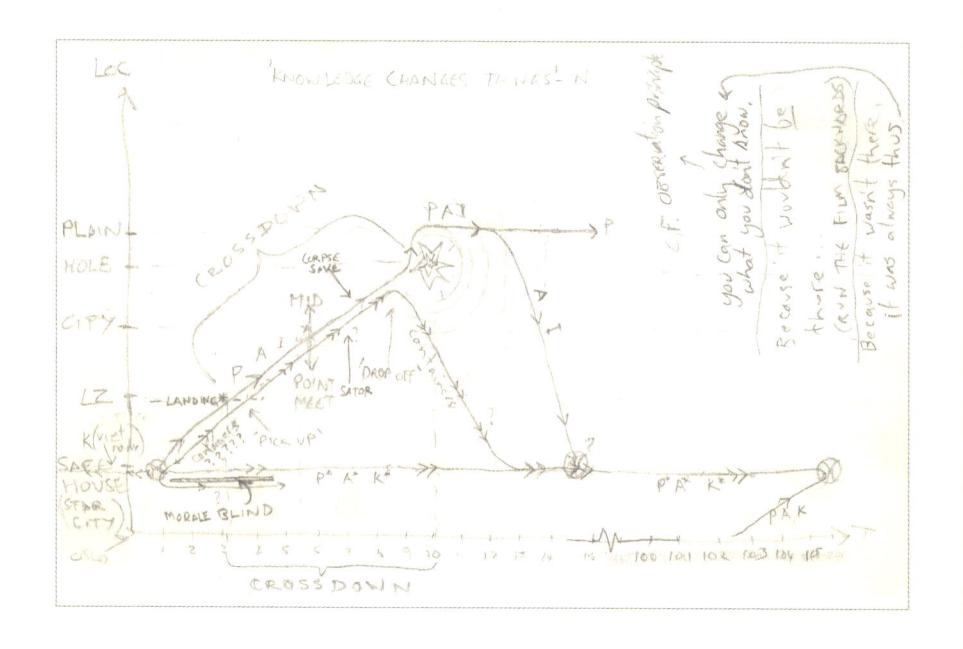

剧本阶段花了很多时间来讨论：'等等，这样做会这么发展吗？那样做会那么发展吗？你怎么拍一场同时向正反两个方向行进的追车戏呢？'这很有趣。然后我们到了片场都还在争论这些问题。大家越是钻研剧本，就越是糊涂。如此迷人的小组讨论持续了好几个月。"

摄影师霍伊特·范·霍伊特玛请一家摄影技术公司研发了一款前期视觉效果预演（previsualization）监视器，它能让你在片场即时看到一个段落倒放的样子。诺兰说："视效团队基本上把全片的示意图都画好了，我自己也提前设计了平面示意图。他们给了我一个三维示意图，能够来回追踪任何动作。令人惊讶的是，我做的图错误比较少，配合出来的效果很不错。你要是在这类素材上犯了错，那一定是个大错，我们也确实没少犯错。最后，我安排了一个管视效预演的人，让他一直在旁边待命，回答我的问题。我们每次对话都是这样的，我问：'我要知道这个动作是不是发生在那个动作之前？'还有'这个家伙从这扇门进来之后，手里会拿着枪吗？'——你懂的，各种各样的问题。然后他正要回答，我就说：'不，先别回答。拿着你的电脑，找一个安静的角落，好好分析一下，10分钟后再回来告诉我答案。'因为所有人的直觉，包括我自己在内，都不可靠。因此，拍摄过程非常非常复杂。"

· · ·

主体拍摄于 2019 年 5 月在洛杉矶启动，暂定名是"旋转木马"（Merry-Go-Round）。诺兰先从最简单的段落拍起——华盛顿的角色和逆行的自己在保险库里的打斗戏，然后才去拍更复杂的镜头。诺兰回忆道："约翰·大卫必须学会四种不同的打斗方式。他得能作为主角打斗，还得能作为反角打斗，还有作为主角的逆向打斗，以及作为反角的逆向打斗，非常非常复杂。我不想先拍约翰·大卫作为主角的戏，再拍他作为反角的戏，然后只把镜头混剪匹配在一起。我们意识到的首要原则就是，你不能从一场戏中拿来一个镜头进行倒放，行不通的。奇怪的是，几乎所有画面都在镜头内实拍完成，这对我也是一个很大的惊喜。我们的视效总监是安德鲁·杰克逊，先前也负责过《敦刻尔克》的视效，他很喜欢镜头内实拍。他就作为搭档待在片场，帮我想办法。我们也很早就了解到，那些特技演员很擅长表演逆向动作。"

　　接下来，摄制组来到了爱沙尼亚，在苏联时代遗留下来的老旧奥体馆林纳哈尔里面拍摄围攻歌剧院的戏份，还要在派尔努（Pärnu）的高速公路上拍摄逆向 / 正向的追车戏。之后，他们去往意大利、英国、挪威、丹麦和印度，然后回到了加州。在南加州的科切拉谷地（Coachella Valley），诺兰和剧组找到了一座废弃的矿山，在那周围搭建了斯塔尔斯克 12 号——萨托尔就在这个有辐射的鬼城里长大。

　　"我们最终达到的规模很是惊人。为拍这片已经去了全球 6 个国家，还要再为它搭建一座城市，考虑到预算也花光了，你又真能为电影结局建造个什么出来呢？这座城市可是要给人绵延好几英里的感觉。最终，我们搭建了许多虚假透视（false-perspective）[17]的建筑，因为用的是粗野主义风格，有了那些阳台和台阶，你就可以把各种东西的比例缩小到 50%，仍会有非常庞大的感觉。我对最终呈现的效果非常满意。"战斗发生在斯塔尔斯克 12 号的废墟中，倾斜的建筑直插天空，它们的顶部楼层重新聚合在一起，就像马克·吐温（Mark Twain）所著《神秘的陌生人》（*The Mysterious Stranger*，1897—1908）中的战斗场面一样。《信条》的这段战斗由两场爆炸推向高潮，一场正向炸开，一场将之逆转，地面爆起又抚平，蘑菇云向内聚拢，冲击波收缩成一道突如其来的闪光——奥本海默的隐秘愿望实现了。有人援引 T.S. 艾略特《空心人》中的话说道："世界就这样告终，不是嘭的一响，而是嘘的一声。"[18]诺兰电影的结尾通常如此，接下来一场场戏中的回响——是余音绕梁而非雷霆巨响——才是最引人入胜的。

　　诺兰说："剪出这场戏的时候，我非常兴奋，因为它非常有莱昂内的风格。就这三个男人（主人公、尼尔、艾夫斯），站在一片爆破过后的平原上。如果这部电影里有爱情故事，那就是他们之间的爱情故事。这是影片的情感核心，我却没有料到这一点。我最初设想的爱情故事，发生在主人公和凯特之间，那是符合逻辑的弗莱明式的剧情走向，但我和约翰·大卫都觉得剧本没有让我们感受到爱意。剧情只是顺其自然地把我带到这里，我发现自己其实对他们倾注了更多感情。其中有种非常西部片的味道，就像《七武士》（Seven Samurai，1954）之类的，结尾处男人们各奔东西，然后它又变成了别的东西。整个剧组都非常喜欢这场戏，他们一般是不会注意这些的，通常不会对演员表演和剧情发展表现出任何赞赏之情。当时我们在烈日下的山顶上，直升机从头顶飞过。若和剧组拍摄这种时刻，通常会是在私密的环境里，演员们也会有些动情的表演，而这场戏却外放得多。但是所有演员，也就是他们三个，在那一刻都表现得格外精彩。每个人都很兴奋。"

· · ·

早在 11 月初，诺兰和珍妮弗·拉梅还在剪辑室里一起剪辑《信条》时，他就开始预测观众对这部电影的反应了。他说："我们尽量让整部影片的回文性准确无误，也就是说，如果有人买了 DVD 倒放观看，影片依然能保持前后一致。当下这个时代，你要是拍了这样一部电影，就是在和这种文化、和座位上的观众进行一场奇异的对话。这有点不健康，因为我有自己的工作要完成。我得决定这部电影是拍给去电影院的普通观众看的呢，还是拍给那些对它疯狂着迷的人看的呢？后者把电影看上三遍之后就上头了，他们会去网上搜索，开始发问：'这是为什么，那是为什么？'他们有各种各样的问题，我能回答绝大多数，但我是否要把答案放进电影中呢？"

诺兰似乎有些纠结不定。一方面，他致力于保证影片的内部逻辑，还要确保导演时不受困于某个答案，即便这个答案暧昧不明，这是他从《记忆碎片》开始就懂得的道理。另一方面，他也怀有同样坚定的决心，在网友对《盗梦空间》和《星际穿越》的种种解构中，他决意像其他导演一样去享受想象的自由——他也有权拍那种"没人付打车费"的电影。诺兰似乎在和自己对话，最起码也是和观众对自己影片的期望对话。他的职业生涯可以看作与观众对话的过程，两者实时地互相回应、彼此回怼，就像回声在两相应答。如果《记忆碎片》令人迷惑，那《失眠症》就解释明白；如果《黑暗骑士》没有人情味，那《盗梦空间》和《星际穿越》就触动人心；如果《敦刻尔克》

马克·吐温在《神秘的陌生人》中写道："昨天的战斗重又开打,当然是头尾颠倒、全盘重来。"[19] 斯塔尔斯克12号废墟的取景地,位于加州霍索恩市(Hawthorne,上图),以及南加州的一座废弃矿山(下图)。剧组在这两地拍摄了精心设计的高潮戏

第 12 章 知道 KNOWLEDGE 325

让许多新粉丝感到惊讶,那《信条》似乎证实了每一位有影响力的导演身上早晚要发生的事——"诺兰"已经变成了一个专属形容词,就像他之前的斯皮尔伯格和林奇一样。如果说《盗梦空间》是他的《迷魂记》,那么《信条》则凭借其弯折时间的情节、反转与背叛,大片的粗野主义混凝土建筑,以及迈克尔·凯恩的客串,似乎注定要被视为他的《西北偏北》。《信条》就是诺兰式风格元素的集大成者。这种看法也让人感到些许不适,仿佛他被困在自己造出的递归式循环之中。

"你能做到真诚又自觉吗?我不确定。这个项目中的很多东西,我都直接重复了过去做过的事,比如弹壳飞回到枪膛里面的镜头,我之前绝对拍过,而我的真诚就体现在不把它们拿掉。我写剧本的时候,离群索居了很久,没人知道我在做什么。但等我把剧本拿给我弟弟看时,我问道:'我是在自我重复吗?'他说:'不,这更像是把一组理念推到极致。'我说:'太棒了,我也这么觉得。'你把自己迷恋的东西展现在大众眼前,让人们看到你水平的提升。从某些意义上说,这是件好事;但从另一方面来看,大家也可能认为这是简化敷衍,也许有人会说:'你看,他就是在自我重复。'这种认知是危险的。是的,我意识到了,但我并不是在重复过去的工作,我只是尽力忠于那些塑造了我的灵感动力。换言之,我并不是拍完上部电影之后,就想着:'好了,我应该再拍一部《盗梦空间》。'我真没那么想。但从情感上来说,《信条》是我心中一直想拍的电影。我意有所指,我在用电影意指自己的痴迷。

"我认为拿《信条》类比《西北偏北》说得通,因为虽然《盗梦空间》有个非常感性的背景故事,但《信条》却更超乎寻常。难以比较孰高孰低。对我而言,最有趣的导演,总是那些不管拍什么类型都能让你认出来的人。对于他们来说,做事方法只有对错之分,尽管判断标准会随着时间推移而改变。我希望我的电影也有所改变和进步。我认为《信条》在诸多方面都与我以前拍过的东西不同,但我对此并不担心。对我而言,刻意不同是不真诚的,我不会为了不同而不同,我认为态度必须真诚。如果我去看别人的电影,我又认为这位导演不爱他这部作品,那我就会觉得自己浪费了时间。"

· · · ·

1956年,核物理学家吴健雄和美国国家标准局合作进行了一项实验,以求彻底确定是否存在一种操作性定义来区别左和右。长期以来,物理学界一直认为自然界对左右并无偏好,我们的世界应该与其镜像基本一样。但是这

位美籍华裔物理学家吴健雄却怀疑"宇称守恒"[20]也许并不像大家设想的那样普适。1956年圣诞节到新年前夕那几天,她没有陪同丈夫乘坐"伊丽莎白女王号"返回中国探亲,而是留下来进行实验,将钴–60原子核置于极低温的真空管里令其自旋。她给装置施以强磁场,使原子核的磁矩与磁场方向一致,让同一个管里的粒子都同向自旋,然后统计原子核衰变时释放出的电子数量。如果宇称守恒,那么左右两个自旋方向上产生的电子数量应当相等。

然而实验结果却显示,两边的电子数量并不相等。令所有人震惊的是,大自然原来是个"灵巧的左撇子",它对"左"稍稍偏爱一些。实验结束的新年前夜大雪漫天,机场都关闭了,吴健雄搭上末班火车返回纽约,她要把自己的发现报告给丈夫。宇称守恒定律的颠覆——这项成果如此重要又激动人心,一些物理学家最初甚至都不相信。据说沃尔夫冈·泡利第一次听说此事时惊呼:"完全是胡说八道!"但在重复了这个实验之后,他确凿无疑地证实了宇称并不守恒。

诺兰版本的"奥兹玛问题",即在电话上向别人描述左右的区别,这个挑战始于2018年我们第一次坐下来访谈的时候,我在努力思考答案的过程

阿尔弗雷德·希区柯克执导的《西北偏北》(1959),据说其片名取自哈姆雷特迷乱的自吹自擂:"我发疯只发在吹西北偏北风的时候"[21]

第12章 知道 KNOWLEDGE 327

中发现了上述内容。然而，当我准备把吴健雄的发现转述给诺兰时，发现了一个小问题：这些理论我一个字都看不懂。我向朋友解释这套说辞，尝试了几次之后就清楚地意识到，我能记住其中约一半的内容，但是我对这些材料没有足够扎实的理解，无法真正自信地向别人转述。这是二手知识，从几本书和维基百科中偷来的，我根本没法说这是我自己的思维过程。即便是最微末的追问都会让我语塞，更别提诺兰会对我怎样百般盘问了。乔纳曾对我说："在他面前，一切都像是在显微镜底下。我哥何时会对别人说的话感到兴奋，我总能看出来，因为他会沉默不语。我们开车横穿美国时，我向他提起《记忆碎片》的点子，他当时就不说话了，我就知道自己镇住他了。"

最后，有一次在接我女儿放学的路上，我脑子里完全在想别的事，却突然有了一个点子。我在几个人身上测试了一下，效果还不错。我又一次见到诺兰时，没有像第一次那样，一上来就把答案脱口而出，而是等我们的访谈时间快结束的时候，用最随意不过的语气说道："我们最开始访谈时，确切地说，是我们第一次会面时，你问我如何在电话上向别人描述左和右。然后我回来告诉你，'我建议对方观察太阳落下的轨迹'，但是这招儿不管用，因为若事先不知道对方在哪个半球，这法子就不成立。"

"那个解决方案不坏。"他边说边给自己倒茶。

"我有了更好的答案。"

他用空着的那只手做了个"请讲"的手势。

"我会请他们把手放在心脏上。"

他停了下来。

终于出现了——乔纳跟我说的那种沉默。

"我喜欢这个答案，因为它很简单，"他终于开口说道，"你懂的，严格来说，心脏是在中间，但你却感觉它在左边。"

"不管问谁心脏在哪里，他们都会指向左边。"我快速接话。

"不，别误会，这是个好答案，因为关于心脏和人体的不对称性——我从没把这两者联系起来——有一点很有趣，就是人类器官长反位置的情况非常少见。人体的外部构造是对称的，而内部却不是。这些年来，我之所以如此心系这个谜题，一个原因在于我是个左撇子，我一直想知道为什么大多数男人的头发都是往左分的，即便右撇子也是如此。仔细想想，是挺奇怪的。我的头发又直又细，因此总得费心分缝；你的头发乱乱的——好吧……也不是乱，但也就那样儿。我每次都得选择往哪边分缝，答案总是往左分。你的解决方案指出了，尽管我们身体的外在大体上是对称的，但内部的某些器官却不是，比如心脏和肝脏。但心脏是个非常棒的答案，因为其中还蕴含着情感的成分；事实上，它让这个谜题更有意思了，而且也没有作弊。我花了很多时间努力思考这些东西，它们并不简单。"

THIRTEEN
第 13 章

结局
ENDINGS

  诺兰一坐下来写剧本，他就想知道故事会如何结束。一旦开始，他就会一路写到结尾，但他希望写到结尾之前，就知道结局会如何。他早就给《盗梦空间》想好了 4 个梦境汇合的结局，而 10 年后才琢磨出剧本要怎么发展到那一步；《黑暗骑士》的结尾，蝙蝠侠被警察追逐着越过屋顶的画面，也是在他提笔写剧本之前就想到了。"那部电影的结局我用了好几次：《敦刻尔克》用到了，《追随》也用到了。《黑暗骑士》的结局，融合了《原野奇侠》《漩涡之外》与《我是传奇》(*I Am Legend*) 的结局。中篇小说《我是传奇》的结局是史上最伟大的结局之一，我不觉得哪部改编电影恰如其分地把它展现了出来。主人公是一位独行的吸血鬼杀手。你读到结尾时，他看着窗外成群的吸血鬼而感到害怕，同时他意识到他们也害怕他，因为他每天晚上都出去屠杀吸血鬼。小说的最后一句话是：'我，已经成为传说了。'[1] 但我认为这样收尾在任何电影里都行不通，结局不够充分的电影还能成功，这种情况十分罕见、概率极低。但是一部烂片或平庸之作，却经常因为有了一个精彩的结局而大获成功。我自己拍的头两部电影，你看《追随》和《记忆碎片》，结局都深植于电影的结构当中。与其说这是一种思维习惯，不如说是一种生存机制。"

  与电影《双重赔偿》(1944)、《绕道》(*Detour*, 1945) 和《死亡漩涡》(*D.O.A.*, 1950) 一样，《追随》与《记忆碎片》的开场，要么是一段罪犯的口供，要么是罪案本身的呈现，然后再一步步回溯造成这个结局的起因。对于黑色小说或推理小说的作者而言，这种环形叙事并不稀奇。爱伦·坡希望找到一家英国出版商出书，便与狄更斯会面，两人聊起威廉·戈德温（William Godwin）1794年的小说《凯莱布·威廉斯传奇》（*Caleb Williams*）。狄更斯告诉坡：""你知道吗，戈德温是倒着写的——他从最后一卷写起。""在钱德勒的故事中，要么是委托者本人做了坏事，要么失踪之人才是罪魁祸首，或者他根本就没有失踪。故事的结尾，马洛可能在名义上解开了受托调查的谜案，但那谜案反过来是更大腐败问题的冰山一角，腐败的全貌永远没人能彻底看清或弄懂。他永远不会是真正的赢家。在城市里，小人物被欺骗愚弄，有钱人却飞黄腾达。真相消失不见，谎言变成传奇。就像马洛在《长眠不醒》结尾处所说：""如今，我也是这龌龊不堪的一分子了。""

这种绕了一圈又回到原点的构思，嵌在许多诺兰的电影中——《失眠症》《致命魔术》《侠影之谜》和《星际穿越》，最后都绕了一圈，回到之前的镜头、情境、人物或对白。但绕的这个"圈"从来都不是一个圆圈，而更像一个螺旋形的弹簧或拔塞钻。结局与开场看似回到了同一点，但实际上结局却落在螺旋上更高或更低的某点，让我们看到自己从何处来、往何处去——螺旋的下一圈，正在更高处等着我们。即便是在今天，用谷歌搜索"《记忆碎片》的结局"，还会出现约453万条结果，包括标题如下的文章：《〈记忆碎片〉的结局究竟是什么意思？》（来自whatculture.com）；《〈记忆碎片〉：情节简化梳理与结局解析》（来自thisisbarry.com）；以及《〈记忆碎片〉：结局是怎么回事？》（来自schmoop.com）。搜索《盗梦空间》的结局，则会得到2,390万条结果。从某种意义上说，一部诺兰电影带观众走上的旅程永无止境。

"你为什么不知道陀螺倒下了没有？你就是不知道，因为画面被切掉了。为什么画面被切掉？因为导演关掉了放映机。所以这种暧昧性乃故意为之。在哲理层面，我纠结了许久。我知道我想这么做，但也知道这有违我自己的电影伦理，因为人物已经不在乎了，柯布起身去见他的孩子们了。如果你愿意的话，可能还有另外一种呈现方式，还有另种方法隐去信息，不让言外之意暗示结局。作为一名电影导演，这是厚颜无耻的伎俩，但是观众却很买账。观众盯着陀螺，心想：'你最好告诉我他不是在做梦'，然后画面就黑了。为什么？因为导演关掉了放映机。《盗梦空间》的结局强行营造了一种暧昧性。因此，从某种意义上来说，我认为《记忆碎片》的结局更好……我拍的电影

取得了商业上的成功,如果说有何要诀的话,那就是这些电影总能找到某种办法,把暧昧性变为积极感,我认为极少有电影做得到这点。《去年在马里昂巴德》(*Last Year at Marienbad*,1961)是一例,尽管我看的时候并不认为它格外模棱两可。《全面回忆》(*Total Recall*,1990)也有个暧昧不明的结局,但它并没有以同样的方式和观众正面交锋。"

诺兰所说的这种"正面交锋",通常表现为影音渐强的形式,音高上升、力度变强,然后一切戛然而止,只留下一块宛如挑衅的黑幕,仿佛打破循环的唯一办法就是突然结束。这种效果具有双面性,一面朝后,一面朝前。观众只记得刚刚看过的东西,共鸣就在此时于脑海中绽开。但它也暗示着某些事情仍在继续,螺旋又转动了一圈,叙事螺旋的更上方或更下方还有事发生。伦纳德·谢尔比正在某处重复着构成《记忆碎片》情节的举动,只是这一次我们没有看见;多姆·柯布正在某处和孩子们共享天伦之乐,或者醒来时又是一场噩梦。《信条》的结尾,约翰·大卫·华盛顿饰演的主人公,弄清了自己与尼尔和艾夫斯相识已有多久,以及他们一直在执行什么任务。结局也标志着开始。诺兰电影留下的回声,只有在它结束时才让你感受到回响。

"就是**回响**(reverberation)这个词,"他说,"就是影片的回声。我们在《星际穿越》里直接用到了回响,但它也出现在我所有电影和影片结局中。高潮及其回响是一种很棒的收尾方式。比如,《敦刻尔克》和《记忆碎片》两

阿兰·雷乃执导的《去年在马里昂巴德》(1961)

332　诺兰变奏曲　THE NOLAN VARIATIONS

片的结局，单论它们技术上的剪辑方式，就有很多相似之处。《敦刻尔克》剧本上写的最后一个画面，是燃烧的喷火式战斗机，但观看工作样片时，菲恩从报纸后抬起头来的瞬间，让我突然意识到'这才是真正造就大高潮的装饰音'。它带给你的意外感，是喷火式战斗机做不到的。喷火式战斗机把音量带起来，又降下去，但画面是在菲恩的那个静默时刻切掉的。我们就这样试了几次。《敦刻尔克》中有个地方我很喜欢，但还没人注意到，就是报纸的音响和开头传单的音响其实是同一个。我们用了同样的音响，恰好形成美妙的对称。开场非常宝贵，因为你非常难得地获取了观众的注意力；而构建结局时，你也得重获他们的注意力。于是在累积效应下，影片就能达到高潮。在影片结尾处，你手握观众注意力的焦点，一如开场时那样。"

• • •

在 1997 年出版的著作《马丁·斯科塞斯的美国电影之旅》（*A Personal Journey with Martin Scorsese Through American Movies*）中，斯科塞斯详述了"导演像走私犯"的观点，体现这一观点的典型代表是尼古拉斯·雷（Nicholas Ray）、弗里茨·朗、道格拉斯·瑟克（Douglas Sirk）和塞缪尔·富勒（Samuel Fuller）等导演。这些导演在当时被许多影评人轻视，仅被归为 B 级片制作者、类型片狂热分子。然而，正因他们身处制片厂等级秩序的较底层，所以才能相对免受干扰地开展自己的电影事业，他们"能够发挥个人风格，编排意想不到的母题，有时把常规的素材转化为更为个人化的表达。从某种意义上说，他们成了走私犯"。

上述论点是对弗朗索瓦·特吕弗（François Truffaut）某一观点的细化阐述，该观点最早提出于 1954 年的文章《论法国电影的某种倾向》（"Une certaine tendance du cinéma français"）。特吕弗在文中驳斥了法国电影业对他所谓的"爸爸电影"（cinéma de papa，本质上指守旧落伍的老派电影）[2]的喜爱，转而支持更为大胆创新、更具表现力的电影摄制风格。在奥逊·威尔斯、尼古拉斯·雷、罗伯特·奥尔德里奇（Robert Aldrich）和阿尔弗雷德·希区柯克的作品中，他与《电影手册》（*Cahiers du cinéma*）的影评人同仁找到了那种令自己兴奋的风格。对于这些视觉风格大师，剧本只是电影的起点，他们的作品不可避免地打上了个人烙印，就像诗歌中写有诗人的个性，或画作中融进画家的个性。他写道："与其说这是技术的命题，不如说是'书写'（écriture）的命题，一种个人的表达方式。"[3]

特吕弗提出的观点有个名称，即"作者策略"（la politique des auteurs）或者"作者论"（auteur theory）。曾有许多法语词汇进入英语，如 cachet（威望）、chic（时髦）、faux pas（失礼）、savoir faire（处世自如）、crème de la crème（人中龙凤）、pièce de résistance（重头戏）；类似地，auteur（作者）一词在英美流行起来，并不是因为英语中没有这样一个术语，而是因为英语不能唤起法语带给人的高贵联想。安德鲁·萨里斯（Andrew Sarris）曾在《1962年的作者论笔记》（"Notes on the Auteur Theory in 1962"）中写道："我不知可否大胆地说出来，我认为这个概念应该是指热忱的灵魂（élan of the soul）。"[4] 剧透一下，他确实大胆地进行了阐述。

如今，"作者"一词已被广泛使用，以至失去了原本的意义。但对于《电影手册》最初的那波影评人而言，所有那些战时无法看到的犯罪惊悚片、西部片和悬疑片，他们一部部贪婪地狂看，在这些美国导演身上观察到了一种双重特质——他们在制片厂体系内工作，却没有失去自我，"作者"一词就专门用于形容这种特质。克劳德·夏布罗尔（Claude Chabrol）在1955年的一篇文章[5]中写道："显然，在如此奇怪的行业里，保持自我需要格外有才。"他举出一些惊悚片范例，指出它们的手法很深刻，甚至堪称美丽，如奥托·普雷明格（Otto Preminger）的《罗拉秘史》（Laura，1944）、奥逊·威尔斯的《上海小姐》（The Lady from Shanghai，1947）、尼古拉斯·雷的《兰闺艳血》（In a Lonely Place，1950）、约翰·休斯顿的《马耳他之鹰》、雅克·图纳尔的《漩涡之外》，以及霍华德·霍克斯（Howard Hawks）的《夜长梦多》[6]。"诚实的人说，那是主题的匮乏！说得好像主题不是电影作者创造出来的一样！"他总结道，"财富已经不在矿中，而是在探矿者身上。"

如果夏布罗尔是在今天写的这篇文章，最让他兴奋的导演——21世纪"作者策略"的门面担当——将是克里斯托弗·诺兰，对此大家会有何异议吗？身在当代好莱坞这个系列片重镇的中心，诺兰堪称出类拔萃的"走私犯"。他拍出

约翰·休斯顿导演的《马耳他之鹰》（1941）的海报

334　诺兰变奏曲　THE NOLAN VARIATIONS

了 11 部长片，每部都票房大热，都满足制片公司的娱乐指标；但也都不可磨灭地打上了个人主题和迷恋之物的烙印，而它们在惯例上更多是艺术电影的专属。他迷恋的是时间的流逝、记忆的失效、否认与偏题的怪癖、内心活动的私密时钟。一边是晚期工业化的断层线，另一边是信息时代的裂缝和悖论，上述主题的背景，就设置在两者相遇之处。史蒂文·约翰逊论述道："回望过往，大多数时代都有独特的'观看之道'，并最终界定了时代自身：文艺复兴艺术的定点透视、立体主义的散点拼贴、MTV 带来的闪速剪辑，以及 80 年代的电视换台浏览。而我们时代决定性的观看方式，或许可以说是'长距变焦'（long zoom），例如间谍片中的卫星追踪车牌号码；在谷歌地图上点几下，就能从地区全景看到你家房顶……这是混沌理论的分形几何，每一个新的尺度都揭示了无穷的复杂性。"我们或许还可以补充：《失眠症》出字幕的片头把冰川的画面换成了绷带；汉斯·季默的和弦呼应着《盗梦空间》中的嵌套世界；《黑暗骑士崛起》中，曼哈顿大桥在远景镜头里爆炸；《星际穿越》中，土星景象出现时传来了雨声；《信条》中，大块混凝土开始震动，仿佛亟待爆开的软木塞。

开始写这本书时，我将诺兰的作品比作希区柯克之作；而在写作过程中，我逐渐得出结论：如果非要说诺兰像谁，那么他更像希区柯克的德国前辈弗里茨·朗，这在《黑暗骑士》三部曲上体现得尤为明显。但是将诺兰与希区柯克进行比较，从某方面来说也是合理的。"时机就是一切。"女演员特蕾莎·赖特（Teresa Wright）谈起她在希区柯克《辣手摧花》（*Shadow of a Doubt*，1943）中饰演的角色时如此说道，这个角色怀疑她的舅舅是杀人凶手。希区柯克最新传记《希区柯克传》的作者彼得·阿克罗伊德（Peter Ackroyd）评价《西北偏北》时写道："如果演员用手指敲着桌面，那就不仅仅是漫无目的的敲打，还要带出一定节拍、一种音乐模式——就像音响的副歌。他对音效的编排宛如音乐家谱写器乐曲。"该片的剧情"印成冰冷的文字可能会令人费解，但是在大银幕上呈现出来的，却是纯粹的逃亡与追逐，瞬息万变、转瞬即逝。一个'切换'接着另一个，速度如此之快，让观众只剩惊慌兴奋的份儿"。诺兰一贯渴望用电影引得观众惊慌兴奋，但是随着年岁渐长，他也和希区柯克一样，愈发感兴趣的是配乐的抽象潜力，以及运用音乐来形塑和组织电影。

"《侠影之谜》中，我们首次运用蒙太奇来呈现布鲁斯·韦恩待在影武者联盟的 7 年时光，因此，有助于塑造电影弧光的是音乐结构而非剪辑。我和汉斯开玩笑说，每拍一部影片，我都学到一个新的音乐术语。我在《侠影之谜》中学到了 ostinato（固定音型），我很乐意用这个词，还无须为它下定义；在《敦刻尔克》中学到的是德语单词 Luftpause（换气）。导演这个工种需要你什么都懂一点，万事皆通，博而不精。我知道自己从没有成为音乐家的忘我精神或天赋，但是我对音乐很感兴趣，知道怎么在我的作品中使用音乐。同理，我能写剧本，但我觉得自己写不出小说。我会画画，但水平不足以成为故事板画师。我是其他导演的狂热粉丝，也对导演工作怀有坚定的信仰。我认为这是一份伟大的工作，但是导演就像指挥家，而非独奏者。"

我们最后一次访谈在诺兰的藏书楼里进行，这座受弗兰克·劳埃德·赖特风格影响的复式建筑，坐落在他家花园的一侧。书架上摆满了艺术画册、阿加莎·克里斯蒂和阿瑟·柯南·道尔爵士的作品，还有诺兰收藏的黑胶唱片，从史蒂夫·赖克（Steve Reich）的《为18位演奏家而作的音乐》（Music for 18 Musicians），到发电站乐队的《人-机》（Man-Machine）专辑。成堆的唱片旁边，靠窗放着两把大提琴，还有两个乐谱架。诺兰说："艾玛小时候拉过大提琴，所以几年前她生日的时候，我送给她一把大提琴和一套音乐课程。过了一段时间，她发现我也有点感兴趣，我也想学一学。我从没想过要上大提琴课，但是她让我喜欢上了大提琴。我差不多会拉《一闪一闪亮晶晶》了。"

艾玛·托马斯好像听到有人提起自己似的，把头探进屋子，找着女儿申请大学要用的文件。弗洛拉刚满18岁。"她正在申请大学，"托马斯说着，指了指放在房间另一侧、诺兰座位后面的雅马哈（Yamaha）电子琴，"她平常都是弹钢琴，但很担心自己上了大学之后就没钢琴可弹了，我们就把这个送给她作生日礼物。"

"它能弹出不同的钢琴声。"诺兰边说边站起身演示电子琴的不同设置：原声钢琴、爵士钢琴、音乐会钢琴、古典钢琴、流行钢琴、电子钢琴。

"有没有走调钢琴？"我问。

"有的，稍等。"诺兰说着，拨弄了一个开关，然后笨拙地敲了几个音符，那声音听起来就像稍稍走调的钢琴。

"真新潮，"托马斯说，"行了，我得走了，申请季诸事忙……"她补充道，然后消失在隔壁的房间里。

自从我第一次坐下来采访诺兰以来，其间发生了很多事情，他们的女儿到了上大学的年纪只是其中之一。在我们访谈的这段时间里，中国研制出了第一批克隆猴,并在武汉发现了首批新冠病毒病例;世界上最后一头北白犀在肯尼亚灭绝;火星上发现了冰下湖;哈里王子和梅根·马克尔(Megan Markle)结婚,并离开了王室;保罗·马纳福特(Paul Manafort)[7]被关进监狱;事件视界望远镜(Event Horizon Telescope)发布了现存的第一张黑洞照片;澳大利亚的丛林火光滔天;英国脱离了欧盟。诺兰蓄了胡子又剃掉,跟随新拷贝版的《2001 太空漫游》去了戛纳;写了一部长片剧本,之后选角、拍摄、剪辑;接受了白金汉宫的邀请,被授予大英帝国司令勋章。他已经 49 岁了,又多了几根白发。他的电影如何随他一同变老,这让他着迷。那些电影的秘密他曾经守口如瓶,如今却在网站和博客上引发了无穷争论;看多了后来者对他的模仿,片中的创新之处已然平淡无奇,变成了陈词滥调;曾经对他而言如此个人化的主题,竟成了宏观历史潮流的代表,虽然当时的他并未预见到这一点。

"有些导演从来不看自己的电影,我却着迷于它们如何随时间而变化、如何变成历史的产物,无论是好是坏。那些面世时也许略显粗俗或老派的电影,可能随着时间的流逝而自成一格,因为同期上映的其他电影纷纷暴露了各自的矫揉造作。我们很少有机会能看到塑造我们的历史模式。我很多年没重看《记忆碎片》了。最近我和孩子们一起看了《黑暗骑士》。《黑暗骑士》这类电影的问题在于,它的类型很受制于上映时段。让任何人重看或者重新思考一部超级英雄电影都很困难。将来总会有新版的蝙蝠侠,你懂我意思吗?然而,科幻电影就不一样了,我拍《星际穿越》时就知道要看得长远一点。20 年后人们会怎么看待它呢?希望那时候大家还会重温它。"

即便是库布里克的《2001 太空漫游》,也随着时间的推移而发生了变化。诺兰 7 岁时第一次观看这部电影,自此之后,每逢重要的上映周年纪念活动,他都会去报到。"有趣的是,即便是像《2001 太空漫游》这样的科幻巨作,它与未来的关系也在起伏波动。大概 10 年前,我去参加这部电影上映 40 周年的纪念放映,差不多也是那时我第一次把它放给孩子们看。他们提出的第一个问题就是:'为什么电脑会说话?'那时候还没有 Siri,会说话的电脑这个创意在他们看来似乎毫无意义。因为对他们来说,电脑就是像螺丝刀一样的工具,只是一个与世界相连的界面。去年参加本片上映 50 周年的活动时,我又看了一遍,发现它比以往任何时候,包括 1968 年它最初上映时,都更有冲击力,更能激发共鸣。片中的宇航员坐着吃早饭时,每人都有一个平板电脑,各自在上面看着节目。现实中 iPad 已经出现了,突然间影片又与现实神同步了。三星和苹果公司打官司时,试图用《2001 太空漫游》来佐证苹果公

司无权独占 iPhone 的概念。法官没有同意这个说法。但他们居然会试着以那个作为证据啊。所以说，科幻电影与现实世界的关系，一直是在起伏波动的。

"关于哈尔（Hal，片中的人工智能电脑），有件趣事是，当时库布里克找来一些公司绘制未来超级电脑的效果图，其中一家给出的方案，是让宇航员在电脑**内部**飘浮。库布里克便给他们写了封信，内容大致是说：'这真他妈是在浪费时间，你们不要弄了，这根本不是我想要的。'但这就是最终呈现在电影里的东西，而且还是影片中最精彩的地方之一。就是那个点子——宇航员应该在电脑内部，而不是外部。导演工作就是这么回事。你要四处挑人、找合作者，然后做出这些无关紧要，或者看似无关紧要的决定，日复一日，年复一年，看它们会累积出怎样的成果。"

"你也遇到过这样的情况吗——偶然发现的东西却成了关键？"

"当然有，是在视觉上遇到的。《致命魔术》中灯泡亮起的那场雾戏就是。那场雾完全不是我们期盼的，或者说计划放进去的东西。休来到实验室的好几个场景里都有雾，雾给它们定了基调。《黑暗骑士》的最后一个镜头也是意外得来的。我本来不知道在视觉上如何收束这部电影，最后用的镜头其实

本页图和对页图：2018 年，为了庆祝《2001 太空漫游》上映 50 周年，诺兰在摄影师霍伊特·范·霍伊特玛的协助下，"还原"[8] 了这部斯坦利·库布里克的作品

338　诺兰变奏曲　THE NOLAN VARIATIONS

是我在工作样片里找到的。那场戏的安排是让特技演员骑着摩托车,我们驾车在后面追拍。演员上了一个坡道,坡道上端有一架打光灯照进来。他飞快地驶入光中,斗篷的边缘略微闪现光亮。我在工作样片中看到了这个画面,在一个镜头的结尾。'有光了,停拍。'但在某一刻,我突然想到:'这就是电影的结尾了。'这些事往往是福至心灵,每部电影中都有这么几处。一旦摄影机开始运转,每天都会发生让你惊讶的事。你也在寻找这样的惊喜,否则就太机械死板了。这就是拍片一直令人兴奋的原因。"

诺兰儿时常去的电影院几乎都消失了。1977年,他第一次观看库布里克的《2001 太空漫游》,是与父亲一起,在奥迪安影院伦敦西区店(Odeon West End)看的,那里如今已经被爱德华时代集团改建成一座 10 层楼高、集酒店和水疗馆于一体的综合体建筑。在那放映的最后一部影片,是诺兰自己的 70 毫米胶片版《星际穿越》,影院关闭之后,这片的海报还在遮篷上挂了好几个月。伊利诺伊州诺斯布鲁克的斯科基大道边,矗立着那座未来主义风格的伊登斯电影院,诺兰和母亲在那里一起观看了《夺宝奇兵》。1994 年,该影院放完了最后一批电影 —— 由艾德·哈里斯(Ed Harris)和梅兰妮·格里菲斯(Melanie Griffith)共同出演的浪漫喜剧《情迷 V 女郎》(*Milk Money*,1994),以及尚格·云顿(Jean-Claude Van Damme)主演的《时空特警》(*Time Cop*,1994),之后就被拆毁了,取而代之的是一个汇集了诺德斯特龙(Nordstrom)百货公司、多家星巴克和一家金考快印公司(Kinko's)的购物中心。位于国王十字的老斯卡拉电影院开业于 20 世纪 20 年代,宫殿般的影院拥有 350 个座位,诺兰在这里看了《蓝丝绒》《全金属外壳》和《孽欲杀人夜》。1993 年,它险些破产,而后停业,但在 1999 年又以夜店和音乐场馆的形式重新开张。

"大家都在关心:'电影会死吗?'它现在是个问题了。目前的大趋势就是将电影的呈现形式和内容分离。但这样真的不行,因为电影本质的一部分,就体现在能与他人共享的那种独特的主观视点上。这就是为什么 3D 电影的

第 13 章 结局 ENDINGS 339

收效不太好，因为它歪曲了这种关系。你戴着立体眼镜时，大脑会直觉地认为你和别人看到的影像不一样，你们并不是都在观看大画面或大看板，然而那就是电影。这就是为什么大家不喜欢在阶梯式座位上看喜剧，因为你感受不到周围的观众，看不到前面的人头。若有人问我，'嗯，你对别人用手机或别的什么设备看《敦刻尔克》有没有意见？'没有，我没有意见。但我这么说的原因在于，这些影片基本上还是在大型影院里放映的，或者说这是它们初始的发行方式。这种体验会向下渗透，达到一种什么程度呢？即便你是在 iPad 上看电影，也会带着对大银幕的认知，带着你对影院看片体验的理解，并由此推知那种观影感受。因此，当你在 iPad 上看电视剧的时候，大脑会处在一种完全不同的思维模式。几年前，M. 奈特·沙马兰在一份行业报纸上写了一篇文章，大概 10 年前吧，那时候院线发行的窗口期刚开始瓦解。他表达得非常清楚：'是的，我们赚钱全靠衍生品销售，但电影初始的发行上映才是推动力来源。'你明白的，电影就是这么回事。我们在模拟世界里生活和工作，我们需要观众坐在座位上，我们需要人们来到电影院、沉浸在电影里。当下电影院吸引人的地方在哪里？观众走出家门，准备迎接的就是电影院里的体验。这种体验超乎寻常，我们无法从电视上、家里或手机上得到。你就在那一刻，仿佛实时地经历强烈的体验——这种彻底主观的体验，我称之为'无须眼镜的虚拟现实'。这才是观众准备来看的东西。"

诺兰对光化学胶片的这份忠诚，不仅帮助柯达（Kodak）重振事业，还继续推动了技术的进步，尤其是他对 IMAX 的开创性运用。他说："我和塔西塔·迪恩的公开对话中提到了一件事，就是所有这些议题其实都源自艺术界，比如'媒介特异性'和'媒介阻力'。如果你取一块黏土做雕塑，那么黏土对手的反作用力会影响你的艺术创作，也影响着最终的成果。这当然也适用于电影这门手艺。不论你是拍默片、黑白片、彩色片或有声片，媒介的阻力都会影响你的选择。它影响着你如何调教演员、如何设计走位、如何分场、如何移动摄影机、是否需要移动摄影机。媒介对我产生反作用力，它是有阻力的，我需要克服种种困难。这些也会影响你一天的节奏，比如你得给摄影机重装胶片，每次只能拍十分钟；而对于 IMAX 摄影机而言，实际上我每次只能拍两分半钟。这让我回想起自己用父亲的超 8 摄影机拍摄的第一批电影，那时每隔两分半钟我就要换一次胶片盒。我正好回到了自己的起点。"

诺兰还是最喜欢一大家子一起出去看电影。他说："我从来不喜欢自己一个人去电影院看片，现在也不喜欢。我喜欢和孩子们一起去，或者和家人一起去，看完之后大家讨论一番。艾玛可以独自行动，她很乐意一个人去看电影。但是我不喜欢，从来都不。我说不出到底为什么。"他永远难忘的一次影院观影经历，是观看《沉默的羔羊》(*The Silence of the Lambs*)，这部 1991 年的影片由乔纳森·德姆（Jonathan Demme）导演，改编自托马斯·哈里斯的同名惊悚小说，诺兰早先就是这本书的粉丝。那是诺兰在 UCL 读书的第一年，放假期间他回到了芝加哥。"在影片首轮上映接近尾声的时候，我跑去一家郊区的二轮影院，你懂的，空荡荡的影院里除了我只有一两个观众。我想和我弟弟一起去看，我真的很喜欢这部电影。我认为改编得非常棒，一点也没觉得吓人，就那么看完了也没怎么样。几个月之后，《沉默的羔羊》在伦敦上映了，我又去西区一家影院看了一遍。这一次是和艾玛一起，影院里都满场了。这回我**吓坏了**。那是我最恐怖的一次观影体验，我记得自己受了很大刺激。电影的独一无二之处，在于融合了主观感受、内心体验，以及与其他观众共享的经历与共情。那是一种近乎神秘的体验。你读小说的时候，是一种全然主观的体验，无法与他人共享，只能自己一个人沉浸在叙事之中。戏剧舞台给人以共情的体验，但是每个人观看舞台的角度又不相同。电影则非常独特地混合了主观性和沉浸感，同时又可以共享。任何其他媒介都不能实现这一点，这就是电影无与伦比的原因，也是它会永远存在的原因。"

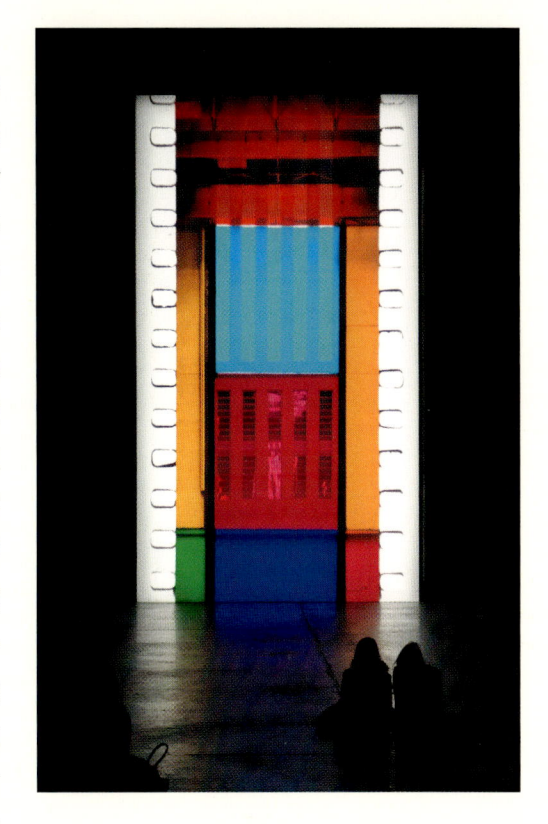

· · ·

就此告终似乎不错。我站起身，为他肯抽出时间配合访谈而道谢。诺兰不太看重打招呼和道别的礼节，他的表达方式总是耸耸肩，很随性的感觉，仿佛他只是要去趟隔壁。相反，当他重新聊起多年以前的对话时，却好像那就发生在昨天。

"你记得我们第一次见面时聊了什么吗？"他问。

"你是说 2001 年在坎特餐厅那次？依稀记得。我们聊了你是左撇子，以及这点是否影响了《记忆碎片》。"

"我想回到电影发明初期的年代。"塔西塔·迪恩如此谈论其 2011 年在泰特美术馆展览的装置艺术《电影／胶片》(*FILM*)

"你当时说：'我认为，我们可能想出了一套可行的理论，来解释《记忆碎片》的结构。'"

"我不确定自己现在是否还会那么认为。我觉得要比那次想得更深一些。我确实记得当时提起了保罗·麦卡特尼（Paul McCartney）是个左撇子，他和列侬（John Lennon）曾经在汉堡的酒店床上相对而坐，模仿对方弹奏的和弦，就像照镜子一样。"

"对了，"他说，"我有个问题问你——其实只是一个词，**右位心**。"

我花了好一会儿才明白他在说什么，但当我搞懂的那一刻，身体某处仿佛僵住了。

"每 12,000 个人当中就有一个人的心脏长在右侧，"他若无其事地说道，"这是不是就否定了你的答案？真是一个有趣的哲学问题。虽然我知道 12,000 分之一挺罕见的。"

有那么几秒，我真恨他。我简直不敢相信，他竟然找到了一种方法，来否定我对左右问题的"心脏"解决法。他是不是**想**证明影评人说他"没有心"的话都是真的？但那只是一闪念，我重新坐了下来。

"嗯，我认为这取决于大家对心脏位置的一般理解。正如你所说，心脏的位置其实也没太偏左，它比较像是居于中间，但**照惯例来说**，大家都知道心脏在这儿……"

我把手放在心口。

"但我并不是从人类学的角度来看待这个问题，"他接着说，"我是以欧几里得式，或者说以数学的方式来看待它的。'心脏'解决法深得我心，因为其中包含了人的元素。是的，我们的心脏是在左侧，但如今知道了有些人的心脏在右侧，尽管数量极少，但它还是让你的答案站不住脚了。它打开了看待这道谜题的另一种视角，也就是从本质上说，在人体生长过程中，遗传基因为什么可以，或者说是怎么来决定身体的左右的？"

"那么这么说如何？我会让他们把手放在心脏上，然后补充一句：'除非你是右位心，那样的话，你就应该把手放在另一侧。'"

他看起来有点怀疑。"但是如果需要额外说明，这个答案是不是也站不住脚了呢？"

"完全不会啊，"我定了定神说道，"这个任务是，我能否在**电话**上用**英语**和别人**说清**左和右的区别，你可没限制解释的长度和复杂度。"

他看起来还是不太信服，但似乎感觉到了我的挫败感。"我一直都把它当成一个抽象问题，而不是它在现实世界里会怎么样。我用'给某人打电话'这个类比，只是为了把物质世界的因素从这个等式上去除。我想纯粹用抽象、语言和思维的方式解决这个问题。我认为你的方法很棒，它解答得很漂亮，但是就像我无法接受你的行星方法一样，'心脏'解决法总有什么让我觉得不对劲儿。至今为止，我们想出来的所有方法，都依赖于现实世界中的外部实体元素，比如你的身体或行星。但是从数学的、抽象的层面，你还是无法区分左和右，这件事依然令我着迷。你明白吗？"

"是啊，现实世界。"我有点暴躁地说，"只有现实世界里才有左和右啊。"

"我再给你一个思考的角度：如果你是和一个人工智能打电话，那你怎么表述左和右的区别？"

我被难住了。我也一直心存怀疑，他怕不是改变了解题规则，尽管此刻他给我的问题——为人工智能定义左和右——更接近经典的"奥兹玛问题"，马丁·加德纳最初提出时就涉及了地外生命。我也不愿用上吴健雄的解决方案，让钴–60原子核在极低温的真空管中旋转。因为我不知道如何弄到钴–60原子核，旋转的真空管也很可能会狠狠撞到我的鼻子。我回到纽约，继续写这本书，同时绞尽脑汁地思考如何用一种可操作的方式描述左和右的区别。我女儿年满6岁了，她有些看腻了我每天坐在电脑前的样子。我认为，她觉得我就是靠干这个谋生的，写关于克里斯托弗·诺兰的书是一份全职工作。也许将来某天，有人问她爸爸是做什么工作的，她会说："他是写克里斯托弗·诺兰的。"

有一天，她坐在我腿上。"克里斯托弗·诺兰，怎样怎样（blah, blah, blah）……"她说着，假装在我的键盘上打字。

我给她看如何盲打来让这行字显示在屏幕上。

克里斯托弗·诺兰，怎样怎样……

"你还可以这么做。"我说着，复制粘贴了"怎样怎样"，让它无限重复下去，字符从左到右推进，直到换行。

克里斯托弗·诺兰，怎样怎样……怎样怎样……怎样怎样……怎样怎样……怎样怎样……怎样怎样……

我与诺兰的最后一次谈话提及了我们第一次谈话的内容，好像那就发生在昨天

第 13 章　结局　ENDINGS　343

我重复这个操作，文本块就在屏幕上从左到右、从左到右，一遍又一遍地自行推移，仿佛《闪灵》中的"只工作不玩耍，聪明孩子也变傻"（All work and no play makes Jack a dull boy）。

怎样怎样……怎样怎样……怎样怎样……怎样怎样……怎样怎样……怎样怎样……怎样怎样……怎样怎样……怎样怎样……怎样怎样……

然后我停了下来。

我突然想到了什么，需要带一个星号（*）注释。这个方法对于机器人、人工智能或者外星生命无效，但是对本书的读者却百分之百有效。几周之后，我有事要打电话给诺兰，追问他几个问题。在谈话的结尾，我说："我有个新方法解决左右问题……但是它得加个星号注释。"

"说吧。"他说。

我把答案告诉了他。

"这个注释可真不小。"我讲完之后，他说道。

"我跟你说了嘛。"

"我觉得，我还是更喜欢你的'心脏'解决法。"

我想也是。不管怎么说，以下是我给他的答案，后面带着一个星号注释。

我会请那个人拿起这本书，读第一句话："一个男人在伸手不见五指的黑暗房间中醒来。"然后我会告诉他们："你们的眼睛刚刚从左边移动到了右边。"*

---

* 如果你读本书用的语种版本是阿拉伯语、阿拉姆语、阿塞拜疆语、马尔代夫语、希伯来语、库尔德语、波斯语或者乌尔都语，那么你的眼睛则是从右边移动到了左边。

致谢
ACKNOWLEDGMENTS

  首先要感谢克里斯托弗·诺兰，他抽出时间，慷慨分享，并且富有合作精神；感谢艾玛·托马斯的反馈；感谢我的编辑沃尔特·多纳休和维基·威尔逊，感谢他们专业的观察与倾听；感谢我的经纪人艾玛·帕里的忠告；感谢安迪·汤普森帮助我进行图片检索，他有着钢铁般的意志；感谢凯特·肖恩花了3年的大好时光和一个诺兰铁粉生活在同一屋檐下；以及感谢我的女儿朱丽叶，我将本书献给她。我要感谢的还有妮基·马哈茂迪、杰茜卡·开普勒、李·史密斯、珍妮特·赖特曼、尼古拉斯·坦尼斯、纳特·德沃尔夫、朱利恩·康奈尔、格伦·肯尼、罗尼·波尔斯格罗夫和索菲·伯格对第3章中"时间/《窈窕淑男》"这一项目的贡献；感谢马塞尔·泰鲁帮助我完成了第9章中的"地图"项目，以及感谢布里吉特·拉特豪斯和她的家人在着手这项工作时的热情款待。我也对以下这些人心怀感激：瓦莱丽·亚当斯、沙恩·伯格、尼克·达夫尔、弗吉尼亚·赫弗南、布拉德·劳埃德、菲利普·霍恩、多姆·乔利、昆廷·莱茨、奥利弗·莫顿、克雷格·雷恩、亚历克斯·伦顿、马修·斯威特以及马修·坦皮斯特，感谢他们的鼓励、意见与建议。

都柏林市立美术馆（Dublin City Gallery）馆内重建的弗朗西斯·培根画室

诺兰电影作品年表
FILMOGRAPHY

塔兰泰拉（*Tarantella*，1989）
  4 分钟，短片
  导演：克里斯托弗·诺兰
  编剧：克里斯托弗·诺兰
  摄影：克里斯托弗·诺兰

盗窃罪（*Larceny*，1996）
  短片
  导演：克里斯托弗·诺兰
  编剧：克里斯托弗·诺兰
  主演：马克·戴顿（Mark Deighton）、戴夫·萨瓦（Dave Savva）、杰里米·西奥博尔德

蚁蛉（*Doodlebug*，1997）
  3 分钟，短片
  导演：克里斯托弗·诺兰
  编剧：克里斯托弗·诺兰
  主演：杰里米·西奥博尔德

追随（*Following*，1998）
  R 级，1 小时 9 分钟
  导演：克里斯托弗·诺兰
  编剧：克里斯托弗·诺兰
  主演：亚历克斯·霍、杰里米·西奥博尔德、露西·拉塞尔
  摄影：克里斯托弗·诺兰
  配乐：大卫·朱利安
  剪辑：加雷思·希、克里斯托弗·诺兰
  制片：艾玛·托马斯、克里斯托弗·诺兰、杰里米·西奥博尔德
  发行：时代精神影片公司、动量影业（Momentum Pictures）

记忆碎片（*Memento*，2000）
  R 级，1 小时 53 分钟
  导演：克里斯托弗·诺兰
  编剧：克里斯托弗·诺兰（剧本）、乔纳森·诺兰［短篇小说《死亡警告》（"Memento Mori"）］
  主演：盖·皮尔斯、卡丽-安·莫斯、乔·潘托里亚诺
  摄影：沃利·菲斯特
  配乐：大卫·朱利安
  剪辑：多迪·多恩
  制片：苏珊娜·托德、珍妮弗·托德
  发行：新市场电影公司、百代电影发行公司（Pathé Distribution）

失眠症（*Insomnia*，2002）
  R 级，1 小时 58 分钟
  导演：克里斯托弗·诺兰
  编剧：希拉里·塞茨
  主演：阿尔·帕西诺、罗宾·威廉斯、希拉里·斯旺克、马丁·多诺万
  摄影：沃利·菲斯特
  配乐：大卫·朱利安
  剪辑：多迪·多恩
  制片：保罗·容格·威特（Paul Junger Witt）、爱德华·L. 麦克唐奈（Edward L. McDonnell）、布罗德里克·约翰逊（Broderick

Johnson）、安德鲁·A. 科索韦
（Andrew A. Kosove）

发行：华纳兄弟影片公司、博伟国际影业（Buena Vista International）

蝙蝠侠：侠影之谜（*Batman Begins*，2005）

PG–13 级，2 小时 20 分钟

导演：克里斯托弗·诺兰

编剧：克里斯托弗·诺兰、大卫·S. 戈耶

主演：克里斯蒂安·贝尔、迈克尔·凯恩、摩根·弗里曼、鲁特格尔·豪尔、凯蒂·霍尔姆斯、连姆·尼森、加里·奥德曼、基里安·墨菲、汤姆·威尔金森、渡边谦

摄影：沃利·菲斯特

配乐：汉斯·季默、詹姆斯·纽顿·霍华德

剪辑：李·史密斯

制片：艾玛·托马斯、查尔斯·罗文（Charles Roven）、拉里·佛朗哥（Larry Franco）

发行：华纳兄弟影片公司

致命魔术（*The Prestige*，2006）

PG–13 级，2 小时 10 分钟

导演：克里斯托弗·诺兰

编剧：乔纳森·诺兰、克里斯托弗·诺兰

主演：休·杰克曼、克里斯蒂安·贝尔、迈克尔·凯恩、斯嘉丽·约翰逊、丽贝卡·霍尔

摄影：沃利·菲斯特

配乐：大卫·朱利安

剪辑：李·史密斯

制片：艾玛·托马斯、亚伦·赖德、克里斯托弗·诺兰

发行：博伟国际影业、华纳兄弟影片公司

蝙蝠侠：黑暗骑士（*The Dark Knight*，2008）

PG–13 级，2 小时 32 分钟

导演：克里斯托弗·诺兰

编剧：乔纳森·诺兰、克里斯托弗·诺兰、大卫·S. 戈耶（故事）

主演：克里斯蒂安·贝尔、迈克尔·凯恩、艾伦·埃克哈特、摩根·弗里曼、玛吉·吉伦哈尔、希斯·莱杰、加里·奥德曼

摄影：沃利·菲斯特

配乐：汉斯·季默、詹姆斯·纽顿·霍华德

剪辑：李·史密斯

制片：艾玛·托马斯、克里斯托弗·诺兰、查尔斯·罗文

发行：华纳兄弟影片公司

盗梦空间（*Inception*，2010）

PG–13 级，2 小时 28 分钟

导演：克里斯托弗·诺兰

编剧：克里斯托弗·诺兰

主演：莱昂纳多·迪卡普里奥、汤姆·贝伦杰（Tom Berenger）、迈克尔·凯恩、玛丽昂·歌迪亚、汤姆·哈迪、约瑟夫·戈登-莱维特、艾伦·佩姬、基里安·墨菲、渡边谦

摄影：沃利·菲斯特

配乐：汉斯·季默

剪辑：李·史密斯

制片：艾玛·托马斯、克里斯托弗·诺兰

发行：华纳兄弟影片公司

蝙蝠侠：黑暗骑士崛起（*The Dark Knight Rises*，2012）

PG–13 级，2 小时 44 分钟

导演：克里斯托弗·诺兰

编剧：乔纳森·诺兰、克里斯托弗·诺兰、大卫·S. 戈耶（故事）

主演：克里斯蒂安·贝尔、迈克

尔·凯恩、玛丽昂·歌迪亚、约
瑟夫·戈登-莱维特、汤姆·哈
迪、摩根·弗里曼、安妮·海瑟
薇、加里·奥德曼

摄影：沃利·菲斯特

配乐：汉斯·季默

剪辑：李·史密斯

制片：艾玛·托马斯、克里斯托
弗·诺兰、查尔斯·罗文

发行：华纳兄弟影片公司

星际穿越（*Interstellar*，2014）

PG-13 级，2 小时 49 分钟

导演：克里斯托弗·诺兰

编剧：乔纳森·诺兰、克里斯托
弗·诺兰

主演：马修·麦康纳、埃伦·伯斯
泰因（Ellen Burstyn）、杰西
卡·查斯坦、迈克尔·凯恩、安
妮·海瑟薇

摄影：霍伊特·范·霍伊特玛

配乐：汉斯·季默

剪辑：李·史密斯

制片：艾玛·托马斯、克里斯托
弗·诺兰、琳达·奥布斯特

发行：派拉蒙影片公司、华纳兄弟
影片公司

奎（*Quay*，2015）

8 分钟，短片

导演：克里斯托弗·诺兰

摄影：克里斯托弗·诺兰

配乐：克里斯托弗·诺兰

剪辑：克里斯托弗·诺兰

制片：克里斯托弗·诺兰、安迪·汤
普森

发行：时代精神影片公司

敦刻尔克（*Dunkirk*，2017）

PG-13 级，1 小时 46 分钟

导演：克里斯托弗·诺兰

编剧：克里斯托弗·诺兰

主演：菲恩·怀特黑德、汤姆·格
林-卡尼、杰克·洛登、哈利·斯
泰尔斯（Harry Styles）、安
奈林·巴纳德、詹姆斯·达西
（James D'Arcy）、巴里·基
奥恩、肯尼斯·布拉纳、基里
安·墨菲、马克·里朗斯、汤
姆·哈迪

摄影：霍伊特·范·霍伊特玛

配乐：汉斯·季默

剪辑：李·史密斯

制片：艾玛·托马斯、克里斯托
弗·诺兰

发行：华纳兄弟影片公司

信条（*Tenet*，2020）

PG-13 级，2 小时 30 分钟

导演：克里斯托弗·诺兰

编剧：克里斯托弗·诺兰

主演：约翰·大卫·华盛顿、肯尼
斯·布拉纳、迈克尔·凯恩、伊
丽莎白·德比茨基、迪宝·卡
帕蒂娅、罗伯特·帕丁森、亚
伦·泰勒-约翰逊（Aaron
Taylor-Johnson）

摄影：霍伊特·范·霍伊特玛

配乐：卢德维格·约兰松

剪辑：珍妮弗·拉梅

制片：艾玛·托马斯、克里斯托
弗·诺兰

发行：华纳兄弟影片公司

爱沙尼亚的林纳哈尔体育馆

参考书目
BIBLIOGRAPHY

写作本书时，我参考了以下书目：

Abbott, Edwin. *The Annotated Flatland: A Romance of Many Dimensions.* Perseus, 2002.
Ackroyd, Peter. *Alfred Hitchcock.* Doubleday, 2015.
———. *Wilkie Collins: A Brief Life.* Doubleday, 2012.
———. *London: A Biography.* Random House, 2009.
Allen, Paul. *Alan Ayckbourn: Grinning at the Edge.* Bloomsbury, 2001.
Andersen, Kurt. *Fantasyland: How America Went Haywire: A 500-Year History.* Random House, 2017.
Anderson, Lindsay. *Lindsay Anderson Diaries.* Methuen, 2005.
———. *Never Apologise: The Collected Writings.* Plexus, 2004.
Ashcroft, R. L. *Random Recollections of Haileybury.* Joline Press, 2000.
———. *Haileybury 1908–1961.* Butler & Tanner, 1961.
Ashfield, Andrew, and Peter de Bolla, eds. *The Sublime: A Reader in British Eighteenth-Century Aesthetic Theory.* Cambridge University Press, 1996.
Attali, Jacques. *The Labyrinth in Culture and Society.* North Atlantic, 1998.
Barnouw, Erik. *The Magician and the Cinema.* Oxford University Press, 1981.
Bartlett, Donald, and James B. Steele. *Howard Hughes: His Life and Madness.* W. W. Norton, 2011.
Baxter, John. *George Lucas: A Biography.* HarperCollins, 2012.
Benedikt, Michael. *Cyberspace: First Steps.* MIT Press, 1991.
Benjamin, Walter. *The Work of Art in the Age of Mechanical Reproduction.* Prism Key Press, 2012.
———. *Illuminations: Essays and Reflections.* Houghton Mifflin Harcourt, 1968.
Benson, Michael. *Space Odyssey: Stanley Kubrick, Arthur C. Clarke, and the Making of a Masterpiece.* Simon & Schuster, 2018.
Billington, Michael. *Harold Pinter.* Faber & Faber, 1996.
Birkin, Andrew. *J. M. Barrie and the Lost Boys: The Real Story Behind Peter Pan.* Yale University Press, 2003.
Boorman, John. *Adventures of a Suburban Boy.* Farrar, Straus and Giroux, 2004.
Boorstin, Jon. *The Hollywood Eye.* Cornelia & Michael Bessie Books, 1990.
Bordwell, David. *Narration in the Fiction Film.* University of Wisconsin Press, 1985.

Bordwell, David, and Kristin Thompson. *Christopher Nolan: A Labyrinth of Linkages.* Irvington Way Institute Press, 2013.
Borges, Jorge Luis. *Ficciones.* Grove Press, 2015.
———. *Borges at Eighty: Conversations.* Edited by Willis Barnstone. New Directions, 2013.
———. *Labyrinths.* New Directions, 2007.
———. *Borges: Selected Non-Fictions.* Penguin, 2000.
———. *Selected Poems.* Penguin, 1999.
———. *Collected Fictions.* Penguin, 1998.
Bowlby, John. *Charles Darwin: A New Life.* W. W. Norton, 1990.
Boyd, William. *Bamboo: Essays and Criticism.* Bloomsbury, 2007.
Bradbury, Malcolm, and James McFarlane, eds. *Modernism: 1890–1930.* Penguin, 1976.
Brontë, Charlotte. *Jane Eyre.* W. W. Norton, 2016.
———. *Villette.* Penguin, 2012.
Brontë, Emily. *Wuthering Heights.* Barnes & Noble Classics, 2005.
The Brontës. *Tales of Glass Town, Angria, and Gondal: Selected Early Writings.* Edited by Christine Alexander. Oxford University Press, 2010.
Brooke-Smith, James. *Gilded Youth: Privilege, Rebellion and the British Public School.* Reaktion Books, 2019.
Brown, Karl. *Adventures with D. W. Griffith.* Faber & Faber, 1973.
Brownlow, Kevin. *David Lean: A Biography.* St. Martin's Press, 1996.
Bulgakowa, Oksana. *Sergei Eisenstein: A Biography.* Potemkin Press, 2002.
Burke, Carolyn. *No Regrets: The Life of Edith Piaf.* Knopf, 2011.
Callow, Simon. *Orson Welles: The Road to Xanadu.* Viking, 1995.
Canales, Jimena. *The Physicist and the Philosopher: Einstein, Bergson, and the Debate That Changed Our Understanding of Time.* Princeton University Press, 2016.
Carey, John. *The Violent Effigy: A Study of Dickens' Imagination.* Faber & Faber, 1973.
Carroll, Lewis. *The Complete Works.* Pandora's Box, 2018.
———. *Alice's Adventures in Wonderland and Through the Looking Glass.* Oxford, 1971.
Castigliano, Federico. *Flâneur: The Art of Wandering the Streets of Paris.* Amazon Digital Services, 2017.
Cavallaro, Dani. *The Gothic Vision: Three Centuries of Horror, Terror and Fear.* Continuum, 2002.
Chandler, Raymond. *The World of Raymond Chandler: In His Own Words.* Edited by Barry Day. Vintage Books, 2014.
———. *The Blue Dahlia: A Screenplay.* Amereon, 1976.
Chandler, Raymond, and Owen Hill, Pamela Jackson, and Anthony Rizzuto. *The Annotated Big Sleep.* Vintage Books, 2018.
Choisy, Auguste. *Histoire de l'architecture.* Hachette, 2016.
Cohen, Morton N. *Lewis Carroll: A Biography.* Vintage Books, 1996.
Collins, Paul. *Edgar Allan Poe: The Fever Called Living.* Icons, 2012.
Collins, Wilkie. *The Woman in White.* Penguin, 1999.
———. *The Moonstone.* Penguin, 1998.
Conrad, Joseph. *Heart of Darkness.* Amazon Digital Services, 2012.
Coren, Michael. *The Life of Sir Arthur Conan Doyle.* Endeavour Media, 2015.
Cummings, E. E. *The Enormous Room.* Blackmore Dennett, 2019.

Dahl, Roald. *The BFG*. Puffin, 2007.

———. *Boy: Tales of Childhood*. Puffin, 1984.

Darwin, Charles. *The Expression of the Emotions in Man and Animals*. Penguin, 2009.

DeLillo, Don. *The Body Artist*. Scribner, 2001.

De Quincey, Thomas. *Confessions of an English Opium Eater and Other Writings*. Penguin, 2003.

Diamond, Jason. *Searching for John Hughes: Or Everything I Thought I Needed to Know About Life I Learned from Watching '80s Movies*. William Morrow, 2016.

Dickens, Charles. *A Flight*. CreateSpace Independent Publishing Platform, 2014.

———. *Night Walks*. Penguin, 2010.

———. *A Tale of Two Cities*. Penguin, 2003.

———. *Nicholas Nickleby*. Penguin, 2003.

Di Friedberg, Marcella Schmidt. *Geographies of Disorientation*. Routledge, 2017.

Di Giovanni, Norman Thomas. *Georgie and Elsa: Jorge Luis Borges and His Wife: The Untold Story*. HarperCollins, 2014.

Dodge, Martin, and Rob Kitchin. *Mapping Cyberspace*. Routledge, 2000.

Doyle, Arthur Conan. *The Collected Works of Sir Arthur Conan Doyle*. Pergamon Media, 2015.

Draisey, Mark. *Thirty Years On!: A Private View of Public Schools*. Halsgrove, 2014.

Drosnin, Michael. *Citizen Hughes: The Power, the Money and the Madness of the Man Portrayed in the Movie* The Aviator. Penguin, 2004.

Duffell, Nick. *The Making of Them: The British Attitude to Children and the Boarding School System*. Lone Arrow Press, 2018.

———. *Wounded Leaders: British Elitism and the Entitlement Illusion*. Lone Arrow Press, 2016.

Duffell, Nick, and Thurstine Basset. *Trauma, Abandonment and Privilege: A Guide to Therapeutic Work with Boarding School Survivors*. Routledge, 2016.

Eberl, Jason T., and George A. Dunn. *The Philosophy of Christopher Nolan*. Lexington Books, 2017.

Ebert, Roger. *Ebert's Bigger Little Movie Glossary: A Greatly Expanded and Much Improved Compendium of Movie Clichés, Stereotypes, Obligatory Scenes, Hackneyed Formulas, Conventions, and Outdated Archetypes*. Andrews McMeel, 1999.

Eco, Umberto. *From the Tree to the Labyrinth: Historical Studies on the Sign and Interpretation*. Translated by Anthony Oldcorn. Harvard University Press, 2007.

Edel, Leon. *Henry James: A Life*. Harper & Row, 1953.

Eisenstein, Sergei. *Film Form: Essays in Film Theory*. Mariner Books, 2014.

Eldon, Dan. *Safari as a Way of Life*. Chronicle Books, 2011.

———. *The Journals of Dan Eldon*. Chronicle Books, 1997.

Eliot, T. S. *Collected Poems 1909–1962*. Faber & Faber, 1963.

Empson, William. *Seven Types of Ambiguity*. New Directions, 1966.

Epstein, Dwayne. *Lee Marvin: Point Blank*. Schaffner Press, 2013.

Ernst, Bruno. *The Magic Mirror of M. C. Escher*. Tarquin, 1985.

Fawcett, Percy. *Exploration Fawcett: Journey to the Lost City of Z*. Overlook Press, 2010.

Fleming, Fergus. *The Man with the Golden Typewriter: Ian Fleming's James Bond Letters*. Bloomsbury, 2015.

Fleming, Ian. *On Her Majesty's Secret Service*. Thomas & Mercer, 2012.

———. *Thunderball*. Thomas & Mercer, 2012.
———. *You Only Live Twice*. Thomas & Mercer, 2012.
———. *Casino Royale*. Thomas & Mercer, 2012.
———. *Dr. No*. Thomas & Mercer, 2012.
———. *From Russia with Love*. Thomas & Mercer, 2012.
———. *Gilt-Edged Bonds*. Macmillan, 1953.
Foucault, Michel. *Discipline and Punish: The Birth of the Prison*. Vintage Books, 2012.
Freud, Sigmund. *The Interpretation of Dreams*. Translated by A. A. Brill. Digireads, 2017.
Fry, Stephen. *Moab Is My Washpot*. Soho, 1997.
Galison, Peter. *Einstein's Clocks, Poincaré's Maps: Empires of Time*. W. W. Norton, 2004.
Gardner, Martin. *The Ambidextrous Universe: Symmetry and Asymmetry from Mirror Reflections to Superstrings*. Dover, 2005.
Gay, Peter. *Freud: A Life for Our Time*. J. M. Dent, 1988.
Geppert, Alexander C. T., ed. *Imagining Outer Space: European Astroculture in the Twentieth Century*. Palgrave Macmillan, 2018.
Gettleman, Jeffrey. *Love Africa: A Memoir of Romance, War, and Survival*. HarperCollins, 2017.
Gill, Brendan. *Many Masks: A Life of Frank Lloyd Wright*. Da Capo Press, 1998.
Gleick, James. *Time Travel: A History*. Pantheon, 2016.
Goethe, Johann Wolfgang von. *Faust*. Anchor Books, 1962.
Greene, Graham, ed. *The Old School: Essays by Divers Hands*. Oxford University Press, 1984.
Greenfield, Robert. *A Day in the Life: One Family, the Beautiful People, and the End of the Sixties*. Da Capo Press, 2009.
Hack, Richard. *Hughes: The Private Diaries, Memos and Letters*. Phoenix Books, 2007.
Haggard, H. Rider. *She: A History of Adventure*. Vintage Books, 2013.
Harman, Claire. *Charlotte Brontë: A Fiery Heart*. Vintage Books, 2016.
———. *Robert Louis Stevenson: A Biography*. Harper Perennial, 2010.
Harris, Thomas. *Hannibal*. Random House, 2009.
———. *The Silence of the Lambs*. Mandarin, 1988.
———. *Red Dragon*. Corgi Books, 1982.
Hartley, L. P. *The Go-Between*. New York Review of Books, 2002.
Hayter, Alethea. *Opium and the Romantic Imagination: Addiction and Creativity in De Quincey, Coleridge, Baudelaire and Others*. HarperCollins, 1988.
Heffernan, Virginia. *Magic and Loss: The Internet as Art*. Simon & Schuster, 2016.
Herzog, Werner. *Herzog on Herzog*. Edited by Paul Cronin. Faber & Faber, 2002.
Highsmith, Patricia. *Selected Novels and Short Stories*. W. W. Norton, 2010.
Himmelfarb, Gertrude. *Victorian Minds: A Study of Intellectuals in Crisis and Ideologies in Transition*. Ivan R. Dee, 1995.
Hiney, Tom. *Raymond Chandler: A Biography*. Grove Press, 1999.
Hoberman, J. *The Magic Hour: Film at Fin de Siècle*. Temple University Press, 2007.
Hockney, David. *Secret Knowledge: Rediscovering the Lost Techniques of the Old Masters*. Avery, 2006.
Hockney, David, and Martin Gayford. *A History of Pictures: From the Cave to the Computer Screen*. Abrams, 2016.
Hofstadter, Douglas R. *Gödel, Escher, Bach: An Eternal Golden Braid*. Basic Books, 1999.
Holmes, Richard. *The Age of Wonder: How the Romantic Generation Discovered the Beauty and Terror of Science*. Vintage Books, 2009.

Horne, Alistair. *A Savage War of Peace: Algeria 1954–1962.* New York Review of Books, 2011.
Houghton, Walter E. *The Victorian Frame of Mind, 1830–1870.* Yale University Press, 1963.
Hughes, David. *Tales from Development Hell: The Greatest Movies Never Made?* Titan Books, 2012.
Isaacson, Walter. *Einstein: His Life and Universe.* Simon & Schuster, 2007.
Jacobs, Steven. *The Wrong House: The Architecture of Alfred Hitchcock.* 010 Publishers, 2007.
James, Henry. *The Wings of the Dove.* Penguin, 2007.
James, Richard Rhodes. *The Road from Mandalay: A Journey in the Shadow of the East.* AuthorHouse, 2007.
Jameson, Fredric. *Raymond Chandler: The Detections of Totality.* Verso, 2016.
Johnson, Steven. *Everything Bad Is Good for You: How Today's Popular Culture Is Actually Making Us Smarter.* Riverhead Books, 2006.
Kant, Immanuel. *Observations on the Feeling of the Beautiful and Sublime and Other Writings.* Cambridge University Press, 2012.
Kermode, Frank. *The Sense of an Ending: Studies in the Theory of Fiction.* Oxford University Press, 2000.
Kern, Stephen. *The Culture of Time and Space 1880–1918.* Harvard University Press, 1983.
Kidd, Colin. *The World of Mr Casaubon: Britain's Wars of Mythology, 1700–1870.* Cambridge University Press, 2016.
Kipling, Rudyard. *The Complete Works of Rudyard Kipling.* Global Classics, 2017.
———. *Kim.* Penguin, 2011.
———. *"An English School" and "Regulus":* Two School Stories. Viewforth, 2010.
———. *Stalky and Co.* Oxford University Press, 2009.
Kittler, Friedrich A. *Discourse Networks, 1800/1900.* Stanford University Press, 1992.
Lane, Anthony. *Nobody's Perfect: Writings from* The New Yorker. Vintage Books, 2009.
Le Carré, John. *The Night Manager.* Ballantine, 2017.
———. *The Pigeon Tunnel: Stories from My Life.* Penguin, 2016.
———. *A Murder of Quality.* Penguin, 2012.
———. *Smiley's People.* Penguin, 2011.
———. *Our Game.* Hodder & Stoughton, 1995.
———. *A Perfect Spy.* Penguin, 1986.
———. *Tinker Tailor Soldier Spy.* Penguin, 1974.
Levine, Joshua. *Dunkirk: The History Behind the Major Motion Picture.* William Collins, 2017.
Lewis, C. S. *Surprised by Joy: The Shape of My Early Life.* HarperCollins, 2017.
———. *The Silver Chair.* HarperCollins, 2009.
———. *Out of the Silent Planet.* Scribner, 2003.
Lobrutto, Vincent. *Stanley Kubrick: A Biography.* Da Capo Press, 1999.
Luckhurst, Roger. *Corridors: Passages of Modernity.* Reaktion Books, 2019.
Lumet, Sidney. *Making Movies.* Vintage Books, 2010.
Lycett, Andrew. *Ian Fleming: The Man Behind James Bond.* St. Martin's Press, 2013.
———. *Rudyard Kipling.* Weidenfeld & Nicolson, 1999.
Martino, Stierli. *Montage and the Metropolis: Architecture, Modernity, and the Representation of Space.* Yale University Press, 2018.
Mason, Michael. *The Making of Victorian Sexuality.* Oxford University Press, 1995.
Masson, Jeffrey. *The Wild Child: The Unsolved Mystery of Kasper Hauser.* Free Press, 2010.
Matheson, Richard. *I Am Legend.* Rosetta Books, 2011.

Matthews, William Henry. *Mazes and Labyrinths: A General Account of Their History and Development.* Library of Alexandria, 2016.

May, Trevor. *The Victorian Public School.* Shire Library, 2010.

Mayhew, Robert J. *Malthus: The Life and Legacies of an Untimely Prophet.* Harvard University Press, 2014.

McCarthy, John, and Jill Morrell. *Some Other Rainbow.* Bantam Books, 1993.

McGilligan, Patrick. *Fritz Lang: The Nature of the Beast.* University of Minnesota Press, 2013.

———. *Alfred Hitchcock: A Life in Darkness and Light.* HarperCollins, 2003.

McGowan, Todd. *The Fictional Christopher Nolan.* University of Texas Press, 2012.

Milford, Lionel Sumner. *Haileybury College, Past and Present.* T. F. Unwin, 1909.

Miller, Karl. *Doubles.* Faber & Faber, 2009.

Mitchell, William A. *City of Bits.* MIT Press, 1995.

Monaco, James. *The New Wave: Truffaut Godard Chabrol Rohmer Rivette.* Harbor Electronic Publishing, 2004.

Moore, Jerrold Northrop. *Edward Elgar: A Creative Life.* Clarendon Press, 1999.

Morrison, Grant. *Supergods: What Masked Vigilantes, Miraculous Mutants, and a Sun God from Smallville Can Teach Us About Being Human.* Spiegel & Grau, 2011.

Motion, Andrew. *In the Blood.* David R. Godine, 2007.

Mottram, James. *The Making of* Dunkirk. Insight, 2017.

———. *The Making of* Memento. Faber & Faber, 2002.

Munsterberg, Hugo. *The Film: A Psychological Study.* Dover, 1970.

Nabokov, Vladimir. *Look at the Harlequins!* Vintage Books, 1990.

Neffe, Jurgen. *Einstein.* Farrar, Straus and Giroux, 2007.

Nicholson, Geoff. *The Lost Art of Walking: The History, Science, and Literature of Pedestrianism.* Riverhead Books, 2008.

Nietzsche, Friedrich. *The Gay Science.* Penguin, 1974.

Nolan, Christopher. *Dunkirk: The Complete Screenplay.* Faber & Faber, 2017.

———. *Interstellar: The Complete Screenplay.* Faber & Faber, 2014.

———. *The Dark Knight Trilogy: The Complete Screenplays.* Faber & Faber, 2012.

———. *Inception: The Shooting Script.* Faber & Faber, 2010.

———. *Memento & Following.* Faber & Faber, 2001.

Ocker, J. W. *Poe-Land: The Hallowed Haunts of Edgar Allan Poe.* Countryman Press, 2014.

Oppenheimer, J. Robert. *Uncommon Sense.* Birkhäuser, 1984.

Orwell, George. *A Collection of Essays.* Harvest Books, 1970.

———. *1984.* Penguin, 1961.

———. *Such, Such Were the Joys: A Collection of Essays.* Harvest Books, 1961.

Patrick, Sean. *Nikola Tesla: Imagination and the Man That Invented the 20th Century.* Oculus Publishers, 2013.

Pearson, John. *The Life of Ian Fleming.* Bloomsbury, 2011.

Piranesi, Giovanni Battista. *The Prisons / Le Carceri.* Dover, 2013.

Poe, Edgar Allan. *William Wilson.* CreateSpace Independent Publishing Platform, 2014.

———. *The Collected Works of Edgar Allan Poe: A Complete Collection of Poems and Tales.* Edited by Giorgio Mantovani. Mantovani.org, 2011.

Pourroy, Janine, and Jody Duncan. *The Art and Making of the* Dark Knight *Trilogy.* Abrams, 2012.

Powell, Anthony. *A Question of Upbringing.* Arrow, 2005.
Priest, Christopher. *The Prestige.* Valancourt Books, 2015.
Pullman, Philip. *His Dark Materials Omnibus.* Knopf, 2017.
———. *Clockwork.* Doubleday, 1996.
Rebello, Stephen. *Alfred Hitchcock and the Making of* Psycho. Open Road Media, 2010.
Rennie, Nicholas. *Speculating on the Moment: The Poetics of Time and Recurrence in Goethe, Leopardi and Nietzsche.* Wallstein, 2005.
Renton, Alex. *Stiff Upper Lip: Secrets, Crimes and the Schooling of a Ruling Class.* Weidenfeld & Nicolson, 2017.
Ricketts, Harry. *Rudyard Kipling: A Life.* Da Capo Press, 2001.
Roeg, Nicolas. *The World Is Ever Changing.* Faber & Faber, 2013.
Rohmer, Eric, and Claude Chabrol. *Hitchcock: The First Forty-Four Films.* Frederick Ungar, 1979.
Safrinski, Rudiger. *Goethe: Life as a Work of Art.* Liveright, 2017.
Samuel, Arthur. *Piranesi.* Amazon Digital Services, 2015.
Sante, Luc Stanley. *Through a Different Lens: Stanley Kubrick Photographs.* Taschen, 2018.
Sayers, Dorothy L. *Murder Must Advertise.* Open Road Media, 2012.
Schatz, Thomas. *The Genius of the System: Hollywood Filmmaking in the Studio Era.* University of Minnesota Press, 2010.
Schaverien, Joy. *Boarding School Syndrome: The Psychological Trauma of the "Privileged" Child.* Metro Publishing, 2018.
Schickel, Richard. *D. W. Griffith: An American Life.* Limelight, 1996.
Scorsese, Martin. *A Personal Journey Through American Movies.* Miramax Books, 1997.
Seymour, Miranda. *Mary Shelley.* Simon & Schuster, 2000.
Sexton, David. *The Strange World of Thomas Harris.* Short Books, 2001.
Shattuck, Roger. *Forbidden Knowledge: From Prometheus to Pornography.* Mariner Books, 1997.
Shelley, Mary. *Frankenstein, or the Modern Prometheus (Annotated): The Original 1818 Version with New Introduction and Footnote Annotations.* CreateSpace Independent Publishing Platform, 2016.
Shepard, Roger N. *Mental Images and Their Transformations.* MIT Press, 1986.
Sherborne, Michael. *H. G. Wells: Another Kind of Life.* Peter Owen, 2011.
Sims, Michael. *Frankenstein Dreams: A Connoisseur's Collection of Victorian Science Fiction.* Bloomsbury, 2017.
Sisman, Adam. *John le Carré: The Biography.* HarperCollins, 2015.
Skal, David J. *Something in the Blood: The Untold Story of Bram Stoker, the Man Who Wrote Dracula.* Liveright, 2016.
Solomon, Matthew. *Disappearing Tricks: Silent Film, Houdini, and the New Magic of the Twentieth Century.* University of Illinois Press, 2010.
Spengler, Oswald. *Decline of the West: Volumes 1 and 2.* Random Shack, 2014.
Spoto, Donald. *The Dark Side of Genius: The Life of Alfred Hitchcock.* Plexus, 1983.
Spufford, Francis. *I May Be Some Time: Ice and the English Imagination.* Picador, 1997.
Stephen, Martin. *The English Public School: A Personal and Irreverent History.* Metro Publishing, 2018.
Stevenson, Robert Louis. *The Strange Case of Dr. Jekyll and Mr. Hyde.* Wisehouse Classics, 2015.

Stoker, Bram. *Dracula*. Legend Press, 2019.

———. *Complete Works*. Delphi Classics, 2011.

Stolorow, Robert D. *Trauma and Human Existence: Autobiographical, Psychoanalytic, and Philosophical Reflections*. Routledge, 2007.

Strager, Hanne. *A Modest Genius: The Story of Darwin's Life and How His Ideas Changed Everything*. Amazon Digital Services, 2016.

Sweet, Matthew. *Inventing the Victorians: What We Think We Know About Them and Why We're Wrong*. St. Martin's Press, 2014.

Swift, Graham. *Waterland*. Vintage Books, 1983.

Sylvester, David. *Interviews with Francis Bacon*. Thames & Hudson, 1993.

Tarkovsky, Andrey. *Sculpting in Time: Tarkovsky the Great Russian Filmmaker Discusses His Art*. Translated by Kitty Hunter-Blair. University of Texas Press, 1989.

Taylor, D. J. *Orwell: The Life*. Open Road Media, 2015.

Thompson, Dave. *Roger Waters: The Man Behind the Wall*. Backbeat Books, 2013.

Tomalin, Claire. *Charles Dickens: A Life*. Penguin Books, 2011.

Treglown, Jeremy. *Roald Dahl*. Open Road Media, 2016.

Truffaut, François. *Hitchcock: A Definitive Study of Alfred Hitchcock*. Simon & Schuster, 2015.

Turner, David. *The Old Boys: The Decline and Rise of the Public School*. Yale University Press, 2015.

Uglow, Jenny. *Mr. Lear: A Life of Art and Nonsense*. Farrar, Straus and Giroux, 2018.

Van Eeden, Frederik. *The Bride of Dreams*. Translated by Millie von Auw. Amazon Digital Services, 2012.

Vaz, Mark Cotta. Interstellar: *Beyond Time and Space*. Running Press, 2014.

Verne, Jules. *Around the World in Eighty Days*. Enhanced Media Publishing, 2016.

Wallace, David Foster. *Everything and More: A Compact History of Infinity*. W. W. Norton, 2010.

Walpole, Horace. *The Castle of Otranto*. Dover, 2012.

Watkins, Paul. *Stand Before Your God: A Boarding School Memoir*. Random House, 1993.

Waugh, Evelyn. *Decline and Fall*. Little, Brown, 2012.

Weber, Nicholas Fox. *Le Corbusier: A Life*. Knopf, 2008.

Wells, H. G. *The Time Machine*. Penguin, 2011.

West, Anthony. *Principles and Persuasions: The Literary Essays of Anthony West*. Eyre & Spottiswoode, 1958.

White, Allon. *The Uses of Obscurity: The Fiction of Early Modernism*. Routledge, 1981.

Wilde, Oscar. *The Picture of Dorian Gray*. Dover, 1993.

Williams, Tom. *A Mysterious Something in the Light: The Life of Raymond Chandler*. Chicago Review Press, 2012.

Williamson, Edwin. *Borges: A Life*. Viking, 2005.

Wilson, A. N. *C. S. Lewis: A Biography*. HarperCollins, 2005.

———. *The Victorians*. W. W. Norton, 2004.

Wilson, Frances. *Guilty Thing: A Life of Thomas De Quincey*. Farrar, Straus and Giroux, 2016.

Wilson, Stephen. *Book of the Mind: Key Writings on the Mind from Plato and the Buddha Through Shakespeare, Descartes, and Freud to the Latest Discoveries of Neuroscience*. Bloomsbury, 2003.

Wilton-Ely, John. *The Mind and Art of Giovanni Battista Piranesi*. Thames & Hudson, 1988.

Wood, Robin. *Claude Chabrol*. Praeger, 1970.

Woodburn, Roger, and Toby Parker, eds. *Haileybury: A 150th Anniversary Portrait.* ThirdMillennium, 2012.
Woodward, Christopher. *In Ruins: A Journey Through History, Art, and Literature.* Vintage Books, 2010.
Wright, Adrian. *Foreign Country: The Life of L. P. Hartley.* Tauris Parke, 2002.
Wright, Frank Lloyd. *Writings and Buildings.* Edited by Edgar Kaufman and Ben Raeburn. Meridian, 1960.
Yourcenar, Marguerite. *The Dark Brain of Piranesi and Other Essays.* Farrar, Straus and Giroux, 1985.

每章头图：

洛杉矶的坎特餐厅；伊利诺伊州诺斯布鲁克的老伊登斯电影院；斯坦利·库布里克的《闪灵》（1980）；拉斯·冯·特里尔（Lars von Trier）的《欧洲特快车》（*Europa*，1991）；阿尔弗雷德·希区柯克的《惊魂记》（1960）；《浮士德》中飞翔的梅非斯特；乔治·梅里爱的《梅里爱的魔术》（*The Untamable Whiskers*，1904）的胶片卷；弗里茨·朗的《马布斯博士的遗嘱》（1933）；勒·柯布西耶设计的《巴黎市中心改造方案》（*Plan Voisin of Paris*，1925）模型；吉洛·蓬泰科尔沃的《阿尔及尔之战》（1966）；格哈德·里希特为科隆大教堂（Cologne Cathedral）设计的彩色玻璃窗；大卫·里恩的《雷恩的女儿》（1970）；1945年新墨西哥州的"三位一体"核试验；阿尔弗雷德·希区柯克的《迷魂记》（1958）

印度的月亮水井（阶梯井）

插图来源
ILLUSTRATION CREDITS

扉页对页	Photofest
献词对页	Nuffield Foundation
题记对页	© Nicolas Grospierre
辑封对页	Alamy

Page	
3	Telstar Logistics, Creative Commons
6	Getty Images/Barbara Alper
8	Photofest
11	Alamy
14	Courtesy of Syncopy
18	Sotheby's
21	Public domain
23	Everett Collection
24, 25	Public domain
27	Photofest
28	Luke Miller
30 (top)	Public domain
30 (bottom)	Søren Bjørn-Andersen
33	Photofest
37	WikiCommons
38	Photofest
40 (top)	Everett Collection
40 (bottom)	Photofest
41, 42	Photofest
44, 46	Public domain
47	Photofest
48 (top)	Photofest
48 (bottom)	squeaks2569
51	Photofest
53 (top)	© Mary Hinkley, UCL Digital Media
53 (bottom)	© UCL Digital Media
55	Everett Collection
58 (top)	Everett Collection
58 (bottom)	Photofest
59	Public domain
62, 63, 65	Photofest
69	Everett Collection
71 (top)	Paul Kranzler and Andrew Phelps
71 (bottom)	Public domain
77, 79, 82, 83	Photofest
86 (top)	Neal Peters
86 (bottom)	Photofest
87	Photofest
91	Alamy
94 (left)	Photofest
94 (right)	Kate Babb Shone
99	Everett Collection
102	Photofest
103, 108	Alamy
109	Everett Collection
112	Alamy
113	Warner Brothers
114	Photofest
115	Everett Collection
119	Public domain
121	Warner Brothers
125, 127	Photofest
129	Tim Lewellyn
130, 131	Everett Collection
136	Alamy
137	Public domain
140, 142	Photofest

145	Warner Brothers
146	Photofest
148	Public domain
150 (top)	Photofest
150 (bottom)	Public domain
152, 154, 156	Photofest
159 (top)	Alamy
159 (bottom)	Photofest
162	Public domain
163 (top)	Public domain
163 (bottom)	Wikimedia Commons/U.S. National Archives
167, 169, 170, 171	Photofest
172	Public domain
174	Alamy
176 (left)	Alamy
176 (right)	Photofest
178	Alamy
179	Photofest
180	Artepics/Alamy
181	Photofest
184, 185	James Cornish
187	Warner Brothers
189	ITAR-TASS News Agency/Alamy
190	Alamy
191	Everett Collection
192, 193, 196	Warner Brothers
200	Wikimedia Commons
203	Photofest
204 (top)	Tim Lewellyn
204 (bottom)	Courtesy of Christopher Nolan
206	Photofest
207	Alamy
208, 209	Warner Brothers
211, 212	Alamy
214 (top left)	Alamy
214 (top right)	Creative Commons
214 (bottom)	Everett Collection
215, 216	Christopher Nolan
219	Photofest
220 (top)	Roko Belic
220 (bottom)	Warner Brothers
223	Everett Collection
224	Alamy
225 (top)	Warner Brothers
225 (bottom)	Public domain
226, 228	Warner Brothers
231	Photofest
232	Impress/Alamy
233	Warner Brothers
236 (top)	Public domain
236 (bottom)	Photofest
240, 241	Warner Brothers
242	Photofest
244	Gabriel Hardman
248	Photofest
249	Public domain
250	Warner Brothers
253, 255, 257	Alamy
259, 260	Warner Brothers
261, 262	Alamy
263	Warner Brothers
266	Christopher Nolan
267	Warner Brothers
268 (top)	Public domain
268 (middle)	Creative Commons
268 (bottom)	Atelier Gerhard Richter
271	Jordan Goldberg
272, 275, 276	Photofest
279	Alamy
280	Photofest
281	Alamy
284	Roko Belic
286, 288	Photofest
289	Warner Brothers
291 (top)	Everett Collection
291 (bottom)	Alamy
295	Photofest
296	Alamy
299, 300, 302	Andy Thompson
304	Public domain
306	Alamy
308	Warner Brothers
309	Photofest
311 (top)	Tallinna Linnahall/A. Valminud
311 (bottom)	Warner Brothers
313	Alamy

315	Public domain	343	Roko Belic
317	Nuffield Foundation	346	Wikimedia Commons/ antomoro
318	Warner Brothers	350	Jonas Bengtsson
320, 321, 322	Christopher Nolan	360, 364	Alamy
325	Warner Brothers		
327, 330, 332, 334	Photofest		
338, 339	Roko Belic		
341	Photograph by Marcus Leith and Andrew Dunkly, Tate, courtesy of the artist, Frith Street Gallery, London and Marian Goodman Gallery, New York and Paris.		

《后手翻》(*Back Hand Spring*),埃德沃德·詹姆斯·迈布里奇(Eadweard James Muybridge)摄于1881年

出版后记
EDITOR'S WORDS

  克里斯托弗·诺兰——当今世界最受瞩目、最具话题性的电影创作者之一，他的名字就是电影质量的保证，作品每次上映总能引发媒体争相报道、观众热情撰写上万字的解谜长文，围绕他本人的轶事也常为影迷津津乐道。"烧脑鬼才""实拍狂魔""胶片死忠"……我们零零碎碎地听过一些导演追求极致的幕后传说，而诺兰本人从未面向公众完整深入地回顾过个人成长故事与创作生涯。幸运的是，本书作者终于等到了机会，在诺兰的授权许可下，首度叩开了这扇大门：从诺兰早期的家庭生活、寄宿经历，到自学成才、业界崛起、在好莱坞稳占一席之地，再聊到手握话语权、不断刷新各项纪录……可谓巨细无遗，是全球影迷及诺兰粉丝期待已久的重磅之作。

  取得诺兰信任、拿到这把珍贵门钥匙的，是资深影评人、电影学者汤姆·肖恩。他与诺兰相识20余年，曾数次发出合作著书邀请，终于在《信条》筹备制作期间得偿所愿。本书基于肖恩对诺兰进行的跨越3年、高含金量的独家深度专访，书中诺兰亲自讲解其全部作品的灵感来源、创作理念和制作过程，前所未有的亲近视角与海量的一手资料殊为珍贵，让我们得以直接感受诺兰的能量与坚持、深刻见解与开放态度。肖恩的笔法则提供了"特写""正反打"与"全景"：既聚焦诺兰的个人自述和文本细读，又站在困惑的观众、媒体角度出题设问，而诺兰一一接招、坦诚以对，此外还给出了每部影片公映之际的时代背景。阅读本书时，不妨配合"导演评论音轨"同步重看诺兰电影，相信你会有新的收获和乐趣。把诺兰提到的小说、电影、音乐等找来补课或重温，也一定会带来更充实、立体的阅读体验。

  《诺兰变奏曲》初上市时有美国版（Alfred A. Knopf 公司出版，2020年10月）和英国版（Faber & Faber 公司出版，2020年11月），两版在个别字句上稍有差异。简体中文版依作者要求，以英国版为底本进行翻译。作者的论述部分常用结构繁复的句式，译文在保留原表达气势的基础上，尽量试着贴近中文读者的阅读习惯。我们还为简体中文版特别编写了注释别册（译注 164 条、编注 170 条）。别册中对作者旁征博引的作品、术语、典故、趣闻等进行了简要介绍，希望有助于读者理解。译者费心查找、一一标出了原书引文的中译本出处，编注则提供了大量幕后纪录片和花絮资料，感兴趣的读者可进行查阅。编校做注过程中，我们参考了影迷组织"诺兰中文资讯"译制的部分物料，特此致谢。

后浪电影学院

2023 年 5 月

© 民主与建设出版社，2023

图书在版编目（CIP）数据

诺兰变奏曲 /（英）汤姆·肖恩 (Tom Shone) 著；
李思雪译. -- 北京：民主与建设出版社, 2023.12（2024.10 重印）
书名原文：The Nolan Variations: The Movies,
Mysteries, and Marvels of Christopher Nolan
ISBN 978-7-5139-4288-1

Ⅰ.①诺… Ⅱ.①汤…②李… Ⅲ.①诺兰—访问记
Ⅳ.① K835.615.78

中国国家版本馆 CIP 数据核字 (2023) 第 126531 号

The Nolan Variations: The Movies, Mysteries, and Marvels of Christopher Nolan
Copyright © 2020 by Tom Shone
All rights reserved.
This translation published by arrangement with Alfred A. Knopf, an imprint of The Knopf Doubleday Group, a division of Penguin Random House, LLC. through Bardon-Chinese Media Agency
Simplified Chinese translation copyright © 2023 by Ginkgo (Shanghai) Book Co., Ltd.
本书中文简体版权归属于银杏树下（上海）图书有限责任公司。

版权登记号：01-2023-3649

诺兰变奏曲
NUOLAN BIANZOUQU

著　　者	［英］汤姆·肖恩		
译　　者	李思雪		
出版统筹	吴兴元	责任编辑	王　颂
特约编辑	刘　坤	编辑统筹	陈草心　梁　媛
封面设计	蔡佳豪	装帧制造	墨白空间
营销推广	ONEBOOK		
出版发行	民主与建设出版社有限责任公司		
电　　话	（010）59417749　59419778		
社　　址	北京市朝阳区宏泰东街远洋万和南区伍号公馆 4 层		
邮　　编	100102		
印　　刷	北京盛通印刷股份有限公司		
版　　次	2023 年 12 月第 1 版		
印　　次	2024 年 10 月第 3 次印刷		
开　　本	787 毫米 ×982 毫米　1/16		
印　　张	23.75		
字　　数	453 千字		
书　　号	ISBN 978-7-5139-4288-1		
定　　价	268.00 元		

注：如有印、装质量问题，请与出版社联系。